高等学校小学教育专业教材

小学数学课程与教学

（第2版）

主　编　金成梁　刘久成
副主编　张兴朝　邓友祥　刘明祥
编写成员（以姓氏笔画为序）
　　　　于国海　邓友祥　王志刚　田寅生
　　　　刘久成　刘明祥　刘晓平　张兴朝
　　　　金成梁　徐建星

南京大学出版社

图书在版编目(CIP)数据

小学数学课程与教学 / 金成梁，刘久成主编. ——2版. ——南京：南京大学出版社，2020.8(2021.12重印)
ISBN 978-7-305-23625-9

Ⅰ.①小… Ⅱ.①金… ②刘… Ⅲ.①小学数学课—教学研究 Ⅳ.①G623.502

中国版本图书馆CIP数据核字(2020)第137322号

出版发行	南京大学出版社
社　　址	南京市汉口路22号　　邮　编　210093
出 版 人	金鑫荣
书　　名	小学数学课程与教学
主　　编	金成梁　刘久成
责任编辑	钱梦菊　　　　　　编辑热线　025-83592146
照　　排	南京开卷文化传媒有限公司
印　　刷	南京人民印刷厂有限责任公司
开　　本	787×1092　1/16　印张 22.75　字数 525 千
版　　次	2020年8月第2版　2021年12月第4次印刷
ISBN	978-7-305-23625-9
定　　价	58.00 元

网　　址：http://www.njupco.com
官方微博：http://weibo.com/njupco
微信服务号：njuyuexue
销售咨询热线：(025)83594756

* 版权所有，侵权必究
* 凡购买南大版图书，如有印装质量问题，请与所购图书销售部门联系调换

前　言

《小学数学课程与教学》是根据教育部颁布的《小学教师专业标准(试行)》《教师教育课程标准(试行)》和《义务教育数学课程标准(2011年版)》等为高等院校小学教育专业编写的专业课教材。

该书于2013年首次出版,经多次印行,现予以修订。再版时,我们基本保留原书的框架结构、编排体系,考虑到该书首次出版时,与2011年课标对应的小学数学教材多数尚未修改到位,书中所列举教材片断和所用案例有些还是针对原版小学教材,本次修订均已调整为现行教材。新修订的版本,尽可能吸收使用该教材的教师意见,力求反映近年来课程与教学改革的理论成果和实践经验,提升学术性,体现实践性和时代特征。同时,适当更新了阅读材料和参考文献。

本书共有十章,主要包括四个方面内容:一是关于小学数学课程标准和教材的研究,主要介绍我国小学数学课程和教材的历史演变和主要特点,现行课程标准和教材的内容分析,以及分析小学数学教材的要求和方法。二是关于小学数学学习的过程、方式和评价,主要介绍小学数学知识学习、技能学习、问题解决学习和情感态度学习,以及小学数学学习评价的基本理论、方法和策略。三是关于小学数学教学的方法、手段以及设计与实施,主要介绍小学数学常用的教学方法和手段及其选择与优化,小学数学的备课与教学设计,小学数学课堂教学中的语言、讲述、提问、练习,以及说课、评课。四是关于小学数学具体内容的主线分析与教学建议,主要分析数与代数、图形与几何、统计与概率、综合与实践四大学习领域的内容结构、教学要求,针对其提出相应的教学要点与策略,并配有适量的教学案例,以便于学生学习理解和教学技能训练。具体做法体现以下特点:

1. 力求体现我国传统教育思想的精粹和现代教育理论的新成果,坚持改革创新与继承优良传统相结合,坚持国外先进经验、理论成果与中国实际相结合。

2. 尽可能完整地、准确地反映新中国成立70年来我国小学数学教育正、反两方面的经验教训,特别是要反映本次课改以来课程与教学理论的最新研究成果,反映当前小学数学教学改革的新思想、新方法,吸收本课程教学中的成功经验和富有成效的改革实践。

3. 数与代数、图形与几何、统计与概率、综合与实践四个学习领域的教学研究,注意精简一般性叙述,突出典型案例的教学功能,让案例成为实践层面的重要学习材料。结合案例,研究小学数学教学中的成功经验和常见误区,并提出切实可行的建议。

4. 在每一章末尾,就课程、教材、教法的某些理论热点或教学难点,提供阅读材料和参考文献,以方便学生阅读延伸,开阔眼界,引发思考和研究,提升学术性。

本书的编写分工是:王志刚(绪论)、刘久成(第一、九章)、张兴朝(第二章、第五章第三~六节)、刘明祥(第三章)、徐建星(第四章、第五章第一、二节)、田寅生(第五章第七节)、于国海(第六章)、金成梁(第七章)、刘晓平(第八章)、邓友祥(第十章)。全书由金成梁、刘久成负责统稿。

该教材不仅适合于高等院校小学教育专业学生使用,也适用于小学教师培训和校本教研。编写本书时参考和引用了一些国内外学者的研究成果,在此致以衷心感谢。

编　者

2020 年 5 月

目 录

微信扫码
配套学习资源

绪　论 ··· 1

第一章　小学数学课程的目标和内容 ·· 6
第一节　数学与数学课程 ··· 6
第二节　新中国成立以来的小学数学课程改革 ··································· 9
第三节　小学数学课程标准 ·· 21
第四节　我国小学数学课程改革的特点 ··· 33
第五节　国际小学数学课程改革 ··· 36

第二章　小学数学教材 ··· 50
第一节　小学数学教材概述 ·· 50
第二节　新中国成立以来小学数学教材改革的回顾 ·························· 53
第三节　现行义务教育教科书介绍 ·· 57
第四节　小学数学教材的分析 ·· 63

第三章　小学数学学习过程 ··· 71
第一节　小学数学学习概述 ·· 71
第二节　数学知识的学习过程 ·· 75
第三节　数学技能的学习过程 ·· 92
第四节　数学问题解决的学习过程 ·· 96
第五节　数学学习的情感与态度 ··· 103
第六节　小学数学学习方式 ·· 109

第四章　小学数学教学方法与手段 ·· 122
第一节　小学数学教学方法的历史变革 ··· 122
第二节　小学数学常用的教学方法 ·· 130
第三节　小学数学常用的教学手段 ·· 135
第四节　小学数学教学方法的选择与优化 ······································ 140

第五章　小学数学教学设计与实施 ·· 144
第一节　小学数学教学设计概述 ··· 144

第二节　小学数学教学设计过程 …………………………………… 149
　　第三节　数学课堂教学语言 ……………………………………………… 159
　　第四节　教师的讲述与提问 ……………………………………………… 162
　　第五节　小学数学教学的练习 …………………………………………… 166
　　第六节　小学数学教学的预设与生成 …………………………………… 172
　　第七节　小学数学教学中的说课与评课 ………………………………… 175

第六章　数与代数的教学 …………………………………………………… 187
　　第一节　数与代数教学的价值、目标与内容 …………………………… 187
　　第二节　数与量的概念教学 ……………………………………………… 193
　　第三节　数的运算的教学 ………………………………………………… 205
　　第四节　式与方程以及实际问题的教学 ………………………………… 216
　　第五节　比和比例的教学 ………………………………………………… 222
　　第六节　探索规律的教学 ………………………………………………… 226

第七章　图形与几何的教学 ………………………………………………… 235
　　第一节　图形与几何教学的意义、内容和要求 ………………………… 235
　　第二节　图形认识的教学 ………………………………………………… 239
　　第三节　测量的教学 ……………………………………………………… 264
　　第四节　图形的运动的教学 ……………………………………………… 280
　　第五节　图形与位置的教学 ……………………………………………… 284

第八章　统计与概率的教学 ………………………………………………… 291
　　第一节　统计与概率教学的意义、内容和要求 ………………………… 291
　　第二节　统计的教学 ……………………………………………………… 296
　　第三节　概率的教学 ……………………………………………………… 304

第九章　综合与实践的教学 ………………………………………………… 310
　　第一节　综合与实践教学的价值和目标 ………………………………… 310
　　第二节　综合与实践的内容与形式 ……………………………………… 314
　　第三节　综合与实践的实施和评价 ……………………………………… 322

第十章　小学数学学习评价 ………………………………………………… 333
　　第一节　小学数学学习评价的内涵及基本理念 ………………………… 333
　　第二节　小学数学学习评价的基本功能 ………………………………… 335
　　第三节　小学数学学习评价的方法与手段 ……………………………… 336
　　第四节　小学数学学习评价的实施策略 ………………………………… 345

绪 论

数学是小学阶段的重要学科之一,数学教育是对学生进行全面发展教育不可缺少的重要组成部分。随着科技的发展和社会的进步,数学这门学科在基础教育中的地位越来越重要。20世纪80年代以来,世界范围内广泛关注数学课程与教学改革,许多国家先后制定了新的数学课程标准。研究小学数学课程与教学问题,探索小学数学教学规律,提高小学数学教学质量成为人们越来越关注的课题。人们对数学及数学教育的认识与理解不断深入,小学数学课程目标与内容也发生了很大变化,教育理念不断更新,教学的模式与方法不断改进,小学数学课程与教学领域的改革研究方兴未艾。与此同时,对小学数学教师的素质也提出了新的更高的要求。在实现中华民族伟大复兴的历史进程中,教师教育得到前所未有的重视,"用最优秀的人去培养更优秀的人"成为共同期待。一名优秀的小学数学教师,既需要了解什么是最基础的数学(它的内容、方法和意义),又需要理解小学数学教学自身的价值和规律,并熟悉究竟是怎样的过程才使教学得以成功。要想成为一名优秀的小学数学教师,不仅必须具有良好的数学素养和扎实的专业功底,还必须具有良好的教育理论素养和较强的教学实践能力。

为了帮助同学们学好这门课程,我们应当首先明确为什么学、学些什么和怎样学,才能学得进、学得好、用得上。为此,我们需要了解本课程的研究对象与内容、课程的产生与发展、课程的性质与作用、课程学习的意义与方法。

一、小学数学课程与教学的研究对象

"小学数学课程与教学"是研究小学数学课程及教学规律的一门学科,是课程与教学研究领域的分支学科。它依据教育科学中的课程论、教学论、学习论等有关理论以及数学学科的特点,对小学数学学科在课程与教学领域内所涉及的理论和实践方面的问题进行研究,聚焦纷繁复杂的课程与教学现象,审视课程与教学活动的过程与价值,以求发现它们内在的结构,揭示客观规律,指导教学实践。

小学数学课程与教学的研究既包括一般意义下的小学数学课程与教学问题,也包括小学数学各领域教学的具体问题。其研究内容主要包括:小学数学课程理念、目标、内容、体系和结构,小学生数学学习过程及特点,小学数学教学过程与方法,小学数学教学设计与实施,小学数学不同学习领域教学以及小学数学学习评价等。简单地说,就是研究"为什么教和为什么学""教什么和学什么""怎么教和怎样学""教得如何和学得怎样"等问题。

我们可以从下面一个简单例子出发,走进小学数学课程与教学研究的基本问题。

$$32-8=$$

这是一道简单的退位减法题,但从这个问题出发可以引出和思考一些小学数学课程与教学的问题。比如:小学生为什么要学这样的题目?学习和解决这样的问题需要什么样的智力水平,需要哪些知识基础?这样的问题同哪些内容有联系,应安排在哪一个年级比较合适?这类问题在小学数学课程中占有什么样的地位?小学生是怎样学习这类问题的,他们在学习过程中会遇到什么样的困难?学生使用的方法与教师的方法或教材中的方法会有什么不同?这样的运算要达到怎样的熟练程度?怎样进行这类问题的教学?教学时可以借助什么样的直观教具?等等。以上这一系列问题都与小学数学课程与教学有关,需要通过对小学数学课程与教学的学习做出合理分析。

常有人误认为:小学数学比较容易,小学数学教学也十分简单。然而,事实并非如此。小学数学教学改革发展到今天,儿童如何学数学?教师如何教数学?从观念到行为都出现了深刻的转变,小学数学教学是一个已经走向高度专业化、具有科学规范以及极富创造力的复杂过程。数学教学不再是教师简单地把数学知识传授给学生,而是需要教师组织有效的数学活动,指导学生学习,促进学生在学习中获得提高与发展。

二、小学数学课程与教学的产生与发展

数学教育是随着数学的产生而产生的。小学数学是一门古老而年轻的学科,说它古老是指小学数学作为学习的对象有着悠久的历史,说它年轻是指将数学作为普通学校教育的一门课程还是从近代开始的。19世纪前,主要是由数学家在从事数学研究的同时兼教数学,培养社会"精英"。在我国,以私塾、书院、师徒相传等形式存在的民间数学传授,对数学专门人才的培养起到了一定作用。那时因为学数学的人并不多,自然也就不需要对数学教育进行系统的研究。小学数学教育作为一个研究领域,是在过去一百多年间发展起来的。在我国原先并没有专门培养教师的机构,直到19世纪末随着"废科举、兴学堂",人们意识到不是什么人都能当教师,教师是一种专门的职业,才开始由专门的学校来培养教师,于是产生了封闭式的、单一的培养教师的师范学校。1896年,盛宣怀在上海创办南洋公学,次年在南洋公学首开师范班,拉开了中国师范教育的序幕。1902年,北京、山东、江苏等地又先后创建了多所培养近代小学教师的师范学校。1904年1月(光绪二十九年),清政府颁布了《奏定学堂章程》,史称"癸卯学制",这是中国近代第一个由中央政府以法令形式公布并在全国推行的学校教育制度。该章程规定小学开设"算术"课程,初级、优级师范学堂分别开设"教授法""各科教学法"。于是,"会数学不一定会教数学""数学教师是有别于数学家的另一种职业"等观念逐渐被认同,人们对数学应该"教什么""怎么教"这些看似简单的问题展开专门的研究。我国最早的关于小学数学教育的学科称为"小学算术教授法"。20世纪20年代,陶行知先生提出改"教授法"为"教学法","小学算术教学法"的名称一直延续到20世纪70年代。起初,人们并没有认识到整合课程理论与教学理论的必要性,相当长的时期内在论述小学数学课程与教学问题时,更多的是持教学立场,从教学视角看课程。学科几易其名,从"小学算术教授法""小学算术教学法"到"小学数学教学法""小学数学教材教法"。学科理论主要以数学、心理学、教育学为基础,学科内容更多地偏重于对现有教材内容的分析和具体教学方法的阐述,在此基础上,分析和研究小学数学教学的具体问题,更多是实践层面上的内容,带有浓厚的经验色彩。

20世纪80年代以来,伴随着世界各国课程改革运动的兴起,教学论、课程论学科进入了一个多元化发展的时代,各种教学论流派和课程论流派纷纷涌现,形成了课程与教学

论学科群。这一时期,我国数学教育教学领域的研究也得到了空前的繁荣发展,无论在数学教学活动实践还是数学教育理论研究方面都产生了丰硕的成果,形成了自己的特色。开始出现数学教学的新理论,由经验实用型转为理论应用型,研究水平也有了质的提升。在以小学数学教材教法为研究框架的基础上,人们试图从更高层次和更广的意义上研究小学数学教学,增加了对数学学习心理、数学课程理论等问题的研究,课程与教学的整合研究取得了长足的进步,形成了以数学教学论、数学课程论、数学学习论为核心的"三论"架构,学科体系日臻完善。学科名称也由"小学数学教材教法"演变为"小学数学教育学""小学数学教学论""小学数学课程与教学(论)"等。

在数学教育领域中,小学数学课程与教学是一门正处于不断发展中的新学科。它的产生和发展,既是数学教育理论发展的必然,也是数学教育实践的呼唤。当前,基础教育课程改革正在持续推进,改革实践不仅直接提出了强烈的理论需求,同时也为理论发展提供了坚实的实践基础。我们相信,在这种理论与实践的双重力量推动之下,小学数学课程与教学的学科发展前景十分广阔。作为一个学习者,了解本学科的历史沿革与演变,你就能总体把握学科发展的概貌。自然,概貌总是粗线条和不够具体精确的,因此,如果有可能的话,希望你能以概貌为线索,进一步去了解小学数学课程与教学的各种流派和相关著作。这样,你将会有许多新的发现、新的体会和新的收获。

三、小学数学课程与教学的性质、地位与作用

小学数学课程与教学是一门具有综合性、应用性、发展性的学科。第一,它以唯物辩证法为指导,以数学、哲学、心理学、教育学与小学数学学科的融合作为逻辑起点,具体运用课程论、学习论和教学论的基本理论来研究和解决小学数学课程与教学所涉及的基本问题。从课程性质来说,它属于课程与教学研究范畴,在很大程度上受一般课程与教学论的结构体系和研究方法的影响。小学数学课程与教学也吸收了逻辑学、思维科学和信息论、控制论、系统论等学科的相关成果,在多视角、多侧面的交叉中形成自己独立的理论体系。所以说,它是一门由多学科交叉形成的边缘学科。第二,小学数学课程与教学论又具有理论与实践相结合的性质,它源于实践,高于实践,并用以指导实践,集理论品性和实践品性于一身。因此,它既是一门实践性很强的理论课程,又是一门理论性很强的实践应用课程。第三,小学数学课程与教学所研究的内容、方法、手段等,随着时间的推移,也在不断发展与变革之中。在一定时期内,它可能有一个逐步完善的体系,而难以有一个最终完善的模式。综上所述,小学数学课程与教学论是一门综合性的边缘学科,也是一门实践性很强的相对发展中的应用学科。

小学数学课程与教学作为专门研究小学数学课程与教学基本理论的一门应用学科,是为高等院校小学教育专业培养适应基础教育课程改革需要的高学历、专业化、研究型小学数学教师而开设的一门专业课程,也是一门最具教师教育特色的重要的专业课程,它在教师教育课程体系中具有核心地位,对于提高师范生从事小学数学教师职业所必备的综合素质与专业能力具有不可替代的重要作用。具体来说,学习该门课程有以下几个方面的意义:

(1)通过本课程的学习,能提高我们对小学数学教育的整体认识水平,树立正确的数

学教育思想,陶冶热爱数学、尊重学生、献身教育的情操,形成正确的数学观、课程观、教学观和评价观。

（2）通过本课程的学习,能帮助我们获得关于小学数学课程的基本理论知识,领会小学数学课程标准的基本理念,了解小学数学课程的目标与内容,了解小学数学教材的发展及其编排特点,熟悉小学数学教材体系,提高分析、组织和驾驭教材的能力,能合理利用课程资源。

（3）通过本课程的学习,能帮助我们获得关于小学数学学习的基本理论知识,了解小学生学习数学的认知过程、心理特点及影响数学学习的各种因素,理解数学学习与小学生心理发展的关系,掌握激发小学生数学学习动机、培养学习兴趣和学习习惯、改善学习方式的基本策略和途径。

（4）通过本课程的学习,能帮助我们获得关于小学数学教学的基本理论知识,了解小学数学教学的基本规律,理解小学数学教学的过程与环节,掌握小学数学教学的基本技能与教学方法,能科学设计并有效实施小学数学教学方案,学会运用教育教学理论评价和改进教学行为。

（5）通过本课程的学习,能帮助我们了解小学数学教学现状以及国内外小学数学教育改革动态趋势,学会运用所学的理论和方法探寻和解决小学数学教学中的实际问题,不断提高教学研究能力和自身专业素质,促进专业成长和发展,为今后从事小学数学教学和研究工作奠定良好的基础。

四、小学数学课程与教学的学习方法

小学数学课程与教学是即将从事小学数学教学的师范生必须学习、研究和掌握的内容。那么,如何才能学好这门课程呢?

首先,要提高认识,明确学习目的。小学数学教学是一门专业性很强的学问,不懂得一定的教学理论,不领会小学数学的教学规律,是不可能教好小学数学的。那种认为从事小学数学教学是一项很简单、很容易的工作,只要会加减乘除,就能教好小学数学的说法是不科学的,不符合实际的。要教好小学数学,不仅要学习初等数学、高等数学等课程,打好坚实的数学基础,还必须学习有关小学数学课程与教学的专业知识,掌握小学数学教学的基本技能和教学方法。教学方法对头,学生会学得积极主动,质量稳步提高;教学不得法,常常事倍功半甚至失败。因此,必须认真学习"小学数学课程与教学"这门课程。

其次,必须坚持理论和实践相结合。"纸上得来终觉浅,绝知此事要躬行",在小学数学课程与教学的学习中,要注重理论知识的学习,更要注重实践能力的培养。理论是为了指导实践,实践要上升到理论。小学数学课程与教学这门课程本身有着很强的理论性和实践性,学习时必须联系小学数学教学实际,坚持边学习、边运用,这样既可以加深对基本理论的理解,又能迅速提高自己的实际教学能力。我们学习小学数学课程与教学的主要目的,一是深入理解和牢固掌握理论知识,以理论知识指导今后的教学实践;二是培养自己的职业技能和教学实践能力。这两大目标的实现,都离不开理论与实践的结合。在处理理论与实践之间的关系时,要特别注意树立实践第一的学习观。我们还应该认识到,教学经验是可贵的,但是光有经验,而不能上升为规律性的认识,同样是教不好小学数学的。

有的同学也许认为，学不学小学数学课程与教学无关大局，如果毕业后去当小学数学教师，干上几年，自然会积累不少经验，就可以教好数学。的确，有一些优秀的小学数学教师是这样自己摸索成功的，但那是靠自己的刻苦钻研、艰苦探索，而且走过许多弯路，才获得了可贵的经验。要是他们在从事小学数学教学之前，就有计划地研读小学数学课程与教学，就可以少走不少弯路，能够事半功倍，更好更快地收到实效。

再次，要坚持课堂学习与自主研究相结合。长期以来，在基础课程的学习中，不少同学习惯于采用被动的"接受式"学习方式。他们上课时所做的事，一是听讲，二是看书，三是做笔记。很少有主动思考和问题探究，很少有师生间、同学间的研讨交流，课后更没有自主性的研究性学习。这样学习，既不利于理论知识的理解，又不利于认识能力与实践能力的发展，还不利于学习兴趣的激发与学习动力的保持。我们认为，学习小学数学课程与教学时，必须在传统的课堂学习方式中植入自主研究的要素，才能真正学好这门课程。所谓"自主研究"，就是"自主学习"加"研究性学习"，换句话说，我们主张在传统课堂学习方式中融入学生自主的研究性学习方式，并将课内学习与课外研究有机结合起来。学习时可以结合教学内容采用多种方法，如阅读教育书刊、做文摘卡片、写读书笔记、分析小学教材、设计教学片段、进行微格教学训练、组织听课评课活动、评析教学录像或教学案例等，也可以结合专题研究撰写小论文。在学习过程中，我们要有意识地增强主动探究意识、问题研究意识、互动交流意识、反思评价意识。如果这些意识形成了，并且能够及时而有效地发挥作用，那么自主研究习惯就会形成，自主研究能力就会明显提高。

小学数学课程与教学是一门不断丰富发展、不断充实完善、不断走向成熟的学科。小学数学教学是有其自身的规律和方法的，但是，教学规律有的则要进一步探索，教学方法常因教学内容和学生的不同而采用不同的方法。因此，不要把课程、教材和教法看成是静止的、一成不变的东西。我们要认真地学习，又要认真地探讨，认真地思考，力求做到"举一反三""闻一知十"。要深入实际，善于从实际中去捕捉提炼出新问题进行研究。教学实践活动中往往有许多矛盾、问题不断出现，这就要求我们把理论学习与问题研究结合起来，在学习中探讨，在实践中反思，在思考中提高。在学习小学数学课程与教学时，我们还应当与教育心理学、课程与教学论等教育专业课程的学习很好地联系起来，互相配合，互相补充，这样会帮助我们更好地理解掌握小学数学课程与教学的原理和方法。

第一章 小学数学课程的目标和内容

小学数学课程的目标和内容是小学数学课程改革研究的核心内容,是编写教材、课堂教学以及质量评估的主要依据。每一个小学数学教师必须深刻领会,并在教学实践中贯彻执行。本章主要介绍新中国成立以来我国历次小学数学课程改革的背景、目标和内容,分析我国小学数学课程改革的主要特点,并通过了解主要发达国家当前进行的小学数学课程改革,开阔视野,提供借鉴。

> **学习的基本要求**
> 1. 了解数学的特点和作用,以及数学课程的含义和性质;
> 2. 了解新中国成立以来历次小学数学课程改革的背景、目标和内容,以及主要阶段和特点;
> 3. 理解《课标(2011年版)》的基本理念、课程目标和课程内容;
> 4. 了解俄罗斯、美国、日本等国目前进行的小学数学课程改革的基本情况和主要特点。

第一节 数学与数学课程

我国数学教育历史悠久,早在西周时期就正式提出了"礼、乐、射、御、书、数"即"六艺"教育内容,其中"数"是以计算为主的数学知识。在历经千年之久的封建社会,我国数学教育有了长足发展,一些数学成果曾领先于世界。遗憾的是,元、明以后我国数学教育一度受挫,尤其是封建社会的长期停滞不前,帝国主义列强的欺凌和侵略,致使我国数学教育长期处于落后状态。新中国成立以后,随着政治、经济、文化事业的发展,我国的数学教育在立足本国实际,加强国际交流与合作,借鉴先进经验的基础上,得到了不断完善和发展,逐步形成了中国特色的小学数学课程体系。

一、数学

自古以来,人们对数学的本质和特征就存在不同的认识。一百多年前,恩格斯在《反杜林论》中指出:"数学是研究现实世界的空间形式和数量关系的科学。"也就是说,数学是对"形"和"数"的研究。数学的发展与人类的生产实践和社会需求密切相关,对自然和社会的探索是数学研究最丰富的源泉。由于科学技术和数学研究的深入发展,数学科学出现了许多新的分支体系,这些新理论、新领域的建立,又表现出相对的独立性,在不受数学外部影响的情况下,仅靠逻辑思维而将数学推向前进。当然,这些基于逻辑需要而产生的数学理论最终还将回到现实世界中接受检验,并获得进一步发展。

(一) 数学的特点

(1) 高度抽象性。抽象并非数学独有,但与其他科学不同的是,数学舍弃事物的其他属性,只保留了数量关系和空间形式。不但数学的概念本身是抽象的,它存在于人的思维之中,而且获取概念的方法也是抽象的,通常需要经历观察、操作—建立表象—抽象、概括本质属性—形成概念。

(2) 逻辑严密性。逻辑严密性表现在数学的结论是从一些基本概念(或公理)出发,采用严格的逻辑推理而得到。我们知道,世界上有两种推理:一种是论证推理(又称逻辑推理),一种是合情推理。合情推理常被用来探索、发现事物,所得结论是否正确,需要经过论证推理。自然科学家可以通过实验获得结论,然而,数学家只有在经过严格的逻辑论证后方可确认。

(3) 广泛应用性。数学的应用范围有了很大的扩展。华罗庚先生曾经说过:"宇宙之大,粒子之微,火箭之速,化工之巧,地球之变,生物之谜,日用之繁,无处不用数学。"[1]在自然科学的三大前沿——天体演化、物质结构和生命起源的研究中,都用到了大量的、高深的现代数学。数学也越来越多地用于环境科学、人口问题和自然资源的研究,以解决人类社会面临的难题。当前,数学的知识、思想和方法已经渗透到一切科学技术部门与生产、生活中,并且出现了各门科学为了自身的完善而逐步"数学化"的趋势。我们已经很难找到不需要一定数学训练的人类活动领域。未来的世界是科学化的世界。未来的科学是数学化的科学。

(二) 数学的作用

作为人类文化的重要组成部分,数学一方面受社会、政治、经济等因素的影响;另一方面又作为一种重要力量,推动社会进步。具体表现如下:

(1) 数学是刻画自然规律和社会规律的科学语言和有效工具。数学是自然科学和技术科学的基础,在经济科学、社会科学和人文科学的发展中发挥着越来越大的作用。数学为其他科学提供了语言、思想和方法,是一切重大技术发展的基础。

(2) 数学是现代化社会中不可替代的关键技术。电子计算机的诞生和发展,改变了数学的面貌。今日的数学已不仅是一门研究数和形的科学,还是一种现代化社会中不可替代的关键技术。从人造卫星到核电站,从天气预报到家用电器,各种高新科技中的高精度、高速度、高自动化和高效率等特征,无不是运用数学方法并通过计算机来实现的。数学在运筹优化、人工智能、图像识别、机器证明,以及生物数学、数学考古学、数学心理学、数学语言学等方面的应用,使人们惊叹数学应用的"不可预测性"。数学与计算机技术的结合直接为社会创造价值,推动着社会生产力的发展。

(3) 数学是一种意识或思维方式,人们经常需要用数学的观点去处理问题。数学思维具有两大特征,即精确的定量方法和严密的逻辑推理。数学也是一种交流手段,人们可

---

[1] 华罗庚.大哉数学之为用[N].北京:人民日报,1959年5月28日.

以用它简明而准确地传递信息。这些在形成人的世界观、人类理性思维和促进个人智力发展的过程中发挥着独特的、不可替代的作用。

（4）数学还是一门艺术，促使人们对美的追求。数学的一些概念、公式、原理等，如对称、比例、图形、算式、黄金分割以及现代数学中的分形等常给人们以美的感受。绘画、音乐、建筑、园林设计等其他领域中的美妙作品也都离不开数学原理的运用。数学自身的简洁美、抽象美、对称美、和谐美、奇异美等更是给人以一种美的享受与启迪，同时可以促进人们去思考、去探索、去研究、去发掘。

著名数学家、哲学家怀特海(A.Whitehead)在谈及数学对文明的重要性时预言："如果文明继续发展，那么在今后两千年，人类思想中压倒一切的新特点就是数学悟性要占统治地位。"美国著名数学教育家克莱茵(M.Kline)也曾这样赞叹过数学："音乐能激发或抚慰情怀，绘画使人赏心悦目，诗歌能动人心弦，哲学使人获得智慧，科技可以改善物质生活，然而，数学却能提供以上一切。"

二、课程

汉语中的"课程"一词，最早见于唐代孔颖达对《诗经·小雅》的注疏："以教护课程，必君子监之，乃得依法制之。"南宋哲学家、教育家朱熹在《朱子全书·总论为学之方》中说过："宽着期限，紧着课程。"又说："小立课程，大作工夫。"意指课业及其进程。近代兴办学校以来，人们一般把课程理解为学生在学校中学习的教学科目及其进程、安排。如今，关于课程的含义大体上有三种说法：一是"学科"说，认为课程有广义、狭义之分，广义指所有学科的总和或学生在教师指导下各种活动的总和，狭义指一门学科；二是"进程"说，认为课程是一定学科有目的有计划的教学进程，不仅包括教学内容、教学时数和顺序安排，还包括规定学生必须具有的知识、能力、品德等的阶段性发展要求；三是"教学内容"说或"总和"说，将列入教学计划的各门学科和它们在教学计划中的地位、开设顺序等总称为课程。①

基于对课程的不同理解，人们可以对课程做出不同的分类。比如：必修课程与选修课程，学科课程与活动课程，分科课程与整合课程，显性课程与隐性课程等。美国教育家古德莱德(I.J.Goodlad)从课程实施的纵向层面分析，提出五种不同类型的课程：

理想课程：指按照教育科学和心理科学的理论，把学科教学内容加以组织之后的课程，具有较为浓厚的理想化色彩。它是一种理论设计模型，常常是由一些研究机构、学术团体和课程专家提出的课程。如由美国数学教师协会制订的《学校数学课程及评估标准》(1989年)、《学校数学的原则与标准》(2000年)就属于这一类课程。

正式课程：指由国家教育行政部门签署的课程文件，具有法律效应，地方教育部门和学校必须贯彻实施。如我国教育部颁发的"课程计划""课程标准"，以及经国家审查通过的教科书和教学指导书等。

领悟课程：指任课教师对课程文件的理念、目标和具体内容的领会与理解。不同的教师对课程文件可能有不同的理解。

运作课程：指学校在课堂上实际实施的课程。即教师根据学生的反映在课堂中对教

---

① 顾明远.教育大辞典(增订合编本)[M].上海：上海教育出版社，1998：892.

案进行的调整,它反映了教师在课堂上所做的实际工作。

经验课程:指学生实际体验到的课程。即学生经过课程学习获得的经验与体会,既包括"学科"的认识与体验,也包括校内外的经验活动领域。

上述课程中,正式课程最具权威性,是制订运作课程的依据和指南,是学生获得经验课程的重要资源,教师应当正确理解和领悟其实质。而运作课程是正式课程的具体化,更加贴近学生实际。理想课程在五种课程中具有独特地位,对其余四种课程起着"软性制约"的作用,反映理论研究对教学实践的影响。

课程是实现教育目的的重要途径,是组织教育教学活动的最主要的依据,是集中体现和反映教育思想和教育观念的载体,因此,课程居于教育的核心地位。

三、小学数学课程

小学教育是整个教育体系中的基础部分,是为学生终身学习奠定基础的重要阶段。小学数学是作为教育的数学,是基础教育中的基础学科。这一阶段的数学学习在学校教育中占有特殊的重要地位。它使学生掌握数学的基础知识、基本技能、基本思想和基本活动经验,学会用数学的思考方式解决问题和认识世界,为进一步学习数学和其他学科的知识奠定基础。

小学数学课程是基础教育课程的重要组成部分,它具有基础性、普及性和发展性。它是"在特定目标、计划制约下的数学学科及数学学习活动"。[①] 具体说来,它是结合数学学科的有关内容,对学生进行德智体美教育的过程和经验的总和。它包含课程的目的、内容、方法和评价等。数学课程对学生发展具有的特殊功能,是由数学的特点所赋予的,数学所具有的高度抽象性、逻辑严密性、广泛应用性,及其特有的符号语言系统、模式化的思想方法等,在培养人的理性思维和创新能力方面具有不可替代的作用。数学课程开设年限最长,占用课时多,几乎与母语相同。它与其他课程的学习密切相关,尤其是理科课程,是掌握相关课程和现代科学技术必不可少的工具。不仅如此,数学课程对青少年品格的形成,以及促进学生全面发展有着重要的作用。

思考与练习

1. 数学有哪些特点?请举例说明。
2. 数学的作用具体表现在哪些方面?
3. 小学数学课程的含义、性质和地位作用是什么?

第二节 新中国成立以来的小学数学课程改革

新中国成立以来,我国小学数学教育走过了一段不平凡的历程,虽几经曲折,仍取得了巨大成就。新中国成立初期,在巩固和发展老解放区教育成果的同时,接管并改造了旧

---

① 教育部基础教育课程教材专家工作委员会.义务教育数学课程标准(2011年版)解读[M].北京:北京师范大学出版社,2012:58.

社会遗留下来的学校教育,建立新的教育体系,由全面学习苏联的小学教育,接受苏联凯洛夫教育思想,使小学数学课程趋于严密化、系统化;到经历"大跃进"和"教育大革命"的运动,全盘否定学习苏联经验;到中央及时纠正急躁、冒进的错误思想,提出"调整、巩固、充实、提高"的八字方针,使得小学数学教育在教材、教法改革方面都取得了新的进展;可惜这一成果未能得到有效巩固,"文化大革命"造成了教育事业上的严重灾难。20世纪80年代以来,我们在总结历史经验的同时,受到西方各种先进教育思想的影响,改革开放使得我国基础教育研究充满活力,先进的教育思想、教学理论、教学经验融合到我国基础教育的实践当中,我国小学数学的课程、教材和教法的改革不断迈向新的台阶,逐步形成了具有我国特色的小学数学课程体系。

教学大纲(课程标准)是教育教学的指导性文件,是课堂教学、编写教材、考试和评价教学质量的依据,其变化反映了课程的教学理念、目标、内容和方法等改革的基本方向。新中国成立以来,我国先后进行了八次课程改革,教育部(教育委员会)先后颁发了十一部教学大纲(课程标准),现列表说明如下:

表1.1　新中国成立以来教育部颁发的教学大纲(课程标准)

次序	大纲(或标准)名称	颁发时间	说　明
第一次课改 (1949—1952)	《小学算术课程暂行标准(草案)》	1950年7月	以老解放区教育经验为基础,吸收旧教育有用经验,借助苏联经验。
第二次课改 (1952—1957)	《小学算术教学大纲(草案)》和《小学珠算教学大纲(草案)》	1952年12月	参照苏联《初等学校算术教学大纲》制订,学制是五年一贯,初中学一年算术。
	《小学算术教学大纲(修订草案)》	1956年12月	在1952年大纲的基础上,参考苏联新修订的小学算术大纲,并按照四二制(初小四年、高小二年)的要求,修改而成,初中还要学一年算术。
第三次课改 (1957—1961)	教育部未颁发大纲		提出"教育大革命",全面否定学习苏联经验,各地进行学制改革和教材改革试验。
第四次课改 (1961—1966)	《全日制小学算术教学大纲(草案)》	1963年5月	在总结新中国成立以来正反两方面经验教训的基础上制订,学制六年,小学学完全部算术。
第五次课改 (1966—1976)	教育部未颁发大纲		教学计划、教学大纲、课程教材等都遭到批判,各地自编了一些地方数学教材,突出政治,强调实用,教学程度明显降低。
第六次课改 (1976—1986)	《全日制十年制学校小学数学教学大纲(试行草案)》	1978年2月	根据我国实现四个现代化的要求,吸取国内外小学数学教学改革经验而制订,学制五年,后改为五、六年制并存。
	《全日制小学数学教学大纲》	1986年12月	为实施九年义务教育过渡,在1978年大纲的基础上修订而成,是新中国成立以来第一部不带"草案"字样的正式大纲,学制为五、六年制并存。

续表

次序	大纲(或标准)名称	颁发时间	说　明
第七次课改 (1986—2001)	《九年义务教育全日制小学数学教学大纲(初审稿)》	1988年11月	根据《义务教育法》,在1986年大纲的基础上,经多次修订不断完善而成。这三部大纲的结构与教学目标大致相同,其中"试用修订版"吸收了将要进行的第八次课程改革先行研究的成果,学制仍为五、六年制并存。
	《九年义务教育全日制小学数学教学大纲(试用)》	1992年6月	
	《九年义务教育全日制小学数学教学大纲(试用修订版)》	2000年3月	
第八次课改 (2001—　)	《全日制义务教育数学课程标准(实验稿)》	2001年7月	适应形势发展需要,调整和改革基础教育课程体系、结构、内容,构建新的符合素质教育要求的基础教育课程体系。文件名称由"教学大纲"改为"课程标准"。小学、初中实行九年一贯制,分三个学段:1—3年级;4—6年级;7—9年级。
	《义务教育数学课程标准(2011年版)》	2011年12月	

纵观新中国成立以来进行的历次小学数学课程改革,我们可以发现,每一次课程改革都是在一定的社会政治、经济、文化背景下进行的,特定时期的环境决定着基础教育改革的方向,也决定了教学大纲指导思想、结构和内容的调整。

一、百废待兴,统一课程(1949—1952)

(一) 课程改革背景

1949年9月29日,中国人民政治协商会议第一届全体会议通过的《中国人民政治协商会议共同纲领》规定:"中华人民共和国的文化教育为新民主主义的,即民主的、科学的、大众的文化教育。人民政府的文化教育工作,应以提高人民文化水平,培养国家建设人才,肃清封建的、买办的、法西斯的思想,发展为人民服务的思想为主要任务","提倡爱祖国、爱人民、爱劳动、爱科学、爱护公共财物为中华人民共和国全体国民的公德","中华人民共和国的教育方法为理论与实践一致,人民政府应有计划有步骤地改革旧的教育制度、教育内容和教学方法"。"共同纲领"为新中国教育指明了方向。同年12月23日,召开了新中国第一次全国教育工作会议,会议讨论和研究了接受旧教育和发展新中国教育的一系列问题。会议提出:"以老解放区新教育经验为基础,吸收旧教育有用经验,借助苏联经验,建设新民主主义教育。"

1950年7月,教育部根据第一次全国教育工作会议精神制订了《小学算术课程暂行标准(草案)》。这是新中国成立后的第一个小学算术(数学)课程标准。

(二) 课程目标

"暂行标准"规定的课程目标有四条,分别是:

- 增进儿童关于新社会日常生活中数量的正确观念和常识；
- 指导儿童具有正确和敏捷的计算技术和能力；
- 训练儿童善于运用思考、推理、分析、综合和钻研问题的方法和习惯；
- 培养儿童爱国主义思想，并加强爱科学、爱护公共财物等国民公德的培养。

课程目标包括知识、能力（计算能力、逻辑思维能力）和思想品德教育三大方面。和新中国成立前相比，知识方面的教学目标变化不大，培养计算能力、逻辑思维能力的目标更为明确，特别是第一次明确提出：在算术教学中，对儿童进行思想品德教育的要求。这反映了教育观念从"学科教育"到"人的教育"的转变，体现了新的教育方针。

（三）课程主要内容

"暂行标准"中的课程内容分算术和珠算两大部分，并规定了各部分教材大纲和每周的教学时数。珠算单独设科，安排在三、四年级教学。

课程内容突出了以四则计算为中心，计量单位的知识按其进率和难易程度结合计算知识分散出现；整数的教学划分为七个循环圈：10 以内加减法，20 以内加减法，百以内四则，千以内四则，万以内四则，多位数（百万以内）四则，整数（第七阶段在初中算术中）；小数的教学集中在四年级上学期，分数的教学集中在五年级上学期，几何初步知识教学集中在四年级下学期，没有代数初步知识；统计初步知识主要是统计表、统计图的认识和制作，同时根据当时的社会实际，介绍合作社的实用方法。

《小学算术课程暂行标准（草案）》的各项指示意见，对新中国小学算术教学具有推动作用，由于与之相应的小学算术课本没有编出来，因此可以说，这个课程标准并没有真正得到贯彻实施。

二、学习、模仿和初步总结苏联经验（1952—1957）

（一）课程改革背景

新中国成立初期，政府在教育方面开始大力推行统一的社会主义教育体制。1951 年 10 月，政务院颁布了《关于改革学制的决定》。随后教育部于 1952 年 3 月 18 日，颁发了《小学暂行规程（草案）》。这是新中国成立后颁发的第一个全面规范小学课程的政府文件。它明确了小学的性质、任务及培养目标等，正式确定小学实行五年一贯制，小学儿童入学年龄以七足岁为标准。

与此同时，教育部着手制订全国统一的小学算术教学大纲，确定参考苏联小学算术教学大纲，根据我国具体情况，适当加以改编。1952 年 12 月，教育部颁布了《小学算术教学大纲（草案）》和《小学珠算教学大纲（草案）》。大纲从内容到形式都有了很大变化，如果说，之前《小学算术课程暂行标准（草案）》的变化主要在思想体系和联系实际方面，那么这一次的变化就在算术内容的体系和形式方面了。从这个意义上讲，这可以看作新中国成立后第二次基础教育课程改革。新大纲的颁布，使全国小学算术教学有了统一的依据和要求。

（二）课程目标

《算术大纲》提出的教学任务是：

- 保证儿童自觉地和巩固地掌握算术知识和直观几何知识，并使他们获得实际运用这些知识的技能；
- 培养和发展儿童的逻辑思维，使他们理解数量和数量间的相依关系，并能做出正确的判断；
- 利用算术知识使儿童理解我们祖国建设的基本知识与其伟大的意义，并培养儿童对劳动有自觉的态度；
- 培养儿童自觉的纪律性，工作的明确性与准确性等优良品质；
- 培养儿童善于钻研、创造、克服困难、有始有终等意志和性格。

《珠算大纲》提出的教学要求是：

- 学会加、减、乘、除四种基本算法，并成为熟练技巧；
- 学会"斤两歌"的简单应用；
- 在笔算中所学到的各种应用题，在解答的步骤和算法确定之后，可以运用珠算来计算。

可以看出，课程目标中包括知识、能力和思想品德教育三方面。在知识目标中，提出了算术知识和直观几何知识，以及珠算的知识，强调知识的掌握和运用，明确了掌握知识和获得技能的双重任务。在智能性目标中，明确提出了培养和发展儿童的逻辑思维的要求。在思想品德教育目标中，提出了对儿童进行学习意义、学习习惯、劳动态度等其他非智力因素教育的任务。这说明人们不仅认识了数学的认识价值、应用价值和智力价值，而且认识了数学的教育价值。

（三）课程主要内容

《算术大纲》规定的各年级课程内容包括：

（1）整数及其四则运算。分成了六个阶段：① 10 以内的计数和口算加减；② 20 以内的计数和口算四则；③ 100 以内的计数和口算四则；④ 1 000 以内的计数和口算四则及笔算四则；⑤ 六位以内的计数和四则；⑥ 多位数（十二位以内）的计数和四则（第七个阶段在初中算术中）。整数教学中，口算的要求很高，学习的时间也比较长，到二年级下学期，认数进入到第四个循环圈，即千以内时，仍然是口算，到了三年级上学期，才开始正式学习笔算。

（2）复名数及其四则。大致分为两个阶段：从一年级上学期开始至三年级下学期止，学习市制计量单位，包括市制度、量、衡单位和时间单位的认识、化法、聚法；三年级下学期起开始学习公制计量单位，还要学习市制和公制计量单位间的换算。复名数四则只限于两个计量单位，而且数目不是很大。

（3）直观几何知识。使儿童认识的几何形体主要是正方形、长方形、正方体、长方体，以及有关的周长、面积、体积的计算，这些内容集中安排在四年级下学期教学。关于测量，一、二年级要练习测量直线线段的长度，三年级时要连带学习直线的测量和作图，并进行实地测量。

（4）分数、小数和百分率。四年级上学期开始正式学习最简单分数的读法、写法和求已知数的几分之几的应用题；五年级学习最简单的分数、同分母分数和倍数分母分数的加法和减法；由某数的几分之一求某数的应用题；小数和百分率的学习在分数学习之后，但分数、小数和百分率的系统学习主要在初中一年级。

（5）应用题。大纲规定：应以算术课及其课外作业全部时间的一半左右来学习解答应用题。除学习一般应用题外，还有典型应用题。大纲还提出了应用题教学和其他各科的联系，要求"教师可适当地利用历史、地理、自然的材料编成应用题供儿童练习，但这种联系应以儿童在当时所学到的数学知识和计算技能为限，无论如何不应为联系各科而破坏了算术本身的系统性"。这些带有方向性的改进意见，为当时应用题教学和今后的进一步改革奠定了基础。如今看来，联系实际、联系其他学科，与坚持本学科系统的理论知识教学还存在不同的见解。

同时颁布的《珠算大纲》规定的课程内容是传统的算法，包括加、减、乘、除四种运算。注重珠算在生产、生活中的简单应用，如"斤两歌"的应用等。

由于1952年的大纲（草案）是新中国成立后第一个全国统一施行的小学算术教学大纲，这个大纲基本上是参照当时苏联的初等学校算术教学大纲制订的，脱离了当时我国的实际，机械地照搬苏联的经验，把苏联小学四年的教学内容拉成五年，致使小学阶段分数、小数、百分数等内容没有学全，初中还要学一年算术。这样降低了我国小学算术的程度，而另一些内容，如应用题、和差积商的变化等又要求偏高，以致不能使五年一贯制小学毕业受到完全小学所应受到的数学教育。

（四）学习苏联的初步总结，制订《小学算术教学大纲（修订草案）》

1953年9月，教育部颁布了《小学（四二制）教学计划（草案）》，1954年1月，针对其附注和说明有脱漏和易滋误解之处，进行了修改，于1954年2月又公布了《小学（四二制）教学计划（修订草案）》。由此可见，1952年公布的五年制小学算术教学大纲只执行了一年多时间，便开始执行四二学制。到1955年12月人民教育出版社已出齐了四二制小学算术教科书12册和初小、高小珠算教材。这样，1956年12月，教育部编订的《小学算术教学大纲（修订草案）》（四二学制），实际上是在原五年一贯制《小学算术教学大纲（草案）》和《小学珠算教学大纲（草案）》的基础上，参考苏联新修订的小学算术大纲，并总结新编四二制小学算术课本使用经验，修改而成的，是学习苏联小学算术教学经验的一次总结。

1956年大纲（修订草案）将小学算术和珠算合并在一起，提出的小学算术教学的目的主要是：

- 使儿童能够自觉地、正确地和迅速地进行整数运算，能够运用已经获得的知识、技能和技巧去解答算术应用题和解决日常生活中简单的计算问题；
- 算术教学必须有助于儿童智慧的发展和道德品质的培养，以促进全面发展的教育任务的实现；
- 算术学习应该做到使数和量成为儿童认识周围现实的工具。

上述目标包含三个方面任务：一是教养的任务，使儿童获得一定的算术知识、技能和技巧；二是教育的任务，必须发展儿童的智慧，培养儿童的共产主义道德品质；三是实用的任务，使儿童将所学的算术知识、技能运用于日常生活和生产实践。与1952年大纲（草案）中规定的教学目的任务相比：更加强调了整数运算是小学算术学习的重点；由培养和发展儿童的逻辑思维，扩展为发展儿童智慧；从原来的培养儿童的劳动态度、良好学习习惯和认真负责的工作态度等教育，提升为培养儿童道德品质，促进儿童全面发展。

1956年大纲（修订草案）在课程内容上与1952年大纲（草案）相比，除增加简单统计图表和简单簿记的初步知识以外，其他方面变化不大。

三、开展"教育革命"，中学内容下移小学（1957—1961）

（一）课程改革背景

1957年1月1日，《教师报》发表社论："教学计划、教学大纲和教材还不够切合实际"，"必须认真克服学习外国先进经验中的教条主义"。1958年5月，中共八大二次会议召开，会后全国迅速掀起"大跃进"热潮。教育战线也提出了"教育大革命"的口号，在破除对苏联大纲迷信的同时，也全面否定了学习苏联的经验。当时对中小学教材的看法已不是"要求高、分量重、内容深"，而是存在少慢差费的现象。认为教育内容一是陈旧落后、重复烦琐，落后于青少年的智力发展；二是脱离政治、脱离生产、脱离中国实际。1958年6月17日，《教师报》发表社论《改革小学算术教学》，指出："目前中小学数学教学中的主要缺点是：内容较浅，分量较轻，缺少与生产有密切联系而又为学生迫切需要和掌握的数学知识和技巧，严重地脱离学生的学习实际，满足不了他们学习数学知识的要求，并且内容也很陈旧，很少接触到新近发展起来的数学知识。"并且提出："现行小学算术教材内容，完全有必要增多和加深。""只要经过一、二年的准备和过渡，就可能把现行初中数学教材的算术部分全部移到小学去教。"

1958年8月，中共中央和国务院发布的《关于教育事业管理权力下放问题的规定》中指出，今后教育部的任务之一是"组织编写通用的基本教材、教科书"，"各地方根据因地制宜、因校制宜的原则，可以对教育部和中央主管部门颁发的各级各类学校指导性教学计划、教学大纲和通用的教材、教科书，领导学校进行修订补充，也可以自编教材和教科书"（《中华人民共和国大事记》，第228页）。同年9月，教育部发出通知：今后各地可以自编教材，教育部不再颁发教学用书表。

（二）课程教材改革

此间，教材改革主要是把初中算术下放到小学，使小学学完全部算术，提高了小学算术教学程度。如1959年，人民教育出版社对1957修改出版的小学算术课本进行了再次修改、补充，出版了《初小算术（暂用本）》八册和《高小算术（暂用本）》四册。1960年10月，人民教育出版社草拟了《十年制学校数学教材的编辑方案（草稿）》，作为编写全国十年制试点学校试用的数学教材的依据，并于1961年出版了《十年制学校小学课本算术（试用本）》共十册和《珠算（试用本）》一册，供当时五年制试点学校使用，一直用到1966年。这套教材的教学内容和程度与四二制算术暂用本相当，也就是用五年的时间学完初中下放后的全部算术内容。这在当时来说，是人民教育出版社编写的程度最高的一套算术教材，被看作教材改革史上一个新的起点。

此时，北京、上海、江苏、浙江、福建等许多地方也进行了课程教材改革试验。这些地方性试用课本的共同特点是：

① 改革教材体系，在精简过去教材内容的基础上，不同程度地把初中代数、几何的内容下放到小学；

② 精简了整数及其四则运算教学的循环圈，减少重复；

③ 把珠算合并到小学算术中，使得笔算和珠算相结合；

④ 教材内容强调为政治服务，贯彻理论与实际相结合的精神。

但受当时"大跃进"、高指标的影响，各地编写的教材大多存在以下问题：

① 中学代数、几何的内容下放过多，学生难以接受。比如：北京编的《小学代数》要完成对实数的初步认识；上海编的《小学数学》要学习初中代数、几何的大部分内容；江苏编的《初等数学》小学五年级要学习三元一次方程组、二元一次不等式。这些教材都过高地估计了小学生的接受能力。

② 师资培训跟不上。大量的中学数学下放到小学以后，小学教师一时难以适应，教学困难很多。

③ 课程教材改革不宜采用"大跃进"、搞突击性群众运动的办法，教材的编制需要实践研究，短时间内编出成套的教材难以经得住实践的检验。

④ 教材中增加了许多无关的政治内容，名为体现教育为无产阶级政治服务，实际上是后来人们批评的"形式主义""贴标签"。

50年代末至60年代初，我国"教育大革命"时期，正值国际上轰轰烈烈地开展中小学数学教育现代化运动，国际、国内的数学教育改革可谓不谋而合。总结这段历史，对推进中国特色的基础教育课程改革，具有重要的借鉴作用。

（三）教学改革实验

此外，各地涌现出了一些教学改革试验。比如：辽宁省黑山县北关小学课程和教学改革试验的经验；北京市第二实验小学的"算术和代数混合教学"实验等。其中，北关小学的改革经验在当时产生了广泛影响。他们认为原教材对儿童的接受能力估计过低，因而禁忌很多，使得教材的编排，产生了分散、割裂、重复、烦琐、重点不突出和脉络不清的现象，所以他们在教材内容的安排上，从儿童生活范围出发，从具体到抽象，由简到繁，从整体出发，集中揭示知识的本质特征，把知识的规律和掌握知识的方法教给学生。

四、纠正急躁冒进，加强基础教学，初步构建我国小学数学课程体系（1961—1966）

（一）课程改革背景

1961年1月，中共八届九中全会以后，中央开始认真调查研究，总结"大跃进"以来的经验教训，实行"调整、巩固、充实、提高"的八字方针，到1966年，这是我国政治稳定、经济好转的时期。1961年下半年，人民教育出版社赶编的《十年制学校小学课本算术（试用本)》出版后,根据教育部指示,人民教育出版社立即着手编写十二年制学校算术课本,同时参加起草新的小学算术教学大纲。1963年7月,教育部颁发了《关于实行全日制中小学新教学计划(草案)的通知》。同年,教育部相应地颁发了六年制的《全日制小学算术教学大纲(草案)》。这是新中国成立后教育部颁发的第四个小学算术教学大纲。

(二)课程目标

《全日制小学算术教学大纲(草案)》规定的教学目的是:
- 使学生牢固地掌握算术和珠算的基础知识;
- 培养学生正确地、迅速地进行四则计算的能力和正确地解答应用题的能力;
- 具有初步的逻辑推理的能力和空间观念,以适应他们毕业后参加生产劳动和进一步学习的需要。

与1956年的大纲(修订草案)相比,这个大纲(草案)第一次提出了培养"空间观念"的要求,明确提出了"掌握珠算的基础知识"和培养"解答应用题的能力",但它忽视了数学学科的教育性,没有提出思想品德教育的要求。

这个大纲(草案)是在总结新中国成立以来正反两方面的经验、教训的基础上制订的。它既改变了新中国成立初期由于生搬当时苏联的大纲,将四年的教学内容拉长到六年导致的程度下降;又改变了1958年"教育大革命"中,受"大跃进"高指标的影响把程度提得太高的问题,比较切合我国当时的实际。可以说,这时已初步形成了适合我国国情的小学数学课程教材体系。

(三)课程主要内容

大纲(草案)指出:"在确定小学算术教学内容时,必须选择算术中的基础知识,并且注意这些基础知识在生产劳动和科学技术上的应用。此外,还必须注意与中等学校的有关学科衔接,注意反映我国算术教学上的优良传统。"确定的课程内容包括:整数、分数、小数的四则计算以及百分法和比例;解答应用题;计量的知识;几何形体的知识;记账的知识;统计图表的知识和珠算等。

整数四则由原来的七个循环圈改为四个循环圈:"二十以内""百以内""万以内""亿以内",每个阶段各有重点,在五年级再把整数四则计算的知识加以概括和提高。分数、小数的教学各分两个阶段,规定在初小阶段四年级下学期在学习分数的初步认识之后,学习一些简单的小数四则,高小阶段进一步学习分数的意义和性质之后,再在此基础上进行小数的补充和提高。几何初步知识注意按欧氏几何概念发展线索建立教学内容的结构体系。上述做法对以后的课程教材改革影响较大,其整数、分数、小数教学阶段的划分基本上沿用至今。

五、"文化大革命"时期,课程遭到严重破坏(1966—1976)

1966年,"文化大革命"在全国掀起,那时"停课闹革命"席卷全国,正常的教学秩序遭到完全破坏,所有的教学计划、教学大纲、课程教材等都遭到批判,各级教育行政部门、学校的管理处于瘫痪状态。

当时,小学数学教学的知识目标、智能目标被完全否定,以应用数学代替知识学习,片面强调联系实际,片面强调培养学生解决工农业生产中的实际问题的能力,否定逻辑思维能力和空间观念的培养。学生忙于"学工""学农""学军",搞"斗批改",失去了宝贵的时间,基础知识、基本技能严重削弱,教学质量大幅降低。

十年动乱期间,各省市区教育行政部门组织编写了一些地方数学教材,这些教材存在严重的实用主义倾向,数学知识体系支离破碎,教学程度明显降低,只讲一些常识性知识,习题数量少、教学要求低。一些地区实行口算、笔算、珠算三算结合的教学实验,取得一定成效。此时全国没有统一的教学大纲,实际上又回到"以教材代纲"的时代。

六、拨乱反正,课程教材重建(1976—1986)

(一)课程改革背景

"文化大革命"的十年,学校教育遭到严重破坏,教育质量严重下降。1976年,中央根据"四化"建设的要求,提出编写全国通用的中小学教材。如何编写急需的中小学数学教材,当时有两种意见:一是认为,1963年的课本是比较好的,只要重印或做小的修改就可以继续使用;二是认为,随着科学技术的飞速发展,我国面临现代化建设的需要,必须重新编写符合实际需要的中小学教材。

1977年8月8日邓小平同志主持召开科学和教育工作座谈会,会上指出:"关键是教材,教材要反映出现代科学文化的先进水平,同时要符合我国的实际情况。"[①]此时,各地实行的中小学学制并不统一,1977年教育部确定以十年制为基本学制,制订教学计划。

1978年1月18日颁发了《全日制十年制中小学教学计划试行草案》。"试行草案"指出:全日制中小学学制为十年制,小学五年、中学五年(初中三年、高中二年),统一为秋季始业。"试行草案"强调,数学课要加强数学基础知识的教学和基本技能的训练,从小学起就要注意反映现代数学的观点,小学和中学都要适当提高程度。在这样的精神指导下,教育部制订了《全日制十年制学校小学数学教学大纲(试行草案)》,并于1978年2月正式公布。

(二)课程目标

《全日制十年制学校小学数学教学大纲(试行草案)》规定的小学数学教学的目的是:

● 使学生理解和掌握数量关系和空间形式的最基础的知识;

● 能够正确地、迅速地进行整数、小数和分数的四则运算,初步了解现代数学中的某些最简单的思想,具有初步的逻辑思维能力和空间观念,并能够运用所学的知识解决日常生活和生产中的简单的实际问题;

● 结合教学内容对学生进行思想政治教育。

这个大纲(试行草案)第一次把小学算术课程拓展为小学数学课程,第一次提出"初步了解现代数学中的某些最简单的思想",第一次比较全面地提出了知识、能力和思想教育三方面的教学目标,并将原"小学算术"改名为"小学数学",这一做法改变了多少年来小学

---

① 中共中央文献编辑委员会.邓小平文选[M].北京:人民出版社,1983:52.

一直沿用"算术"这一课程名称,充分体现了培养现代化建设人才的需要。

在知识目标中,强调在理解的基础上掌握基础知识。在能力目标中,明确地将"逻辑推理能力"改为"逻辑思维能力";将"解答应用题的能力"改为"解决简单的实际问题的能力"。在思想教育目标中,强调学习的目的性、学习习惯、初步的辩证唯物主义观点教育和思想政治教育。

(三) 课程主要内容

在选择小学数学教学内容时,采取了三项具体措施:一是精选传统的算术内容;二是适当增加代数、几何的部分内容;三是适当渗透一些现代数学的思想,如集合、函数、统计思想方法。经改革,传统的算术内容约占95%,新增的内容仅占5%。教学内容主要包括:算术知识(整数、小数、分数、百分数、比和比例);代数初步知识(正数、负数、有理数、简易方程);几何初步知识(一些简单的几何形体及其周长、面积、体积、容积计算,简单的土地丈量和土、石方计算)。总之,大纲(试行草案)大大地更新了教学内容,不但删去了过繁的四则计算、繁难的应用题和繁杂的复名数化聚,而且增加了不少代数、几何初步知识,直观地渗透了现代数学思想。由于处理方法恰当,既提高了程度,又切实可行,避免了走国外"新数学运动"的弯路。

(四) 颁发《全日制小学数学教学大纲》

1978年至1985年,中小学教学计划经过修订,形成了十年制和十二年制的两套教学计划。小学形成了五年制、六年制并存的两种学制。小学数学教材经过修订、改编也已出版了五年制、六年制两套小学数学课本。1978年颁发的《全日制十年制学校小学数学教学大纲(试行草案)》,在试行过程中,教育部虽两次召开座谈会,并根据各地意见对教学内容进行过一些调整,但没有进行过全面修订,大纲(试行草案)已难以起到指导教学的作用。1985年5月《中共中央关于教育体制改革的决定》和1986年4月《中华人民共和国义务教育法》先后颁布,为贯彻中央文件精神,总结八年来教学实践经验,结合当前我国小学数学教学实际,国家教委委托人民教育出版社、北京市教育局、北京师范大学等单位,对中小学各科教学大纲进行全面修订。1986年11月全国中小学教材审定委员会召开扩大会议,审定并通过了修订后的教学大纲,并于1986年12月国家教委颁发了《全日制小学数学教学大纲》。这是新中国成立后颁发的第六部小学数学教学大纲,也是新中国成立以来第一部不带"草案"字样的正式大纲。由于全国将要开始实施九年义务教育,因此这部大纲也是一部过渡大纲。修订的《全日制小学数学教学大纲》与1978年大纲(试行草案)相比,在指导思想,发展智力、培养能力,结合教学内容进行思想品德教育,减轻学生过重的学习负担,改革教学方法等方面,都提得更加明确、具体,便于执行。

七、构建义务教育课程,实施义务教育(1986—2001)

(一) 课程改革背景

1985年5月中央颁布了《中共中央关于教育体制改革的决定》,1986年4月又颁布

《中华人民共和国义务教育法》。为适应义务教育,国家教委先后于1988、1992、2000年颁布了九年义务教育全日制小学数学教学大纲(初审稿、试用版、试用修订版),分别是新中国成立以来的第七、八、九部教学大纲。这三部大纲的结构与教学目标大致相同,学制仍为五、六年制并存。

(二) 课程目标

在确定了"九年义务教育"这个重大目标之后而制订的、经过各地的教师和教研员的十多年试用、"磨合"和研讨而多次修订,不断完善的这三个版本的教学大纲中,提出的教学目的如表1.2所示:

表1.2 三部教学大纲规定的教学目的

	1988年初审稿	1992年试用	2000年试用修订版
《九年义务教育全日制小学数学教学大纲》规定的教学目的	• 使学生理解、掌握数量关系和几何图形的最基础的知识; • 使学生具有进行整数、小数、分数四则计算的能力,培养初步的逻辑思维能力和空间观念,能够运用所学的知识解决简单的实际问题; • 使学生受到思想品德教育。	• 使学生理解、掌握数量关系和几何图形的最基础的知识; • 使学生具有进行整数、小数、分数四则计算的能力,培养初步的逻辑思维能力和空间观念,能够运用所学的知识解决简单的实际问题; • 使学生受到思想品德教育。	• 使学生理解、掌握数量关系和几何图形的最基础的知识; • 使学生具有进行整数、小数、分数四则计算的能力,培养初步的思维能力和空间观念,能够探索和解决简单的实际问题; • 使学生具有学习数学的兴趣,树立学好数学的信心,受到思想品德教育。

由表中可以看出,"初审稿"与"试用"关于教学目的的表述是一致的,并且在具体教学要求上也基本相同。教学目的三条并列,体现了掌握知识、能力培养、思想品德教育同等重要。"试用修订版"的教学目的做出了明显修改,增加了培养学习数学的兴趣和信心的要求,反映了对学生学习情感的关注,具体教学要求方面也有所变化。

(三) 课程主要特点

义务教育课程明确了小学数学在提高全民素质中的地位和作用,体现了义务教育的性质和要求。

教学内容适当降低了难度,减少了大数目的笔算和四则混合运算,删去了繁分数、扇形面积计算,以及较为繁难的求积题和应用题;四则运算的要求有所降低,不再笼统地要求"正确、迅速",而是有区别地、分层次地提出要求,符合时代发展和社会实际的需要。

内容的编排体现灵活性,各年级的教学内容不分学期,而且允许在年级间做适当的调整,以适应"一纲多本"的需要。

大纲(试用修订版)提出了切实可行的"教学中应注意的几个问题"。在能力培养的教学目标中,将"逻辑思维能力"改为"思维能力",表明不但要求培养学生的逻辑思维,而且要求培养学生的非逻辑思维,包括直觉思维、形象思维、求异思维、发散思维和创新思维等。

为便于掌握大纲提出的教学要求,大纲(试用)首次把知识教学的要求分为知道、理解、掌握、应用四个层次;把技能教学的要求分为会、比较熟练、熟练三个层次,并在附录中对每一个层次的含义做了具体说明,便于教师理解和掌握教学要求,克服教学中的随意性。

1986年9月,国家教委成立了新中国第一个权威性的中小学教材审定机构——全国中小学教材审定委员会,明确提出"教材要一纲多本""教材要多元化""教材要编审分离",决定组织编写不同类型、不同层次、不同风格的中小学教材。此后,根据九年义务教育全日制小学数学教学大纲的要求和"一纲多本"的精神,北京、上海、浙江、四川、广东、福建等省市,陆续出版了本地区适用的义务教育教科书,河北编写了供农村小学使用的复式教材(称半套),共称"八套半"义务教育数学教材。

八、颁布实施义务教育数学课程标准,编写和实验新教材(2001—)

2001年,在国务院直接领导下,教育部启动了新一轮基础教育课程改革,制订了《基础教育课程改革纲要(试行)》。同年7月,教育部颁布了《全日制义务教育数学课程标准(实验稿)》,简称《课标(实验稿)》。经十年改革实践,在广泛调查研究的基础上,对实验稿进行了修订和审议,并于2011年12月,教育部颁布了《义务教育数学课程标准(2011年版)》,简称《课标(2011年版)》,具体内容将在下一节中介绍。

思考与练习

1. 新中国成立以来进行了哪几次小学数学课程改革?每次课程改革的主要背景、目标和内容是什么?

2. 20世纪50年代后期进行的"大跃进""教育革命"对课程教材改革带来哪些影响?各地编写的教材存在哪些主要问题?

3. 20世纪60年代初的小学数学课程改革,在整数、小数、分数及其四则的阶段划分上采取了什么措施,对后来的教材结构有什么影响?

4. "文化大革命"之后,小学数学教学内容的选择采取了哪些具体措施?有何意义?

5. 20世纪后期我国开始实行义务教育,其间颁发了哪几部小学数学教学大纲?小学数学课程有哪些主要特点?

第三节 小学数学课程标准

一、启动第八次课程改革的主要背景

第八次基础教育课程改革起始于2001年,其标志性的文件是2001年6月,教育部颁布的《基础教育课程改革纲要(试行)》。该《纲要》作为基础教育课程改革的指导性文件,并以此来替代多年采用的"教学计划"或"课程计划"。同年7月,教育部颁布了义务教育阶段的18个课程标准,其中包括《全日制义务教育数学课程标准(实验稿)》。启动第八次

课程改革主要缘于：

首先，人才观发生了改变。21世纪是知识经济时代，在知识经济时代，劳动者的素质和结构将发生重大变化，人们呼吁要加快培养创新型人才。20世纪末，世界上许多国家特别是一些发达国家，无论是反思本国教育的弊端，还是对教育发展提出新的目标和要求，往往都从基础教育课程改革入手，通过改革基础教育课程，调整人才培养目标，改变人才培养模式，提高人才培养质量。

其次，我国基础教育存在一些不容忽视的问题。新中国成立以来，我国基础教育的发展和既往的课程改革，都取得了巨大的成就，为促进我国政治、经济、科技、文化等各个方面的发展做出了巨大贡献。与此同时，我们必须实事求是地承认，我国基础教育的现状仍然存在一些不容忽视的问题：

- 教育观念滞后，人才培养目标同时代发展的需求不能完全适应；
- 课程结构单一，缺乏选择性、整体性和综合性；
- 课程内容存在着"繁、难、偏、旧"的状况，学科体系相对封闭，难以反映现代科技、社会发展的新内容，脱离学生经验和社会实际；
- 学生学习负担过重，死记硬背、题海训练的状况普遍存在，对学生的创新、实践关注不够；
- 课程评价过于强调学业成绩和甄别、选拔的功能；
- 课程管理过于集中，强调统一，致使课程难以适应当地经济、社会发展的需求和学生多样化发展的需求。

这些问题的存在，以及它们对实施素质教育的制约及产生的不良影响，引起了广泛关注。因此，《纲要》提出"大力推进基础教育课程改革，调整和改革基础教育的课程体系、结构、内容，构建符合基础教育要求的新的基础教育课程体系"。与以往不同的是，本次课程改革是自上而下的，有强大的政府行为。

二、《课标（实验稿）》的讨论

2001年9月，义务教育阶段的新课程开始在27个省（市、区）的42个国家级实验区进行实验，到2004年全国有90％的区县起始年级使用新课程教材，2005年全部起始年级使用新课程教材。这意味着2005年全国所有义务教育阶段的学校都进行了新课程实验，新课程改革进入了全面推广阶段。

新课程改革十年，不仅在理论上进行了探索，在实践上也积累了较为丰富的经验，取得了可喜的成绩。如：

- 教师的教学观念发生了变化，更加注重学生的全面发展，重视数学知识的过程教学，注重数学与生活、数学与社会、数学与其他学科的联系；
- 教师的角色发生变化，课堂的民主氛围更加浓厚，关注不同发展水平的学生，注重学生的差异；
- 学生学习数学的自信心增强了，比以前更喜欢数学了；
- 注重教学方式的转变，探索多样化的教学方式，关注信息技术与学科的整合；
- 开始建立有利于促进学生发展的评价方式，不仅关注学生知识技能的学习，也关注

学生的学习过程,尝试运用课堂观察、成长记录等方式评价学生的学习过程,关注学生的情感、态度与价值观;

• 教材的内容丰富、新颖、活泼,学生更加喜爱,充分运用教材以外的课程资源已经成为共识。

这对整个基础教育的改革与发展,素质教育的推进,以及学生的创新意识和实践能力的培养起到了积极作用。

由于在较短的时间内进行如此大规模的实验,课程改革也出现了一些问题,产生了一些不同的看法,引发了人们的研究与思考。一些数学家、院士本着对课程改革关心和负责提出了许多意见,主要有:

• 关于课程体系的创新与继承。改革必须在原有的基础上进行,不能搞彻底打倒。数学家认为应该在继承优良传统的基础上进行改革创新,而《课标(实验稿)》改变了传统的学科体系,使教材结构松散,给教和学带来了困难。

• 关于联系实际,注重实用。中国古代的几何学家,研究几何是唯用至上,古希腊人研究几何则是认为几何是研究整个自然的起步。唯用至上,则难见精深,所及不远。数学的应用是重要的,但不能一味追求,要强调数学的本质。《课标(实验稿)》中的基本理念要深入数学内容,揭示数学的本质属性,不能停留在表面。

• 关于"重教轻学"与"儿童中心"两种倾向。这两种倾向实际上是以捷克教育家夸美纽斯和德国教育家赫尔巴特为代表的"重教轻学说"和以美国教育家约翰·杜威和希腊教育家苏格拉底为代表的"儿童中心说"的延伸与具体化。过去中国的数学教育偏重于"重教轻学",注重系统知识的传授,忽视了学生的主观能动性,学生缺乏独立思考;而美国的数学教育则侧重于"儿童中心",知识的巩固和传授没有得到应有的重视,造成美国中小学数学教育质量不高。当前,美国正向中国及东亚国家学习,由"儿童中心"向"重教轻学"转变;而中国的基础教育也在学习美国,由"重教轻学"向"儿童中心"转变。

• 教学方式的多样化。教学方式的转变是本次课程改革的一大亮点,但让学生主动地、多样化地、富有个性地学习的背后,有浮躁、盲从和形式化倾向。如"对话"成了"问答";有活动却没有体验;合作有形式却没有实质;课堂上看似热闹却没有深度思考;有探究之形而无探究之实等。

• 关于减轻学生负担与保证学生学习质量。数学家认为减轻学生负担是为了提高学习效率,而不是简单地减掉内容,应该通过精简内容、精简教材,达到削枝强干、精中求简,以保证学生的学习质量。然而现在却不清楚"干"在哪,削枝也不能过度。

• 课程资源开发与教学内容泛化。新课程使教师不再是课本知识的解释者、课程的忠实执行者,新课程的民主性、开放性、科学性使得教师成了建构新课程的合作者。但由于教师对课程开发与利用缺乏理论指导与有效的把握,实施层面上出现了教学内容的泛化现象,如"教材受到了冷落","为了情境化而设置情境","联系实际变成了一种装饰"。

• 加强研究,聚焦一些重要的理论问题。有些问题争论了很多年,但似乎始终未能得出一致意见。如:

① 中小教材中要不要讲欧氏几何?用什么方式、在什么时候讲?

② 中小教材中的几何、代数,是"分割"还是整合?

③ 计算器(机)进入课程,何时进入?如何处理计算器(机)的运用与发展学生的计算能力之间的关系?

④ 珠算是中国的传统文化,历来是小学数学的学习内容,《课标(实验稿)》中只字未提是否妥当?

⑤ 小学阶段主要学习描述统计,还很少用概率的手段来处理数据,但要有随机意识,使统计与概率适当结合,事实上,当前小学"统计与概率"中的两张皮现象值得研究。如此等等。

2005年5月,教育部成立义务教育阶段数学课程标准(实验稿)修订工作组,启动修改工作。修订组由14人组成,成员分别来自大学、科研机构、教学研究室以及中小学,其中有6位数学研究方面的学者、5位数学教育方面的学者、1位教研人员、2位中小学教师。由东北师范大学校长史宁中教授担任修订工作组的组长。

修订工作组首先到实验区进行实地调研,通过问卷、听课和访谈等方式,听取一线教师的意见;之后,针对课程标准的框架、设计理念、课程目标、内容标准、实施建议等部分,进行了认真的讨论与研究,完成修改初稿。2006年6月至9月,向全国30多位专家、学者和第一线教师寄发修改稿的初稿和征求意见表,邀请几位中科院院士和数学家座谈,征求对修改稿的意见。在听取意见的基础上,修订工作组对修改初稿又进行了认真修改,于2010年完成修订稿,2011年5月通过审议,于2011年12月正式颁布了《义务教育数学课程标准(2011年版)》。

三、《课标(2011年版)》内容分析

(一) 体例与结构

《课标(2011年版)》在保持《课标(实验稿)》基本结构不变的基础上,在结构与体例上有三处调整。

(1) 前言由原来的两部分(基本理念、设计思路)改为三部分(课程性质、课程基本理念、课程设计思路)。修改了数学的意义与价值、数学教育的作用,以及课程基本理念、课程设计思路,增加了"课程性质"。指出:"义务教育阶段的数学课程是培养公民素质的基础课程,具有基础性、普及性和发展性。"课程性质定位比较清晰,同时指出了数学课程在提高公民素质中的重要作用。

(2) 将课程目标中的行为动词分成两类:一类是描述结果目标的行为动词,包括了解、理解、掌握、运用;一类是描述过程目标的行为动词,包括经历、体验、探索。这些行为动词和相关同义词的解释统一被列入附录,同时课程内容和实施建议中的案例也统一放在附录中。案例的说明和解释比较完整,能较好地发挥指导作用,并且统一编号,便于查找,减少正文篇幅。

(3) 实施建议的修改。"实施建议"部分:教学建议、评价建议、教材编写建议,由原来按学段表述,改为三个学段整体表述,避免不必要的重复,并且增加"课程资源开发与利用的建议"。

修改后的《课标(2011年版)》的结构,及其相对于《课标(实验稿)》在结构上所做的修

改与调整见表 1.3。

表 1.3 《课标(2011 年版)》与《课标(实验稿)》结构比较

《课标(2011 年版)》		与《课标(实验稿)》比较
前言	课程性质	新增加的明确表述。
	课程基本理念	做了较大修改。
	课程设计思路	
课程目标	总目标	总目标由四条改为三条；四方面目标名称及具体内容进行了修改。
	学段目标 知识技能、数学思考、问题解决、情感态度	
课程内容	第一学段	仍分为三个学段，各学段中的课程内容仍分成四个领域，领域名称及各部分内容做了修改。
	第二学段 数与代数、图形与几何、统计与概率、综合与实践	
	第三学段	
实施建议	教学建议	由原来按学段表述，改为三个学段整体表述，增加"课程资源开发与利用的建议"。
	评价建议	
	教材编写建议	
	课程资源开发与利用建议	
附录	有关行为动词的分类	仍分两类；原"知识技能目标动词"改为"结果目标动词"更加准确，并置于附录。
	课程内容及实施建议中的实例	统一编号，置于附录。

(二) 数学的意义与价值、数学教育的作用

《课标(2011 年版)》首先阐述了数学的意义与价值，数学教育的作用。

数学意义表述为"数学是研究数量关系和空间形式的科学"。它表明了数学的研究对象是"数"和"形"，并且，不强调来自"现实世界"，说明数学不仅来自现实世界，也来自科学世界，改变了《课标(实验稿)》中把数学看作"过程"的说法，这与高中数学课程标准中的提法保持一致。数学的作用主要表现在：一方面，数学更加广泛应用于社会生产和日常生活的各个方面。数学从它的萌芽之日起，就表现出与人类生产、生活的紧密联系。有时是间接的，纯数学的成果被应用于其他科学领域，再由这些科学提供技术进步，推动生产发展，改善物质生活；有时是直接的，即数学直接走向生产、生活的前台，如管理决策、质量控制、工程设计、信息技术等，对生产技术和社会生活产生直接的影响。另一方面，数学作为对于客观现象抽象概括而逐渐形成的科学语言与工具，不仅是自然科学和技术科学的基础，而且在人文科学与社会科学中发挥着越来越大的作用。数学是一种普遍适用的、赋予人以能力的技术，直接推动着社会生产力的发展。

关于数学教育的作用，前言中强调："数学是人类文化的重要组成部分，数学素养是现代社会每一个公民应该具备的基本素养。""要发挥数学在培养人的思维能力和创新能力方面的不可替代的作用。"这说明数学教育在义务教育阶段的重要性。人们只有从根本上认识到数学的本质、特点,认识到数学的文化价值和教育功能,才能使数学教育从"教"与"学"都成为自觉、自信和有兴趣的活动。

(三) 数学课程的基本属性

《课标(2011年版)》首先指出:"义务教育阶段的数学课程是培养公民素质的基础课程,具有基础性、普及性和发展性。"它表明了义务教育阶段的数学课程的基本属性。

这一属性是由义务教育的性质所决定的。2006年颁布的《中华人民共和国义务教育法》明确规定:"义务教育是国家统一实施的所有适龄儿童、少年必须接受的教育,是国家必须予以保障的公益性事业。"所有适龄儿童"依法享有平等接受义务教育的权利,并履行接受义务教育的义务"。2010年颁布的《国家中长期教育改革和发展规划纲要(2010—2020年)》也强调指出:"义务教育是国家依法统一实施,所有适龄儿童、少年必须接受的教育,具有强制性、免费性和普及性。"义务教育阶段的数学课程是这一阶段的重要课程,就必然具有上述属性。

同时指出了数学课程在学生发展上所特有的育人功能。由于数学所具有的特点,以及所具有的模式化的思考方法,数学课程在发展学生知识技能,培养学生抽象思维、推理能力、创新意识、实践能力,以及情感态度方面具有不可替代的作用,并为学生未来生活、工作和学习奠定重要基础。

(四) 数学课程的基本理念

《课标(2011年版)》提出的基本理念总体上反映了基础教育改革的方向,包括数学课程、课程内容、教学活动、学习评价、信息技术这五个方面,并进行了具体阐述。

(1) 关于"数学课程"。《课标(2011年版)》将原来"人人学有价值的数学,人人获得必需的数学,不同的人在数学上得到不同的发展"改为"人人都能获得良好的数学教育,不同的人在数学上得到不同的发展"。这样把单纯从数学课程内容的取舍上升到数学教育理念的高度,体现了育人为本的思想,意义广泛而且深刻。

"人人都能获得良好的数学教育"内涵丰富。对于学生来说,良好的数学教育应该是符合数学课程认识规律和学生身心发展规律的教育,义务教育阶段的数学教育是打基础的教育,不是选拔适合数学教育的学生,而是提供适合学生发展的课程条件,是满足学生发展需要的,为学生未来生活、工作、学习做准备的。良好的数学教育应该是促进学生全面发展的教育,不仅关注学生的知识技能学习,也要关注学生思想的感悟、经验的积累,不仅要关注学生数学能力的培养,也要关注学生情感态度与价值观的培养,关注学生智力与人格的全面协调发展。良好的数学教育应该是促进公平的教育,强调"人人"获得良好的数学教育,"人人"是指所有学习课程的人,它表明义务教育阶段的数学教育不是精英教育而是大众教育,不是自然淘汰、适者生存的教育,而是人人受益、人人成长的教育。

"不同的人在数学上得到不同的发展",就是尊重学生发展的差异性,希望数学教育能最大限度地满足每一个学生的学习数学的需求,最大限度地开启每一个学生的智慧潜能,为每一个学生提供多样性的弹性发展空间。当前,尊重学生的个性发展已成为各国数学课程改革追求的目标。

(2) 关于"课程内容"。提出三个重要的影响因素：社会需要、数学的特点、学生的认识规律，并且提出了课程内容的选择、组织、呈现应注意的问题。

(3) 关于"教学活动"。《课标(2011年版)》整体上阐述数学教学活动的特征，指出"教学活动是师生积极参与、交往互动、共同发展的过程。有效的教学活动是学生学与教师教的统一，学生是数学学习的主体，教师是数学学习的组织者、引导者与合作者"。并从三个方面：数学教学、学生学习、教师教学进行了具体阐述。

"数学教学活动，特别是课堂教学应激发学生兴趣，调动学生积极性，引发学生的数学思考，鼓励学生的创造性思维；要注重培养学生良好的数学学习习惯，使学生掌握恰当的数学学习方法"。这表明了课堂教学中最应该做的四件事情：一是激发兴趣，二是引发思考，三是培养习惯，四是掌握方法。

"学生学习应当是一个生动活泼的、主动的和富有个性的过程"。处于同一年龄阶段的学生在认知水平、认知风格和发展趋势上存在差异，鼓励学生数学学习的自主性，发展学生的个性，不仅能促进学习过程的开放、生动、多样，也为学生间的数学交流提供了有力支持、相互启迪和共同发展。强调学习方式的多样化，倡导学生根据实际，采取恰当的学习方式，提出"认真听讲、积极思考、动手实践、自主探索、合作交流等，都是学习数学的重要方式"。这与《课标(实验稿)》强调的"动手实践、自主探索与合作交流"相比更加完整，"认真听讲""积极思考""精讲多练""变式练习"等这些经长期实践是行之有效的学习方式，我们应该坚定继承。学生的学习不再仅仅是获得知识和技能，更重要的是获得探索数学的体验和利用数学去解决问题的能力，获得对客观事实尊重的理性精神和对科学执着追求的态度。因此，教学中，"学生应当有足够的时间和空间经历观察、实验、猜测、计算、推理、验证等活动过程"。

"教师教学应该以学生的认知发展水平和已有的经验为基础，面向全体学生，注重启发式和因材施教"，"教师要发挥主导作用"，这些都是在长期教学实践中总结出来的、富有成效的教学经验，应该坚持和发扬。

(4) 关于"学习评价"。数学学习评价是指根据课程的目标要求，按一定计划采取的特定方式收集和获取学生数学学习的信息，并对学生数学学习状况做出结论的过程。过去评价学生过分强调"甄别"功能，主要是通过考试成绩对学生进行排名、分等。《课标(2011年版)》强调"学习评价的主要目的是为了全面了解学生数学学习的过程和结果，激励学生学习和改进教师教学"，使得学习评价成为促进学生发展的有效方式和手段。实践中采用的数学档案袋、数学反思日记、数学作文、数学调查报告、数学观察、数学小课题研究、数学口试等方式都是值得提倡的评价方式。

(5) 关于"信息技术"。信息技术与数学课程的结合不仅必要也是可行的。《课标(2011年版)》强调，信息技术的运用要做到合理，要注重实效。也就是说，要充分了解信息技术的使用功能，熟悉它在数学教学中的运用特点，正确把握信息技术运用于教学实际的长处与不足；要清楚运用信息技术的目的是为了解决数学教学上的难点，有利于学生更好地理解与思考，运用信息技术不是用它去代替以前行之有效的教学方式，而是希望它比传统的教学方式解决问题更加有效。

（五）数学课程的设计思路

《课标（2011年版）》对学段划分、课程目标、课程内容进行了整体设计。

根据国家义务教育的总体要求和学生发展的生理和心理特征，将九年的学习时间划分为三个学段：第一学段（1—3年级）、第二学段（4—6年级）、第三学段（7—9年级）。

课程目标分为总目标和学段目标两个层次，每个层次都从四个方面，即知识技能、数学思考、问题解决、情感态度进行描述。课程目标中的行为动词分成描述结果目标的行为动词（了解、理解、掌握、运用）和描述过程目标的行为动词（经历、体验、探索）两类，这些行为动词和相关同义词的解释统一列入附录。

课程内容仍分成四个领域，对领域名称及各部分内容做了修改。将"空间与图形"改为"图形与几何"，将"实践与综合应用"改为"综合与实践"。这样四个方面的课程内容为"数与代数""图形与几何""统计与概率""综合与实践"，并明确规定了各领域的主要内容。将原来课程内容的六个核心概念增加到十个，分别是数感、符号意识、空间观念、几何直观、数据分析观念、运算能力、推理能力、模型思想、应用意识和创新意识。

提出数学核心概念的意义：

第一，核心概念是在"课程内容"栏目下提出的，是课程内容的核心和聚焦点。它有利于研究者理解课程内容的本质，把握课程内容的线索，抓住教学的关键。

第二，核心概念是课程目标的关注点。如总目标"数学思考"中提出："建立数感、符号意识和空间观念，形成几何直观和运算能力，发展形象思维与抽象思维。""问题解决"中提出"增强应用意识，提高实践能力"，"体验解决问题方法的多样性，发展创新意识"等。总目标中几乎涉及了所有的核心概念。

第三，核心概念的内涵在性质上体现了学习主体——学生的特征。涉及的是学生在数学学习中应该培养和建立的关于数学的感悟、观念、意识、思想和能力等，是学生应该培养的基本数学素养。

《课标（2011年版）》对上述十个核心概念的内涵分别进行了具体阐述。

（六）课程目标

过去"教学大纲"中一般提"教学目的"而非"课程目标"。由"教学大纲"改为"课程标准"有利于引导教师确立目标意识，树立"用教材教"，而不是"教教材"的理念。与课程目标相联系的概念还有教育目的、教学目标。通常认为，教育目的是根据教育方针制订的总的培养目标，课程目标是课程标准中提出的学生经课程学习应达到的结果及其程度要求，教学目标是指课堂教学应达成的目标，是课程目标的下位概念，可以把它们看成相互联系的三个层级的目标。《课标（2011年版）》对课程目标分两个层次进行了表述：

1. 总目标

《课标（2011年版）》中对总目标的概述做了修改，由原来实验稿中的四点改成了三点。即通过义务教育阶段的数学学习，学生能：

● 获得适应社会生活和进一步发展所必需的数学的基础知识、基本技能、基本思想、基本活动经验；

- 体会数学知识之间、数学与其他学科之间、数学与生活之间的联系，运用数学的思维方式进行思考，增强发现和提出问题的能力、分析和解决问题的能力；
- 了解数学的价值，提高学习数学的兴趣，增强学好数学的信心，养成良好的学习习惯，具有初步的创新意识和科学态度。

上述三点分别表明了学生学习数学所要达到的三方面要求，即获得四基、增强四能、培养情感态度。内容完整、内涵丰富，具有全局性、方向性和指导性。

关于"四基"。"四基"是一个有机整体，相互联系、相互促进。基础知识、基本技能是数学教学的主要载体，所需要的教学时间相对较多，数学思想是数学的精髓，是统领数学教学的主线，能使学生受益终身，而数学活动是不可或缺的教学形式。

基础知识、基本技能（双基）在我国数学教育的历史上是值得肯定的，把"双基"发展为"四基"，是在多年实验研究的基础上，对课程改革倡导的使学生经历数学学习过程，学会数学思考等方面的经验进行的概括，是数学教育与时俱进的需要。《基础教育课程改革纲要（试行）》提出了三维培养目标：知识与技能、过程与方法、情感态度与价值观，这里"四基"不仅涉及其中的第一条目标，也涉及另外两条目标，体现了以人为本的思想，突出了完整的人的教育。

数学思想是数学科学发生、发展的根本，是探索和研究数学所依赖的基础，是对数学内容的本质认识，是对数学知识、方法的进一步抽象概括。数学的基本思想主要指："数学抽象的思想、数学推理的思想、数学建模的思想。"[1]

- 抽象思想包括：分类、集合、对应、符号、变中不变、有限与无限等思想；
- 推理思想包括：归纳、演绎、转化、代换、公理化、数形结合、普遍联系、逐步逼近、特殊与一般等思想；
- 模型思想包括：简化、优化、量化、函数、方程、随机、统计等思想。

通过数学抽象，人们可以从现实世界中得到数学概念、法则；通过数学推理，可以进一步得到大量的数学结论，从而建立数学科学，其中归纳推理思想、演绎推理思想是最为常见的；通过数学建模，把数学运用于现实生活，解决实际问题，反过来又促进数学科学的发展。

与数学思想相近的概念是数学方法，是指在用数学思想解决问题时，而逐渐形成某一类程序化的操作。较高层次的数学方法包括：逻辑推理的方法、合情推理的方法、变量替换的方法、等价变形的方法、分情况讨论的方法等；低一层次的数学方法包括：分析法、综合法、穷举法、反证法、抽样法、构造法、待定系数法、数学归纳法、递推法、消元法、列表法、图像法等。

数学基本活动经验是指学习主体通过亲身经历数学活动过程所获得的具有个性特征的经验。数学活动经验具有活动性，必须是在数学活动中形成的，同时强调必须是学生亲身经历，让学生在多样化的活动中思考、探索、发现结论。这些数学活动包括探究活动、实践活动、课堂讲授、学生练习等。数学活动经验还具有个体性，"经验"必须是转化和建构为属于学生个体的东西，才能说学生获得了"活动经验"，如购买物品、设计图案、预测结

---

[1] 教育部基础教育课程教材专家工作委员会.义务教育数学课程标准（2011年版）解读[S].北京：北京师范大学出版社，2012：119.

果、探究原因等。数学活动经验不仅仅是实践经验，或者是解题经验，更重要的是思维的经验，是在数学活动中思考的经验。数学基本活动经验体现了对过程性目标、情感性目标的重视。

基本活动经验可以细分为四种：直接的活动经验，是指从与学生日常生活有直接联系的数学活动中所获得的经验，如购物、校园设计等；间接的活动经验，是指学生在教师创设的情境、构建的模型中所获得的数学经验，如鸡兔同笼、顺水行舟等；设计的活动经验，是指学生从教师特意设计的数学活动中所获得的经验，如随机摸球、地面拼图等；思考的活动经验，是指通过分析、归纳等思考获得的数学活动经验，如预测结果、探究成因等。综合与实践课程领域是学生获得数学活动经验的重要载体。

关于培养能力。此次新增了"发现问题、提出问题"能力的培养。对于问题解决能力方面，原来一般只提分析问题和解决问题的能力，《课标（2011年版）》在此基础上，进一步提出培养学生发现问题和提出问题的能力。这是从培养学生的创新意识和创新能力方面考虑的。爱因斯坦曾经指出："提出一个问题往往比解决一个问题更重要，因为解决问题也许仅是数学上的或实验上的技能而已，而提出新的问题、新的可能性、从新的角度去看旧的问题，却需要创造性的想象力，而且标志着科学的真正进步。"解决老师或别人提出的问题固然重要，但能够发现新问题、提出新问题更加重要，这是对数学教学提出的新要求。

关于情感态度。总目标集中表达了通过数学学习学生在情感、态度、价值观方面的发展。兴趣是最好的老师，有兴趣的学习活动会促进学习效率的提高，当学生了解并在实践中体会到数学的价值时，就能引起学习数学的兴趣。培养良好的学习习惯，一直是数学教育的目标之一，养成良好的学习习惯不仅对数学学习有益，对今后的一生都是极其重要的。科学态度有许多内涵，包括：坚持真理、修正错误、严谨周密、实事求是，其中，实事求是是科学态度的核心。数学具有逻辑严密性，数学结论是非分明，有利于培养学生实事求是的科学态度。

总目标还从"知识技能""数学思考""问题解决""情感态度"四个方面进行了具体阐述，每一个方面列出了若干具体目标。这四个方面不是相互独立和割裂的，而是一个密切联系的有机整体，在课程设计和教学活动的组织中，应同时兼顾上述四个方面，不仅要使学生掌握知识技能，而且要让学生学会数学思考，经历问题解决的过程，在数学学习过程中发展学生的情感态度。数学思考、问题解决、情感态度的发展离不开知识技能的学习，知识技能的学习也必须有利于其他三方面目标的实现。

2. 学段目标

《课标（2011年版）》学段目标按"知识技能""数学思考""问题解决""情感态度"四个方面，分三个学段进行了具体阐述。这种具体阐述，结合了每个学段的具体学习内容，主要是数与代数、图形与几何、统计与概率三个领域，也考虑了该学段学生的年龄特征。学段目标的呈现方式，由《课标（实验稿）》中的表格式改为文本段落，文字简洁、明了，要求层次递进，相对于实验稿难度稍有降低。

例如，关于"知识技能"中数学的抽象，在第一学段中提出"经历从日常生活中抽象出数学的过程"；在第二学段中提出"体验从具体情境中抽象出数学的过程"。这里的行为动词由"经历"上升为"体验"，涉及的范围由"日常生活"上升为"具体情境"。又如，在第一学段中提出"掌握初步的测量、识图和画图的技能";在第二学段中提出"掌握测量、识图和画图的基本方法"。这里由"掌握初步的技能"到"掌握基本方法",反映了思维水平的提高。

在"数学思考"中,第一学段中提出"在观察、操作等活动中,能提出一些简单的猜想";第二学段中提出"在观察、实验、猜想、验证等活动中,发展合情推理能力,能进行有条理的思考,能比较清楚地表达自己的思考过程与结果"。这里由"在观察、操作等活动中"到"在观察、实验、猜想、验证等活动中",由"提出一些简单的猜想"到"发展合情推理能力",表明数学活动越来越丰富,对思维能力、表达能力的要求越来越高。

在"问题解决"中,第一学段中提出"能在教师的指导下,从日常生活中发现和提出简单的数学问题,并尝试解决";第二学段中提出"尝试从日常生活中发现并提出简单的数学问题,并运用一些知识加以解决"。这表明学生解决问题先由"教师指导"到学生主动"尝试",由"尝试解决"到"运用一些知识加以解决",逐步提高要求。

在"情感态度"中,第一学段中提出"对身边与数学有关的事物有好奇心,能参与数学活动";第二学段中提出"愿意了解社会生活中与数学相关的信息,主动参与数学学习活动"。由"有好奇心"到"愿意了解",由"能参与"到"主动参与",变得更加理性、更加自觉,范围也从"身边与数学有关的事物"到"社会生活中与数学相关的信息",变得更加广泛。

(七) 课程内容

1. 内容和结构的变化

《课标(2011年版)》第三部分名称由实验稿中"内容标准"改为"课程内容",课程内容仍分为四个领域,分别是数与代数、图形与几何、统计与概率、综合与实践。各领域名称和结构也有所改变,原来的"空间与图形"改成"图形与几何","实践与综合应用"改成"综合与实践"。这使得四部分内容均以课程的形态出现,而不仅仅是一种教学活动。对各领域的具体内容与结构也做了一些调整,如表1.4所示。

表1.4 《课标(2011年版)》课程内容与结构

学段	第一学段(1—3年级)	第二学段(4—6年级)	第三学段(7—9年级)
数与代数	数的认识 数的运算 常见的量 探索规律	数的认识 数的运算 式与方程 正比例、反比例 探索规律	数与式 方程与不等式 函数
图形与几何	图形的认识 测量 图形的运动 图形与位置	图形的认识 测量 图形的运动 图形与位置	图形的性质 图形的变化 图形与坐标
统计与概率	统计与概率	简单数据统计过程 随机现象发生的可能性	抽样与数据分析 事件的概率
综合与实践	综合与实践	综合与实践	综合与实践

2. 主要内容

对四个领域、三个学段的具体内容也做了一定的调整和修改。第一、二学段主要修改内容如下：

第一学段，总体修改不大，数与代数内容略有增加，统计与概率内容明显减少，增删内容大致相当。

(1) 统计与概率等内容适当降低难度。如，统计与概率的内容大幅减少；不确定现象后移；平均数、条形统计图等内容后移。

(2) 增加或进一步明确一些具体内容。如，增加"认识小括号，能进行简单的整数四则混合运算（两步）"；"知道用算盘可以表示多位数"；"能口算一位数乘、除两位数"从第二学段移到第一学段。

第二学段，课程内容总量没有变化，但对具体的内容做了一些重要的调整。

(1) 统计与概率等内容适当降低难度。如，删除了众数、中位数内容；删除了"能设计活动，检验某些预测，初步体会数据可能产生的误导"等内容；只要求学生体会随机现象，并能对随机现象发生的可能性大小做定性描述。

(2) 增加或调整了部分内容。如，增加"在具体情境中，了解常见的数量关系：总价＝单价×数量、路程＝速度×时间"；增加"结合简单的实际情境，了解等量关系，并能用字母表示"。这说明在重视数学建模、淡化应用题分类的同时，不可忽视常见的数量关系应用题的基本训练。此外，还增加"了解圆的周长与直径的比为定值"；增加"结合现实情境感受大数的意义，并能进行估计"；增加"了解公倍数和最小公倍数，了解公因数和最大公因数"；删掉"两点确定一条直线和两条相交直线确定一个点"（放第三学段）。

关于"综合与实践"。在标准的修改中，根据课程实验积累的经验，进一步理清了思路，主要变化为：

(1) 把三个学段的名称统称为"综合与实践"，进一步明确了"综合与实践"的目的和内涵："综合与实践"是一类以问题为载体，学生主动参与的学习活动，是帮助学生积累数学活动经验、培养学生应用意识与创新意识的重要途径。针对问题情境，学生综合所学的知识和生活经验，独立思考或与他人合作，经历发现问题和提出问题、分析问题和解决问题的全过程，感悟数学各部分内容之间、数学与生活实际之间、数学与其他学科之间的联系，加深对所学数学内容的理解。

(2) 提出了明确的要求："综合与实践"应当保证每学期至少一次。它可以在课堂上完成，也可以在课外完成，还可以课内外相结合，并且提倡把这种教学形式体现在日常教学活动中。

(3) 对三个学段的差异做了进一步的明确，一方面突出了创新的核心是"发现和提出问题、分析和解决问题"，另一方面突出了不同学段的特点。

修改后的《课标(2011年版)》中关于各个领域的主要内容是：

"数与代数"的主要内容有：数的认识，数的表示，数的大小，数的运算，数量的估计；字母表示数，代数式及其运算；方程、方程组、不等式、函数等。

"图形与几何"的主要内容有：空间和平面基本图形的认识，图形的性质、分类和度量；

图形的平移、旋转、轴对称、相似和投影;平面图形基本性质的证明;运用坐标描述图形的位置和运动。

"统计与概率"的主要内容有:收集、整理和描述数据,包括简单抽样、整理调查数据、绘制统计图表等;处理数据,包括计算平均数、中位数、众数、方差等;从数据中提取信息并进行简单的推断;简单随机事件及其发生的概率。

"综合与实践"是一类以问题为载体、以学生自主参与为主的学习活动。在学习活动中,学生将综合数与代数、图形与几何、统计与概率等知识和方法解决问题。

思考与练习

1. 《课标(2011年版)》提出的课程基本理念主要有哪些方面?
2. 谈谈你对小学数学课程核心理念:"人人都能获得良好的数学教育""不同的人在数学上得到不同的发展"的理解。
3. 《课标(2011年版)》中的课程目标的结构是如何设计的?总目标是什么?
4. 小学数学课程内容分为哪几个领域?具体包含哪些内容?
5. 为什么要将"双基"发展为"四基"?如何理解数学的基本思想和基本活动经验?

第四节 我国小学数学课程改革的特点

一、我国小学数学课程改革的几个主要阶段

新中国成立以来,我国基础教育经历了八次课程改革,大体上可分为三个主要阶段:

第一阶段是改革开放前30年,其间可分为五个小的阶段:首先是新中国成立的前三年,教育的主要任务是改造旧教育,建设新教育,但此时的小学数学课程体系还非常不完善,水平也相对较低。第二次课改,国家经济社会进入到比较正常的阶段,制订并实施了第一个"五年计划",推进中小学课程教材建设工作,参照苏联小学算术教学大纲,制订了1952年大纲,并于1956年进行了修改。第三次课改是指"大跃进"时期,政治上出现了"反右运动""极左思潮",教育领域开展"教育大革命",出现了缩短学制和形式多样的教材革新,课程难度大,教师、学生都难以适应。进入20世纪60年代,中央提出"调整、巩固、充实、提高"的方针,社会发展开始步入正轨,我国基础教育和小学数学课程教材也进入到相对稳定的第四次课程改革时期。1966年"文革"开始,刚刚恢复稳定的课程教材遭到前所未有的破坏,否定了系统基础知识和基本技能的学习,倡导开门办学,开放实践,高喊政治口号,否定科学原理,各地编写的教材水平差异较大。

第二阶段是改革开放初期到20世纪末,其间可分为两个小的阶段,即:"文革"结束后的第六次课改,以及起始于1986年至20世纪末的实施义务教育阶段的第七次课改。"文革"结束后,拨乱反正,经济建设开始全面恢复,提出"向科学进军"口号,教育受到了高度重视,教学秩序恢复正常,我国基础教育课程体系初步建立。第七次课改从思想观念到课程体制,从课程内容到课程类型,诸多方面均有很大变化。实行了多年的"教学计划"改为"课程计划",课程管理体制首次正式实施审定制,建立"一纲多本"的教材管理制度,把课

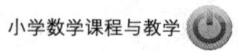

程分为国家课程和地方课程,允许地方根据实际需要编写地方教材,课程类型上,改变过去单一的学科课程为学科课程和活动课程两大类。

第三阶段是 21 世纪以来的新一轮课程改革。2001 年,《基础教育课程改革纲要(试行)》颁布,标志着新一轮基础教育课程改革全面启动,先后颁发了《全日制义务教育数学课程标准(实验稿)》和《义务教育数学课程标准(2011 年版)》,在课程管理体制、课程理念、课程目标、课程内容和教学方式等方面有所创新,关注学生学习过程中的创新精神和实践能力的培养,发挥评价促进学生学习和教师改进教学的功能,体现了国际视野和中国特色相结合,课程的继承与创新相结合。

纵观新中国成立以来历次小学数学课程改革,我们可以发现,每一次课程改革都是在一定的社会政治、经济、文化背景下进行的,特定时期的社会环境决定了基础教育改革的方向,也决定了小学数学课程目标的调整和价值取向。

二、关于课程目标的演进

(一)课程目标的结构

新中国成立以来,我国进行了八次课程改革,课程目标更加完整、合理。从目标结构上看,大体上经过了{知识技能}→{知识技能,数学能力}→{知识技能,智力能力,思想教育}→{知识技能,数学思考,问题解决,情感态度}这样一个发展变化过程。目标维度的增加,反映了小学数学教育越来越重视人的整体素质发展,而不仅仅是关注某些方面。

(二)基础知识教学目标

新中国成立以来,教学内容的更新,使得我国小学数学教学的面貌发生了重大变化,体现了"教育要面向现代化,面向世界,面向未来"的精神和实施义务教育、提高全民族素质的要求。基础知识教学目标的演变轨迹表现为,一是由局限于算术和珠算,偏重于"数",发展为"数"与"形"两方面结合,并明确规定在"最基础"的范围内;二是由只提程度和结果,发展为兼顾教法、学法和教学过程。进一步的发展趋势,将要求学生在获得数学知识、运用数学知识的过程中学会合作、学会探究,生成所需要的数学知识,以适应未来在"终身教育"的社会中个体发展的需要。

(三)基本能力培养目标

纵观小学数学能力的培养,不同时期人们存在不同的理解。1950 年大纲中提出培养儿童的计算能力和训练儿童的逻辑思维;1952 年和 1956 的大纲除强调培养儿童的计算能力、逻辑思维,还提出了解答应用题的能力,这反映了当时的小学数学教学贯彻学以致用、理论联系实际的思想;1963 年大纲首次提出培养儿童的"空间观念",使得小学数学能力包括计算能力、逻辑推理能力、解答应用题的能力、空间观念;1978 年以后在提法上做了修改,要求培养儿童的计算能力、逻辑思维能力(思维能力)、空间观念和解决简单实际问题的能力;新课程将应用题融于数与代数、图形与几何、统计与概率、综合与实践四个学习领域之中,进而将数学思考(抽象思维,形象思维,合情推理,演绎推理,空间观念,统计观念等)和问题解决(发现和提出问题的能力,分析和解决问题的能力,建模能力,实践能力,合作交流能力,评价与反思意识等)作为新课程的能力培养目标。突出四大综合能力:发现和提出问题的能力,分析和解决问题的能力。总体来看,能力培养目标,将朝着有利于培养学生终身学习的愿望和能力,以及培养学生创新精神和实践能力的方向发展。

(四) 情感态度教育目标

历次大纲修订都将思想品德教育纳入课程目标,形成了知识、能力和思想品德教育三维目标,21 世纪的素质教育是以促进学生全面、可持续发展为本的教育。课程改革要从关注学科内容转变到建立学生动态发展的机制上,关注人的生命的整体发展,关注每一个学生的个性、道德情感、态度、兴趣、动机和需要。为此,新世纪的小学数学教育提出了"情感、态度"目标,这样,目标比较完整,既切合学生实际,又符合时代要求,体现了发展素质、健全人格的教育思想。

三、关于课程内容的演进

20 世纪 50 年代的课程内容由算术和珠算两部分组成,具体包括:整数及其四则运算,复名数及其四则运算,直观几何知识,分数、小数和百分率,应用题,简单统计图表和农业社的简单簿记等。

1963 年,教育部颁发了六年制《全日制小学算术教学大纲(草案)》,课程内容增加了棱柱、棱锥的体积,复比例,一些典型应用题和记账初步知识,并注意与初中数学的衔接。

改革开放以来,课程内容采取了精选传统的算术内容,适当增加代数、几何初步知识,适当渗透集合、函数、统计等一些现代数学思想方法。课程名称由原来的"小学算术"改为"小学数学"。这体现了义务教育大纲提出的"精简、更新和增加弹性"的要求。

进入 21 世纪,课程内容进行了整合,划分为"数与代数""图形与几何""统计与概率""综合与实践"四个学习领域。知识领域有所拓展,教材内容更加注重联系实际和应用能力的培养,但教学程度总体保持稳定。

可以说,七十多年的课程内容改革大体上经历了"重视计算、强调实用"→"注重基础、培养能力"→"精减、增加、渗透,增加弹性"→"注重实践、加强应用"的发展过程。随着时代发展、科技进步,更新教材内容是必然趋势,几十年来的实践表明,目前我国小学数学课程内容的程度是适当的,绝大多数小学生是能够接受的。袁振国任组长的中小学理科教材难度国际比较研究课题成果显示(2016),在中国、澳大利亚、日本、韩国、新加坡、德国、法国、俄罗斯、英国和美国十个国家中,我国小学数学教材难度第四,处于中等水平。

四、我国小学数学课程演变的特点

综上所述,我国小学数学课程的演变,表现出以下特点:

(1) 从"以本代纲"到"一纲一本",再到"一纲多本"。在"癸卯学制"以前,全国没有统一的教育法规,数学教学只有选定教材。"癸卯学制"颁布以后,除少数特殊时期(如"教育革命"时期、"文化大革命"时期)都有全国统一的教学大纲(或课程标准),教材也由国家指定有关人员或专门机构编写,在全国范围内统一使用。1986 年 9 月,国家教委成立了新中国第一个"全国中小学教材审定委员会",开始实行中小学教材"编审分离",进入了中小学教材"一纲多本"的时代,课程也由全国统一过渡到实行国家、地方、学校三级管理。

(2)"教学大纲""课程标准"的文件名称交替出现。新中国成立后,关于数学教学的第一部指导性文件是以"课程标准"的名称颁发的,此后至20世纪末的五十年中,均采用"教学大纲"的文件名称,始于本世纪初的课程改革,相应的文件名称又采用"课程标准"。这一方面受到国际范围内课程标准改革运动的影响,另一方面,从教学大纲到课程标准的转变,反映了我国基础教育管理体制由"高度集中"向"分级办学、分级管理"的转变;教育理念由"知识为本"到"育人为本"的转变;教学目标由"统一要求"到"目标引领、增加弹性",扩大学校办学自主权的转变;内容方法由"注重结果"到"结果与过程并重"的转变;评价目标与方法由"单一"到"多元"的转变;课程开发由专门机构到鼓励地方、学校自主开发的转变。

(3)从借鉴、仿照外国,到逐步增强中国特色。20世纪初学习日本,教学计划、教材均仿照日本编制;20、30年代转而学习欧美;50年代学习苏联,再逐步形成我国特色。

(4)精简算术内容,充实代数、几何、统计与概率的初步知识,渗透数学思想方法;提出由"基本知识、基本技能"(双基)到"基本知识、基本技能、基本思想、基本活动经验"(四基)的智能学习目标。

(5)由注重计算和推理,到关注学习过程的实践性、操作性、开放性和探索性,删减偏深的内容,贴近学生的生活实际,注重创新意识和实践能力的培养。

思考与练习

1. 新中国成立以来小学数学课程目标的结构发生了怎样的变化?引起这些变化的因素有哪些?

2. 新中国成立以来小学数学课程的基础知识、基本能力和情感态度的教学目标不断发生变化,试说明它们是怎样变化的?表现为怎样的特征?

3. 我国小学数学课程内容改革大体上经历了怎样的过程?试简要说明产生变化的主要原因。

4. 试简述我国小学数学课程演变的主要特点。

第五节 国际小学数学课程改革

自20世纪80年代以来,随着社会进步、科学技术发展、义务教育的全面实施以及数学科学自身的发展,许多国家和地区对数学教育进行了不同程度的改革,相继提出了一些数学教育改革纲领,颁发了一些国家或地区的数学课程标准。了解不同国家和地区的课程改革情况,分析研究其特点,可以给我们带来启发和借鉴。

一、俄罗斯小学数学课程改革

我国和俄罗斯课程改革的基础有许多共同之处:课程由国家集中管理,实行统一的教学计划、教学大纲、教材和严格的审查制度;强调系统的基础知识教学和基本技能训练。1952年我国的中小学数学教学大纲就是参照苏联的大纲制订的,教材也是根据俄文版教材编译的。两国的基础教育数学课程有许多共同的长处和不足。因此,当前俄罗斯的课程、教材改革情况理应得到我们的特别关注。1991年苏联解体,俄罗斯教育体系进行了重大变革,下放教育职权,推行教育民主化。1992年,《俄罗斯联邦教育法》就提出要制订国家教育标准,即国家课程标准的设想,并做了相关规定。1994年,国家又专门颁布了直接针对国家教育标准的课程法规《普通基础教育国家教育标准法(草案)》以及2001年的修订草案。根据《宪法》和《教育法》规定,俄罗斯于1993年开始研制国家教育标准,1994年各门学科的首批作为暂行标准获得实施。目前实施的国家普通教育标准是俄罗斯教育部于2004年3月5日颁布。[①]俄罗斯目前的学制是11年制,其中1—9年级为义务教育阶段。小学阶段是1—4年级,其国家数学教育标准中包含三部分内容:

一是普通教育阶段的小学数学应力求达到的教学目的:

(1) 发展学生的形象思维、逻辑思维和想象力,形成顺利地解决教学和实际中的问题,以及后续教育所必需的数学技能和习惯;

(2) 掌握基础数学知识,形成关于数学的初步概念;

(3) 培养对数学的兴趣,力求将数学知识应用到日常生活中。

二是数学教学大纲规定必学的最少内容。

三是对培养毕业生水平的要求。这是由于俄罗斯允许全国性和地方性的不同学校类型的教育模式创造使用各种数学教学大纲和教科书,为保障俄罗斯在全国范围内基础数学教育的统一性,国家数学教育标准对培养毕业生的水平提出了明确要求。

在这个教育标准颁布之前,俄罗斯没有用过国家教育标准的概念。在苏联,其角色是由统一的教学计划和各科教学大纲来完成的。教学计划给出的是各科的教学时间分配方案;教学大纲指明课程的各章内容,提出基本概念和主导思想,阐明对组织教学过程的要求,说明教授方法的特点,以及对学生知识、技能及其评价标准的要求。为了跟上国际教育发展的步伐,以及便于与其他国家进行比较,俄罗斯需要一个国家教育标准。在《普通教育国家教育标准法(草案)》中明确指出:"经常与教育领域居领先地位的国家教育标准进行对比,以保证国家教育标准范围内普通教育基础的教育质量不低于国际水平。"

但是,由于首次使用国家教育标准,实践中人们更熟悉教学计划与教学大纲,因此,教学计划仍旧存在,但是有多种方案供选择使用。为了说明教育标准与过去的各种教育文件之间的关系,俄罗斯教育部又颁布了各科教学大纲。国家颁布教学大纲具有示范功能,故名示范性教学大纲。

在实施新的数学教育标准过程中,为保持俄罗斯数学教育的统一性,编写小学数学教学大纲和教科书的依据是国家小学数学教育标准。它确定了创作者可以选择的教学内容,以及编写的课程中必须要包含内容的界限。教学大纲与教科书的作者可以提出个人组织教学材料的方法,确定学习这些材料的顺序,形成数学知识技能体系和数学活动的方法,以及促进学生的智力发展和社会化的途径。与小学数学教育标准一样,示范性教学大纲并不束缚教师和教科书编者的创造性,但它把小学数学教育标准的内容具体化了。示范性小学数学教学大纲包括三部分:解释性说明;课程教学时数的示范分配的基本内容;

---

① 曹一鸣.十三国数学课程标准评介(小学、初中卷)[M].北京:北京师范大学出版社,2012:267.

对培养毕业生水平的要求。[①] 综合起来，可以发现俄罗斯小学数学课程改革具有以下特点：

（1）俄罗斯小学数学教学目的简明清晰。根据俄罗斯小学数学教育标准，可以概括为发展思维、掌握知识、培养兴趣。

与之不同的是，我国义务教育阶段数学课程标准中对应年级的教学目标则显得丰富，既有"总目标"，又有"学段目标"，每一部分内容标准中又有"具体目标"。对于使用这些教学目标的教材编写者，以及数学教师来说，怎样处理各种教学目标之间的关系，就显得尤为重要。

（2）从俄罗斯普通小学数学教学大纲规定必学的最少内容上看，仅包括传统的算术和简单的几何内容。

俄罗斯数学家认为："俄罗斯数学教育具有较高水平，是以算术化问题的技能为基础。近来数学教育改革的代数化把学生变成了机器，而正是算术途径才可以显示出我们所教的数学的丰富性。"所以，俄罗斯小学数学教育标准里最少教学内容中提出要"用算术方法解应用题（调查表、表格、简记与其他模型）"。也就是说，数与计算的教学是小学数学教学的主要目的之一（但绝不是唯一的目的），空间关系、几何图形、几何量的测量的要求主要是在几何直观，以及几何量的计算上。

从俄罗斯普通小学数学教学大纲规定必学的最少内容上看，与我国小学的第一学段（1—3 年级）的数学内容类似，但比我国的教学内容要少（我国还包括统计初步）。我国小学到四年级时，数学课程已经开始学习分数和小数，有的教材甚至开始教学"正负数""用字母表示数""解简单的方程"。这说明我国小学数学的代数化倾向较早，而且内容比较丰富。

（3）从对小学毕业生的数学教学要求上看，重视应用。

俄罗斯将"密切联系生活实际"作为课程教材改革的一项主要内容，注意培养学生在日常生活中顺利地运用数学的能力。俄罗斯小学数学教育标准在对小学毕业生的数学教学要求中明确提出，在日常生活与实践活动中应用所获得的数学知识与技能。在示范性教学大纲中也提出，要达到这个目的，需要借助于有趣的应用题，不仅是从日常生活的观点看，而且从其数学内容看都是有用的应用题。而且，给出了实践活动的内容与要求。这一点与我国小学数学课程改革的理念是一致的。

（4）课程、教材管理由集权改为分权，启动教材竞争。

1993 年前，全国实行统一的教学计划、教学大纲和教材，由教育部直属的"教学法学术委员会"负责审定教材，以保证教材的高质量。因此，无法顾及地区差异和学生的个体差异，不利于学生的个性发展。1993 年，俄罗斯改变了苏联对教学计划统得过死的局面，实行三级（联邦中央、各地区、各学校）课程管理制度。

教材审查制度也不像苏联时期那样严格。对审查通过的教材，教育部可以加盖三种不同的印章："推荐使用""同意使用"和"准许使用"。并且启动了教材竞争机制。

（5）从"高速度、高难度教学""牢固掌握知识""培养顽强意志"的教育理念，改变为

[①] 朱文芳.俄罗斯国家数学教育标准（小学部分）简介[J].课程·教材·教法，2008(6).

"以学生为中心"。

按照苏联的教育传统,要通过高速度和高难度的教学,帮助学生牢固地掌握知识,培养技能和熟练技巧,并且通过严格的、艰苦的学习,培养学生顽强的意志。近年来,学生沉重的课业负担、高度的精神紧张、学习兴趣的低落和恐惧感,以及大多数学生的身体达不到健康标准,引起了人们的关注。提出"以学生为中心"的新理念,改变教师一味讲解、把自己的节奏、个性和风格强加给学生的教法,注意培养学生自己获取知识的能力。让学生主动思考、探索、研究,自我评价,解除外界压力对学生的困扰,激发学生的学习兴趣。

二、美国小学数学课程改革

美国宪法规定,教育权力由各州保留,联邦政府无权直接领导教育。在这样的体制下,美国没有统一的课程标准,没有统一的教学内容,各州往往根据自己的实际情况设置课程标准,进行灵活的教学。

自 20 世纪 80 年代末以来,美、英等国相继发起以标准为导向,以提高教育质量为目的的基础教育改革运动。1989 年,美国国家研究委员会(NRC)发表了《休戚与共——关于数学教育失败向全国所做的报告》,文件提出了数学课程必须做出重大的改革。国家数学教师协会(National Council of Teachers of Mathematics,简称 NCTM)作为美国数学教育改革的倡导者,先后建立了教学、教师、考核三个方面的标准。其中,第一个标准是 1989 年制订的《学校数学的大纲及评价标准》,这一标准对数学教育目的和教学过程做出明确的阐述;第二个标准是 1991 年制订的《数学教学的职业标准》,它为每个数学教师工作提出了指导性的意见;第三个标准是 1995 年的《学校数学的考核标准》,它阐述了综合数学考核项目的方法,提供了判断数学考核质量的标准。这三个标准合起来构成了美国全国数学教育的指导性的课程标准,简称 NCTM 标准。该标准对于各州的数学教育标准及教材编写、教学实践有很大的影响。1996 年起,NCTM 的标准委员会开始收集各方面意见,开展讨论,在社会的广泛参与下,2000 年又提出了《学校数学教育的原则和标准》,受到了国际数学教育界的广泛关注。

(一) 美国数学课程的 NCTM 标准(2000)

总的说来,NCTM 发表的 2000 年度课程标准,和 1989 年标准在原则上没有区别,但也做了许多修改,主要有:

(1) 将先前的"课程标准""教师职业标准"和"考核标准"三个文件合而为一,称为《学校数学的原理和标准》(以下简称《标准 2000》)。

(2) 学段设置有所不同,《标准 2000》设置四个学段:K—2 年级(幼儿园到 2 年级)、3—5 年级、6—8 年级、9—12 年级,体现从幼儿园到高中一贯的基本思想,不是过去通行的 6—3—3 制。

(3) 提出了 6 项数学教育原则:

① 平等原则:对所有学生都给予高的期望和有力支持。

② 课程原则:课程不仅是活动的罗列,而且应该是内部有机联系、集中重要数学内容、各年龄段密切结合。

③ 教学原则：有效的教要求教师了解学生知道什么和需要学什么，然后激励和支持学生学习好。

④ 学习原则：学生必须理解地学习数学，根据他们先前的经验和知识，积极地构建他们的新知识。

⑤ 评价原则：评价工作应该促使学生学习重要的数学内容，并且向教师和学生提供有用的反馈信息。

⑥ 技术原则：信息技术是数学教学中的基本要素，它影响所教的数学并能提高学生的学习效率。

（4）强化了对教师的指导。这是《标准 2000》的重点之一，在《标准 2000》的电子版中提供了形象化的案例，使教师不仅看到而且懂得怎样在教学实践中用新的教育观点工作。

（5）《标准 2000》最大的特点也许是强调科学技术在数学课程中的重要地位，强调科学技术与数学教学过程相结合，并在电子版中提供大量的形象化的数学例子，使得教师懂得怎样在教学实践中去运用信息科技。这种数学教育技术化趋势是令人瞩目的。

（6）课程标准按四个学段分十个部分展开：

① 前五部分是内容标准，分别是数与运算、代数、几何、度量、数据处理与概率，从小学一直贯穿到高中。四个学段的相应内容及其要求都有十分详细的规定。

② 后五部分是过程标准，分别是问题解决、推理与证明、数学交流、数学知识间的联系、数学表示。对四个学段应使学生达到的标准都做了详细规定。

NCTM 标准对学校并无约束力，它的价值在于反映数学教育研究的成果，揭示数学教学的基本规律，提高人们对数学教育的认识。作为最发达的国家和现代化水平最高的国家，美国的数学课程改革的理念和目标，教学内容和方法，以及与信息技术的结合，必然引起世界各国的关注。

（二）美国"数学战争"

在美国，20 世纪 60 年代主要由数学家发起了一场"新数学"改革运动。这场体现数学结构公理体系的学校数学课程改革，因脱离实际最终以失败而告终。新数学运动的缺点引发了 20 世纪 70 年代的"回归基础"。这一回归运动使美国的数学教育处于粗浅的状态。到 80 年代美国数学教育再一次引起关注，美国教育部发表的《危机之中的国家》的报告，成为这一关切的标志。这一次，首先做出响应的不是数学家，而是数学教育工作者和著名的全美数学教师协会（NCTM）。从 1989 年起，在联邦政府的资助下，NCTM 不仅开发了课程标准，而且编写出多套基于标准的教材，并进入课堂进行广泛的实验和使用。1997 年以来，随着人们对基于标准的数学课程的了解，发现在课程中任意地删减了一些内容，严重忽视基本技能培养，并且数学错误百出，于是对新标准的批评声四起。由 200 多名数学家和科学家，其中包括诺贝尔奖和菲尔兹奖得主联合签名，并于 1999 年 11 月在《华盛顿邮报》发表致美国教育部长的公开信，要求停止数学标准的实施，撤回对十种数学教学用书的推荐，从而引起了一场"数学战争"。

这些争论是否可能是语言问题和缺乏沟通造成的，而不代表存在着本质上的区别？为了检验这一想法，来自美国商界的应用数学博士、某重要技术公司的数学及科学政策顾问 Richard Schaar 召集了一个由数学家和数学教育专家组成的小组进行了两次正式的建设性对话,以寻求两个领域专家关于中小学数学教育的共同认识。这个小组由两位数学家 R. James Milgram 和 Wilfried Schmid 以及三位资深数学教育专家 Deborah Loewenberg Ball,Joan Ferrini－Mundy 和 Jeremy Kilpatrick 组成。

在 2005 年 6 月,该小组终于完成了《达成中小学数学教育的共同领域》的文件(以下简称《共同领域》)。该小组主要讨论了从幼儿园到中学八年级数学中具有争议的部分,并达成以下共识:

(1) 数字方面的基本技能对于多样化的日常应用仍然是十分重要的。这些技能为更高级的数学学习提供了重要的基础。

(2) 数学需要使用有关精确定义的对象及概念进行小心推理。

(3) 学生必须能够明确地表达问题和解决问题。数学问题解决包括:① 对所提出问题的清楚理解;② 把问题从日常工作语言转化为精确的数学语言;③ 选择并使用适当的方法来回答问题;④ 根据原始的问题来解释和评价;⑤ 并不是所有问题都可以用数学方法解决。

(4) 自动化回忆基本事实。在整数运算中,计算的流畅性(fluency)是关键的,计算流畅性的重要组成部分是效率和正确性。最终,流畅性需要基本数字事实的自动化回忆。

(5) 计算器。计算器必须小心使用,以免影响数字基本事实和运算过程流畅性的获得。计算器的不恰当使用可能会影响学生对分数意义的理解,以及分数运算的能力。

(6) 学习算法。学生应该能够熟练地使用整数运算的法则,并理解这些算法。熟练使用和理解应该是同步发展的。这些基本算法是数学的主要智能结晶。

(7) 分数。理解分数的数学意义是十分重要的,没有分数,我们就不能够很好地理解比、比例、百分比。分数的运算是代数学习的重要基础。

(8) 数学教学中的"现实"背景。通过应用问题进行数学教学可能有助于激发动机和导入数学观点。然而,这种方法不应该被提升到一个一般的原则,如果所有学校数学都要使用现实问题进行教学,那么一些重要的主题就得不到适当的关注。

(9) 教学方法。某些人建议以牺牲数学教学中的直接教学方法来提倡单一的小组或发现式学习。学生能够通过直接教学、结构化的调查和开放式的探究组合进行有效的学习。根据具体数学内容、学习目标、学生已有的技能和知识来决定是采用直接教学法,还是采用结构化的探究教学,以取得更好的教学效果。比如,数学约定和定义不应该采用纯粹发现法。确保学生获得正确的数学理解和结论是数学教师的责任,做出明智的教学策略依赖于教师深厚的学科知识功底。

(10) 教师知识。有效的数学教学依赖于深刻理解的学科知识。教师必须能够做他们要教的数学,但是对教学来说,仅此而已是不够的。有效的教学需要理解隐含的意义,并说明教学的观点和程序,能够建立主题同主题之间的联系。使用数学术语和记号的流畅性、正确性和精确性是关键的。教学要求教师以适当的数学表征将特定的数学观点表示出来,并建立教师和学生理解之间的桥梁。这需要教师的智慧来做出判断,怎样减低数学的复杂性,适当处理数学精确性,以便既有利于学生理解,又保持数学的完整性。

数学家与数学教育专家关于学校数学教育达成了上述共识,但有些方面也提出了不同的观点。不过也有专家认为,此时达成任何有意义的共识为时过早。数学家和数学教育专家之间的相互尊重应该是可能做到的,数学教育界必须接受专业数学家、研究人员,通过他们的经验和洞察,有潜在的可能为学校数学教育做出贡献,不过数学家们也需要虚心地了解中小学数学。

NCTM组织了一个由数学家、数学教育专家和中小学教师组成的小组,通过广泛征求各界意见,于2006年9月12日,出版了《学校数学原则和标准》(NCTM,2000)的扩展文件《学前到八年级数学课程焦点:寻求一致》,以下简称《课程焦点》,制订出学前到八年级每个年级的数学焦点内容以及与其他相关内容的连接。这是对《标准2000》所做的补充说明。美国"数学战争"是对美国中小学数学教育的一项重要推进。

(三) 美国《共同核心数学标准》

美国地方教育分权一方面调动了地方办教育的积极性,另一方面也造成了各州课程标准的差异与混乱。通过对各州的各年级数学主题的分配和重点进行比较,发现差异非常之大,几乎没有多少关于各年级数学内容及重点的共识,一名学生要从一个州转学到另一个州常常难以适应。一些州为了躲避《不让一个孩子掉队》法案的惩罚,降低了本州的课程标准。课程标准的降低与混乱,使得美国的基础教育落后于其他国家。

2008年,奥巴马在竞选总统时,曾抨击美国各州课程标准不一,是导致美国基础教育排名持续下滑的主要原因。奥巴马上台后,对基础教育非常重视,2009年2月17日,他签署了《2009年美国复苏与再投资法案》,对教育领域提供1 400多亿美元资金。2009年6月10日,美国发布了《机会平等:为美国公民和全球经济改革数学和科学教育》的报告,提出数学与科学教育应有更严格的内容、提高教学标准和评估水平。2009年7月24日,美国启动"竞争卓越"计划,提供40多亿美元资助各州改革基础教育,奥巴马政府以一系列政策来提高基础教育质量。

正因为对美国数学教育成就的不满,美国各界对数学教育极为关注,并做了大量研究。同时,在联邦政府的重视与推动下,2010年6月2日全美州长协会最佳实践中心和州首席教育官员理事会共同颁布了美国首部《州共同核心课程标准》。它由两份文件组成:《共同核心数学标准》和《共同核心英语语言艺术与历史/社会、科学、技术学科中的读写标准》。也就是说,《州共同核心课程标准》包含数学和英语两个学科,并且面向K—12年级所有学生。

制订《州共同核心课程标准》并非政府行为,而是由民间组织发起制订的,各州是否实施仍由各州自行决定。2010年下半年开始,全美50个州,除阿拉斯加、得克萨斯两个州外,都加入该项计划。根据各州签署的备忘录规定,各州的标准可以超越统一标准的核心内容,只要求统一标准的核心内容占到州标准的85%以上,并且在三年内必须实施。

《共同核心数学标准》(CCSSM)包含引言、数学过程标准、数学内容标准、术语表和咨询样本五个部分,其中主体部分是数学过程标准和数学内容标准。

1. 数学过程标准

结合美国当前数学教育的特点,提出了与NCTM《标准2000》中过程标准相对应的八条实践准则,称为"数学过程标准"。①
(1) 理解问题,并坚持不懈地解决它们。
(2) 抽象的、量化的推理。
(3) 构造可行的论证,并评论他人的推理。
(4) 数学建模。
(5) 灵活地使用合适的工具。
(6) 精确化。
(7) 探求并利用结构。
(8) 在反复推理中探求并表达规律。

2. 数学内容标准

K—8年级的数学内容标准按年级编排,每一个年级涉及五个左右的知识领域,如表1.5。②

表1.5 K—8年级数学内容标准的知识领域

年级	知识领域
K	计数与基数、运算与代数思考、自然数与运算、测量与数据、几何
1	运算与代数思考、自然数与运算、测量与数据、几何
2	运算与代数思考、自然数与运算、测量与数据、几何
3	运算与代数思考、自然数与运算、分数与运算、测量与数据、几何
4	运算与代数思考、自然数与运算、分数与运算、测量与数据、几何
5	运算与代数思考、自然数与运算、分数与运算、测量与数据、几何
6	比与比例关系、数系、式与方程、几何、统计与概率
7	比与比例关系、数系、式与方程、几何、统计与概率
8	数系、式与方程、函数、几何、统计与概率

可见,1—2年级、3—5年级、6—7年级涉及的知识领域分别相同。每一个年级的内容标准中包含三个层次,首先提出了该年级的重点内容,然后罗列了该年级各知识领域内的知识要点,比如一年级"运算与代数思考"中的知识要点:表征和解决有关加减法的问题;理解和应用加减法的关系与运算性质;20以内的加减法;加减等式运算。再对各知识要点学生应达到的要求做出具体说明,比如四年级知识要点"熟悉因数和倍数"的具体要求:找到1—100范围内整数的所有因数;明白一个整数是其所有因数的乘积;判定1—100范围内的一个给定整数是否为另一个给定整数的倍数;判定1—100范围内给定的一个数是质数还是合数。

3. CCSSM特点

建立CCSSM是为了消除因各州标准不一而导致的对相同年级学生有着千差万别学

---

① 曹一鸣.十三国数学课程标准评介(小学、初中卷)[M].北京:北京师范大学出版社,2012:427.
② 曾小平,刘效丽.美国《共同核心数学课程标准》的背景、内容、特色与启示[J].课程·教材·教法,2011(7).

习要求的现象,同时也是为了提高全美课程标准的难度,为学生的未来发展夯实基础,从而确保美国在国际上的竞争力。CCSSM宣称借鉴了先进国家的数学教育经验,包括中国(香港地区)、韩国、新加坡,强调解决美国数学不够连贯、不够聚焦的问题,强调解决美国数学"宽而浅"的问题。正如美国数学教育家、克莱茵终身成就奖获得者基尔帕特里克,在接受访问时指出,CCSSM的基本特点:与大学、就业的期望相一致;条理清晰、易于理解、前后连贯;严谨的内容,并通过高层次的技能应用知识;建立在现有各州标准的经验和优势之上;受到高水平成就国家的启发,为所有学生在全球化社会经济做好成功的准备;是以事实为依据的。①

数学课程发展是一项长期的任务,课程改革专家要有勇气吸收各种不同的意见,不断研究、改善数学课程。从1989年到2000年,NCTM学校数学标准的不断修正,从1997年以来的"数学战争"到2006《课程焦点》的发布,再到2010年《共同核心数学标准》的制订,反映了美国对数学教育的重视,以及在吸收争论中合理观点的过程中,进一步发展数学课程标准的决心。

三、日本小学数学课程改革

(一)1998年公布的《中小学数学学习指导要领》

日本和我国同属东亚地区,文化背景和教育传统有不少相似之处,然而近几十年来日本数学教育的改革更多地学习和借鉴了西方的改革思想和经验,并有机地融入自己的传统中。

在战后的几十年中,日本大体上每十年就要对《学习指导要领》(相当于中国的课程标准)修订一次。1998年12月,日本文部省依据中央教育课程审议会关于各类学校各科教育课程改革的基本精神,公布了《中小学数学学习指导要领》(以下简称《要领》),并定于小学从2002年开始实施。小学实行周5日制学习,改变当时的周6日与周5日相间进行的做法。《要领》提出的小学数学课程的总目标是:"通过与数量、图形有关的数学活动,使学生掌握基础知识和技能,培养学生对日常生活中的事物进行预见性地、有条理地思考的能力。同时,使学生意识到数学活动的乐趣和数学方法的优越性,培养在生活中应用数学的态度。"

《要领》把小学数学的教学内容归纳为四个领域,即数和计算,量和测定,图形以及数量关系。

数和计算:包括两个方面,一是数概念,二是计算。《要领》要求理解数和计算的意义,丰富对数的大小认识的感性知识,把对计算结果的估计和推测作为指导的重点。重视在具体问题中学生自己决定计算方法的能力。

量和测定:《要领》要求理解量的单位的意义,丰富对量的大小的感性认识,把求基本图形的面积、体积作为指导的重点。因此将原五年级的体积、比率、近似测量等移到六年

---

① 柳笛.《美国州共同核心数学标准》的简介——美国数学教育家基尔帕特里克的访谈[J].数学教学,2010(9).

级,柱体、锥体的表面积、体积移到中学的立体和球的部分,删除了梯形、菱形等多边形的面积。

图形:《要领》重视抓住图形的特征,对图形进行分类,把基本图形的作图和构成作为重点指导。移到中学去的内容有:五年级图形的全等,六年级棱柱的展开图、正视图、平面图,棱锥,图形的对称,扩大图、相似图形。删除了正多边形等内容。

数量关系:《要领》重视对资料的分类整理和用表或图像表达基本的数量关系,指导的重点是用表或图像表示数量关系,并能进行比较。用字母表示式子、正比例、反比例的关系式等内容移到了中学,删除了频数分布等内容。

日本进行的本次课程改革有以下几个特点:

(1) 提倡个性化的课程设计。活动是儿童的天性,让学生积极地投入到学习活动中非常重要。《要领》提供了大量的主体性指导,如户外活动、制作活动、调查活动、应用活动、利用实物探索数量和图形意义的活动、提出新问题活动等。培养学生自主学习和独立思考的能力;开展小发明、小创造活动;从教师教为主改变为帮助学生解决问题,提倡两位以上教师任课,并且聘请校外专家指导。

(2)《要领》精简了必修的教学内容,开展选择性、多样性的数学学习,安排多种可供选择的数学活动,以增加课程的弹性,适合不同学生的需要。如削减整数和小数的多位数计算和包括带分数在内的复杂的分数计算、不等式、方程、比值、反比例、频数分布、梯形和多边形的面积、复杂的单位换算、柱体和锥体的表面积、全等图形、对称图形、正多边形等。学习程度也应该有一定的弹性。学生可以选择不同程度的学习(如补习、补充、发展、深化),使不同水平的学生都有收益,达到发展个性的目的。

(3)《要领》强调在宽松、愉快的气氛中打好数学知识基础。理解数与形的意义,丰富对它们的感觉,掌握数与形的知识和技能。知识面较宽,适当控制深度。初步学会解决日常生活中的问题。培养通盘地、有条理地思考的能力。培养学生对数学学习的"丰富的感觉",让喜欢数学的学生多起来。

(4) 开展综合学习(又称课题学习)活动,让学生综合运用数学以及其他学科的知识来解决某个研究课题。让他们自己计划、调查、体验、思考、表达。让学生掌握信息的收集、调查和总结的方法,培养发现、思考和以解决问题、探究活动为主的创造能力,从而获得对数学的正确看法,养成灵活运用数学的态度。

(二) 2008 年修订的《中小学数学学习指导要领》

1. 修订的背景

在"宽松教育"的理念指导下,实行五天学习制,新设置一门综合性、自主性的学习课程——综合学习,并大幅削减原课程内容和课时,以小学为例,总课时数减少了 7.2%,各学科的课时数分别减少了约 15%,教学内容削减了近三分之一。[①]

发现问题:通过对国际学力测试(如 TIMSS 和 PISA)和日本本国的国立教育政策研究所教育课程研究中心组织的"教育课程实施情况的调查"等结果的分析,发现日本数学

---

① 周小川.日本小学数学课程改革的方向及启示[J].小学数学教育,2011(1-2).

教育中存在着问题。例如,基础的计算技能虽然没有下降,但对计算的意义的理解不够充分;不能在现实生活和学习中活用所掌握的知识和技能;在对事情和情境进行数学的解释、用数学的方法和观点解决问题、数学地表达自己的想法等方面有所欠缺;对所学的数学内容有兴趣的学生的比例低于国际平均值,对数学学习有不安感的学生的比例高于国际平均值;认为数学学习很快乐的学生的比例低于国际平均值;在近年的国际学力测试中日本学生的名次逐年下降等。

2005年日本中央教育审议会在《开创新时代的义务教育》的报告中明确指出,培养"扎实的学力"才是提高义务教育质量的着眼点。并且据此提出了修订《要领》的基本方针是:"中小学数学教育,应按照学生的认知发展规律,进一步充实数学活动,使学生切实掌握基本知识和基本技能,培养学生的数学思维能力和表达能力,提高学生学习的积极性。"日本文部科学省于2008年3月颁布了修订的中小学《学习指导要领》,其中小学将在2011年全面实施。这是1945年后,日本实施《学习指导要领》的第七个时期。与小学《学习指导要领》(1998年颁布,2002年全面实施)相比,2008年修订的小学《学习指导要领》在数学科中,强调双基的落实及学生数学表达能力的培养,强调培养学生活用数学的态度,强调培养学生"扎实的学力"。不仅增加了课时,而且调整和充实了课程内容,增设"数学活动"的学习领域。

2. 修订的主要内容

（1）课程目标与课时变化

2008年《要领》中提出的课程目标是:通过数学活动,帮助学生掌握有关数量和图形等基础的、基本的知识和技能,培养学生对日常生活中的事物进行预见性地、有条理地思考及表达的能力。同时,使学生意识到数学活动的乐趣和数学方法的优越性,培养学生在生活和学习中积极地活用数学的态度。与1998年相比,修订的《要领》增加了数学教学时间和数学活动的领域,见表1.6。

表1.6 《要领》中规定小学数学各学年课时数情况

学年	一	二	三	四	五	六
1998年课程	114	155	150	150	150	150
2008年课程	136	175	175	175	175	175

教学时间与1998年相比有所增加,回归到与日本1989年课程计划相同。同时,综合学习的课时数被缩减了35%。

（2）教学内容的充实与调整

2008年《要领》将小学数学的学习内容分为四个领域:数与计算、量与测量、图形、数量关系。四个领域新增加的主要内容有:数与计算包括四位数加减法、三位数乘两位数、带分数的计算、两位小数的计算、分小数混合计算;量与测量包括菱形和梯形的面积、圆柱和棱柱的体积、公制及其单位的构成;图形包括物体的位置、多边形与正多边形、全等、扩大与缩小、对称图形;数量关系包括反比例、含字母x的式子、数据的分布、可能性。

除了以上四个内容领域外,2008年《要领》还增设了一个新的学习领域——"算数活动",并将"算数活动"与其他四个领域并列,在各个年级的学习内容中提出了明确要求。

(三) 2017 年公布的《学习指导要领》

2017 年 3 月,日本文部科学省公布了新修订的幼儿园、小学和初中《学习指导要领》,并于 2018 年 4 月起陆续在全国推广使用。

本次修订的基本思想是:依据教育基本法和学校教育法,充分发挥过去日本学校教育实践积累的经验,更加扎实地培养学生开拓未来社会的素质和能力;在维持重视知识技能学习和思考力、判断力、表达力培养的现行学习指导要领的框架和教育内容的基础上,进一步提高学生对知识理解的质量,培养扎实的学力;充实道德教育,重视体验活动,充实体育和健康指导,培养学生丰富的心灵和健康的体魄。在课程目标和内容中,明确培养"素质和能力",并按三个支柱进行整理:生活和工作所需的知识技能的学习;应对未知状况的思考力、判断力、表达力的培养;将所学知识技能运用到今后的人生和社会中的"向学力和人性"的养成。在学习方式上,强调"主体性学习""对话性学习""深度学习"。[1]

新修订的《学习指导要领》将小学数学课程内容由原来的数和计算、量和测量、图形、数量关系四个部分,分成五个领域,即数与计算、图形、测量、变化与关系、数据的活用,并将原来的"算数活动"改为"数学活动"与这五个领域并列。其中"测量"是小学 1—3 年级学习内容,"变化与关系"是 4—6 年级的学习内容。

总体来看,日本新修订的小学数学《学习指导要领》,明确了数学素质和能力构成的三个支柱,并将其融入课程内容,为有效培养学生的素质和能力指明了方向、提供了参考。将原来的"数量关系"重新梳理划分为"变化与关系""数据的活用"两个领域,增加了统计的内容。"算数活动"改为"数学活动",强化了小学、初中和高中的连贯性。人们普遍认为,此次修订是"二战"以来"最大规模"的一次修订,反映了日本新时期教育理念和教育理论的最新发展和变化。

思考与练习

1. 俄罗斯小学数学的教学目的是什么?俄罗斯小学数学课程改革具有哪些特点?对我们有哪些启示?
2. 美国"数学战争"是怎样引起的?从中你得到哪些启发?
3. 美国《共同核心数学标准》包含哪些内容?有哪些特点?
4. 2017 年日本新修订的《学习指导要领》的基本思想是什么?在课程目标、内容和学习方式上有哪些主要变化?
5. 查阅相关资料,谈谈除俄罗斯、美国、日本外,某一国家目前进行的小学数学课程改革的基本情况,并进行交流。

---

[1] 李淑文,史宁中,张悦.日本新订小学数学学习指导要领述评[J].课程·教材·教法,2018(9).

> 阅读材料

1. 高中数学学科核心素养与课程目标

（1）学科核心素养

学科核心素养是育人价值的集中体现，是学生通过学科学习而逐步形成的正确价值观念、必备品格和关键能力。数学学科核心素养是数学课程目标的集中体现，是具有数学基本特征的思维品质、关键能力以及情感、态度与价值观的综合体现，是在数学学习和应用的过程中逐步形成和发展的。数学学科核心素养包括：数学抽象、逻辑推理、数学建模、直观想象、数学运算和数据分析。这些数学学科核心素养既相对独立、又相互交融，是一个有机的整体。

数学抽象是指通过对数量关系与空间形式的抽象，得到数学研究对象的素养。主要包括：从数量与数量关系、图形与图形关系中抽象出数学概念及概念之间的关系，从事物的具体背景中抽象出一般规律和结构，并用数学语言予以表征。

逻辑推理是指从一些事实和命题出发，依据规则推出其他命题的素养。主要包括两类：一类是从特殊到一般的推理，推理形式主要有归纳、类比，一类是从一般到特殊的推理，推理形式主要有演绎。

数学建模是对现实问题进行数学抽象，用数学语言表达问题、用数学方法构建模型解决问题的素养。数学建模过程主要包括：在实际情境中从数学的视角发现问题、提出问题，分析问题、建立模型，确定参数、计算求解，检验结果、改进模型，最终解决实际问题。

直观想象是指借助几何直观和空间想象感知事物的形态与变化，利用空间形式特别是图形，理解和解决数学问题的素养。主要包括：借助空间形式认识事物的位置关系、形态变化与运动规律；利用图形描述、分析数学问题；建立形与数的联系，构建数学问题的直观模型，探索解决问题的思路。

数学运算是指在明晰运算对象的基础上，依据运算法则解决数学问题的素养。主要包括：理解运算对象，掌握运算法则，探究运算思路，选择运算方法，设计运算程序，求得运算结果等。

数据分析是指针对研究对象获取数据，运用数学方法对数据进行整理、分析和推断，形成关于研究对象知识的素养。数据分析过程主要包括：收集数据，整理数据，提取信息，构建模型，进行推断，获得结论。

（2）课程目标

通过高中数学课程的学习，学生能获得进一步学习以及未来发展所必需的数学基础知识、基本技能、基本思想、基本活动经验（简称"四基"）；提高从数学角度发现和提出问题的能力、分析和解决问题的能力（简称"四能"）。

在学习数学和应用数学的过程中，学生能发展数学抽象、逻辑推理、数学建模、直观想象、数学运算、数据分析等数学学科核心素养。

通过高中数学课程的学习，学生能提高学习数学的兴趣，增强学好数学的自信心，养成良好的数学学习习惯,发展自主学习的能力;树立敢于质疑、善于思考、严谨求实的科学精神;不断提高实践能力,提升创新意识;认识数学的科学价值、应用价值、文化价值和审美价值。

(摘自:中华人民共和国制定.普通高中数学课程标准(2017年版).人民教育出版社,2018:4-8)

2. 判断基本数学思想的两个原则

第一个原则,数学产生和发展所必须依赖的那些思想。

第二个原则,学习过数学的人应当具有的基本思维特征。

根据这两个原则,我们把基本数学思想归结为三个核心要素:抽象、推理、模型。通过抽象,人们把现实世界中与数学有关的东西抽象到数学内部,形成数学的研究对象,思维特征是抽象能力强;通过推理,人们从数学的研究对象出发,在一些假设条件下,有逻辑地得到研究对象的性质以及描述研究对象之间关系的命题和计算结果,促进了数学内部的发展,思维特征是逻辑推理能力强;通过模型,人们用数学所创造的语言、符号和方法,描述现实世界中的故事,构建了数学与现实世界的桥梁,思维特征是表述事物规律的能力强。

(摘自:史宁中.数学基本思想18讲.北京师范大学出版社,2016:1-2)

参考文献

[1] 中华人民共和国教育部.全日制义务教育数学课程标准(实验稿).北京:北京师范大学出版社,2001.

[2] 中华人民共和国教育部.义务教育数学课程标准(2011年版).北京:北京师范大学出版社,2012.

[3] 教育部基础教育课程教材专家工作委员会.义务教育数学课程标准(2011年版)解读.北京:北京师范大学出版社,2012.

[4] 课程教材研究所.20世纪中国中小学课程标准·教学大纲汇编.北京:人民教育出版社,2001.

[5] 张奠宙.中国数学双基教学.上海:上海教育出版社,2006.

[6] 郑毓信.国际视角下的小学数学教育.北京:人民教育出版社,2005.

[7] 曹一鸣.十三国数学课程标准评介(小学、初中卷).北京:北京师范大学出版社,2012.

[8] 刘久成.小学数学课程60年.镇江:江苏大学出版社,2011.

[9] 刘久成,徐建星.中外小学数学课程标准比较研究.宁夏:甘肃教育出版社,2017.

[10] 曹一鸣,梁贯成.21世纪的中国数学教育.北京:人民教育出版社,2018.

[11] 史宁中.数学基本思想18讲.北京:北京师范大学出版社,2016.

[12] 曹培英.跨越断层,走出误区:"数学课程标准"核心词的解读与实践研究.上海:上海教育出版社,2013.

第二章　小学数学教材

数学教材为学生的数学学习活动提供了学习主题、基本线索和知识结构,是实现数学课程目标、实施数学教学的重要资源。作为数学教师,要正确理解教材,善于分析解读教材,合理运用教材,使之成为教学的有效资源。

> **学习的基本要求**
> 1. 了解小学数学教材的作用和编写原则;
> 2. 了解新中国成立后,小学数学教材改革基本情况;
> 3. 了解义务教育教科书的基本情况;
> 4. 了解教材分析的意义和内容,掌握分析小学数学教材的方法,初步具备分析小学数学教材的能力。

第一节　小学数学教材概述

一、小学数学教材及其作用

(一)小学数学教材的含义

从广义来说,小学数学教材是指教师指导学生学习数学的一切教学材料,包括师生共用的教科书、练习册,以及供教师用的教学指导书、参考书、教学挂图、音像教材、辅助教学软件等教学材料。

从狭义来说,小学数学教材是指小学数学教科书,亦称课本。本章所论述的小学数学教材就是指小学数学教科书。

小学数学教材的组织单位主要是"课"和"单元"。"课"是教材组织的最小单位。教师一般都是以"课"为单位进行教学的。教材中的"单元"是指在知识系统和逻辑关系上相对较为完整,在知识、技能、思维训练、能力培养或应用上相对独立的部分。

每册教材由若干个大单元组成,每个大单元教材又由若干个小单元组成。每个小单元教材由若干"课"组成。每课通常包括一个或几个知识点和相应的练习。

(二)小学数学教材的作用

小学数学教材的作用主要有:

1. 教材是实现小学数学教学目标的重要资源

小学数学教材是根据小学数学课程标准编写的,课程标准提出的基本理念、教学目标、内容要求、实施建议在教材中得以体现,因而教材是实现小学数学教学目标的重要资源。

2. 教材是促进学生提高数学素养的重要基础

教科书的课文部分一般由概念、规则(定律、性质、法则、公式)、插图、例题和实践操作等内容组成,这些内容经教学法加工,构建成符合学生认知规律的体系。因此,它是学生获取基础知识和基本技能的源泉,也是形成数学思想方法和积累数学活动经验的重要载体,掌握教科书的内容是学生扩大知识领域和提高数学素养的基础。

3. 教材是教师进行教学的基本线索

小学数学教材是对学生进行数学基础知识教学、能力培养和思想品德教育的专用书籍。它为教师备课、上课、布置作业和检查学生的学习效果提供了基本线索和主要材料。

4. 教材是检查教学质量和教学进度的依据

教材为教学提供的基本线索,是教师制订教学进度的依据,也是检查教学质量的依据。教师要熟练地掌握教材内容,善于使用教材。既要根据教学要求,结合学生实际,对教材内容做好教学法加工,使之易于为学生所理解;同时又要指导学生阅读教材,帮助学生理解教材上的知识形成和发展的过程,读懂论述和结论性语言,培养学生的自学能力。

二、小学数学教材的编写原则

科学合理的教材体系应该既符合数学学科本身的特点,又符合学生的心理特征和认知规律。为此,编写小学数学教材时,必须遵循下列原则:

(一)思想性原则

教材必须以辩证唯物主义观点为指导思想,具有教育性。用科学的世界观和方法论武装学生,是育人的根本。数学的产生和发展,以及它的内容和形式,思想和方法与辩证唯物主义有着密切的联系。因此,编写时要注意渗透辩证唯物主义观点的启蒙教育。

如指出自然数的产生源于人类的生活实践,分数是人们为了解决测量和运算的矛盾而产生的,从而使学生受到数学知识来源于实际,又应用于实际,并随着实际需要而不断发展的辩证唯物主义基本观点的熏陶。

在义务教育的基础阶段,不仅要使学生打好数学知识与能力的基础,还要打好世界观、人生观、价值观的基础。因此,必须注意教材的教育性,要从小培养学生热爱祖国、热爱社会主义事业,具有为中华民族复兴而艰苦奋斗的精神。为了达到这些目的,教材必须结合数学学科的特点,充分运用生动的、有说服力的数据信息和统计资料,典型的数学史料,对学生进行爱祖国、爱社会主义、爱劳动、爱科学等思想教育,培养高尚的道德情操和审美情趣,养成科学的态度和方法,勇于克服困难的坚强意志和品格,以及良好的文明行为习惯。

（二）系统性原则

数学是一门系统性很强的科学，教材的内容是按照一定的逻辑顺序展开的。小学数学包含了现实世界数量关系和空间形式的最基础的内容，既有传统的算术知识，又有代数、几何与概率统计的初步知识和数学思想方法。教材内容的编排既要注意各部分知识纵向的逻辑系统性，又要注意各部分知识的横向联系，使教材的数学知识结构符合小学生的年龄特征和认知规律，有利于教和学。例如，数的认识基本上符合数系扩张的顺序。先认识自然数，再引入分数和小数。教材内容的系统性还要求处理好知识的衔接与配合，实现整体优化。

（三）层次性原则

层次性包含三方面要求：

（1）教材内容应由浅入深，由易到难，循序渐进，螺旋上升，符合学生的知识基础和接受能力。如数的认识和计算，划分成几个阶段，逐步扩展深化。一些较为抽象的知识，如四则运算的定义、运算定律等，可以通过逐步渗透的方法，不断加深学生的认识。用字母表示数，简易方程等，可以通过前期孕伏，重点学习和后期发展，使学生反复领会和运用。

（2）教材内容的编排要与学生的认知水平、思维发展的阶段相适应。小学生的思维发展是以具体形象思维为主，逐步过渡到初步的抽象逻辑思维。因此，教材内容应当多一点实践操作和直观形象，注意在实践或直观的基础上抽象概括。教材的编排要注意设置恰当的问题情境，提供观察、实验、猜测、计算、推理、验证等方面的材料，总结数学活动的过程和经验，同时学会如何把实际问题转化为数学问题。

（3）教材内容的编排要做到先行知识的学习能促进后继知识的学习，体现知识的连贯性和相互衔接。注意在复习旧知的基础上引入新知，以利于学生的知识迁移和理解。

（四）应用性原则

教材内容要密切联系实际，增加实用性材料，培养学生的数学应用意识。

数学知识和思想方法的应用，有利于学生理解、巩固和深化所学的知识，为此，教材应从学生已有的或熟悉的生活经验及社会活动出发，设计综合实践活动主题，配备一定数量的形式多样的数学活动资料，以促进知识的掌握和应用能力的培养。

（五）可读性原则

小学数学教材要具有可读性。形式多样，生动有趣，能激发学生的求知欲。通俗易懂，图文结合，富有启发性。语言准确，表达规范，具有示范性。

思考与练习

1. 什么是教材？广义地理解，"教材"包括哪几方面？
2. 编写小学数学教材的主要依据是什么？
3. 小学数学教材主要有哪些作用？

4. 小学数学教材的编写原则是什么？

第二节 新中国成立以来小学数学教材改革的回顾

1949年中华人民共和国成立以后，国家十分重视课程教材的建设，随着教育教学改革的深入发展，小学数学教材内容也不断改革。从20世纪50年代至世纪末，人民教育出版社先后编辑、出版了七套小学数学全国通用课本，各地也编写了几十套试验课本和义务教育小学数学课本，这里主要对人民教育出版社编辑出版的全国通用教材做简要回顾。

一、第一套教材（1952年—1955年编）

新中国成立初期，国家临时选定两套算术课本，北方采用刘松涛等编著的老解放区课本，南方采用俞子夷的大东书局出版的课本。1951年规定全国统一使用俞子夷所编的课本作为暂用本。由于这套旧课本编排不够系统，应用题联系实际也不够，1952年12月人民教育出版社根据教育部颁发的大纲，陆续编写出版了第一套全国通用教材，书名为《五年一贯制小学算术试用课本》，教材是以苏联小学算术课本为蓝本。1953年教育部决定，把《五年一贯制小学算术试用课本》改名为《初小算术课本》和《高小算术课本》，增加了一些几何初步知识、百分数、简单统计图表和农业社简单簿记。

这套教材的思想性、科学性和文字表述显著优于新中国成立初期的暂用本。教材编排比较严密，系统性较强；加强了口算，注意联系儿童的生活实际和生产实际，应用题的解答注意分析数量关系等。但整套教材受苏联教材的影响较大，结合中国实际不够，且六年的教材内容只相当于苏联小学四年的内容，程度较低，影响了小学毕业生的数学水平。采用了例题和习题混编的形式，给教学造成不便。

二、第二套教材（1959年—1961年编）

这套教材是在1958年"大跃进"背景下编的。1958年的"教育大革命"对小学算术教学中的少、慢、差、费现象提出了批评。1959年9月教育部发出"小学各年级算术教材精简和补充纲要"，出版了第二套全国通用教材：《初小算术（暂用本）》（八册），《高小算术（暂用本）》（四册），《初小珠算》（一册）和《高小珠算》（一册）。

这套教材暂用本结束了长期以来初中教一年算术的做法，用六年时间学完全部算术内容，提高了小学毕业生的数学水平。教材的编写形式由原来的例题、习题混编改为例题、习题分开编排，有利于教师教学，也有利于学生自学；教材把笔算算理、算法概括成运算法则，有利于学生掌握规律，指导计算。缺点是有些内容陈旧、重复、烦琐，知识之间缺乏联系。

三、第三套教材（1960年—1961年编）

这套教材是在总结新中国成立以来教材改革实验的经验教训后，在适当缩短学制、适当提高程度，不改变课程体系的原则下，小学用五年时间学完四二制小学的算术内容。书名为《十年制学校小学算术（试用本）》（十册），《珠算（试用本）》（一册），这套课本在五年制试点学校一直用到1966年。

教材根据参加生产劳动和进一步学习的需要,简化市制计量单位,删去繁难的应用题,增加循环小数、比例,把整数划分为二十以内、百以内、万以内和万以上四个阶段,每一阶段各有重点;提早教学几何初步知识,概念和法则注意从实际引入,突出重点,抓住关键,解决难点,重视总结规律,以利于举一反三。

四、第四套教材(1963年—1965年编)

1963年,人民教育出版社根据教育部颁发的六年制《全日制小学算术教学大纲(草案)》,编辑出版十二年制学校《小学算术课本》,并于1963年秋季在全国使用。

这套教材加强了数学知识的系统性和严密性,把过去删减不当的内容重新编入了课本,提高了程度;教材确定了以四则计算为中心、其他内容配合四则计算进行安排的教材体系,综合算式出现9—11步;应用题出现2—5步,包括11种简单应用题和11种典型应用题,解答方法上主要是用算术解法;重视基础知识教学和基本技能的训练。不足之处在于没有适当下放代数初步知识,实行算术和代数相结合,而且四则计算和应用题过于繁难。

这套教材对当时稳定教学秩序和提高小学算术教学质量起了重大的作用。

"文化大革命"期间,第四套教材遭到否定,各地编写了一些联系实际的教材,过于倾向实用性,打乱了知识系统,削弱了知识基础。

五、第五套教材(1978年—1985年编)

十一届三中全会以后,党中央把教材建设作为整顿教育的最迫切、最主要的工作之一。1978年2月,教育部颁布了《全日制十年制学校小学数学教学大纲(试行草案)》,根据这个大纲,人民教育出版社编辑出版了第五套全国通用教材《小学数学(试用本)》。1981年,根据《全日制五年制小学教学计划(修订草案)》及各地反映的意见,对试用本做了修改,改称《五年制小学课本·数学》,1981年到1984年全部出齐。1984年为了适应当时小学学制五、六年制并存,编写出版了《六年制小学课本·数学》,1985年全部出齐。这套教材一直使用到全国实施义务教育为止。

这套教材对传统的算术内容,代数和几何初步知识,以及现代数学思想方法等采取了"精选、增加、渗透"的六字方针,适当更新了教学内容,正反比例的定义改成与中学代数中的定义一致,在加强基础知识教学的同时注意发展学生智力、培养能力。如口算教学时注意讲清算理,加强简便算法以提高学生的计算能力,几何教学注意发展学生的空间观念。教材编排体系比较重视知识间的联系,配合基础知识的教学渗透现代数学思想方法。教材中增加了插图,以增强教学效果。不足之处是编写形式比较单调,说明较少,不便于自学,没有充分注意寓学法于教材之中,思考题缺乏系统性。

从1986年开始,国家教委着手制订九年义务教育教学大纲,并决定采用"一纲多本"的方针,即全国有一个统一的教学大纲,各地可以根据大纲要求编写出版适用于各个层次需要的多种课本,经国家教委中小学教材审定委员会审定通过后使用。这一措施推动了小学数学教材的改革,繁荣了小学数学教材建设。

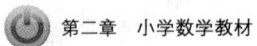

六、第六套教材(1986 年—1990 年编)

为了探讨小学数学教材的进一步改革,以适应提高全民族素质,为培养符合社会主义现代化建设要求的各级各类合格人才打下初步基础,在广泛调查研究、总结经验和认真实验的基础上,课程教材研究所编写了五年制《小学实验课本·数学》。

这套实验课本在现行五年制小学数学课本的基础上,做了进一步改革,程度与现行五年制教材基本相同,但在教学内容的精选、增加和渗透方面进行了一些新的尝试。在编排上努力改变不适应新形势发展的教育思想和教学方法,力求使教材结构符合教育学、心理学的原理和儿童的年龄特征。在运用学习迁移的规律,使学生在掌握数学基础知识和基本技能的同时,更好地发展智力、提高分析问题和解决问题的能力上做了新的探讨。在处理好统一要求、因材施教,以及小学与初中的衔接方面也做了进一步研究,以便做到既减轻学习负担,又提高教学质量。

全套教材为实施义务教育所做的探索,基本符合我国现阶段社会和科技发展的需要,同时也符合国际数学教育改革的总体趋势,教学内容的安排和教材的结构比较合理,对学生掌握知识、发展智力、培养能力起到了重要作用。但实践中也有一些教师反映,有些内容分量偏多、要求偏高,一册教材正文部分最多达 200 页,有些题目作为共同要求偏难,版式、插图还不够生动活泼等。

七、第七套教材(1990 年—1995 年编实验本,1992 年—1998 年编试用本,2000—2005 编试用修订本)

根据国家教委 1988 年颁发的《九年义务教育全日制小学数学教学大纲(初审稿)》,在总结原通用教材和实验教材的编写和使用经验的基础上,编写了《义务教育六年制小学数学教科书(实验本)》,经过多年的实验、修订,从 1992 年秋季开始陆续出版试用本,于 1993 年秋起在全国使用。2000 年根据《九年义务教育全日制小学数学教学大纲(试用修订版)》人民教育出版社组织人员对试用本进行了修订,出版了试用修订本。

编写是以"面向现代化、面向世界、面向未来"为指针,以唯物辩证法为基本指导思想,以现代教学论和心理学为依据,正确处理需要与可能、数学学科特点与儿童认知特点、教与学、掌握知识与发展能力、智育与德育、共同要求与因材施教、提高教学质量与减轻学生负担等方面的关系;注意精选教学内容,建立合理的教材结构,在分量和要求上具有一定的弹性;力求使教材具有中国特色,适应我国现阶段的需要。这套教材有以下特点:

(一) 教材的内容和要求注意适应我国义务教育的特点和需要

这套教材在内容和要求上注意符合 1992 年颁发的《九年义务教育全日制小学数学教学大纲(试用)》的规定。根据义务教育的性质,考虑到全国各地的经济、教育发展不平衡,为适合大面积使用以及一般小学生的接受能力,对教材内容和要求做了适当调整。

如,整、小数四则混合运算数目适当减小;降低了几何形体求积计算的繁难程度;分数乘、除法应用题运用方程求解，加强测量和画图等实际操作的内容；百分数的应用增加利息、折扣、保险等联系实际的内容，加强了某些数学思想和数学方法的渗透。教学内容和要求有一定弹性，课时数的安排留有余地，每学期一般安排15周的教学内容。

（二）根据数学知识的内在联系和学生的认知规律，建立合理的教材结构

教材力求把数学的逻辑顺序同儿童的认知发展顺序有机地结合起来，加强数、量、形、应用题等几方面内容的纵横联系，使之互相配合，互相促进，建立合理的教材结构。

一步应用题加强了提问题、补条件的练习，强化了"由已知，想可知"和"由未知，想需知"的思路教学，并且加强了解答连续两问应用题的练习，为教学两步应用题切实打好基础。

为了加强对统计思想和方法的认识，提高学生运用统计方法解决简单实际问题的能力，这套教材在一、二年级就注意渗透一些简单统计图表，四、五、六年级分散安排有关统计初步知识，并且注意与计算、应用题的联系。"比"被安排在分数除法后教学，以加强除法、分数和比之间的联系。

（三）教材的编写注意符合儿童的认知规律，体现教学方法，处理好传授知识与发展智能的关系

教材根据教学内容的具体特点和学生的认知特点来揭示基本概念。对密切联系的内容注意突出它们之间的共同规律，便于学生以简驭繁地掌握所学的内容。

重视新旧知识之间的联系，在新旧知识的连接点上提出启发性的问题，这样既能培养学生的学习能力，又节省教学时间。

练习题分成不同的层次，逐步提高要求，目的是为了体现训练过程和因材施教。

为了使所学的知识得到巩固和系统化，每一单元后面的"复习"改为"整理和复习"，先整理本单元所学的知识，以及与前面学过的知识联系，再做一些复习题。

改进编写形式，以激发学生的学习兴趣。如增加有趣的插图和数学游戏，字体适当放大；一、二年级出彩色版，三至六年级出双色版。

（四）加强思想品德教育

结合各部分教学内容，介绍我国古今数学成就，激发学生的民族自豪感。对学生进行励志教育，重视选择我国社会主义建设成就的数据和统计材料，使学生了解我国国情，受到爱祖国、爱社会主义的思想教育。

注意联系实际，加强调查研究，使学生了解数学在日常生活和生产中的作用，受到学习目的教育。

渗透辩证唯物主义思想，使学生受到辩证唯物主义观点的熏陶。

注意启发学生思考，给学生留有探究的余地，逐步培养学生独立思考、严格认真、刻苦钻研等良好习惯。

在此期间，北京、上海、浙江等地根据"一纲多本"的精神，陆续出版了多套适用的义务教育小学数学教科书。

思考与练习

1949—2000年五十年间，人民教育出版社编写过几套全国通用的小学数学教材？其中每一套教材编写的时代背景是什么？有哪些主要特点？

第三节　现行义务教育教科书介绍

为了全面落实《面向21世纪教育振兴行动计划》，贯彻第三次全国教育工作会议精神，改革现行基础教育课程体系，研制和构建面向新世纪的基础教育课程教材体系，教育部于1999年3月组建国家课程标准工作组，认真总结过去的经验和教训，分析我国广大教师的实际教学状况，研究教学理论和教学实际的关系，经过专题研究、综合分析、起草标准和修订初稿四个阶段，于2001年4月颁布了《全日制义务教育数学课程标准（实验稿）》。

依据课程标准的要求，先后有多家出版社组织编写《义务教育课程标准实验教科书》，经"全国中小学教材审定委员会"审定通过试用。2001年7月，经公开投标、竞标，第一次通过国家审定的小学数学教材有人民教育出版社、江苏教育出版社、北京师范大学出版社、西南师范大学出版社出版的4套教材。其后，又陆续编写出版并审定通过了一些新教材。

一、编写指导思想

新一轮基础教育教材改革的指导思想是：
（1）基础教育以提高学生素质为宗旨；
（2）减轻学生课业负担，促进学生全面发展；
（3）加强基础知识和基本能力，重视思想品德教育，讲求思想性、科学性与趣味性，最大限度地体现时代精神；
（4）教材开发体现多样性、先进性；
（5）教材要体现开放的特点，有利于学生的学习方式由单一性转变为多样性；
（6）增强数学知识与现实生活的联系，及时反映科学技术的新成果。

新课程实验教材的重大突破之一就是以课程标准为依据编写教材，开启了"一标多本"的小学数学教材改革的新时期。

经历了十年的课程改革实践，在广泛征求专家和一线教师意见的基础上，课程标准进一步修订完善，教育部于2011年12月颁布《义务教育数学课程标准（2011年版）》。根据修订后的课程标准，各种版本的实验教材做了进一步调整和完善，主要体现在以下方面：

（1）更新内容素材，突出以改革创新为核心的时代精神，努力体现社会主义核心价值体系；
（2）突出基本数学思想在知识发生、发展和应用过程中的作用，引导学生初步感受数学思想方法的意义和价值；
（3）努力呈现发现和提出问题、分析和解决问题的完整过程，帮助学生不断积累数学活动经验；

（4）关注不同领域的核心概念，引导学生逐步建立对数学知识和方法的深层次理解；

（5）适当调整教材容量和难度，努力体现小学数学课程的基础性、普及性和发展性。

二、教材结构变化

为了体现义务教育阶段数学课程的整体性，《课标（2011年版）》通盘考虑了九年的课程内容。同时，根据儿童发展的生理和心理特征，将九年的学习时间具体划分为三个阶段。四个内容领域的名称调整为"数与代数""图形与几何""统计与概率"和"综合与实践"。

"数与代数"的主要内容有数的认识、数的运算、常见的量、式与方程、正比例、反比例以及探索规律。

"图形与几何"的内容主要有图形的认识、测量、图形的运动、图形与位置等。

"统计与概率"主要内容有收集、整理和描述数据；通过对数据的简单分析，体会运用数据进行表达与交流的作用；在具体情境中感受简单的随机现象，并知道随机现象发生的可能性是有大小的。

"综合与实践"是一类以问题为载体，以学生自主参与为主的学习活动。在学习活动中，学生将综合运用"数与代数""图形与几何""统计与概率"等知识和方法解决问题。

各种版本教材都采用数与代数、图形与几何、统计与概率和综合与实践四个领域的内容同时混编的方式，即一册教材中同时安排四个领域的内容。四个领域之间存在着实质性的联系，因而各版本在安排教学内容时，既关注同一领域内容之间的相互关联，又关注不同领域之间的联系，突出知识之间的联系与综合。

与此同时，各版本在关注学科知识本身联系的同时，还特别关注了学科知识与学生认知规律的结合，即从学科内容和儿童年龄特征两方面综合构建教材。新教材在内容编排上遵循了由浅入深、循序渐进、螺旋上升的原则，在很大程度上体现了"基础性、普及性和发展性"的课程性质。在内容上较第八次课改以前的教材做了较大幅度的增添和删减，在素材选择、编排体例上努力体现最新的数学教育理念，改变过去通常以"例题—结论—练习"的编写模式，采取"问题情境—建立模型—解释、应用与拓展"的编写模式，既凸显教材内容与现实生活的联系，又利于学生逐步掌握基本的数学知识和方法，形成良好的数学思维习惯和应用意识，为教师的"教"和学生的"学"注入了新的内涵，在教材的结构编排上也呈现出多样化趋势。

比如，对于"问题解决"的处理，有的教材将其有机融合在计算教学的内容中，有的教材通过"数学广角"介绍，有的教材将"解决问题的策略"分单元进行单列编写，选取小学生可以接受的一些常用策略，如"一一列举的策略""画图的策略""倒推的策略""替换的策略""假设的策略"等分散在各年级中进行编排。

总体上看，新的实验教材有利于促进学生对知识学习的体验和理解；有利于激发学生数学学习的热情；有利于发展学生的创新意识和实践能力。

三、教材内容调整

在课程标准的框架内，小学教材本着削枝强干、删繁就简、加强基础、突出本质的原则，对义务教育阶段的数学内容进行统筹安排。其主要特点是对内容进行整合，删除部分繁难偏旧的内容,引入一些新的知识,注意增加一些直接联系学生日常生活的内容。强调在数学课程中,发展学生的数感、符号意识、空间观念、几何直观、数据分析观念、运算能力、推理能力、模型思想、应用意识和创新意识。四个领域内容的调整变化大致如下:

(一) 数与代数

内容增加。第一学段增加了"知道用算盘可以表示多位数","认识小括号,能进行简单的整数四则混合运算(两步)","能结合具体情境比较两个一位小数的大小,能比较两个同分母分数的大小"。第二学段增加了"在具体情境中,了解常见的数量关系:总价=单价×数量、路程=速度×时间,并能解决简单的实际问题","了解公倍数和最小公倍数","了解公因数和最大公因数"。

内容调整。把原来第二学段"能口算百以内一位数乘、除两位数"调到第一学段,并连同百以内的加减法改为"能口算简单的百以内的加减法和一位数乘除两位数"。在第一学段中,将"能结合具体情境进行估算,并解释估算的过程"修改为"能结合具体情境选择适当的单位进行简单的估算,体会估算在生活中的作用"等。

(二) 图形与几何

这部分内容在结构上没有变化,只是把实验稿中"图形与变换"改为"图形的运动"。在教学内容和要求上,调整的幅度也比较小,主要有以下几个方面:

内容调整。将第一学段关于"能在方格纸上画出一个简单图形沿水平方向、竖直方向平移后的图形","能在方格纸上画出简单图形的轴对称图形","会看简单的路线图","体会并认识面积单位(平方千米、公顷)"等要求放入第二学段。第二学段删去了"了解两点确定一条直线和两条相交直线确定一个点",并把"两点确定一条直线"移到第三学段教学。

要求降低。把根据"给定一个方向(东、南、西、北)辨认其余七个方向"改为根据"给定东、南、西、北四个方向中一个方向,能辨认其余三个方向",并且只要求知道"东北、西北、东南、西南"这四个方向。

内容增加。第二学段增加"知道扇形"的要求,使课程内容更加完整,也有利于学生进一步丰富对圆的认识,加深对扇形统计图特点的理解。

(三) 统计与概率

内容调整。"对平均数的认识"从第一学段移至第二学段;"对中位数和众数的认识"从第二学段移至第三学段。

内容删除。第一学段删除了"可能性"的教学内容,第二学段删除了"初步体会数据可能产生误导"的教学要求。

要求降低。第二学段只要求学生"通过实例感受简单的随机现象,能列出简单随机现象中所有可能发生的结果";"感受随机现象中结果发生的可能性是有大小的,能对一些简单随机现象发生的可能性大小做出定性描述"。这里有两点需要特别加以关注:一是明确所涉及的随机现象仅限于简单随机事件,即所有可能发生的结果是有限的,每个结果发生的可能性亦是相同的;二是只要求对可能性大小做出定性描述,而不要求进行定量表达。

(四) 综合与实践

这部分内容反映了数学课程改革的要求,有利于加强数学与生活实践的联系,有助于改变学生的学习方式,有利于培养学生的实践能力和创新意识,是课程标准的特色之一。课程标准明确提出,"综合与实践"的教学活动应当保证每学期至少一次,可以在课堂上完成,也可以课内外相结合。提倡把这种教学形式体现在日常教学活动中。

《课标(2011年版)》对两个学段的内容要求进行了调整。

在第一学段的内容要求中,除继续要求学生通过实践活动,感受数学在日常生活中的作用,体验运用所学的知识和方法解决简单的实际问题,获得初步的数学活动经验之外,还要求"了解要解决的问题和解决问题的办法","进一步理解所学的内容"。

在第二学段的内容要求中,除继续要求学生了解所学知识之间的联系外,还让学生经历有目的、有设计、有步骤、有合作的实践活动,体验发现和提出问题、分析和解决问题的过程,感受设计思路、制订简单的方案解决问题的过程,通过应用反思,进一步理解知识和方法,获得数学活动经验。

四、教材编写特色

各种版本的实验教材都以标准为依据,积极探索教材的多样化,在满足科学性、整体性的前提之下,根据学生的认知规律、知识背景和活动经验,合理安排学习内容,形成自己的编排体系,体现出自己的风格和特色。其中主要特色体现在以下几个方面:

(一) 教材内容的素材贴近学生现实

素材的选用充分考虑学生的认知水平和活动经验,在反映数学本质的前提下尽可能贴近学生的现实。学生的现实主要包含生活现实、数学现实和其他学科现实三个方面。

第一学段,学生所感知的生活面较窄,从学生身边熟悉的、有趣的事物中选取学习素材,激发他们的学习兴趣,帮助他们理解相关的数学知识,使学生感受到数学就在自己身边,体会到数学的作用,如人教版教材二(下) p21。

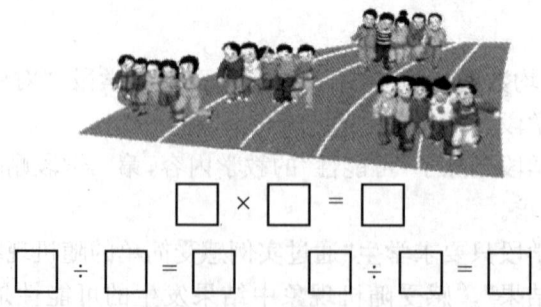

第二学段,学生的活动空间有了较大的扩展,教材选择来自自然、社会中的现象和问题,以使学生感受到数学的价值和趣味,如苏教版教材四(上) p98。

在日常生活中，我们经常看到有些物体在斜坡上会很快向下滚动。

斜坡与地面成什么角度时，物体滚动得远一点呢？我们可以通过实验来了解。

随着数学学习的深入，学生所积累的数学知识和方法，就成为学生的"数学现实"，这些现实也成为学生进一步学习的素材。选用这些素材，不仅有利于学生理解所学知识，还能够揭示相关数学知识之间的内在联系，有利于学生从整体上理解数学，构建数学认知结构。

数学的许多知识与其他学科知识有着密切的联系，因此，其他学科的知识也会作为学生的现实，被选入数学教材。

（二）教材内容的呈现体现过程性

教材编写不是单纯的知识介绍，教材选用合适的学习素材，介绍知识的背景；设计必要的活动，让学生通过观察、实验、猜测、推理、交流、反思等，感悟知识的形成和应用。

1. 体现数学知识的形成过程

现行教材基本采用：创设情境—建立模型—解释、应用、拓展的编排方式。教材致力于改变小学生的数学学习方式，倡导自主、合作、探究的学习方式。在新知识的学习活动中，安排了诸如"摆一摆、做一做、说一说、猜一猜、议一议"等活动。这个过程有利于激发学习兴趣，理解数学实质，发展思考能力，了解知识之间的联系。

2. 反映数学知识的应用过程

根据课程内容，教材设计出运用数学知识解决问题的活动。活动体现"问题情境—建立模型—求解验证"的过程。这种过程有利于学生理解和掌握相关的知识和技能，感悟数学思想，积累活动经验；有利于提高学生发现和提出问题、分析和解决问题的能力，增强应用意识和创新意识。

每册教材至少安排一个适用于"综合与实践"学习活动的题材，将课堂内的活动延伸到课外，让学生经历收集数据、查阅资料、独立思考、合作交流、实践检验、推理论证等多种形式的活动。

（三）教材的内容设计具有一定的弹性

按照标准的要求，教材的编写既注意面向全体学生，又考虑到学生发展的差异，在保证基本要求的前提下，体现一定的弹性，以满足学生的不同需求，使不同的人在数学上得到不同的发展，也便于教师发挥自己的教学创造性。具体的做法有：

（1）就同一问题情境提出不同层次的问题或开放性问题。

（2）提供一定的阅读材料，包括史料、背景材料、知识应用等，供学生选择阅读。

（3）习题的选择和编排突出层次性，设置巩固性问题、拓展性问题、探索性问题等；不要求全体学生掌握的习题，做出明确标注。

（4）在设计综合与实践活动时，所选择的课题使所有学生都能参与，不同的学生通过解决问题的活动，获得不同的体验。

（5）编入一些拓宽知识和方法的选学内容。

数学是一种文化，是人类悠久的历史文化的重要组成部分。教材考虑到小学生的阅读和理解水平，精选了部分数学文化背景材料，丰富学生对数学文化的认识和感受。如：结合认数，介绍了古代人们运用石子、结绳、刻痕等记数的方法（如苏教版教材二（下）p33），介绍了甲骨文数字、算筹表示的数字、早期的阿拉伯数字；结合分数的初步认识，介绍了古代中国人、印度人、阿拉伯人怎样用数字符号表示分数；结合小数的认识，介绍了我国古代数学家在小数的研究使用方面做出的贡献等。通过这些史料的学习，学生知道数学知识的产生首先源于人类生活的需要，体会数学在人类发展史上的作用，激发学习兴趣，受到历史唯物主义的启蒙教育，增强民族自豪感。

很久以前，我们的祖先在生产劳动和日常生活中，就有了记数的需要。例如，出去打猎的时候，要数一数出去了多少人；回来的时候，要数一数捕获了多少只野兽等。他们常用下面的方法来记数。

用石子记数　　　结绳记数　　　刻痕记数

（四）教材具有较强的可读性

在准确表达数学含义的前提下，教材根据学生的年龄特征，采用图片、游戏、卡通、表格、图像、文字等多种方式，直观形象、图文并茂、生动有趣地呈现素材，使学生易于接受，提高学习兴趣，拓宽思维空间。

小学数学教材建设是一个不断发展的动态过程，需要在教学实践中不断地反思，反思理论与实践的差距，反思理想与现实的差距，通过实验、调整不断完善，向更高水平迈进。

思考与练习

1. 简述现行小学数学教材在结构与内容上的主要变化。
2. 阅读某个版本的小学数学教材，说明该教材的主要特色。

第四节　小学数学教材的分析

一、教材分析的意义

教材是最基本的课程资源,是教与学的主要依据,也是教师与学生相互作用的中介,更是小学生获取数学知识、开发智力和发展数学能力的源泉。授课前教师必须认真分析和研究教材,领会教材的编写意图。在此基础上,收集和整合教学资源,组织教学内容,编写教案、选用教法、实施教学,以实现教学目标,完成教学任务。所以,教材分析是教师的一项重要基本功,是备好课、上好课的前提。

在分析教材的过程中,教师要仔细琢磨教材的知识结构,各个知识点的地位、作用和前后联系,重点、难点和关键,以及所蕴含的数学思想和德育因素,从而确定教学目标。

此外,教师在使用教材的过程中,不断分析和研究教材,发现问题,发表意见,这无疑有益于教材建设,促进教材日臻完善。

二、教材分析的内容

(一) 分析教材的编排体系和知识之间的内在联系

分析教材时,首先要认真阅读,仔细推敲教材文本。读懂具体章节的编排顺序,读懂具体内容的结构特点,读懂情境图,读懂导语、提示语及旁注。理清教材中所包含的数学基础知识(如概念、性质、法则、公式等),所涉及的基本能力(如读、写、算、绘图、测量、制作等),所渗透的数学思想等。

认清各类知识的来龙去脉与纵横联系,以及它们在整个小学数学教材中的地位和作用。掌握小学数学教材的编排体系和内在联系(尤其是分布在几册教材里的相关、相近或相同内容的联系)后,再着手对所教的一册教材、一单元教材或者一课时教材进行深入具体的分析研究,可以避免教学过程中的前后脱节或者重复。充分认识所要教的那部分内容,知道其知识基础是什么,以便为后继知识的学习做铺垫。

(二) 分析研究教材的重点、难点和关键

分析教材的重点、难点和关键,是为了科学地组织教学内容、设计教学过程,做到突出重点、抓住关键、突破难点、带动全面,有效地提高课堂教学质量。

1. 教材的重点

确定教材的重点,要以教材本身为依据。瞻前顾后,溯源探流,深刻分析研究所教的内容,并将其放到整个知识系统当中去判定其地位和价值。在某一部分教材中,关系全局、直接影响其他知识学习的那些知识,叫作这部分教材的重点。

如"数和代数"是整个小学数学教材的重点;整数的认识和四则计算又是"数和代数"的重点;其中,又以 20 以内的加减法、表内乘法和相应的除法为重点;在 20 以内的加减法中,又以进位加法和退位减法为重点。

又如，长方形、正方形、平行四边形等平面图形的面积计算中，长方形面积的计算是重点。如果不掌握长方形的面积公式，那么就无法推得其他图形的面积公式。

2. 教材的难点

小学数学教材中，有的内容比较抽象，不易被学生理解；有的内容纵横交错，比较复杂；有的内容本质属性比较隐蔽；也有的内容体现了新的观点和新的方法，在新旧知识的衔接上呈现了较大的坡度；还有些内容相互干扰，易混、易错。这种学生难学难懂难掌握，容易产生混淆和错误的内容，通常叫作教材的难点。

例如，在两位数除多位数的除法中，试商就较为复杂，应用题从题意理解到列出算式，对小学生来说就比较复杂和困难，因此这些内容都是难点；连续退位减法、分数除法、最小公倍数的求法、圆面积公式的推导等，因其原理复杂隐蔽而构成教材的难点；从除数是一位数的除法到除数是两位数的除法，从简单应用题到复合应用题，从整数到分数，从自然数单位到分数单位，从普通数字到用字母表示数等等，体现了新观点和新方法，显示出新旧知识衔接过程中的较大坡度，从而成为教材的难点；多位数的读写，数位与位数，等腰三角形与等边三角形等内容，因为易混易错而成为教材的难点。

教材的难点也具有相对性，它与学生的知识基础、认知水平、思维能力以及学习精神等有一定关系。在相同内容的学习中，对一部分学生构成了难点，但对另一部分学生来说可能不是难点。当然，难点的形成与教师的教法也有关系。

应当指出，教材的难点具有积极与消极的双重性。通常我们对难点的消极的一面关注较多，但也应当看到教材难点在教学中积极的一面，它对深化认识、发展思维和培养数学素养有着不可替代的功能。事实上，没有困难也就谈不上去积极探索和刻苦学习，从这个意义上讲，数学教学中的难点不仅体现着数学的魅力，还蕴蓄着思考、探索的动力。在难点教学中，学生不仅深刻地领悟知识和锤炼思维，而且还可以培养毅力，磨炼意志，学会探索。

3. 教材的关键

教材中有些内容对掌握某一部分知识或解决某一类问题有着决定性的作用，这些内容就是教材的关键。作为教材的关键，它在攻克难点、突出重点过程中往往具有突破口的功能。一旦掌握好教材的关键，与其相关内容的教学就可以迎刃而解。

如掌握"凑十法"是学习 20 以内进位加法的关键；熟记数位顺序表是读、写多位数的关键；掌握部分积的对位原理和方法是学习多位数的竖式乘法的关键；而理解分数的意义和分数单位的意义则是掌握分数四则运算法则的关键。

教材的重点、难点和关键有时可以相同。例如，"凑十法"既是 20 以内进位加法的重点，也同时是关键；掌握试商方法既是掌握两位数除多位数的重点，又是难点，同时也是关键。

只有准确地掌握教材的重点、难点和关键，才能保证学生正确理解和掌握教材内容，取得事半功倍的效果。如"小数除法"应以除数是整数的小数除法为重点，以除数是小数的除法为难点。教学中要利用转化思想，引导学生根据商不变的规律和小数点位置移动引起小数大小变化的规律，把"除数是小数"的除法转化为"除数是整数"的除法，这是小数除法教学的关键。

(三) 分析教材中能力培养的因素和渗透的思想方法

在传授知识的同时，小学数学教学还必须重视学生能力的培养。如计算能力的培养就是要通过计算教材的分析，选用得当而有效的方法，持之以恒地把口算、笔算以及简单的估算教学落到实处。

随着现代计算工具的普遍使用，小学计算教学应加强口算，淡化笔算，重视估算，有指导地引进计算器。特别是简便计算的训练，对培养学生探索和发现的能力，非常规思维的能力，以及灵活运用所学知识的能力都有其独特的作用。如计算 $\frac{18}{37} \times 39$，常规算法是 $\frac{18}{37} \times 39 = \frac{702}{37} = 18\frac{36}{37}$，而 $\frac{18}{37} \times 39 = \frac{18}{37} \times (37+2) = 18 + \frac{36}{37} = 18\frac{36}{37}$，就要简便得多。只强调算法多样化有片面性，还应该强调算法规范化（即法则教学）和算法的优化，提倡简便计算。

和数学知识一样，数学思想方法是人类在长期的数学活动中发展和积累起来的，是学生形成良好认知结构的纽带，是由知识转化为能力的桥梁，也是学生智能发展和数学素养提高的重要因素。在小学数学教学中，研究如何渗透数学思想方法是实施素质教育的一个突破口。

现行小学数学教材渗透了集合思想、对应思想、函数思想、统计思想和极限思想等。渗透数学思想方法，就是把数学思想方法融入有关的教材内容中去，它是一种高水平的深入浅出。对此，教师要分析挖掘相关教材，推敲在什么地方，渗透了哪些数学思想方法；否则，就会在教学中错过良机。

如：在教学最大公约数和最小公倍数时，渗透了集合思想；在数量大小多少的比较中，渗透了对应思想；在计算教学以及多边形面积的计算公式推导中，渗透了化归的思想；学习正（反）比例关系，渗透了函数思想；在圆面积公式的推导中，渗透了极限思想。教师只有在分析教材时看得清、抓得准，才能在教学过程中做到有的放矢，达到渗透数学思想方法的目的。

(四) 挖掘教材中情感、态度等非智力因素

在开发学生智力的同时，小学数学教学还必须重视德育、美育等非智力因素的培养，以丰富学生的精神世界，提升做人的基本修养。这不仅可以强化学生的学习动机，增强学习的内驱力，还对学生的素质发展起到积极的作用。

对学生进行思想品德教育，使学生受到辩证唯物主义观点的启蒙教育，受到爱祖国、爱人民、爱劳动、爱科学、爱社会主义教育，以及学习目的教育等。在此基础上，培养学生刻苦、细心、严格、认真等学习习惯和独立思考、不怕困难、积极进取的精神，为将来成为有理想、有道德、有文化、有纪律的社会有用之才打下良好的思想基础。

树立正确的学习目的，是学好数学的保证。所以在数学教学中，要结合有关内容，列举实例，说明数学在我国社会主义现代化建设中的作用，使学生体会到掌握数学知识的重要性。

通过反映我国生产建设发展的统计数据,可以对学生进行热爱祖国、热爱社会主义的教育;通过简介我国数学史上的伟大成就,可以激发学生的民族自信心和自豪感。

数学的知识、方法及其来源和发展,都充满着辩证法。对此,小学数学教学要通过数学知识的具体分析、讲解,浅显地揭示数学知识与现实世界的关系,数学知识内部的矛盾运动,从而渗透实践第一的观点、事物普遍联系的观点、对立统一的观点、运动变化的观点等等。

培养学生刻苦、细心、严格、认真等良好的学习态度和习惯,以及敢于独立思考、勇于克服困难的精神,必须从小抓起,严格要求,耐心帮助,长期培养,言传身教。

(五) 研究教材中的习题

在数学教学中,对学生进行有目的、有计划,形式多样,层次递进,角度多变的解题训练,是学生掌握知识、培养能力、发展思维的必由之路。因此,在分析教材时,应重视分析教材中的习题。

(1) 研究习题的层次和作用。弄清哪些是基本题,哪些是变式题、综合题、发展题和思考题。

(2) 掌握习题的设计目的和要求。明确习题与例题的对应关系,对思考性强、难度较大的习题,教师应亲自演算一遍,然后在教学中有计划、有目的地让学生练习。

(3) 研究习题中的不足。可以根据具体情况,减少同质习题的重复,增添富有思考性或开放型的习题,提高兴趣,发展思维。做到精讲巧练,提高练习的效率。

(六) 确定教学目标

作为教材分析的成果,应体现在教学目标的制定上。所谓"教学目标"是指预定要达成的教学效果或要求。它是教学评价的标准,也是教学活动的出发点和归宿,对教学活动起着导向作用。因此,分析教材时,要认真推敲教材的编写意图,明确通过教学应使学生认识或掌握哪些基础知识,达到什么要求;侧重培养哪些能力;可做哪些思想品德教育或渗透哪些数学思想方法等。并根据各部分知识及例题的安排顺序、难易程度与地位作用等来为制定教学目标提供依据。提出的教学目标应该完整(包括知识技能、过程方法、情感态度等几方面)、适切、具体、明确、可测。

教材分析是一项复杂细致、精益求精的工作。教材分析还应该注意参阅不同版本的小学数学教材以及相关的期刊资料。随着课程改革的不断深入,教学内容和教学手段的不断更新,教材分析也将不断改进和提高。

三、小学数学教材分析举例

以下教材分析的内容选自苏教版教材四年级上册。

(一) 单元教材分析

第二单元:两、三位数除以两位数。本单元的教学内容及前后联系如下:

已学过的相关内容	本单元主要内容	后续学习的相关内容
两、三位数除以一位数(三上) 用连乘计算解决实际问题(三下)	除数是整十数的除法 两、三位数除以两位数的笔算 商不变规律 被除数和除数末尾有0的除法 连除计算实际问题	小数乘、除法(五上) 分数的基本性质(五下) 比的基本性质(六上)

本单元的教学重点是理解并掌握除数是两位数除法的笔算方法,会用"四舍五入"的方法试商和调商;理解和掌握商不变规律,能用简便方法计算被除数和除数末尾都有0的除法;能正确解答连除计算的实际问题。

教学难点是掌握用四舍五入法试商后需要调商的笔算方法。

本单元共有8个例题。每两个例题配一个练习。

教材编排有以下特点:

(1) 本单元教材注重结合现实的具体问题情境引入学习内容,突出计算来自生活实际;

(2) 由易到难循序渐进组织教学内容。例如,把除法笔算教学分三段安排,第一段教学除数是整十数的除法,第二段教学除数是非整十数的除法,第三段教学商不变的规律及被除数和除数末尾都有0的除法的简便算法;

(3) 让学生经历知识的发现过程,体验探索规律的一般方法;

(4) 注意通过比较促进学生提高计算能力和分析解决问题的能力。

(二) 课时教材分析

教材内容:把除数看作与它接近的整十数试商(p12)

两、三位数除以两位数

小云几天可以看完?

$$96 \div 32 = \underline{\qquad} \quad (\quad)$$

32接近30,把32看作30来试商。你能试着算一算吗?

$$\begin{array}{r} 30 \\ 32{\overline{\smash{\big)}\,96}} \end{array}$$

答:小云_____天可以看完。

 试一试

$$39\overline{)192}$$

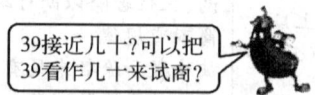
39接近几十？可以把39看作几十来试商？

回顾前面的学习过程，说说怎样计算除数是两位数的除法。

 练一练

$$23\overline{)97}\quad 38\overline{)85}\quad 41\overline{)334}\quad 57\overline{)240}$$

这一课时的教材内容有：第12页例3、"试一试"和"练一练"，完成练习三第1—3题。

例3是学生第一次接触到除数不是整十数的除法。首先根据实际问题情境列出相应的除法算式；其次，引导学生比较"96÷32"与前面学习的除法算式有什么不同的地方，教学时要引导学生产生研究新的试商方法的动机。教材提示32比较接近30，可以把32看作30来试商。引导学生思考交流，然后让学生尝试完成竖式计算。初步了解和掌握用四舍五入法把除数看作整十数的试商方法。

"试一试"引导学生观察"192÷39"中的除数，想一想可以把"39"看作多少来试商，思考交流后，再尝试完成竖式计算。

然后，组织学生回顾例3和"试一试"的计算过程，进一步思考交流，明确"除数是两位数的除法，如果除数不是整十数，可以把除数看作与它接近的整十数来试商"。并且知道，例3是用"四舍"法，"试一试"是用"五入"法进行试商。

在此基础上，联系前面学过的除数是整十数的除法，归纳完善"除数是两位数的除法"计算方法：把除数看作和它接近的整十数试商，先有被除数的前两位除以除数，如果除数的前两位比除数小，就用前三位除以除数；除到被除数的哪一位，商就写在哪一位的上面。

随后的"练一练"让学生巩固运用四舍五入的方法，把除数看作与它接近的整十数来试商，并独立完成计算。

练习三 1—3题可以作为本课时的练习内容。每道题都要求学生把除数看作和它接近的整十数来试商。一方面要突出运用"四舍五入"法试商的重点，着重帮助学生掌握试商方法，形成相应的计算技能。另一方面，要关注实际问题数量关系的分析，明确每一种解题思路是先算什么，再算什么，进一步体会和掌握分析问题和解决问题的过程和方法。

附 p15 练习三的1—3题

练 习 三

1. 先说说把除数分别看作几十来试商,再计算。

   $32\overline{)68}$　　$29\overline{)90}$　　$48\overline{)362}$　　$63\overline{)460}$

2. 播放一部儿童电视剧需要 288 分钟。如果每天从 17：00 播放到 17：32,多少天能播放完?

3. 下面是马集村三位阿姨编织中国结的情况统计。

	赵阿姨	刘阿姨	马阿姨
时间/天	21	27	32
数量/个	189	216	224

   谁每天编织的中国结最多?谁每天编织的最少?

4. $99÷33$　　$510÷87$　　$265÷59$　　$318÷53$
   $99÷38$　　$510÷82$　　$265÷53$　　$378÷33$

5. 先说出商是几位数,再计算。

   $279÷31$　　$727÷27$　　$208÷38$　　$868÷62$

6. 红光水泥厂 14 天生产了 154 吨水泥。

   (1) 平均每天生产多少吨?

   (2) 照这样计算,把下表填写完整。

水泥的吨数	198	264	396
生产的天数			

从表中你能发现什么?

思考与练习

1. 简述分析教材的意义。
2. 小学数学教材分析的主要内容和基本要求是什么?教材分析应该从哪几个层次上进行?
3. 什么是教材的重点、难点和关键?举例说明。
4. 选择小学数学教材的一个单元内容进行教材分析。
5. 选择小学数学教材的一个练习,分析习题的编排意图。

> 阅读材料

1. 支配数学教育的目标、材料和方法的三大原则

实用性的原则。数学在日常生活中已见有其实用价值。不但如此,数学也是物质支配和社会组织的武器之一,对于自然科学、产业技术、社会科学的理解、研究和进展,都是需要数学的。

论理的原则。数学具有特殊的方法和观念,组成有系统的体系。数学不是公式的堆垒,也不是图形的汇集,而是由推理组成的体系。忽视数学教育论理性的原则,无异于数学教育的自杀。

心理的原则。教材的内容,对于学生宜富于兴趣。枯燥无味的东西决不能充作教材,于是乎有心理的原则。

上述三原则应该综合统一而不应该对立。以调和的精神,选择教材,决定教法,实践的过程,称之为数学教育。(陈建功,1952)

2. 关于教材的一点看法

数学教材一方面应有弃旧纳新的准备,另一方面也应注意必要的相对稳定性。科学发展,日新月异,数学的创造也层出不穷。但教材毕竟与科学的创新不同。如果一味求新,而那些新的内容是不是经得起时间的考验,往往很难预测。改得不好,会造成灾难。我们只能将已经历过较长时间的考验,并肯定有广泛应用前途的内容纳入新教材,而不能凭主观冒失从事,违背最起码的认识规律。(吴文俊,1978)

3. 慎重地改革数学教育

不论是几何,还是代数,都要讲推理。你在解方程时,把一个方程化成另一个方程,就要讲"同解"的道理。使用一种算法解问题,也要论证其合理性。任何数学都要讲究逻辑推理,但这只是问题的一方面。更重要的是用数学去解决问题,解决日常生活中、其他科学中出现的数学问题。学校里给的数学题目都是有答案的。已知什么,求证什么,都是清楚的,题目也一定是做得出的。但是将来到了社会上,所面对的问题大多是预先不知道答案的,甚至不知道是否会有答案。这就要培养学生的创造能力,学会处理各种实际数学问题的方法。但要做到这一点,光凭逻辑推理是不够的。(吴文俊,1993)

(摘自:张孝达等.数学大师论数学教育.浙江教育出版社,2007:109-111)

参考文献

[1] 张奠宙,巩子坤等.小学数学教材中的大道理——核心概念的理解与呈现.上海:上海教育出版社,2018.

[2] 金成梁,周全英.小学数学教材概说.南京:南京大学出版社,2000.

[3] 刘久成.小学数学课程60年.镇江:江苏大学出版社,2011.

[4] 郁军,张佩玲.小学数学核心概念教学研究.北京:教育科学出版社,2017.

[5] 孔凡哲.教科书质量研究方法的探索:以义务教育数学课程标准实验教科书为例.北京:人民教育出版社,2008.

[6] 汪晓勤.HPM:数学史与数学教育.北京:科学出版社,2017.

第三章　小学数学学习过程

学习是人类生活的永恒主题,古今中外的许多思想家、教育家和心理学家都十分重视对学习的研究。随着时代的发展和教育改革的深入,学生的数学学习已成为数学教育领域重要的研究课题。

> **学习的基本要求**
> 1. 了解小学数学学习的含义及其特点;
> 2. 理解小学生的数学认知方式;
> 3. 初步掌握小学数学知识、技能和问题解决的学习过程;
> 4. 初步掌握小学数学学习的情感与态度;
> 5. 初步理解并运用小学数学学习方式。

第一节　小学数学学习概述

一、小学数学学习及其特点

(一) 小学数学学习的含义

小学数学学习是一种特殊的学习活动,是指小学生在教师指导下,按照国家数学课程标准的要求,根据小学数学课程提供的信息资源和学习线索有计划、有步骤地掌握数学知识与技能,促进自身的数学知识经验、能力(特别是数学能力)和情感态度持久变化的活动过程。

小学数学学习是一个复杂的心理活动。它不仅是一个认识过程,而且交织着情感、态度以及个性心理特征等。除原有的数学认知结构外,学生现有的思维水平与学习能力,都对数学学习起着直接的作用,影响着数学知识与技能的掌握。另一方面,学生的情感、态度、动机、兴趣、个性品质等也都对数学学习起着推动、增强、坚持、调节、控制等作用。学生在学习数学时,要受到自身的认知因素与非认知因素的影响;同时,数学学习又促进认知因素与非认知因素的发展。

(二) 小学数学学习的特点

小学数学学习作为一门具体学科的学习,一方面具有人类学习和学生学习的共同特点;另一方面又必然还有一些反映其个性的特点。具体来讲,小学数学学习具有以下主要特点。

1. 小学数学学习需要感性材料的支持

数学学科严密的逻辑性与高度的抽象性客观上对学生的逻辑思维发展水平提出了较高的要求，而小学生的思维又处在以具体形象思维为主要形式逐步向以抽象逻辑思维为主要形式的过渡阶段，他们的逻辑思维还带有很大成分的具体形象性，往往要在感性材料的支持下思维活动才能顺利进行。因此，充分运用感性材料的直观形象性去帮助学生理解学习内容是小学数学学习特别明显的特点。小学生在学习中要通过观察、操作等活动从感性上认识数学内容，建立表象，才能将所学数学知识内化成自己的数学认知结构。比如：在三角形、平行四边形和梯形等平面图形的学习中，就应当引导学生深入观察某一面是三角形、平行四边形和梯形的物体，让学生在头脑里建立起相应的表象，并利用其表象去更好地理解和掌握三角形、平行四边形和梯形的图形特征。

2. 小学数学学习要循序渐进地进行

数学学科严密的逻辑性特点在客观上决定学生学习数学比学习其他学科知识更需要循序渐进地进行。所谓循序渐进，在这里是指数学学习要按照一定的顺序进行，使学习过程的发展顺序充分体现数学知识本身的逻辑顺序和学生的认识发展顺序，从而获得最佳的学习效果。数学学习的这一特点集中表现在两个方面：一是小学数学学习过程必须遵循人的认识发展顺序，按照由浅入深、由表及里、由感性认识到理性认识的过程进行；二是数学要遵循数学学科本身具有的逻辑顺序，先学什么后学什么再学什么，要取决于所学知识体系内部的逻辑结构，这种逻辑结构既包括数学知识的纵向联系，也包括其横向联系。比如：乘、除知识从横向联系看，必须先学乘法后学除法，如果违背了这种逻辑顺序，学习就会发生困难；从纵向联系看，又必须先学表内乘、除法后学习一位数乘、除多位数，再学习两位数乘、除多位数，这种逻辑顺序是不能颠倒的，它强烈地反映出数学学科特点对学习过程的客观制约性。

3. 小学数学学习是在人类发现基础上的再发现

小学数学学习是教师指导学生对人类已有数学知识再发现的过程。在这个过程中，学生要采用多种途径，把教材中的数学知识转化成自己的数学认知结构。其中，数学活动是一种重要途径。它不仅可以帮助学生建立起所学数学知识的表象，从而更好地内化，而且还有利于学生切实经历数学知识的形成过程，感受数学与生活的密切联系。在数学学习过程中，教师要让学生动手、动脑，用观察、模仿、实验、猜想等手段收集材料，获得体验，并且类比、分析、归纳，逐渐形成自己的数学知识与技能，发展自己的数学能力。为了降低学生"发现"的难度，教师应对人类的发现过程适当"加工"，把它"剪接"成缩短的、简化的过程。

4. 小学数学学习是在教师的指导下，依据课程和教材进行的

在小学数学学习过程中，学生要通过分析、综合、比较、抽象、概括等思维方法和概念、判断、推理等思维形式去实现对抽象数学知识的理解和掌握。而小学生由于受自身思维发展水平的制约，在数学学习中常出现思维过程不流畅甚至中断的现象，这在客观上就需要教师根据课程标准和教材对学生的学习做必要的引导。教师对学生学习的引导主要体现在以下三个方面：

（1）启发和引导学生把握好思考的起点，让学生面对具体的学习任务，知道应该从什

么地方想起。

（2）引导学生把握好数学思维发展的方向，知道朝什么方向去思考才能顺利完成学习任务，从而帮助学生克服思维过程中出现的种种障碍，保证思维过程的顺利进行。

（3）启发学生对自己的学习过程做必要的反思。

二、小学生的数学认知

现代认知心理学的研究表明：学生学习数学的过程实际上是一个数学认知的过程，在这个过程中，学生根据教师的指导积极内化数学知识，把数学知识结构转化成自己的数学认知结构。

（一）数学认知结构

感知到的信息在人脑中被转移、简化、储存、恢复和运用的全过程，就是认知。在认知活动中，输入的信息被加工和改造，人脑中的知识便按照各人理解的深度和广度，结合自己的认知特点，形成了一个具有内部规律的整体结构，这就是认知结构。

"数学认知结构就是学生头脑里的数学知识按照自己的理解深度、广度，结合着自己的感觉、知觉、记忆、思维、联想等认知特点，组成的一个具有内部规律的整体结构"[①]。简单地说，数学认知结构就是学生头脑里获得的数学知识结构，它是一种经过学生主观改造后的数学知识结构，其内容包括数学知识和这些知识在学生头脑里的组织方式与特征。比如，有关分数的意义及四则运算的认知结构，一方面要反映分数的概念和性质、分数四则运算的意义及运算法则等知识内容；另一方面更要体现学生在头脑里对这些知识内容的接受、理解、保持和运用等一系列活动的组织方式。

数学认知结构是数学知识结构与学生心理结构相互作用的产物。对于学生来说，数学知识结构是前人研究数学的经验总结，是客观的、外在的东西。而数学认知结构是学生学习数学时在头脑中逐步形成的智能活动模式，是主观的、内在的东西。不同的学生，其数学认知结构的特点也不同。同一知识内容，可以形成不同的认知结构。数学认知结构有正误优劣之分，在一定程度上，体现了学习数学的能力。所以，单纯的数学知识积累，并不等于良好的数学认知结构的形成。但是，数学认知结构不可能离开数学知识结构而产生，它是从教科书及课堂教学的知识结构转化而来的，体现了数学知识与数学认知的统一。

形成了一定的数学认知结构后，一旦大脑接收到新的数学信息，学生就能不自觉地，甚至是自动地用相应的认知结构对信息进行处理和加工。所以，数学认知结构在数学认知活动中发挥着积极的作用，是不断学习新知识的基础。同时，随着数学认知活动的进行，学生的数学认知结构又会不断分化改组，扩大加深，变得更加精确和完善。所以，数学认知结构是在数学认知活动中形成的，并经历了由简单到复杂、由低级到高级的发展过程。

（二）小学生数学认知的基本方式

小学生的数学认知结构主要是通过同化和顺应两种方式去建构的，同化和顺应是小

---

① 曹才翰，蔡金法.数学教育概论[M].南京：江苏教育出版社，1989：52.

学生数学认知的基本方式。

1. 同化

如果新知识与原有认知结构中的某些知识有着适当的联系，学生就把新知识纳入原有的认知结构中，从而扩大原有的认知结构，这一过程叫作同化。比如，如果原有的认知结构中已有了乘数是一位数、两位数的乘法运算知识，那么再学习乘数是三位数的乘法时，就可以根据"用乘数哪一位上的数去乘被乘数，所得积的末位就与哪一位对齐"这一联系点，将新知识纳入原有的数学认知结构。从同化的意义不难看出，同化学习的必要条件是所学新知识与原有认知结构中的有关内容相联系，即原有认知结构中有能够同化新知识的旧知识。很明显，同化主要适用于那些与旧知识有密切联系的新知识的学习。

2. 顺应

如果在原有的认知结构中没有适当的知识与新知识相联系，那么就要对原有的数学认知结构进行改组，使之能接纳新的知识，从而建立新的数学认知结构，这一过程称为顺应。比如，小学生开始学习分数时，由于分数与原有的整数认知结构不一致，所以，就不能简单地依靠同化方式在原有的整数认知结构基础上学习，而要对整数认知结构进行改造，通过分数的初步认识的学习，使计数单位在个、十、百……的基础上，增添各种分数单位，逐步顺应分数的学习。如果说同化是促进原有认知结构量变从而扩大认知结构内容的过程，那么顺应则是使原有认知结构发生质变从而建立新的数学认知结构的过程。顺应主要适用于那些与旧知识没有直接联系的新知识的学习。

同化和顺应是两种不同的认知方式，在实际运用中，两者是辩证统一的，甚至是密不可分的，它们往往同时存在于某个学习过程中。就其活动方式和发挥的作用来讲，同化主要是改造新的学习内容使其与原有认知结构相吻合，便于新知识直接纳入原有认知结构；顺应则是改造原有认知结构以适应新知识的学习。在小学数学学习中，同化和顺应总是相辅相成、互为补充的。一方面在改造新的数学知识内容的同时，学生也必须适当调整自己的原有认知结构，使新的学习内容与原有认知结构更加吻合；另一方面学生在调整原有认知结构的同时，也总是要对新的数学知识做适当改造，将其内容改造成更有利于接纳的形式，从而保证原有认知结构与新的数学知识之间的相互适应。

（三）小学生建构数学认知的一般过程

小学数学学习过程是一个数学认知过程，即新的学习内容与学生原有的数学认知结构相互作用，形成新的认知结构的过程。这个过程包括三个阶段：输入阶段、新旧知识相互作用（同化或顺应）阶段和操作阶段。其一般模式如图3.1所示：

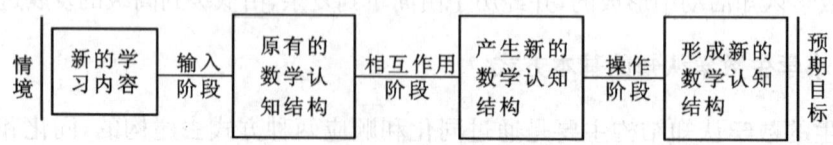

图 3.1　数学认知过程的一般模式

1. 输入阶段

学习起源于学习情境。输入阶段实际上就是给学生创设学习情境,提供新的学习内容,激发学习动机,使学生在心理上产生学习新知识的需要(即心向),这是输入阶段的关键。在此阶段,教师所提供的学习内容应适应学生的能力和兴趣。

2. 相互作用阶段

产生学习需要后,学生以原有的数学认知结构为基础,对新的学习内容进行加工,以便进入相互作用阶段,即同化或顺应阶段。这一阶段或者改造新的数学知识,使之能纳入原有的认知结构(同化),或者改造原有的认知结构,以适应新的学习内容的需要(顺应),从而产生新的数学认知结构。

3. 操作阶段

操作是指用新的数学认知结构去解决问题,使刚产生的新的数学认知结构臻于完善。

数学学习过程的三个阶段是紧密相连的,任一阶段的学习出了问题都会影响数学学习的质量。从上面的分析可以看出:学生原有的数学认知结构总是学习新知识的基础。所以,数学教师首先要考虑学生已经知道了什么,掌握到何种程度,然后再考虑教学内容的深度和广度、呈现序列等问题,确保学生原有的认知结构和新的数学知识相互作用的顺利进行。

思考与练习

1. 什么是小学数学学习?它有哪些特点?
2. 什么是数学认知结构?数学认知结构与数学知识结构有什么区别?
3. 小学数学认知有哪几种基本形式?各有什么特点?
4. 简要叙述小学生建构数学认知的一般过程。

第二节　数学知识的学习过程

按照学习的内容划分,小学数学学习可以分为数学知识的学习、数学技能的学习和数学问题解决的学习。它们是小学数学学习研究的主要方面,下面将进行比较详细的研究。

数学知识包括数学概念和数学规则,它们的学习过程分别阐述如下。

一、数学概念的学习过程

(一) 概念

概念是思维的基本单位,是其他思维形式的基础。任何一门学科,为了说明它的研究对象、对象的性质和对象之间的关系,都需要引用一些概念。是否明确这些概念,往往成为能否学好这门学科的关键。

1. 属性和概念

在客观世界中,每一个事物都有许多性质(如形状、颜色等)。一个事物与其他事物之间都存在各种各样的关系(如大小关系、位置关系等)。性质和关系统称属性。

在一类事物具有的属性中,有些是这一类事物都具有,而别的事物都不具有的属性,叫作这类事物的特有属性。有些不是这类事物都具有的,而仅仅是某些事物所具有的属性,叫作这类事物的偶有属性。比如:"两组对边分别平行""两条对角线互相平分"等属性是一切平行四边形都具有的而其他四边形都不具有的,所以它们都是平行四边形的特有属性;而"四个角都是直角""四条边相等"仅仅是某些平行四边形所具有,所以它们是平行四边形的偶有属性。

特有属性又可以分为本质属性和固有属性。对某一类事物的存在具有决定性作用的特有属性叫作这类事物的本质属性。由本质属性派生出来的其他特有属性叫作这类事物的固有属性。比如:平行四边形的特有属性中,"两条对角线互相平分"可以由"两组对边分别平行"派生出来,所以通常将"两组对边分别平行"作为平行四边形的本质属性,而将"两条对角线互相平分"作为平行四边形的固有属性。

一类事物的特有属性反映在人们的思维中,就形成了关于这类事物的概念。比如:"三条线段围成的""两边之和大于第三边""三个内角的和是 180°"等都是"三角形"这个概念所反映的一类事物的特有属性。其中,前一项是本质属性,后两项是固有属性。至于"有一个内角是直角""三边相等"都不是每个三角形都具有的,而仅仅是部分三角形才具有的偶有属性。

概念是人们在实践过程中,从感性认识的基础上升到理性认识逐步形成的。

例1 "自然数"的概念就是由于计数的需要逐步产生的。首先产生的是"有""无"的概念。原始人在打猎、捕鱼、采集果实时,对于猎物和果实的有、无最为关心。然后"有"的概念进一步分化为"多""少"。为了比较多少而使用一一对应的方法时,必然会遇到"同样多"的物体集合即"等价集合"。等价集合被归入一类,并且从中选出一个大家熟悉的集合来表示这类集合的共同的数量性质,其实质就是用具体的集合形象地表示数目的多少。如用一个人的耳朵的集合作为一类等价集合的代表,这类等价集合被称为"耳"。最后,脱离具体的事物集合,把数目从中抽象出来,用专门术语表示一类等价集合的共同性质。于是,"耳"就演化为"二","自然数二"的概念就这样产生了。自然数大致的产生过程如图3.2所示:

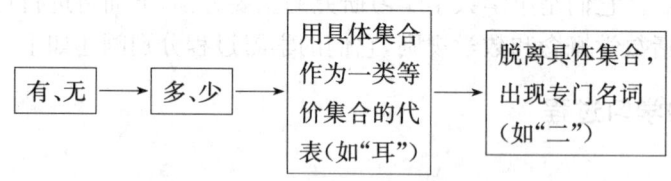

图 3.2 自然数大致的产生过程

表示自然数的名词,许多都是从常见的实物演变而来的。如西藏文"二"有"翼"的意思,梵文的"五"与波斯语的"手"相近。南美洲有些地方干脆把五叫作"手",六叫作"手一"、七叫作"手二"等等。这说明自然数的概念是人们在实践过程中,在感性认识的基础上逐步上升到理性认识而形成的。

人们的认识是不断发展、逐步深入的。对于某一类事物,开始往往只认识到它们区别于其他事物的那些表面的、派生的特有属性(即固有属性),形成初步的概念。随着实践的积累和认识的深入,人们逐渐认识到这类事物的具有决定性作用的特有属性(即本质属性)。于是关于这类事物的初步概念也就发展为能反映其本质属性的、深刻的概念。

例 2 对于"长方体",小学生是把它作为六个面围成的物体并且每个面都是长方形来认识的。这时形成的仅仅是长方体的初步概念。中学学习立体几何时,才通过概念系统建立长方体严格定义的数学概念。其过程如图 3.3 所示:

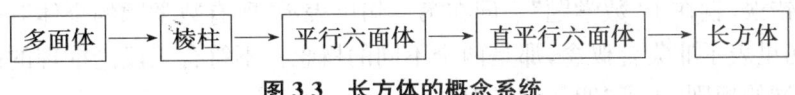

图 3.3 长方体的概念系统

2. 概念的外延与内涵

概念的外延与内涵是概念的两个基本的逻辑特征。概念所反映的事物的集合叫作这个概念的外延;概念所反映的一类事物的本质属性的集合叫作这个概念的内涵。

例 3 "质数"的外延是自然数 2,3,5,7,11,…组成的集合;质数的内涵是以下两项本质属性的集合:① 是大于 1 的自然数;② 只能被 1 和本身整除。

一般地说,一个概念的外延包括所有这样的事物,它们具有这个概念的内涵中包含的全部属性,并且,也只有这样的事物被包括在这个概念的外延中。

例 4 18 与 24 的公因数、两位数、梯形的外延与内涵如表 3.1 所示:

表 3.1 概念的外延与内涵

概 念	概念的外延	概念的内涵
18 与 24 的公因数	{1,2,3,6}	是 18 的因数,是 24 的因数。
两位数	{10,11,12,…,99}	是自然数,有两个数位。
梯形	各种形状和大小的所有梯形	是四边形,一组对边平行,另一组对边不平行。

3. 概念的种类

根据不同的标准可以对概念进行不同的分类。研究概念的这些种类,有助于我们弄清概念的外延与内涵,从而准确地使用概念。

根据外延,可以把概念分为单独概念、普遍概念和空概念。

外延只包含一个事物的概念叫作单独概念;外延包含两个或两个以上事物的概念叫作普遍概念;外延不包含任何事物的概念叫作空概念。

例 5 "三""最大的两位数""偶质数"等都只反映一个特定的事物,所以它们都是单独概念。

"自然数""18 的因数""18 与 24 的公因数"等都反映两个或两个以上的事物,所以它们都是普遍概念。

"方程 $x^2+1=0$ 的实根""$x+1=0$ 的正根""两条平行线的交点"等都是空概念。

概念还可以根据它是否从整体上反映一个集合体分为集合概念和非集合概念。

从整体上反映一个集合体的概念叫作集合概念;否则,它就是非集合概念。例如:我们可以说"3 是自然数",但不能说"3 是自然数集"。原因就在于"自然数集"是集合概念,而"自然数"是非集合概念。

集合概念与非集合概念的区别在实际应用中应该引起我们的注意。特别是当一个词既可以表示集合概念又可以表示非集合概念时,忽视两者的区别、混淆使用,就可能发生错误。

例6 推理:(1) 数学题是做不完的;(2) 这道题是数学题。所以这道题是做不完的。

之所以错误,就在于"数学题"一词在第一句里表示"所有数学题的全体",表示集合概念;在第二句里表示非集合概念,那是两个不同的概念。不符合三段论推理的两个前提只能有三个名词的规则,犯了"四名词错误"。

4. 概念间的关系

"明确概念"不但要明确它的外延与内涵,还要明确它和其他概念之间的关系。两个概念间的关系,可以从外延方面或内涵方面来讨论。现在我们从外延方面讨论两个概念间的关系。概念的外延是一类事物的集合。因此,两个概念的外延间的关系,就是两个集合的关系。两个非空集合 A、B 之间可能有五种关系,如图 3.4 所示:

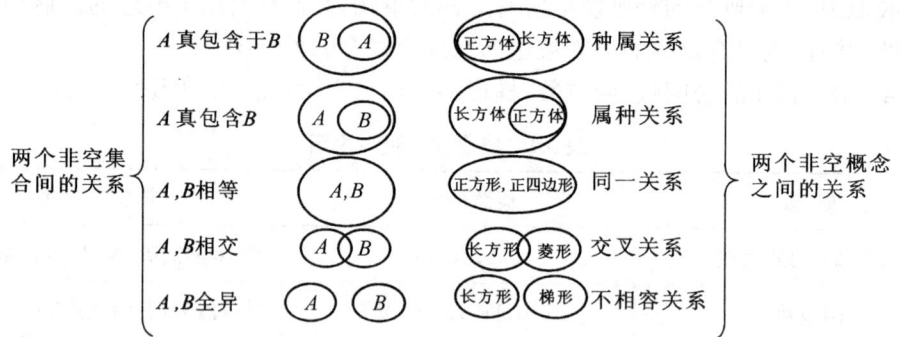

图 3.4 两个非空集合之间的关系

这种用来表示相互关系已经明确的、两个非空集的图示法是由瑞士数学家欧拉(L. Euler,1707—1783 年)最先使用的,被称为"欧拉图"。假设两个概念都不是空概念,那么这两个概念可能有以下几种关系:

(1) 同一关系(同义概念)

如果两个概念的外延是同一个集合,那么这两个概念的关系叫作同一关系。这两个概念叫作同义概念。比如:正三角形和等边三角形、矩形和长方形、质数和素数都分别是同一关系。

(2) 属种关系

如果一个概念的外延包含另一个概念的外延但不相同,那么这两个概念间的关系叫作属种关系。其中,外延较大的概念叫作属概念,外延较小的叫作种概念。属种关系反映了客观事物之间的一般和特殊的关系。比如:平行四边形和长方形就是属种关系,其中平行四边形是属概念,长方形是种概念;不过,对于四边形来说,平行四边形又是它的种概念;而对于正方形来说,长方形则是它的属概念。其欧拉图如图 3.5 所示:

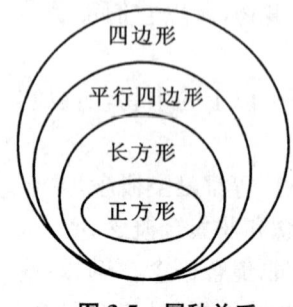

图 3.5 属种关系

从四边形→平行四边形→长方形→正方形,内涵依次加深,但外延则相应地变狭了。一般地说,几个有属种关系的概念,外延愈广,则内涵愈浅;外延愈狭,则内涵愈深。这个关系通常被称为外延与内涵的反变律。

(3) 交叉关系

如果在两个概念中,每个概念的外延都只有一部分元素属于另一个概念的外延,那么这两个概念的关系叫作交叉关系。比如:质数和偶数、16 的因数和 24 的因数、矩形和正多边形、等腰三角形和直角三角形等都是交叉关系。其欧拉图如图 3.6 所示:

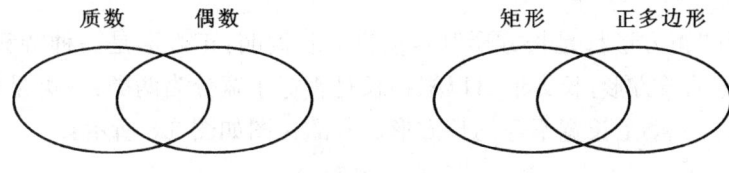

图 3.6　交叉关系

两个交叉概念的公共部分所包含的元素,同时具有这两个概念的内涵的一切属性。

同一关系、属种关系和交叉关系统称为相容关系。如果两个概念的外延中有共同的元素,那么这两个概念间的关系就是相容关系。如果两个概念的外延中没有共同的元素,那么这两个概念的关系就是不相容关系。不相容关系有以下两种情形:矛盾关系和反对关系。

(4) 矛盾关系

如果两个概念间的外延互相排斥,并且它们的和就是相近的属概念的外延,那么这两个概念的关系叫作矛盾关系。比如:奇数与偶数,等腰三角形与不等边三角形,正方形与长、宽不等的长方形都是矛盾关系。想一想,上面每两个矛盾概念的邻近的属概念各是什么?

(5) 反对关系

如果两个概念的外延互相排斥,并且它们的和是邻近的属概念的外延的真子集,那么这两个概念间的关系叫作反对关系。

例 7　① 奇数和偶数的外延互相排斥,并且它们的和就是整数的外延。所以,奇数和偶数是矛盾关系。

② 质数和合数的外延也互相排斥,并且它们的和是正整数概念的真子集。所以,质数和合数是反对关系。因为在正整数的外延中,除质数和合数外,还存在其他的中间概念——正整数 1。不过,对于"大于 1 的正整数"来说,质数与合数又是矛盾关系。

两个不相容概念是矛盾关系还是反对关系,主要取决于所选择的邻近属概念。

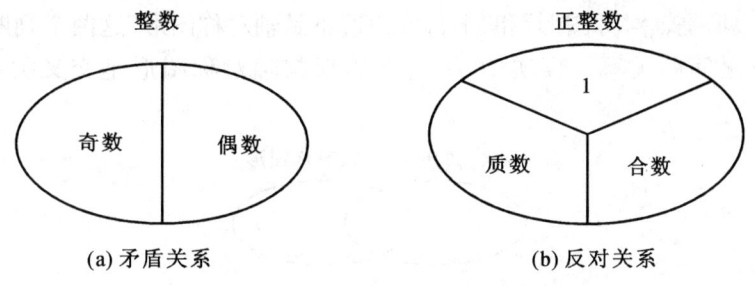

图 3.7　矛盾关系和反对关系

为了正确运用概念,做出判断,进行推理,必须弄清概念间的关系。

例8 正方形是不是特殊的长方形?不少小学生不明确。认识模糊的原因在于认识长方形、形成长方形的概念时,除长方形的特征"有四条边,对边相等;有四个角,都是直角"外,还误把"邻边不等"也作为长方形的特征之一,从而错误地扩大了这个概念的内涵,导致概念的外延被缩小,不承认正方形都是长方形。

纠正的办法如下:先让学生明确长方形的特征,并且强调判断一个图形是不是长方形,就看它是否具有这些特征,然后将这些特征逐条与正方形对照,看看正方形是否具备所有的这些特征。

当学生明确"正方形都是长方形"后,应进一步说明:正方形是一种特殊的长方形;正方形是长等于宽的长方形;长方形可以根据长是否等于宽分为两类:一类是长等于宽的长方形(即正方形),一类是长宽不等的长方形。其欧拉图如图 3.8 所示:

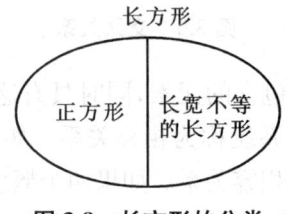

图 3.8 长方形的分类

例9 三角形和梯形是反对关系,但有学生误认为它们是属种关系,理由是"三角形可看作上底缩为一点的梯形"。事实上,当梯形的上底缩为一点时,它确实变成了三角形。但这反映了量变引起质变的规律,这时的图形已经不再是梯形。把梯形和三角形的关系理解为属种关系是错误的,产生的原因是把事物间的形式逻辑关系和辩证关系混为一谈。

例10 认识轴对称图形时,学生往往会认为"平行四边形不是轴对称图形"。这是一个假判断,这时学生头脑中想到的可能只是如图 3.9 所示的这类平行四边形,而忘掉了另两类邻边垂直和邻边相等的特殊的平行四边形(如图 3.10 所示)。

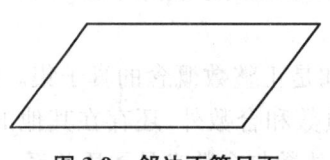 

图 3.9 邻边不等且不 　　　图 3.10 邻边垂直的和邻边
垂直的平行四边形 　　　　　　相等的平行四边形

"平行四边形是轴对称图形"和"平行四边形不是轴对称图形"这两个判断的真假取决于这两个概念之间的关系。事实上,平行四边形与轴对称图形是交叉关系,如图 3.11 所示:

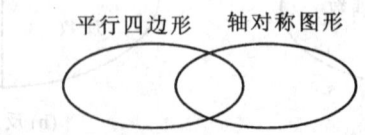

图 3.11 平行四边形与轴对称图形的关系

因此，可以说，有些平行四边形是轴对称图形，有些平行四边形不是轴对称图形；也可以说，有些轴对称图形是平行四边形，有些轴对称图形不是平行四边形。

在这里，我们可以做出的是这种特称肯定判断和特称否定判断。为了做出全称判断，需要在平行四边形之前，添加适当的定语。（任何）邻边垂直或邻边相等的平行四边形都是轴对称图形；（任何）邻边不垂直并且邻边不等的平行四边形都不是轴对称图形。

在小学数学教学中，学生可能认为"平行四边形不是轴对称图形"。…①简单地否定学生的这个判断未必能令人信服。教学时，可以引导学生逐步做如下思考，改正不恰当的判断。

这里画了一个平行四边形（如图 3.9），易判断"这个平行四边形的确不是轴对称图形"。…②因为找不到一条这样的直线，当图形平面沿这条直线对折时，直线两边的图形能够完全重合。但是平行四边形还有很多，如图 3.10，它是平行四边形吗？为什么？它是轴对称图形吗？为什么？

可见，我们应该做出这样的判断：

"有些平行四边形是轴对称图形"；…③

"有些平行四边形不是轴对称图形"。…④

笼统地说"平行四边形是轴对称图形"或"平行四边形不是轴对称图形"都是错误的。

经过进一步研究（可配合动画演示），如图 3.12 所示，可以得到：

"邻边相等或垂直的平行四边形是轴对称图形"；…⑤

"邻边不等并且不垂直的平行四边形不是轴对称图形"。…⑥

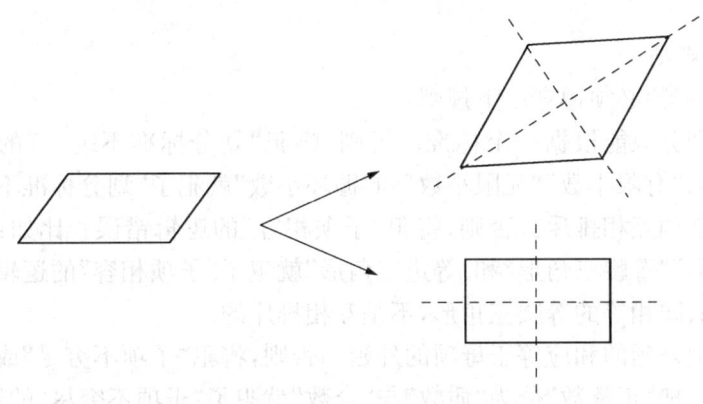

图 3.12　平行四边形中的轴对称图形

这样，既肯定了学生答案中应该肯定的东西，又改正了学生答案中的不当之处。先是把学生做出的错误的全称判断①改为正确的单称判断②；然后经过讨论，把单称判断发展为两个特称判断③、④；最后，再使特称判断上升为全称判断⑤、⑥。这反映了学生认识的不断深化，做到"判断恰当"。

5. 概念的划分

（1）当概念所反映的事物较多时，为了明确概念，往往需要按某种标准将这些事物分为几类，分门别类地对它们做进一步的研究，这就是概念的划分。划分是从外延方面明确概念的逻辑方法。所谓"划分"就是将一个属概念划分为几个种概念。

划分有三个要素：母项、子项和划分的根据。母项是被划分的概念；子项是划分所得的概念；划分的根据是划分得以进行的标准。

例 11 如表 3.2 所示是几个概念的划分：

表 3.2 几个概念的划分

	母项	子项	划分的根据
①	正整数	正奇数、正偶数	能否被 2 整除
②	三角形	锐角三角形、直角三角形、钝角三角形	所含最大角是否小于、等于或大于 90°
③	正整数	质数、合数、1	所含约数的个数
④	三角形	等腰三角形、不等边三角形	有无两边相等
⑤	四边形	平行四边形，梯形，两组对边都不平行的四边形	每一组对边是否平行

（2）分类和二分法

根据事物的某一本质属性进行的划分叫作分类。根据不同的实际需要，可以按照不同的标准对同一个概念做出几种不同的分类。

按照对象有无某种属性作为标准，将属概念划分为两个种概念的方法叫作二分法。比如：同一个平面内的两条直线的位置关系，可以根据有无公共点，分为"相交"和"平行"两种情形；两条相交直线又可以根据相交所成的角是不是直角，分为"垂直"和"斜交"两种情形。

（3）划分的规则

划分（以及分类）必须遵守以下规则：

第一，每次划分只能根据一个标准。否则，将犯"划分标准不统一"的逻辑错误。比如：把"小数"分为"有限小数""无限小数"和"循环小数"就犯了"划分标准不统一"的错误。

第二，子项必须互相排斥。否则，将犯"子项相容"的逻辑错误。比如：把"三角形"分为"不等边三角形""等腰三角形"和"等边三角形"就犯了"子项相容"的逻辑错误。因为等边三角形就是底、腰相等的等腰三角形，不是互相排斥的。

第三，各子项外延的和应等于母项的外延。否则，将犯"子项不穷尽"或"多出子项"的逻辑错误。比如：把"正整数"分为"质数"与"合数"就犯了"子项不穷尽"的错误；把"分数"分为"真分数""假分数"和"带分数"犯的是"多出子项"的错误。

第四，划分不能越级。母项和子项必须具有邻近的属种关系。违反这一规则，将犯"越级划分"的逻辑错误。比如：把"实数"分为"整数""分数"和"无理数"就不符合要求。因为实数与整数或分数都不是邻近的属种关系。正确地划分"实数"，应该先把它分为"有理数"和"无理数"；再把"有理数"分为"整数"和"分数"。

（二）小学数学中的概念及其表现形式

1. 数学概念

概念是一类事物的本质属性在人脑中的反映。数学概念是一类事物的数量关系和空间形式方面的本质属性在人脑中的反映。常用一个符号或词语表示,如符号"＋""＝",名称"三角形""正方形"等。由于数学概念所代表的是一类对象,所以它在一定范围内具有普遍意义。比如:三角形这一数学概念,它是不同位置、不同大小、不同类别的三角形的本质属性在人脑中的反映。它的内涵是:由三条首尾顺次连接的线段围成的平面图形;外延是:锐角三角形、钝角三角形、直角三角形等。数学概念是数学基础知识的"细胞";明确数学概念是学好数学基础知识的关键,也是提高数学能力的前提。

因为数学概念代表了一类对象的本质属性,所以它是抽象的。比如:现实生活中不存在抽象的三角形,而只有形形色色的三角形形状的物体。从这种意义上说,数学概念"脱离"了现实。由于数学概念往往使用符号化语言来表达,因而其抽象程度更高。数学概念的抽象程度愈高,与现实的原始对象(现实原型)联系愈弱,其应用便愈广。例如:单位"1",不仅可以表示数量1,还可以表示一条线段、一堆物体、一个班级、一块地……

2. 数学概念的表现形式

数学概念具有抽象的特征,而小学生的认识特点带有具体形象性。这种抽象性和形象性之间存在一定的矛盾。为了处理好这一矛盾,小学数学教材中的概念,根据小学生的心理特点,大致有以下几种表现形式:

(1) 用图画的形式表现概念

在小学中、低年级,为了使学生具体地认识数学概念,一些概念往往以物体、图画的形式来表现。

例12 角的初步认识。先是出示日常生活中经常看到的各种包含了角的实物图,再用纸折成大小不同的角,运用图画揭示它们共同的形状特征,如图 3.13 所示:

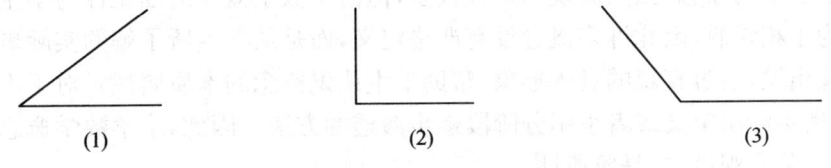

图 3.13 角的形状特征

我们把这些图形都叫作角。

(2) 用描述的方法借助具体事例说明概念

一些概念的定义很抽象,小学生很难理解和掌握,必须用描述的方法来表述,一般采用"像……这样的……叫作……"的叙述方法。

例13 小数的初步认识。在"小数的初步认识"中,小数是这样描述的:"像 0.1,0.2,1.3,1.4 等都是小数。"

(3) 用逐步渗透的方法来揭示概念

逐步渗透就是让学生在不同场合、不同阶段多次接触概念所反映的一些对象,并逐步揭示概念的本质属性。这也体现了小学数学教学内容的编排要遵循"由浅入深、循序渐进、适当分段、螺旋上升"的原则。比如:整数、分数等概念的教学都是分阶段逐步进行的。开始时,先让学生有一个初步的认识,当学生的感性认识达到一定程度时,再逐步揭示它们的内涵。

小学数学是中学数学的基础,小学数学中一些直观描述的概念或者没有定义的概念,到中学阶段会逐步得到定义或者得到扩充和发展。比如:小学中的圆、长方体、圆柱体等都只是通过实物、图画形象地描述了它们的特征,并没有以定义的形式揭示概念的本质属性,而到了中学就会给出较为严密的定义。

(4) 用定义的形式来揭示概念的本质属性

定义是揭示概念内涵(本质属性)的逻辑方法。通过给概念下定义可以揭示概念所反映的对象的本质属性,从而明确这一事物和其他事物的质的区别,小学数学中用到的定义方式有以下几种。

① 属加种差定义

属加种差定义是数学中常用的一种定义方式,这种定义可用下列公式表示:

$$种差+邻近的属概念=被定义概念$$

例 14　在"只有一组对边平行的四边形叫作梯形"这个定义里,"梯形"是被定义概念,"四边形"是与它邻近的属概念,"只有一组对边平行"是种差。

② 发生定义

发生定义指出了概念特定的发生或形成的过程。

例 15　角的定义:"从一点引出的两条射线所组成的图形。"

③ 约定式定义

约定式定义是根据某种需要,通过约定的方式,规定新出现的词(符号)或词组的意义。

例 16　为了使乘法定义"求几个相同加数的和的简便运算叫作乘法"中的"几"等于 1 或 0 时也有意义,我们规定"$a\times1=a,a\times0=0$"。

小学数学中的概念,虽然表现的形式很多,但由于数学概念的抽象性与学生的思维以形象思维为主相矛盾,因此许多概念没有严格定义,而是从学生所了解的实际事例或已有的知识经验出发,通过直观的具体形象,帮助学生认识概念的本质属性。对于不容易理解的概念,就暂不给出定义或者采用分阶段逐步渗透的方法。因此,小学数学概念教学具有两个特点:一是直观性;二是阶段性。

(三) 数学概念学习的基本形式

概念的学习过程,就是对事物的本质属性进行抽象概括的过程,也就是舍弃事物非本质属性的过程。所以,概念学习就是学生对同类事物的本质属性与非本质属性的不断辨别的过程。数学概念学习一般有两种形式:概念形成和概念同化。

1. 概念形成

(1) 概念形成的含义

在课堂教学条件下,从具体事例出发,从学生实际经验的肯定例证中,抽象、概括出一类事物的本质属性,这种获得概念的方式叫作概念形成。比如:小学数学中的长方形、正方形、三角形、圆、长方体等概念的初步认识,都是通过观察、辨别一类事物的具体例子,从学生熟悉的肯定例证中抽象、概括出来的。

(2) 概念形成的一般过程

用概念形成的方式学习概念时,首先要提供大量的事例,这种材料可以是教师提供的,也可以是学生提供的熟悉的经验材料。通过分析、比较,抽象出各个事例的共同属性,在此基础上区分本质属性和非本质属性,再概括出共同的本质属性,从而明确新概念的内涵和外延,扩大或改组原有的认知结构。其一般过程如图 3.14 所示:

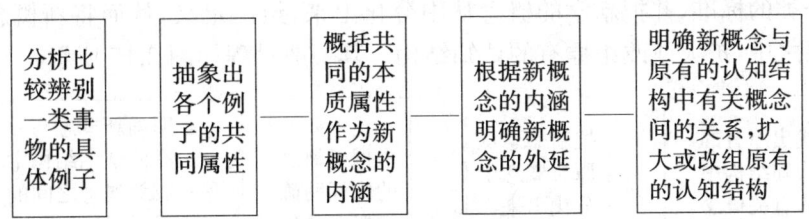

图 3.14　概念形成的一般过程

例 17　循环小数概念的学习过程大致如下:

① 先由学生计算 10÷3 和 58.6÷11,然后通过观察、分析发现,在 10÷3 这道除法中,因为余数重复出现 1,所以商重复出现 3,永远除不尽。因此,10÷3=3.33……。在 58.6÷11 中,因为余数重复出现 3 和 8,所以商就重复出现 2 和 7,也除不尽。因此,58.6÷11=5.32727……。

② 比较分析上述两个例子,抽象出它们的共同属性:这两个小数,从小数部分的第一位(或第二位)起,有一个(或两个)数字依次不断地重复出现。

③ 把上述两个例子的共同的本质属性推广到同类事物的全体,概括出新概念的内涵,并用定义表示:一个小数,如果从小数部分的某一位起,有一个或几个数字依次不断地重复出现,这样的小数叫作循环小数。

④ 根据循环小数的内涵,明确它的外延。如 3.33……和 5.32727……都是循环小数;又如 1.5353……,8.4666……也都是循环小数。但是像 0.19292,3.1415926……就不是循环小数,因为它们都不符合循环小数的定义。

⑤ 明确循环小数(一种无限小数)与原有的认知结构中有限小数的区别,扩大学生原有的认知结构。

(3) 概念形成的条件

内部条件(学生自身的条件):学生必须能辨别概念的正反例证。正例可突出有关特征,反例则能有效地排除无关特征的干扰。

外部条件(情境条件):学生必须从外界获得反馈信息。教师必须对学生所提出的概念特征的假设做出肯定或否定的反应。

在概念形成的过程中,学生的观察、操作非常重要,但数学学习中的观察操作与学生在科学课中的观察操作不同。科学课上学生观察操作的对象通常就是要研究的对象本身,而数学课上学生观察操作的对象通常是研究对象的替代物。如,儿童没法操作"3",只能操作"3"的替代物:三根小棒,三本书等。

2. 概念同化

(1) 概念同化的含义

利用学生已有的知识、经验,以定义的方式直接揭示概念的本质属性,这种获得概念的方式叫作概念同化。比如:偶数、奇数、质数、合数和分解质因数等概念都是用概念同化的方式获得的。

(2) 概念同化的一般过程

用概念同化的方式进行概念学习时,先要找出原有的认知结构中的有关概念,研究它的分类及分类的标准,并把新学的概念从中分化出来,给出定义,从而将新概念纳入原有的概念体系之中,扩大或改组原有的认知结构。其一般过程如图3.15所示:

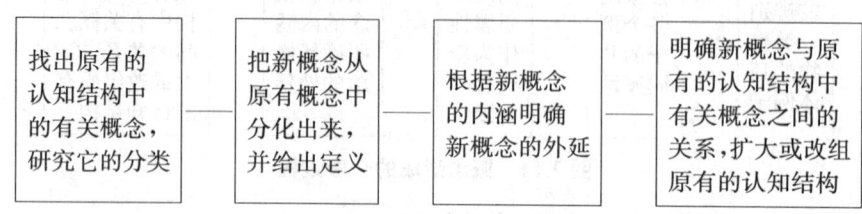

图 3.15　概念同化的一般过程

例 18　学习直角三角形时,一般过程大致如下:

① 先找出学生原有的认知结构中的有关概念:三角形、角、直角,研究三角形的三个角的各种情况。

② 突出直角三角形"有一个角是直角"这一本质属性,把新概念从原有的三角形概念中分化出来,并给出定义:有一个角是直角的三角形叫作直角三角形。

③ 根据直角三角形的定义,明确任何一个三角形中,只要有一个角是直角,那么这个三角形就是直角三角形。

④ 将直角三角形纳入三角形概念体系,扩大原有三角形概念的认知结构。

(3) 概念同化的条件

内部条件:学生认知结构中有同化新概念的有关知识。这些知识越巩固、越清晰,则新概念的同化越容易。

外部条件:必须把原有的有关概念精确分化。

在获得概念的两种形式中,概念形成主要依靠对具体事物的抽象概括,概念同化则主要依靠新旧知识的联系。概念形成更接近于人类自发形成概念的方法,而概念同化是具有一定心理水平的人在已有概念的基础上学习新概念的主要方式。在小学,特别是低年级的数学学习中,由于概念积累不多,认知水平又低,所以他们对数学概念的学习较多的是按概念形成的方式进行。随着学生年龄的增长、知识的增多和认知结构的不断发展,概念同化便逐渐成为学生获得数学概念的主要方式。同时,不论使用的是哪一种概念学习的方式,都要求学生将自己原有的知识与新呈现的材料在头脑里发生积极的相互作用,将外部提供的材料转化为自己的认知内容。所以,这两种方式都是有意义的学习。而且,在概念的实际学习过程中,这两种方式往往是结合使用。

(四) 数学概念学习应注意的问题

数学概念学习是数学学习的基础,在数学学习中占有十分重要的地位。学习时要注意以下几个方面。

1. 注意选择学习新概念的感性材料和经验

学生学习数学概念,无论是用概念形成的方式,还是用概念同化的方式,都离不开感性经验的支持。概念形成主要依赖的是对感性材料的概括,概念同化主要依赖的是学生的认知结构中有同化新概念的知识,能使有关概念精确分化。教学时,要注意以下几点:

(1) 材料或经验的数量

从感性材料或经验中抽象概括数学概念,首先要求材料或经验要有足够的数量。如果提供的感性材料或经验数量太少,学生不仅不能获得概念的丰富表象,同时也难以区分出一类数学对象的本质属性和非本质属性。比如:学习梯形概念时,如果仅仅提供一个表面是梯形的实物,学生就难以概括出"只有一组对边平行"的本质特征。

(2) 材料的典型性

概念的本质属性越明显、越突出,就越有利于学生对概念的理解和掌握;而概念的非本质属性越多、越明显,就越不利于学生对概念本质属性和非本质属性的辨别,学生就越难以理解和掌握概念。因此,在教学中,要选用那些能反映概念本质属性的典型材料说明概念。

(3) 材料的表现形式

感性材料的表现形式对数学概念的学习和掌握也有重要影响,如果提供的感性材料都是一些"标准"的实物或图形,学生的感知就会不充分、不丰富,他们就难以区分一类对象的本质属性和非本质属性。因此,学习概念时还应提供一些变式材料。所谓"变式",即变换概念肯定例证中的非本质属性的表现形式,变更观察对象的角度或方法,突出对象中隐藏的要素,从而突出一类对象的本质属性,更准确、更深刻地掌握概念。比如:学习"垂直"概念时,不仅提供"标准式"(图 3.16(a)),而且还要提供变式(图 3.16(b))。过直线外(或直线上)一点画直线的垂线,不仅要画水平方向的直线的垂线,而且要画铅直方向以及斜向的直线的垂线。

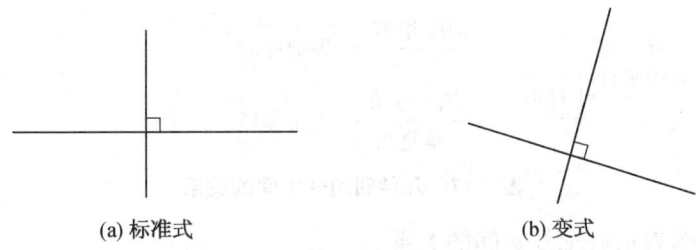

(a) 标准式　　　　　　　　　(b) 变式

图 3.16 "垂直"的标准式和变式

2. 注意概念教学的阶段性和连贯性

小学生掌握数学概念,往往不能一次完成,需要有逐步深入的过程。为此,教材常常采取螺旋式的编排方式,把一些数学概念的教学分阶段编排,使学生的认识逐步深入,因此,教师要充分领会教材的编排意图,一方面注意教学的阶段性,防止教学的"不到位"与"越位";另一方面又要注意教学的连贯性,前一阶段的教学要为后一阶段做准备,后一阶段的教学应在前一阶段的基础上有所发展。

小学数学中的许多概念,如四则运算的意义、分数的意义,以及某些几何图形等概念都是分阶段安排的。但有些概念的教学又必须一气呵成,如定义"轴对称图形"离不开对称轴,把它们安排在两个不同的年级教学是不行的。

3. 帮助学生形成概念系统

帮助学生逐步建立概念系统,这是数学概念教学的重要任务。每个数学概念都在相应的概念系统中占有一定的地位,只有当学生认识了一个概念与其他概念的相互联系以及这个概念在知识体系中所处的地位,才能对这个概念有比较全面、深刻的理解。同时,系统化、结构化的知识具有良好的抗遗忘作用,因此当学生学习了一定数量的概念后,教师就要帮助学生形成正确的概念系统。为此,教学中常用如下方法:

(1) 用分类的方法表示概念外延间的关系

通过分类可以揭示概念的外延,使知识条理化、系统化,防止概念的混淆。

例 19 以角为标准,三角形可分类如下:

$$\text{三角形}\begin{cases}\text{锐角三角形}\\\text{直角三角形}\\\text{钝角三角形}\end{cases}$$

以边为标准,三角形可分类如下:

$$\text{三角形}\begin{cases}\text{等腰三角形}\begin{cases}\text{腰和底相等的等腰三角形(即等边三角形)}\\\text{腰和底不等的等腰三角形}\end{cases}\\\text{不等边三角形}\end{cases}$$

(2) 用增加内涵的方法表示概念之间的属种关系

随着概念内涵的增加,外延将缩小。据此,可以把概念整理成系统。

例 20 几种四边形之间的关系可用图 3.17 表示。

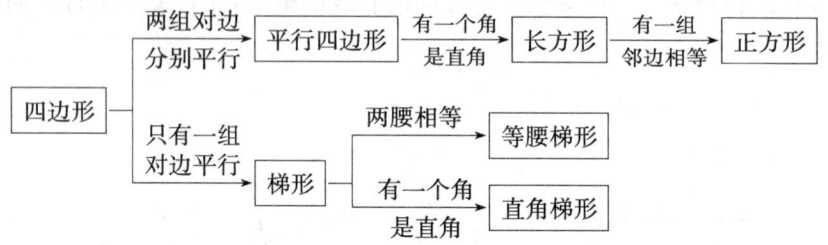

图 3.17 几种四边形之间的关系

(3) 用欧拉图表示概念外延间的关系

例 21 几种三角形外延间的关系可用欧拉图 3.18 表示如下。

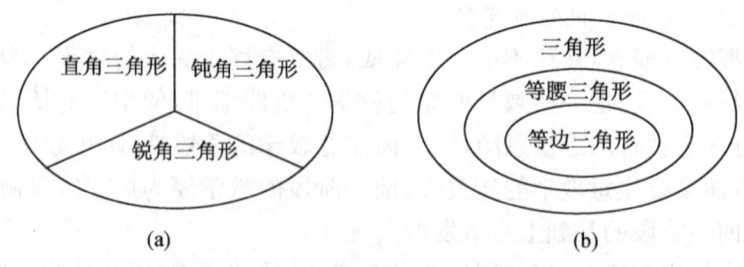

图 3.18 几种三角形外延间的关系

由欧拉图 3.18(a)可以直观地看到:在三角形中,直角三角形、锐角三角形和钝角三角形是并列的概念,它们的外延没有交叉。

由欧拉图 3.18(b)可以直观地看到:三角形、等腰三角形、等边三角形都是属种关系,后一概念的外延包含于前一概念的外延之中,如果把图3.18(a)与图 3.18(b)叠合起来,则成为图 3.19。

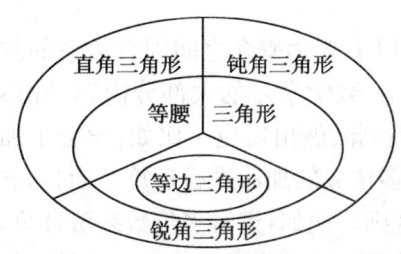

图 3.19　三角形两种分类之间的联系

根据图 3.19 可以进一步弄清三角形两种分类之间的联系,使学生对三角形的概念有更完整的认识。对于小学生,欧拉图可以使他们直观形象地了解概念之间的外延关系。

4. 注意在概念教学中培养学生的思维能力

通过概念教学,能够发展学生的思维能力。在概念教学的过程中,要组织学生在观察的基础上进行分析、综合、比较、抽象、概括,获得概念,进而依据概念进行判断、推理,把培养学生思维能力的工作贯穿于始终。

例 22　下面以"质数与合数概念"的教学过程为例,对学生的思维活动进行分析。

(1) 观察分析下列三组自然数的约数

2 的约数:1,2　　　4 的约数:1,2,4　　　　　　1 的约数:1

3 的约数:1,3　　　6 的约数:1,2,3,6

5 的约数:1,5　　　10 的约数:1,2,5,10

11 的约数:1,11　　24 的约数:1,2,3,4,6,8,12,24

……　　　　　　……

(2) 综合比较,得出以下共同属性

① 左边一列自然数只有 1 和它本身两个约数;

② 中间一列自然数除了 1 和本身外,还有别的约数;

③ 右边一列自然数,约数只有 1。

(3) 抽象概括,揭示概念的定义

一个自然数如果只有 1 和本身两个约数,这样的数叫质数(也叫素数);如果一个自然数除了 1 和本身两个约数,还有别的约数,那么这样的数叫作合数;1 既不是质数,也不是合数。

(4) 练习

① 判断下面的数,哪些是质数? 哪些是合数?

23,32,41,59,89,91

② 质数是不是都是奇数? 为什么?

③ 两个相邻的自然数中必有一合数,对不对?

二、数学规则的学习过程

(一) 数学规则及其分类

1. 数学规则

数学规则是两个或两个以上数学概念之间固有关系的叙述,通常以经过严格论证的数学命题的形式呈现。实际上,数学学习的大部分内容是由数学规则组成的。有了数学规则,就能用一类动作对一类刺激做出反应。比如:学会了加法的运算规则,就能对一位数、两位数、三位数……直到多位数的加法进行运算。而且,解答一个问题时,往往使用的不是一个规则,而是一系列规则。比如:进行多位数乘法计算,计算步骤少则十余个,多则几十个,每一个计算步骤都遵循相应的规则。数学规则的习得,是数学技能形成的前提,不仅可以促进学生智力的发展,而且可以使学生形成按规则办事的习惯。

在小学数学学习中,数学规则的学习主要是运算性质、运算法则和公式的学习。

2. 数学规则的分类

与概念的学习一样,规则的学习也是新规则的内容与原有的认知结构相互作用、形成新的认知结构的过程。规则学习的关键是获得数学概念之间关系的理解,而数学概念之间关系的理解又依赖于新规则与原有的认知结构中有关知识的联系。新规则和原有认知结构中已有知识之间的关系,可以分为下位关系、上位关系和并列关系三种。

(1) 下位关系

如果新规则在层次上低于原有的认知结构中的有关知识,那么,新规则和原有的认知结构中的有关知识就构成下位关系。此时,新规则可以直接和原数学认知结构中的有关知识发生联系,直接纳入原有的认知结构中,充实原有的认知结构,这样的学习叫下位学习。比如:学习了长方形的有关规则后,再学习正方形的有关规则,便是下位学习;在学习了"大数－小数＝差数"之后,再学习环形面积的计算公式:大圆面积－小圆面积＝环形面积,也是下位学习。在下位学习中,由于新规则所揭示的概念之间的关系是直接从原有的认知结构中处于概括水平较高的有关知识中分化出来的,所以,这样的学习比较容易。在下位学习中,新规则和原有的认知结构的作用方式是同化。

(2) 上位关系

如果新规则在层次上高于原认知结构中的有关知识,那么,新规则和原有的认知结构中的有关知识就构成上位关系。此时,新规则中概念之间的关系是通过归纳、概括比它层次低的已有知识获得的。这就是说,要通过对已有知识的归纳、综合与概括,将原有的认知结构改变为新的认知结构,这样的学习叫作上位学习。比如:学习分数除法时,先学习分数除以整数的法则,再学习一个数除以分数的法则,在此基础上概括出分数除法法则,就是上位学习。由于上位学习必须通过改造原有的认知结构才能完成,所以,一般说来,上位学习比下位学习困难。在上位学习中,新规则与原有的认知结构作用的方式是顺应。

(3) 并列关系

如果新规则与原认知结构中的有关知识有一定联系,但既不处于下位,也不处于上位,那么,称它们为并列关系。此时,学习新规则的关键在于寻找这种联系,使它们在一定意义上进行类比,这样的学习叫作并列学习。比如:学习了整数除法中商不变的性质,再学习分数的基本性质,以及比的基本性质,都可以通过类比建立前后规则间的关系,让学生获得新知识。

(二) 数学规则学习的两种主要形式

小学数学规则学习有两种基本形式:例—规法和规—例法。

1. 例—规法

例—规法是指先呈现规则的若干肯定例证,然后从例证中概括出一般结论,从而获得规则的方法。小学数学学习中,大多数规则的学习都采用这种形式。

例 23　学习"商不变的性质"时,让学生对一批例式:$6÷3=2,12÷6=2,20÷10=2,30÷15=2,60÷30=2,600÷300=2,2400÷1200=2$ 进行观察比较之后,概括出"被除数和除数同时扩大(或同时缩小)相同的倍数,商不变"。

显然,例—规法的学习属于上位学习,是一种引导发现学习。其认知过程与概念形成的过程相似,都需要辨别和概括,只不过这里对认知要求更高,因为这里的认知对象不是具体概念,而是由概念构成的关系。

2. 规—例法

规—例法是指先推导出要学习的规则,然后用实例说明运用规则的方法。

例 24　正方形面积公式的学习,就是将长方形面积公式用于正方形,推导出它的面积公式,然后举例说明公式的应用。

规—例法的学习一般属于下位学习,其认知过程与概念同化的过程相似。学习中,学生认知结构中已经有了上位规则,新规则被纳入原有的认知结构后,导致原有的认知结构进一步发展。

(三) 数学规则学习应该注意的问题

1. 学习新规则要与已掌握的知识联系,把新规则纳入原有的认知结构

有意义学习的过程,是通过新旧知识的相互作用,使新知识与原有的认知结构中的有关知识建立非人为的、实质性的联系。在小学数学学习中,要学的数学性质、法则和公式很多,众多的规则之间有着内在的联系。学习新的规则,必须与已掌握的知识联系起来,纳入已有的认知结构。这种充实了的认知结构又会促进学生对新规则的理解。

例 25　分数加减法法则的学习

因为分数加减法的意义与整数、小数加减法意义相同,所以,二者必然相互联系。实际上,它们的计算法则本质上都是将计数单位相同的数直接相加减。因此,整数、小数加减法分别要求相同数位对齐、小数点对齐,而分数加减法则要求先通分,使分数单位统一。这样分数加减法法则便和整数、小数加减法法则统一起来了。这样形成的新的认知结构又将促进学生对分数加减法法则的理解。

2. 弄清新规则的形成过程

学习每一个新规则,都必须清楚地知道规则的形成过程,知道运用了哪些概念、性质和法则,运用了什么方法得出结论。机械地记忆、应用规则,不等于完全理解规则,知其然

未必知其所以然。

例26 学习乘法法则时,大部分学生都能够按照法则进行计算,但不一定能回答诸如"为什么用乘数十位上的数去乘被乘数,积的末位要和十位对齐"之类的问题,只有能回答这类问题,才算真正理解了规则。

规则的学习过程是一个积极思维的过程,新的学习内容要与原有的认知结构中的适当知识建立联系,相互作用,把它纳入原有的认知结构。真正理解规则,对于促进认知结构的发展,有着重要的意义。

3. 通过规则的系统化,完善学生的认知结构

小学阶段,学生要学习的规则比较多。如果一个个地记忆,则负担较重,这就有一个规则的系统化问题。每当学习了更高级的规则之后,高级的规则就可以代替低级规则,从而简化了知识并且减少了记忆负担(遗忘低级规则是一种积极的遗忘)。因此,必须重视规则的系统化,沟通规则之间的联系,通过规则的系统化,完善学生的认知结构。

思考与练习

1. 什么叫数学概念?小学数学中的概念有哪些表现形式?
2. 叙述数学概念形成的一般过程,并举例说明。
3. 叙述数学概念同化的一般过程,并举例说明。
4. 简要叙述数学概念学习应注意的问题。
5. 举例说明数学规则学习的分类。
6. 小学数学规则学习有哪些形式?举例说明。

第三节 数学技能的学习过程

一、数学技能及其分类

(一) 数学技能

技能是顺利完成某种任务的一种操作或心智活动方式,它是通过有目的、有计划的练习而形成的。

数学技能通常表现为完成某种数学活动时一系列动作的协调和活动方式的自动化,这种协调的动作和自动化的活动方式是在已有的数学经验基础上经过反复练习而形成的。比如:学生的四则计算技能,就是在掌握其运算法则的基础上通过多次练习而形成的。

数学技能与数学知识和数学能力既有密切的联系,又有本质上的区别。它们的区别主要表现为:技能是对动作和动作方式的概括,它反映的是动作本身和活动方式的熟练程度;知识是对经验的概括,它反映的是人们对事物和事物之间相互联系的规律性的认识;能力是对保证活动顺利完成的某些稳定的心理特征的概括,它所体现的是学习者在数学学习活动中反映出来的个性特征。三者之间的联系,可以从数学技能的作用中反映出来。

数学技能在数学学习中的作用可以概括为以下几个方面:

（1）数学技能的形成有助于数学知识的理解和掌握；
（2）数学技能的形成有助于数学问题的解决；
（3）数学技能的形成可以促进数学能力的发展；
（4）数学技能的形成有助于激发学生的学习兴趣，调动他们的学习积极性。

(二) 数学技能的分类

小学数学技能，按其本身的性质和特点，可以分为心智技能(智力技能)和操作技能(动作技能)两种类型。

1. 数学心智技能

数学心智技能是指顺利完成数学任务的心智活动方式，它是一种借助于内部言语进行的认知活动，包括感知、记忆、思维和想象等心理成分，并且以思维为其主要成分。比如：学生在口算、笔算、解方程等活动中形成的技能更多的是一些数学心智技能。

2. 数学操作技能

数学操作技能是指实现数学任务的外部操作活动方式，它是一种由各个局部动作按一定的程序连贯而成的。比如：学生利用测量工具测量角的度数、测量物体的长度，利用作图工具画几何图形等活动中所形成的技能就是数学操作技能。

数学心智技能和数学操作技能既有区别又有联系。在完成复杂的动作时，人总是手脑并用，既需要操作技能也需要心智技能，它们相互影响，相辅相成。一般说来，心智技能的形成与操作技能有关，而操作技能又受心智技能的控制，并且二者相互转化。比如：学生计算技能就是从数实物的操作开始，然后转化为心算的。

二、数学心智技能的学习过程

在小学数学技能学习中，最主要的是数学心智技能的学习。一般认为：心智技能的形成过程是一个从外部的物质活动到内部心智活动的转化过程，即内化的过程。数学心智技能学习的过程一般分为四个阶段：

(一) 认知阶段

这一阶段主要是让学生了解并记住与技能有关的知识，形成表象，了解活动的过程和结果。

例 1 学习小数乘法的运算 3.21×1.4，先要了解运算方法。两个因数先按照整数乘法的法则来计算，即只要把两个因数的末位对齐，小数点不需要对齐，再观察比较，分析两个竖式的运算过程：

$$
\begin{array}{r}
3.21\,(两位小数)\\
\times\quad 1.4\,(一位小数)\\
\hline
1284\\
321\quad\\
\hline
4.494
\end{array}
\qquad
\begin{array}{c}
\times 100\\
\times 10
\end{array}
\longrightarrow
\begin{array}{r}
321\\
\times\quad 14\\
\hline
1284\\
321\quad\\
\hline
4494
\end{array}
$$

$\div 1000$

根据积的变化规律,要使积不变,需要把乘得的积缩小1000倍,即把小数点向左移动三位,也就是积里的小数位数是两个因数小数位数的和。最后概括出法则"计算小数乘法,先不看小数点,按照整数乘法的法则算出积,再看因数中一共有几位小数,就从积的右边起数出几位,点上小数点"。让学生理解后记住这个法则,然后进入下一阶段的学习。

显然,认知阶段实际上就是学习概念、规则的阶段。知识与技能的联系是密切的,没有知识无以形成技能;而没有应用知识的技能,知识也失去了存在的意义。

认知阶段的关键是理解,如果没有理解,一般很难记忆和应用法则,从而很难形成与此有关的技能。

(二) 示范、模仿阶段

这一阶段学生把在头脑里已初步建立起来的活动程序以外显的操作方式付诸执行。不过,这种执行通常是在教师的示范下进行的。教师边讲边做,在言语指导的同时呈现活动过程。比如:概括出小数乘法法则后,教师就具体例子进行示范,边讲述法则边进行相应的运算。学生面对小数乘法算题,就能模仿着进行运算。

(三) 有意识的言语阶段

这一阶段的智力活动离开了活动的物质和物质化的客体而逐步转向头脑活动,学生进行数学活动时,不用模仿就能自己边说边做。学生可以一边念念有词地说着法则,一边按法则进行一步步的计算。由教师的言语指导转化成学生自己的言语指导。在这一过程中,学生对于活动方式是明确意识到的。

(四) 无意识的内部言语阶段

在上一阶段,学生是自觉地意识到根据法则进行运算。在这一阶段,学生的智力活动过程有了高度的压缩和简化,整个活动过程达到了完全自动化的水平,无须去注意活动的操作规则就能比较流畅地完成其操作程序。此时,学生已掌握了心智技能,对于技能所涉及的数学活动达到了熟练的程度。比如:计算 54＋99×99＋45,在这一阶段学生无须去回忆加法交换律和结合律、乘法分配律等运算定律,就能直接合并 54 和 45 两个加数,然后利用乘法分配律进行计算。整个计算过程完全是一种流畅的自动化演算过程。

三、数学操作技能的学习过程

数学操作技能作为一种外显的操作活动方式,它的学习过程大致分为四个阶段:

(一) 动作的定向阶段

这一阶段主要是学生在头脑里建立起完成某项数学操作活动的定向映象,包括明确学习目标、了解与数学技能有关的知识、知道技能的操作程序和动作要领以及活动的最后结果等内容,也就是主要了解"做什么"和"怎么做"两方面的内容。

（二）动作的分解阶段

这一阶段是把数学技能的整套动作分解成若干个局部动作，在教师的示范下逐个练习，分别掌握。

例2 用圆规按给定的半径画圆，在这一阶段就可把整个操作程序分解成三个局部动作：

（1）把圆规的两脚张开，按照给定的半径定好针尖和笔尖之间的距离；

（2）把针尖固定在作为圆心的一点上；

（3）将笔尖落在纸上，从右下方开始绕圆心旋转一周，就画出了一个圆。

通过对这三个局部动作的依次练习，即可掌握画圆的要领。

（三）动作的整合阶段

在这一阶段，把前面所掌握的各个局部动作按照一定的顺序连接起来，使其形成一个整体连贯而协调的操作程序。

（四）动作的熟练阶段

在这一阶段，通过练习而形成的数学操作技能能适应各种变化情况，其操作表现出高度完善化的特点，动作具有高度的正确性和稳定性，动作之间不协调的现象完全消除。全套动作达到自动化的程度，根本用不着考虑每一个动作及其组合，而是自动完成，形成熟练的技巧。比如：这一阶段的画圆不需要思考就能顺利地完成全套动作，并保证其正确性。

以上四个阶段中，如果缺少某一阶段，或某一阶段的活动进行得不充分，便会引起学生学习的困难，或产生难于更改的不规范的习惯动作。

四、数学技能的形成应该注意的问题

一般认为，数学技能的形成要经过一定数量的练习才能获得，以期熟能生巧。但是，练习也不是完全的机械重复，要获得技能并达到熟练程度，要注意以下几个方面。

（一）练习要有针对性

技能学习要经历一个由"会"到"熟"的过程。完成这一转变，靠的是有目的的练习。法则的掌握是练习的结果而不是背诵的结果。这种练习要目的明确，要使学生能够自觉、主动、积极地对待练习，避免盲目、机械地重复。在练习时，不能只有操练，而且要有思考，在练习的同时不断地回忆规则、程序，这样就会提高练习的效果。

（二）练习要有计划性

练习要由易到难，循序渐进。由于学生年龄较小，开始练习的速度要慢一些，以后再逐步加快。练习的时间和次数要恰到好处，否则不仅浪费时间和精力，而且容易消磨掉小学生的学习热情和兴趣。一般说来，每次练习的时间不宜太长，但间隔的时距也要短一些。简单的技能可采用集中练习（在一段时间内连续不断地进行相同的练习），复杂的技能以分散练习（每次练习时间较短，两次之间有一定的时间间隔）为宜。在练习初期，特别要注意保持练习的准确性,养成良好的练习习惯。练习的形式要多样化,这不仅可以提高练的兴趣,保持注意的稳定,而且可以培养他们灵活运用技能的本领。

(三) 练习要及时反馈

学生在每次练习之后,如果能及时知道练习的结果,得到练习的反馈信息,对自己的技能做出分析和评价,便能及时强化正确的部分,纠正错误的部分。此时,除了练习本身所显示的结果外,教师的评分和评语起着至关重要的作用。因此,在学习过程中,教师要启发学生辨别错误并及时纠正。由于学生的数学活动经验较少,教师应注意帮助他们总结,促使他们正确、快速地掌握数学技能。

思考与练习
1. 什么叫数学技能?小学数学技能可分为哪几种?
2. 举例说明数学心智技能的学习过程。
3. 举例说明数学操作技能的学习过程。
4. 如何促进学生数学技能的形成?

第四节 数学问题解决的学习过程

一、数学问题和数学问题解决

解决问题是数学的核心,数学问题解决是数学学习要达到的主要目标之一。数学问题解决的学习是数学知识学习的自然延伸,是高级形式的数学活动,它对于发展学生的能力、培养创造精神具有极其重要的作用。

(一) 数学问题

数学问题一般可以分为常规问题和非常规问题。这里所说的数学问题是指非常规数学问题。它指人们在数学活动中所面临的、用已有的知识和经验无法直接解决而又没有现成对策的新问题、新情境。

例1 学习了长方形、平行四边形和圆的面积公式以后,学生面临以下问题:求图3.20 中阴影部分的面积。

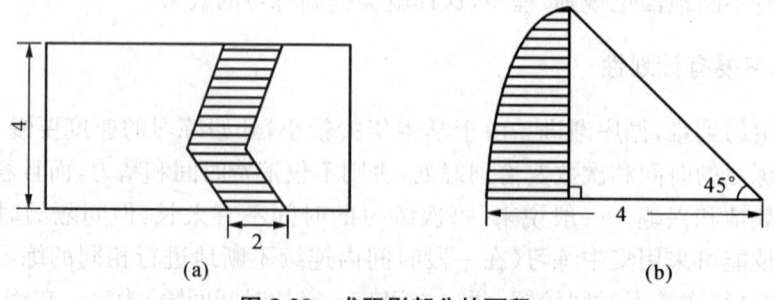

图 3.20 求阴影部分的面积

由于学生无法直接利用已学的面积公式求得答案,所以这里的"求阴影部分面积"对于学生来说,就构成了一个数学问题。

一道数学题能否构成一个数学问题,与接触它的人有关。对低年级学生是一个数学问题,对高年级学生可能就不是一个数学问题。数学问题的特征是抽象化、形式化。当实际问题变成数学问题后,都抽去了对象的物质性,变成了抽象的形式。例如,图3.20(a)中,所求阴影部分的面积可能是河沟或小路,但把它们抽象成"图中阴影部分"时,它们就形式化了,变成了一个数学问题。

(二) 数学问题的结构

数学问题一般由三部分构成:条件、目标和操作。

条件指已知和给定的东西,一般是数据、关系(数量关系、位置关系、已知条件之间的关系、已知条件与问题的关系等)和问题的状态(如"甲、乙二人相向而行""用一只杯子向另一只空杯倒水"等)。

目标指问题的所求。

操作是指性质、公式、法则等的运用。解题过程中,正是通过操作不断地改变问题的状态,使之向目标状态过渡。

(三) 数学问题解决

数学问题解决是运用已有的数学知识去探索新问题答案的心理过程或思考活动。比如,对于例1的两个问题,如下的思考过程便是数学问题解决(图3.21、图3.22):

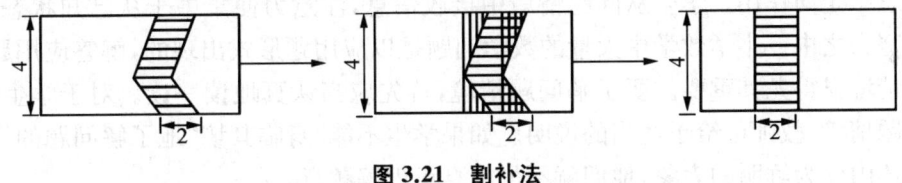

图3.21 割补法

阴影部分面积=阴影长方形面积=4×2=8(面积单位)

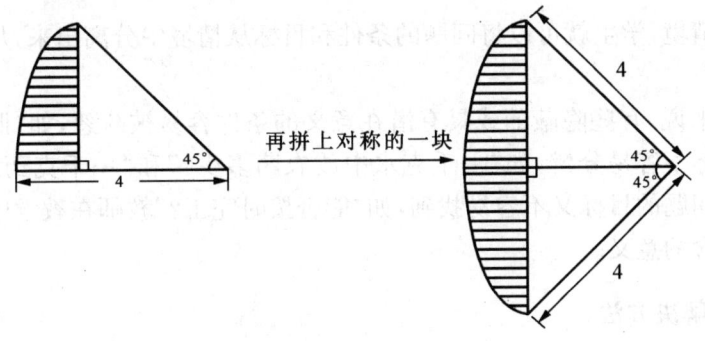

图3.22 拼补法

阴影部分面积×2=$\frac{1}{4}$圆面积-直角三角形面积

$$= \frac{1}{4} \times 3.14 \times 4^2 - \frac{1}{2} \times 4 \times 4 (面积单位)$$

数学问题解决是以思考为内涵、以问题目标为定向的心理活动过程,其实质是运用已有的知识去探索新情境中的问题结果。小学数学学习中的问题解决具有以下基本特征:

(1)数学问题解决指的是学生初次遇到的新问题,如果是解以前解过的题或同类型的题,对学习者来说就不是问题解决,而是做练习。

(2)数学问题解决是一种积极探索和克服障碍的活动过程,它所采用的途径和方法是新的,至少其中某些部分是新的,这些方法和途径是已有知识和方法的重新组合。这种重新组合通常构成一些更高级的规则和解题方法,因此数学问题解决又是一个发现和创新的过程。

(3)数学问题一旦得到解决,学生通过问题解决过程所获得的解决问题的方法就成为他们认知结构的一个组成部分,这些方法不仅可以直接用来完成同类学习任务,还可以作为进一步解决新问题的已有策略和方法。

二、数学问题解决的过程

数学问题解决的过程是人的心智活动过程。在这个过程中,要求学生具备一定的数学知识与技能、具有良好的心理品质。一般来说,数学问题解决包含以下几个阶段。

(一)了解问题情境

了解问题情境就是具体地认识这个数学问题陈述的是什么。了解问题情境对问题解决起着思维定向作用。学生从问题情境中接收信息,注意力便集中于从已知状态到目标状态的努力之中。小学数学中大量的数学问题是以应用题形式出现的,解答应用题时,了解问题情境显得尤其重要。要了解问题情境,首先应当认真地读一读。对于学生感到陌生的问题情境,教师可给予适当的说明。如果学生不能"身临其境"地了解问题的情境,把文字描述内化为鲜明的表象,他们就不可能真正理解题意。

(二)明确问题的条件和目标

了解问题情境,学生就可以将问题的条件和目标从情境中分离出来,从而明确问题的条件和目标。

对于学生来说,有些隐蔽的或具有潜在意义的条件容易被疏忽,如"照这样计算"等。有些问题的目标不容易分辨,如"一千克水中放农药多少?"和"一千克药水中,有农药多少?"等。有些问题的目标又不容易找到,如"能否按时完工?"教师在教学中要引导学生逐步理解它们隐含的意义。

(三)寻求解决方法

寻求解决问题的方法是解决问题的核心。学生明确了问题的条件和目标,弄清了它们之间的"差距",就开始着手寻找填补这个差距的方法,进而解决这个问题。解决问题的关键就是寻求填补问题的条件和目标之间差距的方法。

寻求解决问题的方法,不是简单地利用已有信息(问题的条件、已有知识经验等),而是要对这些信息进行加工。加工的基本思想是"变更问题",使"已知"与"所求"愈来愈接近,而变更问题的主要方法是变更问题的条件或目标。

例 2 小明算加法,把一个加数十位上的 3 当作 8,个位上的 7 当作 1,结果加得和为 273,问正确的和应是多少?

变更问题的条件:将条件"把一个加数十位上的 3 当作 8"变更为"273 比正确的和多了 $10 \times (8-3) = 50$",将条件"把个位上的 7 当作 1"变更为"273 比正确的和少 $7-1=6$",从而进一步将两个条件变更为"273 比正确的和多 $50-6=44$",于是达到了变更后的目标,而求得正确的和为 $273-44=229$。

对于问题解决方法的寻求,有两种主要方式,即试误与顿悟。试误是从已知(条件)想可知;或者从未知(目标)想需知。尝试寻求沟通已知和未知的途径,一次次纠正尝试中的错误,直至"碰巧"找到解决问题的方法。顿悟是对问题实质的突然领悟,对解题途径的突然发现,没有明确的探索步骤而跳跃式地、突如其来地从条件直接指向目标。其中虽然有对于作为解决问题依据的规则的识别,但这种识别是内隐的,难以用语言表述出来。一个数学问题的解决,究竟是试误还是顿悟,并不是绝对的。

(四) 求得解答并检验

把寻求到的解决方法实施于已经清楚辨认的问题情境之中,求得问题的答案,再进行一定形式的检验,看答案是否合理,解题方法是否简捷等等。

(五) 回顾反思

回顾反思是问题解决的一个很重要的步骤,它并不是以答案为唯一目标。回顾反思的内容包括:问题是如何解决的?突破口是怎样找到的?运用了哪些思想方法?是否有进一步改进的余地?是否还有其他解法?哪种方法最简捷?在这个问题解决过程中受到了哪些启示?

在解决具体的问题时,上述五个阶段不一定区分得十分明显,也不需要把五个阶段用文字描述出来。

三、数学问题解决的思维活动

数学问题解决的思维活动是一个复杂的分析—综合的过程,其中分析的作用在于由整体到部分的分解、剖析,综合的作用是由部分到整体的联系、组合。分析与综合总是紧密联系、同时应用的。数学问题解决,在对问题的结构进行分析、分解出条件和目标以后,就要进一步对条件和目标进行分析,把它们划分成最基本的、不能再分的部分。然后,反复将条件与目标进行对照,找出它们之间的内在联系,从而逐步填补它们之间的差距。

例 3 把一根 1.5 米长的长方体木料横锯成 4 个小长方体,表面积增加了 9.6 平方厘米,问这根木料的体积是多少?

根据数学问题解决的过程,思考的步骤如下:

(1) 了解问题情景

该问题是要把长为1.5米的长方体木料横锯成4个小长方体。因此,4个小长方体的高可以不一致,但底面积应该相等。(分析)

(2) 明确条件和目标

条件:长方体木料长1.5米;横锯成4个小长方体(所谓"横锯"就是沿着和长垂直的方向锯);表面积增加9.6平方厘米。

目标:这根木料的体积是多少?(分析)

(3) 寻求解决方法

① 把长方体的木料锯成4个小长方体,要锯3次,每次增加2个面,共增加了6个面。这些面和原长方体的底面面积都相等。(分析)

② 表面积增加9.6平方厘米,其原因是增加了6个面的缘故。(分析)

③ 由上述条件可以推得:

长方体的体积=9.6÷(2×3)×150=240(立方厘米)(综合)

(4) 求得解答并检验

经检验确定,解题的方法和计算是正确的,最后写答:这根木料的体积为240立方厘米。

(5) 回顾反思

这道题在寻找解决方法时,不是每个学生都能顺利找到的。有的学生在分析"把一根长为1.5米的长方体木料横锯成4个小长方体"时,会想到每一个小长方体的长为1.5÷4(其实这只是其中的一种情况)。而要求的目标需要先知道长方体的底面积(未知)和高(已知为1.5米),显然,为了解决问题的目标,必须先求出底面积,这是解决本题的关键。锯成4个小长方体后每个小长方体的长度对问题目标的解决没有意义。学生在不断的尝试错误中终于找到解决问题的正确途径。

四、数学问题解决能力的培养应注意的问题

培养学生问题解决的能力是数学教学的重要任务。在教学中培养学生问题解决的能力,主要应注意以下几点。

(一) 加强基础知识的教学

加强基础知识的教学是培养问题解决能力的前提。因为数学问题解决要运用已有的数学知识去探索新情境,寻找问题的答案。学生掌握数学知识的程度直接影响着数学问题的解决。所以,在教学中要加强基础知识的教学,使学生建立清晰、稳定的认知结构。

学生数学问题解决的能力是在学习数学知识的过程中逐渐形成和发展起来的。但是,问题解决能力也不是自然地随着知识的学习而提高的,需要教师在教学中有意识地、长期地加以培养和训练。比如:除数是小数的除法,对初学的学生来说,既是数学知识的学习,也是数学问题解决的学习。在学习的过程中,要有意识地对学生进行问题解决能力的培养。加强基础知识的教学是培养问题解决能力的基础,同时,要把问题解决能力的培养贯穿于基础知识教学的全过程。

（二）重视解题策略的训练

数学问题的类型、难度与陈述方式都是影响学生问题解决的重要因素。面临性质不同、复杂程度各异的问题,学生解决问题的策略也是不同的。

解决问题的策略是指解决问题的人用来调节他们自己的注意力、学习、回忆和思维的技能。在问题解决的过程中,学生应当逐步学会根据问题的特点,灵活地选择和调整问题解决的策略。

问题解决活动的价值不只是获得具体问题的解,更多的是学生在问题解决过程中获得发展。其中重要的一点在于使学生学习一些问题解决的基本策略,体验问题解决策略的多样性,并在此基础上形成自己解决问题的某些策略。下面介绍几种小学数学问题解决的策略。

1. 画图

把画图作为一种解决问题的策略,主要是因为学生年龄的局限,他们对运用数学符号、根据运算性质的推理可能会发生一些困难,如果适时地让学生在纸上涂一涂、画一画,可以把一些抽象的数学问题具体化,把一些复杂问题简单化,帮助学生找到解决问题的关键。常见的画图的方法主要有:线段图、树形图、集合图、示意图、关系图等。

2. 列表

列表的策略,有时也叫作列举信息的策略。在解决问题的过程当中,将问题的条件信息用表格的形式列举出来,往往能对表征问题和寻求问题解决的方法,起到事半功倍的效果。

尝试的策略,简单地说就是不知道该从哪开始的时候,可以先猜一猜来进行尝试。但是猜测的结果,应该是比较合理的,并且要把猜测的结果,放到问题中去进行调整。

多数情况下这两种策略同时使用。比如:"鸡兔同笼"问题可以运用列表的方法,在尝试与调整中逐步逼近正确答案。

3. 模拟操作

模拟操作是通过探索性的动手操作活动来模拟问题情境,从而获得问题解决的一种策略。学生是通过自己的探索,将需要解决的问题转化为一个已知的问题,再进行推导性的研究。通过这种开发性的操作策略的训练,不仅能够使学生获得问题的解决,而且能够培养学生的创造性思维。比如:甲、乙两地相距360千米,客车和货车同时从甲地向乙地开出,客车每小时行60千米,货车每小时行40千米,客车到达乙地后立即返回,几小时与货车相遇?用手势进行模拟或动作模拟,学生就会明白客车与货车行驶总的路程是2个360千米。

4. 逆推

逆推也叫还原,即从问题的结果一步一步地反向去思考。在解决某一个问题的过程当中,当你从正面进行思考遇到了阻碍,碰到困难的时候,可以换个思路从相反的方向,即从问题的结果一步一步地往前推。

也有一些研究者将问题解决的策略分为:

（1）审题的策略。包括:再读一下题目、写下已知的信息;寻找关键词语或语句、找出重要信息;用自己的话复述等。

(2) 分析问题的策略。包括：画图；找出数量关系；猜测并检验；模仿问题情境；简化问题等。

(3) 解答问题的策略。包括：使用各种推理；有没有使用所有重要的信息；解答过程有无错误；得出的答案是否有意义等。

也有研究者将证明几何题的基本策略归结为两点：将题目里的概念换成它们的定义；充分利用题目里的每一个条件。

问题与策略之间并不是一一对应的。解决同一个问题应该有多种策略，一种策略也应该能解决多种问题。在问题解决教学过程中应重视启发学生体验具体的解题策略，逐步学会运用多种策略解决问题。要引导学生多角度、多方位考察问题，力戒将注意力局限于问题的某一方面。多角度、多方位考察问题，常常能使数学问题得到简捷、全面的解决。

例 4 用剪刀把一张正方形的纸剪下两个角，这张纸还有几个角？

如图 3.23 所示，剪后的纸还有 6 个角、5 个角、4 个角、3 个角四种情况。

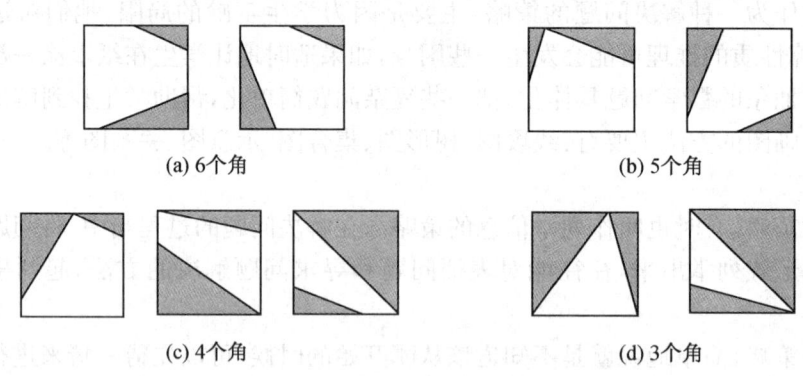

(a) 6 个角　　　　　　　　　　(b) 5 个角

(c) 4 个角　　　　　　　　　　(d) 3 个角

图 3.23　正方形剪纸的分类情况

大多数学生对这个问题难以给出完满的解答，就是因为没有多角度地全面考察这个问题。

（三）让学生经历问题解决的过程

培养学生问题解决的能力，除了应使学生具有相应的知识技能和解题策略外，更重要的是还应让学生亲身经历问题解决的过程，在掌握问题解决的方法与策略的同时获得问题解决的体验。因此，在教学中，不但要通过问题解决范例使学生认识到，在面对问题时如何理解问题和寻找问题解决的策略，而且更重要的是让学生通过独立思考与合作探索，亲身经历问题解决的实际过程。在这个过程中，既要让学生独立获取有关信息、对问题进行分析、制订问题解决的方案和实施问题的解决，又要让学生对问题解决的过程进行反思和评价，看问题的解决结果是否正确，解法是否简便，并对发现的错误进行分析和纠正。同时，还要让学生力求用不同的办法解决问题，体验问题解决策略的多样性，促进学生创新意识的发展。

思考与练习

1. 试述数学问题和数学问题解决的含义。

2. 数学问题由哪几部分构成？

3. 数学问题解决一般要经过哪几个阶段？试举例说明。

4. 根据数学问题解决的过程，解决下列问题。

(1) 某种商品的价格是：每一个1角钱，每五个4角钱，每九个7角钱。小赵的钱至多能买50个，小李的钱至多能买500个。小李的钱比小赵的钱多多少？

(2) 已知甲校学生数是乙校学生数的40%，甲校女生数是甲校学生数的30%，乙校男生数是乙校学生数的42%，那么两校女生总数占两校学生总数的百分比是多少？

5. 如何促进学生数学问题解决能力的提高？

第五节 数学学习的情感与态度

作为现代文化的组成部分，数学的目标不仅要使学生具备数学的知识、技能，还要渗透德育，必须注重学生健全人格的形成和发展，使他们具有积极的情感、良好的意志品质、创新意识和进取精神。《课标（2011年版）》认为：合格公民的许多基本素质，诸如对自然与社会现象的好奇心、求知欲，实事求是的态度、理性精神，独立思考与合作交流的能力，克服困难的自信心、意志力，创新精神与实践能力等，是可以通过数学教学活动来培养的。课程标准把培养学生的情感与态度作为数学学习的四个总体目标之一，置于十分重要的地位。

一、数学学习情感与态度的基本内涵

（一）数学学习情感

学习情感是指因学习而产生的种种内心体验。学生在学习数学时，并不是无动于衷的，他们常常会有各种不同的内心体验。比如：当回答问题后得到老师的赞扬、解决了一道比较难的数学问题、考试得到高分时，会感到高兴、快乐，并有一种成就感；而当回答不出问题、学习失败时，会产生害怕和厌倦情绪。这些因数学学习而产生的种种内心体验就是数学学习情感。

数学学习情感对学生的数学学习有着直接的影响，起着动力的作用。愉快而积极的情感能活跃思维、激发智慧潜能，从而促进数学学习，提高数学学习的效率和质量；反之，痛苦而消极的情感会阻碍数学学习，并削弱和降低数学学习的效果。数学学习情感是在数学学习过程中逐步产生和发展起来的。学生在学习中感到数学的价值、数学的神奇和美妙，尝到获得数学知识、技能和解决问题的愉快，从而逐步形成了学习的热情，喜欢上数学这门学科。所以，学习热情来源于数学本身，来源于学习者通过刻苦学习的收获与内心感受。一旦形成了学习热情，它就具有持续性、稳定性和巨大的推动力，鼓舞着学生坚持不懈地、努力地完成艰巨的学习任务。

（二）数学学习态度

态度是人们对事物的信念、情感与行为的倾向。数学学习态度就是学生对数学学习

的认识、情感与行为的倾向。

学生对数学学习的认识与其价值观紧密相连。当学生认识到数学对社会、对个人学习及能力发展有重要作用时,这种认识就会转变成一种态度倾向,直接影响着他们的数学学习。

态度与情感有着密切关系。学生对数学学习的积极情感或消极情感,就是对数学学习的态度。

学习态度是一种无法直接观察的内在心理过程,只能通过其语言和数学学习活动中的外部学习行为来了解学生的数学学习态度。比如:学习数学认真还是马虎、勤奋还是懒惰、自信还是自卑、有责任心还是无责任心等等。学生学习态度的形成除了个体先天身心条件外,社会、家庭、集体对学生的学习态度的形成往往起着潜移默化的作用。一般来说,学生学习数学的态度一经形成,它就是相对稳定的。要改变学生不正确的学习态度,应当从改变学生对数学的认识和价值观入手。

二、情感与态度的培养目标

《课标(2011年版)》对小学阶段的情感与态度的培养目标做了如下具体阐述。

(一) 积极参与数学学习活动,对数学有好奇心与求知欲

学生对自然与社会现象的好奇心、求知欲是一种重要的素质,它可以使一个人不断地学习、不断地得到发展,还可能使一个人走进科学的殿堂;反之,则会使一个人不求上进,终身碌碌无为。学生从他小时候起原本就对世界有浓厚的好奇,数学教学应该把学生的这种好奇心转化成对数学的兴趣,转化成对数学知识和数学思想的探索兴趣,所以除了让学生了解数学的价值以外,还要让学生知道怎样将这种兴趣转化成对数学知识和思想的探索兴趣。教师通过启发式教学、恰当的引导,让学生看到数学内在的本质,数学自身的魅力,这个能够激发学生对学习数学的好奇心。特别是要用数学内在的本质,如简洁、明确、对客观事物准确的刻画,去引发学生的兴趣,使学生对数学有一个较为全面、客观的认识,愿意亲近数学、了解数学、谈论数学,对数学现象保持一定的好奇心。这一切实际上也是发展学生对自然与社会现象保持好奇心的一个途径。比如,常常问学生:这种东西有多少个?你是怎样数的?把它们分成两堆,使一堆比另一堆多5个,怎么办?也可以引导学生将"数学眼光"转向更为宽阔的生活情境,看一看身边的人或事物以及通过媒体传来的信息中,存在哪些数学现象,有什么样的数学问题。而在教学过程中则应当通过设置丰富多彩的活动,使学生积极、主动地投入到数学学习活动中去。

(二) 在数学学习活动中,体验获得成功的乐趣,锻炼克服困难的意志,建立自信心

在某些课堂教学中,有些教师更多地强调了"失败是成功之母",强调数学学习的艰苦性,认为在数学学习过程中只有给学生制造困难与障碍才能培养他们克服困难的自信心和意志力。理论与实践表明,对小学生而言,这是一种片面的理解。许多学生在这样的学习过程中所形成的反馈是:数学学习对我来说是"失败、失败、再失败,直至彻底失败"。因

而对数学学习丧失了信心,更谈不上具备克服学习过程中所遇到的困难的意志力。在培养学生克服困难的自信心和意志力方面,应当关注两件事:① 向学生提供具有挑战性问题,使他们有机会经历克服困难的活动;② 让他们在从事这些活动的过程中获得成功的体验,或是解决了相关的问题,或是找到了解决问题的有效思路,或是解决了部分问题,或是得到了对问题的进一步理解。为此,在教学新知识与设计应用所学知识解决问题的情境时,应当尽可能提供一种"阶梯"式的问题串,使每一个学生都能够在活动中既有成功的体验,也有面临挑战的机会和经历,从而锻炼克服困难的意志,建立学好数学的自信心。在教学中,及时帮助学生克服所面临的困难,适当鼓励他们自己设法解决问题是实现这一目标的有效方法。同时,有意识设计一些障碍,并及时指导学生寻求跨越障碍的办法,反思取得成功的经验,这无疑有助于学生形成克服困难的意志。

(三) 体会数学的特点,了解数学的价值

义务教育阶段的数学课程是培养公民素质的基础课程,具有基础性、普及性和发展性。通过教学要使学生逐步体会到:数学的抽象性、严谨性和应用的广泛性决定了数学课程在义务教育阶段的独特作用。数学课程是学生未来生活、工作和学习的重要基础。数学课程有助于学生掌握必备的基础知识和基本技能;有助于培养学生的抽象思维和推理能力;有助于培养学生的创新意识和实践能力;有助于学生在情感、态度与价值观等方面的发展。

在人类的发展史上,有很多事例反映了数学所产生的巨大推动作用。了解这一点,有助于学生对数学的价值有较为全面的认识,也会激发学生学习数学的欲望。为此,教学时教师应适时向学生介绍有关的数学史实,如著名数学家的事迹、经典案例、数学名著等。具体内容设计要考虑到学生的年龄特征与知识背景,分别选取数学人物介绍、数学故事、数学应用介绍、数学问题求解等形式。通过教学让学生感受到身边的很多事物与活动都存在着数学,让他们体会数学对于我们所生活的自然与社会所产生的重要作用,感受到数学活动的探索性与创造性。

(四) 养成认真勤奋、独立思考、合作交流、反思质疑等学习习惯

学习习惯是指学生在学习过程中,经过长期的学习活动所固定下来的一种有关学习的自动化的行为方式。良好的学习习惯是开展有效性学习的保证,对学生终身的学习和发展都具有重要的作用。在培养学生认真勤奋、独立思考、合作交流、反思质疑等学习习惯过程中,应注意以下几点:① 培养学生自觉预习的习惯。要求学生在上课前能自觉预习即将要学习的内容,勾画圈点其难点,并通过积极的思维活动提出自己的问题。② 培养学生上课认真学习的习惯。要求学生在上课时能遵守课堂纪律,集中精力认真倾听老师和同学的讲解,积极思考问题,主动与同学合作交流解决学习中的难点,并经常对学习的知识进行反思,使其上升为方法与思想。对存在的疑问进行质疑,磨砺其思维品质,培养创新意识。③ 培养学生认真完成作业的习惯。要求学生能以认真负责的态度,按时完成教师布置的作业。对作业中出现的错误,能自觉进行纠正,主动寻求教师和同学的帮助。④ 培养学生自觉复习的习惯。要求学生能对所学过的知识内容及时进行回顾和整理。

（五）形成坚持真理、修正错误、严谨求实的科学态度

形成坚持真理、修正错误、严谨求实的科学态度是未来公民生存与发展所需要的最基本也是最重要的素质。数学教育无疑对学生这些素质的发展负有重要的责任。但是，这并不意味着我们在数学教学中要划出特定的课时去专门讲授它们，或者说时时地提及它们。只要我们头脑里有这样的观念，就可以在数学教学中创造很多机会以促进这一目标的实现。比如：当学生学习一个新的数学知识时，鼓励他们采用探索的方法，经历由已知出发，经过自己的努力或与同伴合作获得对新知识的理解，而不是采用"告诉"的方式；当学生面临困难时，引导他们寻找解决问题的思路，并在解决问题的过程中总结所获得的经验，而不是直接给出解决问题的方案；当学生对自己或同伴所得到的"数学猜想"没有把握时，要求并帮助他们为"猜想"寻求证据，根据实际情况修正猜想，而不是直接肯定或否定他们的猜想；当学生对他人（包括教科书、教师）的思路、方法有疑问时，鼓励他们为自己的怀疑寻求证据，以否定或修正他人的结论作为思维的目标来从事研究性活动，即使学生的怀疑被否定，也应当首先对其尊重事实、敢于挑战"权威"的意识给予充分的肯定。

三、培养学生积极情感与态度的途径

数学学习总体目标的四个方面是一个密切联系的有机整体，对人的发展具有十分重要的作用。应当将目标的四个方面同时作为我们的教学目标，而不能仅仅关注其中的一个或几个方面，或是将其中的某一个目标（如情感与态度）作为实现其余目标过程中的一个"副产品"。这四个目标是在丰富多彩的数学活动中实现的，其中，数学思考、解决问题、情感与态度的发展离不开数学知识与技能的学习，它们是在数学知识与技能的学习过程中培养和发展起来的，不需要也不可能为它们设置专门的课程。同时，数学思考、解决问题、情感与态度的发展也并不是随着数学知识与技能的增长而自然发展起来的，需要教师在教学过程中精心设计，进行长期的、有意识的培养，才能达到比较理想的效果。

在教学中进行情感与态度教育，既要考虑学生的认识能力，又要注意数学学科自身的特点和规律，应结合具体的教学内容，采取渗透式的教学方式，让学生在探索数学知识的过程中潜移默化地受到良好的情感与态度的教育。进行情感与态度的教育，还应注意以下几点。

（一）充分挖掘教学内容中的教育因素

小学数学教学内容中蕴含了丰富的教育因素，教师在教学时要充分挖掘这些教育因素，使学生在学习数学知识的同时，情感与态度也得到同步发展。

1. 充分利用内容中具有教育意义的数据和统计材料

小学数学教材结合有关教学内容列举了一些反映我国社会主义建设和改革开放所取得的巨大成就，反映生产技术水平、科学技术水平和人民生活水平不断提高的数据及资料，学生通过对这些材料的理解，既可以感受到数学在刻画、描述现实世界过程中的作用，也可以使他们受到爱祖国、爱科学的教育，激发学生学好数学报效祖国的热情。

2. 充分挖掘数学背景知识中的教育因素

数学是人类的一种文化,它的内容是现代文明的重要组成部分。数学教材不但是数学知识的载体,而且也是数学文化价值的体现。在小学数学教材中,结合有关内容介绍一些关于数学发展与数学史料的知识,不但可以丰富学生对数学发展过程的整体认识,而且可以使学生从中受到爱祖国、爱科学的教育。比如:结合圆周长的教学介绍我国古代数学家祖冲之在探索圆周率的计算上所取得的巨大成就,不但可以丰富学生的数学知识,而且还可以激发学生的民族自豪感。同时,通过深入了解祖冲之解决问题的过程,让学生体会到"一分耕耘,一分收获"的道理。

3. 充分挖掘现实生活中数学素材的教育因素

数学来源于生活,是有关数与形方面的生活经验的系统化。在小学数学教学中应选择与现实生活联系紧密的素材作为教学内容,充分体现教学内容的生活性和现实性,使数学贴近学生的生活实际,使他们对数学产生真实感、亲切感,让学生知道数学知识的来源和作用,从而认识数学的价值。比如:教师认真组织学生参与小学数学的实践活动,一方面可以使学生灵活运用数学知识解决问题;另一方面,可以使学生亲身体验到数学在实际生活中的存在和作用,明确学习的目的和实际意义,受到良好的情感与态度的教育。

(二) 结合数学知识的教学渗透情感与态度教育

教学活动永远具有教育性,这既是教学过程的基本规律,也是知识教学与教育的辩证统一。在教学中要充分体现教学具有教育性的规律,把数学知识的教学和有关情感与态度的教育结合起来,将教育渗透于数学知识教学的过程中,让学生在主动探索数学知识的发生、发展及应用的过程中,受到良好的情感与态度的教育。

1. 把握好渗透的时机

在教学中渗透情感与态度教育应根据数学学科的特点,结合数学知识适时进行,使教育在数学教学中显得自然得体,达到"水到渠成"的效果。

2. 把握好渗透的度

任何事物的存在都有一个度的限制,超出了规定的范围,事物就可能走向反面。在教学中对学生进行教育,同样应体现适度性原则,把情感与态度教育和学生的思维特点、认知水平和接受能力结合起来,既要结合实际完成教育的目标,又不能脱离具体数学知识的教学去随意发挥。

(1) 要充分挖掘教学内容中的教育因素,并制定合适的教育目标,保证在教学中既不随意削弱教育的任务,又不随意拔高教育的要求;

(2) 要激励学生主动去感受教育,努力把教育目标转化为学生的学习需要,让学生在潜移默化中受到教育;

(3) 要结合教学内容用言简意赅的语言对学生进行点拨、启发,使教育更加富有成效。

3. 创设有利于渗透教育的教学情境

生动形象的教育情境是提高教育效果的保证。在教学中渗透教育应创设与学生的生活环境、知识背景相关并且是学生感兴趣的、具有教育意义的教学情境,使学生在生动的情境中理解数学知识的产生、形成和发展过程,并获得积极的情感体验,受到良好的教育。创设的教学情境要生动具体,具有启发性和教育性,能引起学生的注意和思考,有利于学生在心理上产生情感的共鸣。

(三)引导学生感受学习成功的体验

小学生的学习热情主要来源于在学习过程中获得的成功体验,只有当学生体验到数学学习的乐趣、感受到成功的欢乐时,才能给学习进一步增添动力。

1. 给学生创造获得成功的机会

根据有关调查表明,在众多小学生中,学习成绩好的、长期受到教师鼓励和肯定的学生,其自信心明显好于学习成绩差、很少受到教师表扬和肯定的学生。因此,教师应充分相信每个正常的学生都有能力学好数学,每一位学生通过努力都能达到课程标准所规定的学习要求。教师应面向全体学生,充分体现义务教育的公平性,让每一个学生在学习过程中都能获得提出问题、回答问题以及讨论交流的机会。在实际教学中,教师应根据学生的文化环境、家庭背景和他们思维发展水平等方面的差异,全面贯彻面向全体与尊重个别差异相结合的教学原则,对具有不同认识水平的学生,提出不同层次的教学要求,把不同难度的学习任务交给具有不同学力水平的学生去解决。既要让优秀的学生充分发挥自己的潜能,获得更大的发展;更要向学习基础水平较差的学生提供适合的发展条件,让他们经常获得成功的体验,使不同的学生都能得到最佳发展。例如:对学生的作业应采用分类要求。对优秀生应让他们在完成基础题后,还应完成一些具有思维难度的练习;对中等生,应在完成基础题后,鼓励他们去完成一些具有适度挑战性的练习;而对一些学习上暂时还有困难的学生,只要求他们完成一些基本练习,并让他们获得与优秀学生同等的奖励。

2. 实施激励性、发展性评价

评价不仅要关注学生学习的结果,更要关注学生在学习过程中的发展和变化。应采用多样化的评价方式,恰当呈现并合理利用评价结果,发挥评价的激励作用,保护学生的自尊心和自信心。在小学数学教学中,应建立激励性的评价机制,对学生实施激励性、发展性的学习评价,以鼓励和肯定学生的进步为主,尊重学生的人格,注意发现学生的闪光点,用发展的眼光去评价每一个学生。当学生有了进步或在学习上取得成绩时,教师应及时给予表扬和肯定,使他们感受到成功的体验,以此进一步强化学生的学习动机;当学生在学习上受到挫折时,教师应给予鼓励和关怀,引导学生进行正确的归因,使学生感受到教师的期望,以减轻失败给他们造成的心理压力,保护学生的自尊心和自信心,增强学生克服困难的勇气。

3. 发展学生的自我评价能力

自我评价能力是自我意识发展的主要成分,学生对自己进行积极的自我评价,实行正确的归因,能使他们获得成功和愉快的体验。在教学中可以通过增强学生的自我意识,发展学生的自我评价能力让学生获得成功的体验。首先,引导学生对自己的学习进行客观的分析,既要看到自己的不足,更要看到自己的进步和优点,正确估价自己的学习效果和学习能力,克服自卑心理,增强成功感。其次,引导学生把自己的努力与学习上取得的成功进行比较,让学生看到辛勤劳动所带来的进步,从而使他们进一步体验成功的欢乐。

总之,在数学教学中要根据课程目标,把落实情感态度的目标作为己任,努力把情感态度目标有机地融合在数学教学过程之中。

思考与练习

1. 什么是数学学习情感、数学学习态度?
2. 情感与态度的培养目标是什么?
3. 如何培养学生积极的情感与态度?

第六节　小学数学学习方式

"学习方式是指学生在完成学习任务过程时基本的行为和认知的取向。学习方式不是指具体的学习策略和方法,而是学生在自主性、探究性和合作性方面的基本特征"。[①]《课标(2011年版)》指出:"学生学习应当是一个生动活泼的、主动的和富有个性的过程。认真听讲、积极思考、动手实践、自主探索、合作交流等,都是学习数学的重要方式。学生应当有足够的时间和空间经历观察、实验、猜测、计算、推理、验证等活动过程。"本节主要介绍有意义的接受学习、自主学习、合作学习和探究学习。

一、有意义的接受学习

(一) 有意义的接受学习的含义

对数学学习进行分类,能够揭示不同类型的学习规律,便于搞清影响学习的因素,并揭示出该类学习的心理过程。然而,学习是一个非常复杂的现象,不同的心理学家对此有过不同的分类。美国著名心理学家奥苏伯尔就认知领域,按学习的方式划分为接受学习和发现学习,按学习的深度划分为机械学习和有意义的学习,具有较大影响。

如果学生在学习时,不理解一些语言文字符号所表示的意义或方法,仅仅记住这些符号的组合或词句,那么这种学习就是机械学习。比如:有的小学生在解应用题时,见"多"就加,见"少"就减,不理解其实质意义,往往导致解答错误。

有意义的学习指学生理解由符号或词句所代表的实际内容,新知识与学生头脑中已有的知识建立了非人为(非任意)的和实质性(非字面)的联系。比如:对于"2×3",学生不仅知道结果等于6,而且知道这是3个2连加,或者是2个3连加,符号"×"表示求相同加数和的运算,这就是有意义的学习。

学生学习数学,主要是掌握前人积累的数学知识,而这些知识是用语言文字符号来表示的。学生只有经过积极的思考,正确理解这些符号所代表的数学内容,才能将其转化为自身的精神财富。小学数学学习基本上应该是有意义的学习,但机械学习就像机械识记一样不可避免,有时甚至是必要的。因为小学生知识、经验少,所以寻求新知识与原有的

[①] 钟启泉,崔允漷,张华.基础教育课程改革纲要(试行)解读[M].上海:华东师范大学出版社,2001:247.

认知结构的结合点较困难。他们在学习中对很多材料最初只能建立非实质性的人为联系,只能是一知半解。只有在知识和经验不断增长的过程中,才能逐步深化对学过的材料的理解。

接受学习是指在教学中教师把所要学习的数学知识以定论的形式呈现给学生,学生则采用接受的方式把这些内容内化到自己的认知结构中去,其间不需要学生的独立发现。根据奥苏伯尔的研究,接受学习不等于被动学习,只要处理得当,它也能成为有意义的学习。奥苏伯尔认为:"有意义的学习过程的实质在于,符号表示的观念以非任意的方式和在实质上(不是字面上)同学习者已经知道的东西联系起来。"[①]由此我们可以得出:小学数学教学中的有意义的接受学习,是指在课堂教学中教师采用讲授等方式,以定论的形式将所要教学的数学知识提供给学生,学生根据教师的讲授进行积极思维活动,使新知识与头脑里已有的旧知识之间建立起实质性的联系,并通过这种联系实现对所学新知识的内化。

有意义的接受学习是我国中小学教学实践中长期普遍采用的学习方式,它主要适用于系统知识和技能的讲授与学习。教师示范讲授、学生积极思维依然是当今课堂教学最有效的学习途径。人不能事事都有直接经验,大部分的知识是间接经验,是从前人(包括教师、教材等媒介)那里接受过来的。我国数学教学所提倡的"启发式"教学,就是让学生在教师的讲授下,能够积极思考、主动地接受知识。

(二) 有意义的接受学习的基本条件

根据奥苏伯尔等人关于有意义学习条件的研究和小学数学学科特点,在小学数学教学中,学生要实现有意义的接受学习应当具备以下条件:

1. 学生具有主动接受数学知识的心理倾向

有意义的接受学习,虽然主要接受现成的数学知识,不需要学生的独立发现,但是在学习中学生必须主动地根据教师的讲授展开积极的思维活动,才能将所学的新知识与头脑里的旧知识真正建立起实质性的联系,才能将教材上的数学知识结构转化成自己的数学认知结构。没有学生的积极参与和主动接受,无论学习材料具有多大的潜在意义,也无论教师讲得多么精彩,新的数学知识都难以与学生头脑里已有的数学知识建立起实质性的联系。因此,有意义接受学习的首要条件是学生必须具有接受、理解和掌握数学知识的心理需要。这就要求教师在教学中要高度重视学生学习兴趣的激发和学习积极性的调动,为学生实现有意义的接受学习提供动力保证。

2. 学习材料要具有潜在意义

教学中教师提供给学生的学习材料,本身应具有逻辑意义,而不是一些毫无关系的零散素材。学习材料要能够与学生头脑里的有关知识、经验建立起联系,这样学生才能在新知识与旧知识之间建立起实质性的联系,这就要求教师在教学中努力把数学知识处理成更有利于学生理解和接受的学习材料。学习材料既要体现数学知识的逻辑顺序,又要充分考虑学生的认知发展顺序,以便从学习内容上为实现有意义接受学习创造条件。

---

① [美]奥苏伯尔著.教育心理学——认知观点[M].佘星南,宋钧译.北京:人民教育出版社,1994:45.

3. 学生头脑里要具有联系新内容的知识与经验

由于学生对新的数学知识的理解与接受都是建立在已有知识与经验基础上的,因此学生头脑里一定要有能与新知识建立起实质性联系的旧知识。比如,学习三角形面积计算方法时,学习头脑里必须有平行四边形面积计算公式和割补法的经验,否则学生就难以理解三角形面积计算的推导过程,就难以实现三角形面积计算的有意义接受学习。

4. 教师的讲解要具有启发性

讲解是教师向学生说明、解释和认证、推导的活动,从学生学的角度讲,它是一种接受性的学习,容易形成被动接受。因此,教师尤其要注意讲解的启发性,注意诱导学生的学习动机,有目的、有计划地在重点处设"障"立"疑",使学生始终带着强烈的求知欲望去听讲。教师的讲解必须引起学生积极思考,才能促使学生的接受学习收到良好的效果。

(三)接受学习的优势与局限性

作为小学数学学习中应用广泛的一种学习方式,接受学习既有自身的优势,也有其局限性。

接受学习无论是在课堂内还是课堂外,都是学生获取数学知识的主要手段。接受学习的优势主要体现在以下两点:首先,它是一种经济有效的学习方式,能让学生在很短的时间内迅速掌握人类长期积累的数学知识,能切实提高数学学习效率;其次,由于接受学习是以定论的形式将所要学习的数学知识呈现给学生,并且学生主要是通过接受教师的讲授而理解内化数学知识,所以它有利于学生正确理解数学知识,保证数学知识的科学性与系统性。

接受学习也有自身的局限性。首先,教学中如果过分强调教师的讲授,则容易产生灌输的现象,从而导致学生的被动学习和机械接受。其次,接受学习是以学生接受教师的讲授为获取数学知识的主要手段,而且接受的都是一些现成的数学知识结论,如果处理不当,容易影响到学生对数学知识形成过程的了解,削弱学生对数学知识学习过程的经历与体验。

二、自主学习

(一)自主学习的含义

自主学习是相对于被动学习而提出的一种旨在促进学生自主发展的学习方式。自主学习是指学生在学习活动中根据学习目标的要求和自己的学习能力,自主选择有效的学习方法和策略,自我监控和调节学习过程的一种学习方式。自主学习有几个显著特征:一是学生能够参与学习目标、进程和评价指标的制定;二是学生能够自主选用合适的策略和方法进行学习;三是学生在学习过程中能对自己的认知活动进行自我监控和调节;四是在学习活动后学生能对自己的学习进行反思弥补。自主学习的基本意义是学习者对学习方法和策略的自主选择,学习过程的自觉意识和自我监控;其核心是促进学生积极主动地参与数学学习活动,主动获取数学知识;其目的是促进学生的自主发展。

（二）自主学习的运用

教学中教师要注意培养学生自主学习的意识和能力，要提供和安排学生自主学习的内容和条件，要认真分析教材，选择合适的内容安排学生自主学习。比如：小学数学中有关规律、性质的探求，公式法则的推导总结。根据自主学习的意义和教学实践经验，在小学数学课堂教学中可以从以下几个方面引导学生实施自主学习：

（1）引导学生积极参与学习目标的制定。在教学引入环节，教师可以利用特定的问题情境，引导学生参与课堂学习目标的制定，让学生一开始就知道本节课要学习什么、怎样学习、学习后要达到什么目标等。以此一方面激发学生的学习动机，让学生产生主动学习的心理需要；另一方面为后面自主选择学习方法、自我监控和调节学习过程做出正确的导向。

（2）尊重学生对学习方法和策略的自主选择，鼓励学生用自己喜欢的方法学习数学，同时教师要引导学生用比较恰当的方式去学习。

（3）引导学生在学习中逐步学会自我监控学习过程，特别是了解和调整自己的思维过程。教学中教师可以让学生明确意识到自己想的过程，敢于展现自己的思维，同时能够根据学习的情况及时对自己的学习活动进行调整。

（4）重视学生学习后的自我反思，让学生对自己的学习过程及结果做出客观评价，并从中获得积极的情感体验。

三、合作学习

（一）合作学习的含义

合作学习是指在学习过程活动中以小组为单位完成共同的学习任务的一种学习方式。它能使合作伙伴在学习中优势互补，提高学生的学习效率，增强学生的合作意识，促进学生健全人格的发展。合作学习是以学生互动为基本形式的学习活动，在学习过程中特别强调小组成员之间的互动性和互补性。它是一种具有明确导向的学习活动，组内成员为了实现一个共同的学习目标而展开互动。合作学习通常是以小组为单位，但不排斥以班级为单位的集体学习。

数学课堂上的合作学习，一方面要学生在互动合作中更好地学习数学知识；另一方面，在学习数学的过程中，使学生的合作技能、社交能力得到发展。从这个意义上讲，合作技能既是合作学习的手段，又是合作学习的目的。

（二）合作学习的基本条件

在小学数学课堂教学中需要具备以下基本条件，才能实现学生之间有效的合作学习。

（1）要进行科学分组。通常按照组内异质、组间同质的原则分组，即各小组之间学生的水平大体相当，以保证各小组之间展开公平竞争。在一个小组内部，学生的数学成绩、学习能力、性格等方面应具有一定的差异，使其成员之间具有一定的互补性。

（2）要在个人独立思考的基础上进行合作交流。合作学习主要是合作交流，要在个人独立思考的基础上才能进行合作交流，没有个人独立思考的合作学习是没有价值的。

为此教师可采取一些措施：① 明确角色分工；② 分解学习任务,责任到人；③ 随机提问；④ 个别测试；⑤ 成果交流、分享。

（3）教师对合作学习要给予必要的指导。在学生进行合作学习时,教师要以合作者的身份参与学生的合作学习,在平等合作的过程中实施指导与帮助。

（4）要能正确评价合作学习的效果。合作学习要以小组集体成绩为评价的依据,通常不以个人的成绩为评价依据,以便于把个人之间的竞争转化为小组之间的竞争,从而促进学生合作意识的形成。

应该指出的是,合作学习不是万能的,要与有意义的接受学习、自主学习等学习方式有机地结合起来,让学生在数学学习中实现自主探究与合作交流的有机结合。

四、探究学习

（一）探究学习的含义

探究学习是一个与接受学习相对的概念,是指在教学中教师不把现成结论告诉学生,而是创设恰当的问题情境,让学生在教师的指导下主动发现问题、探究问题并解决问题的一种学习过程。探究学习有这样一些比较明显的特征：一是问题性,学习内容是一些有待探究、有待解决的问题状态,学习活动所追求的目标是解决这些问题；二是实践性,一方面学习的内容大都是一些与生活实际有密切联系的问题情境,另一方面学习过程通常反映为学生的实验、探究等实践活动；三是开放性,主要体现在学习内容题材的广泛性、解决问题方法的多样性和一些问题答案的不唯一性等方面。

（二）探究学习的运用

小学数学学习为学生的探究提供了广阔的空间,其中许多规律、公式等知识可以让学生通过实验、探究等活动去探究发现。比如：圆周率、平行四边形与三角形面积计算公式、正比例与反比例关系等内容可以运用探究学习让学生主动获取知识。根据学生的年龄特点和认知水平,探究学习在具体运用时要注意以下几点：

（1）教师要帮助学生确立好探究的主题,让学生一开始就明确自己的探究任务。比如：让学生用探究的方式学习平行四边形面积,一开始就应让学生明确自己探究的主题是平行四边形面积计算的一般方法,以便整个探究学习的过程都能够紧紧围绕这一主题展开。

（2）教师要为学生探究学习创设恰当的问题情境,激发学生的探究欲望。问题创设的途径是多方面的,可以通过游戏、故事情境、生活情境、多媒体动画展示等方式创设问题情境。

（3）教师既要鼓励学生自主发现问题和解决问题,同时又要对学生的探究过程给予必要的指导和帮助。教师的指导和帮助主要体现在情境创设、问题点拨与提示等方面。

（4）探究学习应与其他学习方式,特别是有意义的接受学习和合作学习等方式紧密配合。

（三）探究学习的优势与局限性

作为一种以学生独立探索发现为基本特征的学习方式，探究学习在小学数学教学中有着其他学习方式无法取代的优势，主要表现在如下几方面：

（1）探究学习能让学生在探究数学问题的过程中全面经历数学知识的形成过程，了解数学知识是怎么得来的。

（2）探究学习有利于学生更好地理解所学的数学知识。比如：有关圆周率的内容，如果能够用探究的方法寻找圆的周长与直径的关系，学生就可以深刻理解圆周率的含义。

（3）在探究学习活动中，学生可以作为一个探索者深入探究发现问题、寻求解决问题的方法和途径，这一过程的本身就有利于学生问题解决能力、探索精神和创新意识的培养与发展。

同其他学习方式一样，探究学习也有其自身的局限性，主要有如下两点：

（1）受学习内容和学生认知水平的局限，特别是那些难度比较大的全新数学知识，单靠学生的独立探究是难以解决问题的。一些科学技术中的规定，也没有自主探究的余地。比如：让学生自主探究"为什么 1 cm＝10 mm"是很不恰当的。对于规定的东西，主要是用讲解法结合谈话法教学。

（2）探究学习一般费时较多，就数学知识的掌握而言，学习效率较低。

案例 3.1　3 的倍数的特征

【教材】人教版义务教育教科书《数学》五（下）

【教学目标】

1. 经历探索 3 的倍数特征的过程，得出 3 的倍数的特征。

2. 经历"研究事例—提出猜想—检验猜想—修改猜想—论证猜想"的过程，提高学生科学探究的意识和能力。

3. 在独立思考的基础上加强交流，培养学生合作交流的意识和水平。

【教学过程】

（一）在组合数字情景中提出问题

师：请你用 3、4、5 三个数字组成是 2 的倍数的三位数。

生：354、534 是 2 的倍数。

师：为什么要把 4 放在个位上？

生：因为个位上是 0、2、4、6、8 的数才是 2 的倍数。

师：请你用 3、4、5 三个数字组成是 5 的倍数的三位数。

生：345、435 是 5 的倍数。

师：为什么要把 5 放在个位上？

生：因为个位上是 0 或者 5 的数才是 5 的倍数。

师：判断一个数是不是 2 或者 5 的倍数，只要看这个数的哪一位就行了？

生：只要看个位就行了。

师：请你用 3、4、5 三个数字组成是 3 的倍数的三位数。并仔细研究这些数，猜想一下,3的倍数有什么特征?

【点评】通过让学生组成2或者5的倍数,灵活地复习了旧知。进而自然地提出所要研究的问题,激发学生学习的兴趣,培养学生的迁移能力。

(二) 探究3的倍数的特征

生:因为453、543都是3的倍数,我想个位上是3、6、9,它们是3的倍数。

师:你对自己的想法有没有检验过? 是不是所有的个位上是3、6、9的数都是3的倍数? 我们一起来检验一下。

生:不行,因为13就不是3的倍数。

师:这说明个位上是3的数有些是3的倍数,有些不是3的倍数。

师:用3、4、5三个数字组成的三位数有没有其他的也是3的倍数?

生:345、354、435、534都是3的倍数。

师:从中我们可以得到什么结论?

生:个位上是4或者5的数有些也是3的倍数。

师:是不是个位上是4或者5的数都是3的倍数?

生:不是,比如14、25就不是3的倍数。

师:我们可以得到什么结论?

生:个位上是4或者5的数有些是3的倍数,有些不是3的倍数。

师:同理,我们可以考察个位上是其他数的情况,可以得到什么结论?

生:个位上是0、1、2、3、4、5、…的数有些是3的倍数,有些不是3的倍数。不能仅仅从个位考虑。

师:好,我们得到了一个有价值的结论。我们再继续努力,希望得到一些更有价值的结论。

【点评】教师启发学生通过研究具体事例提出猜想,再用其他事例检验猜想,探索能被3整除数的特征,并肯定学生从中得到的有价值的结论。

师:从个位考虑不行,我们还可以怎样思考?

生:从十位上观察试试。

生:十位上是0、1、2、3、4、5、…的数有些是3的倍数,有些不是3的倍数。如12、27、30、…都是3的倍数,它们后面的第一个数13、28、31、…都不是3的倍数。

师:从十位上的数考虑也不行。3的倍数的特征究竟是什么呢? 而345、354、435、453、534、543都是3倍数,我们能不能得到一些有益的启示?

【点评】教师启发学生从已解决的问题中寻找有价值的信息,提出合理的猜想。

生:345、354、435、453、534、543都是3的倍数,这说明:如果一个数是3的倍数,这个数交换数位上的位置后,得到的数仍然是3的倍数。

师:这是不是一个普遍成立的结论呢?

生:是的。比如:12与21,15与51,18与81,24与42,…任何一个是3的倍数,无论怎样交换各数位上的数,得到的新数都是3的倍数。

师:从中你们发现了什么规律?

生:3的倍数跟组成这个数的几个数字的位置无关。

师:那么它到底跟什么有关?

生:交换各个数位上的数,各位上的数之和没有变。我发现:3的倍数的各位上的数之和也是3的倍数。

师:这个猜想能不能通过检验呢?请每个同学任意找几个数检验一下:一个数的各位上的数之和是3的倍数,这个数是不是3的倍数?

学生汇报检验结果:这个猜想是对的。

师:反过来,能不能找到这么一个数,它的各位上的数之和不是3的倍数,但这个数却是3的倍数。

学生汇报检验结果:没有。

师:通过正反两方面的检验,我们看到:一个数的各位上的数的和是3的倍数,这个数就是3的倍数。由这个结论我们就能方便地判断一个数是不是3的倍数?

【点评】教师启发学生从已有的结论中提出合理猜想,再启发学生从正反两个方面进行验证。

(三)论证猜想

师:"一个数的各位上的数之和是3的倍数,这个数就是3的倍数。"我们能不能说出一些道理? 比如:12、24、345、…

生1:关于12,虽然个位上的2不是3的倍数,但十位上的"1"表示10,10除以3余1,将余下的1与2合起来正好是3,是3的倍数,所以,12是3的倍数。

教师板书:12=10+2=9+1+2。

生2:24=20+4=9×2+2+4。2+4=6,6是3的倍数,9又是3的倍数,所以,24也是3的倍数。

生3:345=300+40+5=99×3+3+9×4+4+5。3+4+5=12是3的倍数,99、9又是3的倍数,所以,345是3倍数。

师:经过同学们的努力,我们得到了3的倍数的特征。运用这个特征,我们可以方便地判断一个数是不是3的倍数。

【点评】最后教师再引导学生说说猜想成立的道理,引导学生经历探索能被3整除的数的特征的全过程,包括研究事例、提出猜想、检验猜想、修改猜想、最后论证猜想。

【总评】"3的倍数的特征"内容是在因数和倍数的基础上进行教学的,是求最大公因数、最小公倍数的重要基础,也是学习约分和通分的必要前提。因此,使学生熟练地掌握2、3、5的倍数的特征,具有十分重要的意义。在学习3的倍数的特征之前,学生已经掌握了2、5的倍数的特征,但3的倍数的特征与2、5的倍数的特征有比较大的区别,学生不能仅从一个数的个位加以观察、归纳来得出结论。因此,对于学生来讲,学习、探索3的倍数的特征有一定的难度。教学过程中,教师紧紧围绕着教学重点展开教学,设置若干个具有启发性的问题引导学生思考探索,以突破学习的难点,取得了良好的教学效果。

1. 重在设计问题引导学生探究。一个好的问题应该位于学生的最近发展区,引导着学生进行探究。本节课开始,教师就提出了问题:用3、4、5三个数字组成是2或者5的倍数的三位数,使学生回忆起2或者5的倍数的特征。接着向学生提出:3的倍数有什么特征?同时要学生用3、4、5三个数字组成是3的倍数的三位数。这时,有些学生类比2或者5的倍数的特征,提出猜想:"个位上是3、6、9的数是3的倍数。"猜想是需要验证的,学生很快就发现这个猜想不成立。这时,教师充分利用精心设计的准备题:要求学生用3、4、5三个数字组成是3的倍数的三位数。引导学生发现:"3的倍数交换各位上的数以后,得到的新数仍然是3的倍数",这个结论对不对?从中你们发现了什么规律?最后,再要求学生进行理论上的论证。教师提出的问题给学生的思维指明了方向,增加了思维的动力。教师紧紧抓住准备题"用3、4、5三个数字组成是3的倍数的三位数",启发学生得到3的倍数的特征一般规律,探索出要求的结论。怎样设计问题引导学生探究,本节课做了有益的尝试。

2. 重在让学生经历探究学习的全过程。纵观教学全过程,教师着重让学生经历探究学习的全过程,培养学生探究的能力。

(1) 从"2或者5的倍数的特征"引导学生类比"3的倍数有什么特征?",培养学生合情推理能力。合情推理的结论不一定正确,还有待于验证,但它往往导致新的发现。

(2) 在探究"3的倍数有什么特征"的过程中,让学生经历探究的全过程:提出猜想、检验猜想、修改猜想和论证猜想,使学生受到科学方法论的熏陶,培养学生的探究能力。

(3) 在探究过程中启发学生讨论,共同探索,培养学生的合作交流的能力。

3. 重在达成多维教学目标。教学过程中,教师把数学知识的传授、数学思想方法的渗透、学习方法的指导、思维的训练和数学能力的培养有机地结合在一起,多维教学目标在一节课中得到实现,取得了较好的教学效果。

案例 3.2　游戏公平吗?

【教材】苏教版义务教育教科书《数学》四(上)

【教学目标】

1. 通过游戏,体验事件发生的可能性的大小和游戏规则公平性的意义。

2. 能通过独立思考、与同学合作来判断事件发生的可能性的大小和游戏规则的公平性。

3. 在探索、合作交流中培养分析、判断能力,以及学习数学的热情。

【教学过程】

(一) 游戏导入

师:在乒乓球、足球比赛开始时,为了确定哪一方先开球,裁判会用抛硬币的方法来确定。

师:抛硬币的方法有什么特点?

生:它是公平的。

师:什么是公平的?

生:硬币抛上去落下来,正面朝上和反面朝上的可能性是一样的。

师:下面,我们分小组抛硬币,看看这个游戏正面朝上和反面朝上的可能性是不是一样的。

(学生分小组做游戏,并汇报游戏结果。)

师:由于我们抛的次数不够多,有的小组正面朝上和反面朝上的次数相差得还比较多。如果我们抛的次数足够多,那么正面和反面朝上的次数就差不多。下面是五位数学

家抛硬币的情况

表 3.3　五位数学家抛硬币情况统计表

试验者	抛币次数	正面朝上次数	反面朝上次数
德·摩根	4 092	2 048	2 044
布丰	4 040	2 048	1 992
费勒	10 000	4 979	5 021
皮尔逊	24 000	12 012	11 988
罗曼诺夫斯基	80 640	39 699	40 941

从表中,我们看到:如果抛的次数足够多,那么正面和反面朝上的次数就差不多。这说明了抛硬币游戏是公平的。

师:我们做其他游戏时也要思考这样一个问题:这个游戏公平吗?如果游戏规则不公平,我们就有上当受骗的可能。

【点评】教师通过抛硬币的游戏,说明游戏最重要的特点——公平,要求学生在做游戏时,要注意它的公平性。

(二) 探索游戏的公平性

(出示游戏规则:口袋里有一些红球和黄球,每次任意摸一个球,摸后放回,一共摸 30 次。摸到红球的次数多,算男生赢;摸到黄球的次数多,算女生赢。)

师:谁赢的可能性大一些?

生:不知道。

师:你能确定这个游戏公平吗?

生:不能。

师:为什么?

生:因为我们不知道口袋里红球、黄球的个数。

师:那怎样保证这个游戏的公平性呢?

生:口袋里红球、黄球的个数要一样多。

生:口袋里红球多了,男生赢的可能性大;口袋里黄球多了,女生赢的可能性大。

师:老师这里准备了一些相同情况的口袋,请同学们分小组做这个游戏,要求把摸到的结果记录下来。(出示摸球结果记录到表 3.4 中)

表 3.4　摸球结果记录表

摸到红球的次数		共(　)次
摸到黄球的次数		共(　)次

(学生分小组摸球,并填写摸球结果记录表。在全班汇报游戏的结果。每一小组都是男生赢。)

师:为什么每一个小组的结果都是男生赢呢?会不会是男生的运气特别好呢?

生：主要是游戏不公平。

师：怎么不公平了？

生：口袋里红球多，黄球少。

师：是不是这样呢？我们只要打开口袋验证一下。

（打开口袋发现：红球4个、黄球2个。）

师：红球的个数比黄球多，这个游戏的确是不公平的。

【点评】在学生做游戏前，先让学生讨论一下摸球游戏公平的条件。再让学生做游戏，从游戏的结果猜测红球、黄球的个数。在学生做游戏过程中，不仅让学生动手，更让学生动脑。

师：口袋里红球的个数比黄球的个数多，游戏不公平。怎样在口袋里放球，游戏才是公平的？请同学们重新设计这个游戏。

生：口袋里红球、黄球的个数一样多就行了，随便放多少个。

师：能不能在口袋里放别的颜色的球？

生1：可以，比如口袋里红球、黄球各3个，绿球1个。

生2：只要保证口袋里红球、黄球的个数一样多，而其他颜色的球随便怎么放都行。

师：下面请各个小组照自己设计的方案再做几次，看看自己设计的游戏是不是公平。

（学生分小组做游戏，并汇报游戏结果。教师引导学生分析游戏结果：有的小组男生赢的次数多，有的小组女生赢的次数多，但是，对于全班而言，男生和女生赢的次数差不多。）

【点评】在学生重新设计游戏时，教师注意启发学生设计方法的多样性，从而对游戏的设计有更进一步的理解。

（三）想想做做（教材第78—79页第1—3题）

【点评】通过3题想想做做，使学生进一步认识游戏的公平性，初步具有设计公平游戏的能力。

【总评】

1. 本节课用游戏和比赛作为解决问题的依托，让学生在一种愉悦且充满刺激的气氛中操作、思考，体验学习的乐趣。

2. 本节课以游戏的方式展开，但注重组织、引导学生自己去发现、探索。注意为学生创设宽松的思考空间，让学生在课堂中体验问题、提出问题；在独立思考的基础上，通过小组交流来解决问题。

思考与练习

1. 什么是有意义的接受学习？有意义的接受学习有什么优势与不足？

2. 什么是自主学习？小学数学课堂教学中如何引导学生实施自主学习？

3. 什么是合作学习？有效的合作学习要具备哪些基本条件？

4. 什么是探究学习？探究学习有什么优势与不足？

阅读材料

1. 中国学习者的数学思维特征

中国学习者数学思维的6个特征：

(1) 中国学生在不同的任务上有不均衡的表现——在那些评价计算技能和基础知识的任务上的表现要好于那些评价开放的复杂问题解决的任务上的表现；

(2) 中国学生更喜欢使用抽象的策略和符号表征；美国学生更喜欢具体的图像策略；

(3) 中国学生通常应用更加常规的解题方法；美国学生更多地使用非常规的解题方法；

(4) 总体上说，美国学生很可能比中国学生给出更多的问题解法。但如果提出要求，中国学生能提供更多的解题方法；

(5) 与美国学生一样，相当多的中国学生会犯那些不正确的符号操作的错误；

(6) 中国学生在问题解决中不太愿意冒风险。美国学生比中国学生在问题解决中更愿意去冒险。在遇到没有什么思路解决问题时，中国学生通常会留下空白，而美国学生通常会写一些什么。

（摘自：范良火等.华人如何学习数学.江苏教育出版社，2005：76-85）

2. 国外数学教育学家主要理论简介

(1) 弗雷登塔尔数学教育理论

弗雷登塔尔(1905—1990)是荷兰数学家、数学教育家。国际数学教育的最高奖——弗雷登塔尔奖，是以他的名字命名的。他的重要著作有《作为教育任务的数学》(1973)、《播种和除草》(1978)、《数学结构的教学法现象学》(1983)、《数学教育再探》(1991)。

他提出的"现实数学教育"理论，具有五个基本特征：情境问题是教学的平台；数学化是数学教育的目标；学生通过自己努力得出的结论和创造是教育内容的一部分；互动是主要的学习方式；学科交织是数学教育内容的呈现方式。从"现实数学教育"出发归纳出四条数学教学原则，即数学现实、数学化、再创造、严谨性。

(2) 波利亚解题理论

乔治·波利亚(1887—1985)是美籍匈牙利数学家、数学教育家，享誉世界的数学方法论大师。他的重要著作有《怎样解题》(1944)、《数学的发现》(1954)、《数学与猜想》(1961)。

他认为解题是智力的特殊成就，题目是数学的心脏，数学教学的本质在于教会学生解题。数学教师的首要任务是发展学生解决问题的能力。他提出的解题流程是：弄清问题、拟订计划、实现计划、回顾。

(3) 斯根普数学学习理论

理查德·斯根普是英国著名数学家、心理学家、数学教育心理学家。他的主要著作是《学习数学的心理学》(1971)。

他认为学习有两种,一种是习惯式的或机械式学习,另一种是理解式的学习。数学学习作为一种高级形式的学习更需要理解。

(4) 斯托利亚尔数学教育理论

斯托利亚尔是苏联著名数学教育家。他的主要著作是《数学教育学》(丁尔陞译,1984),是我国国内第一部数学教育专著。

他提出:"数学教学是数学活动的教学——思维活动的教学,而不仅仅是数学活动的结果——数学知识的教学。"数学教法要做到两个适合:一要适合教学中反映出的数学的逻辑和方法;二要适合学生的思维活动水平。

(5) 克鲁切茨基数学能力研究

克鲁切茨基是苏联著名心理学家。他的主要著作是《中小学数学能力心理学》,堪称数学能力研究的一座里程碑。

他从数学思维的基本特征把数学能力分为九种:① 使数学材料形式化的能力;② 概括数学材料的能力;③ 运用数字和其他符号进行运算的能力;④ 连续而有节奏的逻辑推理能力;⑤ 简化推理过程的能力;⑥ 逆转心理过程的能力;⑦ 思维的灵活性;⑧ 对典型推理的运算模式的概括和记忆能力;⑨ 形成空间概念的能力。

参考文献

[1] 郑君文,张恩华.数学学习论.南宁:广西教育出版社,1996.

[2] 任樟辉.数学思维理论.南宁:广西教育出版社,2001.

[3] 金成梁.逻辑与小学数学教学.北京:北京师范大学出版社,2001.

[4] 宋乃庆,张奠宙等.小学数学教育概论.北京:高等教育出版社,2008.

[5] 马云鹏.深度学习:走向核心素养.北京:教育科学出版社,2019.

[6] 朱智贤,林崇德.思维发展心理学.北京:北京师范大学出版社,1986.

[7] 施良方.学习论——学习心理学的理论与原理.北京:人民教育出版社,1994.

[8] [丹]克努兹·伊列雷斯著,孙玫璐译.我们如何学习——全视角学习理论.北京:教育科学出版社,2010.

第四章　小学数学教学方法与手段

对小学数学教师来说,了解小学数学教学方法的改革及发展,灵活运用小学数学常用的教学方法与教学手段,是教师实施有效教学的前提。小学数学教师只有对教学方法与手段有全面的认识,才能为学生创造良好的数学教育。由于小学数学"教学有法",但"教无定法",数学教师学会根据教学内容与小学生心理特征等因素进行教学方法的选择与优化也是十分必要的。

> **学习的基本要求**
> 1. 了解小学数学教学方法的历史变革;
> 2. 理解并能运用小学数学常用的教学方法;
> 3. 了解并能运用小学数学常用的教学手段;
> 4. 了解并学会选择与优化小学数学教学方法。

第一节　小学数学教学方法的历史变革

《义务教育数学课程标准(2011年版)》特别指出:"数学教学是数学活动的教学,是师生之间、学生之间交往互动与共同发展的过程。"数学教学是师生双方在数学教学目的指引下,以数学教材为中介,教师组织和引导学生主动掌握数学知识、发展数学能力、形成良好个性心理品质的认识与发展相统一的活动过程。从结构来看,它是一个以教师、学生、教材、教学目的和教学方法为基本要素的多维结构;从功能来看,它是一个教师引导学生掌握数学知识、发展数学能力、形成良好数学素养的过程;从性质来讲,它又是一个有目的、有计划的师生相互作用的双边活动过程。因此,小学数学教学方法指为实现小学数学教学目标,完成教学任务,依据教学理论,师生相互作用的数学活动方式。

一、小学数学教学方法变革的主要阶段

(一) 学习引入阶段(约 1950—1957 年)

1949年新中国成立,百废待兴,中小学教育教学需要对旧教育进行改革。1949年12月23日第一次全国教育工作会议就提出"以老解放区新教育经验为基础,吸收旧教育有用经验,借助苏联经验,建设新民主主义教育。"这成为新中国成立之初我国教学改革的方向,照搬苏联的数学科学书及教学大纲是当时的一种基本选择,教师课堂教学主要遵循凯洛夫的五阶段教学法。在学习以凯洛夫为代表的教育思想的过程中,人们将赫尔巴特的

教学阶段理论与凯洛夫的课堂教学环节理论相结合,广泛形成由组织教学、复习旧知、讲授新课、巩固练习、布置作业组成的五阶段课堂教学模式。

(二) 自主探索阶段(约 1958—1965 年)

由于苏联与我国中小学学制上存在的差异,社会文化与教育制度的不同,以及中苏两国关系的恶化,我国中小学数学教学需要探索自己的方式、方法。在数学教育国际比较、自我经验反思的基础上,形成了1963年的数学教学大纲,强调教学注重"双基"教学,强调数学基本知识与基本技能,数学教学注重知识的实用性,强调与生产实际的结合,在教学方法上强调精讲多练。

(三) 无序"开放"阶段(约 1966—1976 年)

在此期间,由于受"文革"的影响,许多中小学的教学处于"无政府"状态,学校的正常教学秩序被打乱,要求中小学开门办学,讲究实用。毛泽东曾提出学生要"以学为主,兼学别样,也要学工、学农、学军,也要批判资产阶级。"在破除"以课堂为中心,以书本为中心,以教师为中心"的要求下,学校课堂搬到了农村、工厂,搬到了生产一线,很多地方把实际生产场地当作课堂进行教学,过度的"开放"与社会环境导致数学教学方法的探索与改革难以展开。

(四) 恢复调整阶段(约 1977—1985 年)

1976年底"文化大革命"结束,我国教育教学急需恢复正常的教学秩序,1977年底高考恢复,全国掀起了文化学习的浪潮,语文、数学等各科教学迎来了新的发展机遇。数学教学以60年代的成果经验为基础恢复教学,成为首先的选择,随后对数学教学目标、教学内容等进行了一定的调整,在突出数学基础知识和基本技能的同时,强调学生能力培养与智力发展。如1978年的《全日制十年制学校小学数学教学大纲(试行草案)》明确指出"加强基础,培养能力,发展智力"的要求。前期的一些数学教学改革也开始恢复,如中国科学院心理研究所卢仲衡主持的数学自学辅导教学实验,1978年实验又恢复展开,1980年华中师范大学开始了"小学数学启发式教学"实验,江苏省常州师范学校邱学华的"尝试教学法"实验不断拓展,北京马芯兰的小学数学教学实验也开始全国性的推广。由此,中小学面向提高教学质量的数学教学改革实验不断出现,教学方法的改革从恢复走向多元化发展,提高教学质量成为教师改进教学方法的重要动力。

(五) 改革创新阶段(约 1986—2000 年)

1985年中共中央在《关于教育体制改革的决定》中提出:"在整个教育体制改革过程中,必须牢牢记住改革的目的是提高民族素质,多出人才,出好人才"。1986年《中华人民共和国义务教育法》开始实施,普及九年义务教育成为我国重要的任务,要求课堂教学要面向全体学生。1993年颁布的《中国教育改革和发展纲要》明确提出了我国90年代至21世纪初教育改革和发展要"全面贯彻教育方针,全面提高教育质量"。实施素质教育,提高教学质量成为中小学数学课堂教学的基本要求。数学作为基础教育的一门重要学科,相关的创新性教学改革不断展开。

（六）基于课标的变革阶段（约2001—至今）

2001年颁布的《基础教育课程改革纲要（试行）》提出"大力推进基础教育课程改革，调整和改革基础教育的课程体系、结构、内容，构建符合基础教育要求的新的基础教育课程体系。"同年7月，教育部颁发《全日制义务教育数学课程标准（实验稿）》。经十年改革实践，在广泛调查研究的基础上，对实验稿进行了修订和审议，并于2011年12月教育部颁布了《义务教育数学课程标准（2011年版）》。课程标准强调数学教学要以学生的发展为本，强调数学学习的过程体验及情感态度，强调让每一个学生都能受到良好的数学教育。数学教育理念与人才培养需求的变化，带来数学教学方法的巨大变革，自数学课程标准实施以来，合作、探究、交流等成为小学数学教学方法变革的关键词，基于课程标准，指向数学素养，开展了系列教学方法的变革。

二、数学教学变革中的几种教学方法

随着我国数学教育改革的不断深入和数学教学研究的不断发展，教学方法也有了很大的革新与变化。下面是我国曾颇为盛行的几种数学教学方法。

（一）尝试教学法

尝试教学法是由邱学华提出的，又称五步教学法。所谓尝试教学法，是给学生创造一定条件或情境，让学生积极主动探索、独立思考、发现问题和解决问题，以培养学生的探索精神和自学能力为主要目标的教学方法。尝试教学法基本属于探究式教学模式范畴。其教学目标在于培养学生的探索精神，培养学生的自学能力，发展智力。

这一教学模式主要适用于中小学数学教学，其基本操作程序是：① 出示尝试题；② 学生自学课本；③ 尝试练习；④ 学生讨论；⑤ 教师讲解。

新课开始，教师宣布课题，明确教学要求，然后出示尝试题，激发学生兴趣。尝试练习题要同课本中的例题相仿，同类型同结构。学生带着问题自学课本，目标明确。自学课本例题后，大部分学生对解答尝试题有了办法，都跃跃欲试。教师让好、中、差三类学生板演，其他学生在草稿本上练习，教师巡回观察。尝试练习后，教师根据三类学生的板演情况，引导学生讲评讨论。最后教师针对学生感到困难的地方和教材重点进行讲解。这个程序不是固定不变的，可视教学的条件变化而灵活运用。

（二）尝试指导，效果回授教学法

尝试指导，效果回授教学法是上海市顾泠沅教改实验小组从1977年起经过三年教学调查、一年筛选经验、三年科学实验和三年推广应用而提出来的一种新型教学方法。具体包括下列内容：

1. 创设问题情境，启发诱导

教师根据教材的重点和难点，选择尝试点，编成问题。教学过程中先与学生一起对问题进行考察和磋商，这个问题学生急于解决，但仅利用已有的知识和技能却又无法立即解决,形成"认知冲突",激发起求知欲。教师积极创设问题情境,使学生在注意最集中、思维最积极的状态中进行尝试学习。同时,教师还应适时地对学生的这种心理倾向予以调节和促进,使之保持明确指向并维持一定的程度。

2. 探究知识的尝试

这种尝试最重要的是充分发挥学生的学习主动性,改变以往那种被动的、单纯听讲的学习方式。在尝试过程中学生一般可进行这样几项活动:阅读教材或其他有关书籍;重温某些概念和技能;对数、式和图形细致地观察;做一些简单的数学实验;对教学问题进行类比、联想或归纳、推演。通过逐步试探和试验,在讨论和研究中发现新的知识和方法,解决提出的问题。教师则应当拟订适合学生水平的尝试层次,确定"高而可攀"的步子,防止难易失度。

3. 概括结论,纳入知识系统

教师引导学生根据尝试所得,概括出有关知识和技能方面的一般结论,然后通过必要的讲解,揭示这些结论在整体中的相互关系和结构上的统一性,从而将其纳入学生的知识系统。

4. 变式练习的尝试

对于一般结论,教师运用概念变式、背景复杂化和配置实际应用环境等手段,编制好顺序排列的训练题,让学生进行变式练习方面的尝试。编制练习必须注意:应使练习的思维过程具有合适的梯度,逐步增加创造性因素;有时可将一道题进行适当的引申和变化,并使之与尝试学习过程有机地结合起来;题的组合应有利于学生概括各种解题技能或从不同的角度更换解题的技能和方法。此外,还可用多种形式给出问题条件,使学生受到训练。

5. 回授尝试效果,组织答疑和讲解

教师搜集与评定学生尝试学习效果的途径是多种多样的,如观察交谈、提问分析、课堂巡视、课内练习、作业考查等。教师通过及时回授评定的结果,有针对性地组织答疑和讲解。答疑要答在疑处,解决疑难问题;讲解则是在学生尝试的基础上,使研究的问题进一步明确,并通过帮助学生克服思维障碍,对那些不易被学生发现的问题给以适当指点。

6. 阶段教学结果的回授调节

在一个单元或一章一册教材教学完毕之后,要进行关于教学结果的回授调节,其中尤以"阶段过关"最为重要。教师应当给掌握阶段内容有困难的学生以第二次学习机会,针对存在问题帮助"过关"。教学细节的调节与阶段结果的调节,两者结合起来,可以大大改善教学系统的控制性能。

(三) 自学辅导教学法

自学辅导教学法就是在教师的指导和辅导下,学生进行自学获得知识技能、发展能力的教学方法。这种方法的主导思想是突出教学过程中师生的双边活动,提高学生的自学能力。自学辅导教学法是中国科学院心理研究所卢仲衡教授首先提出的,它是在程序教学法的基础上发展起来的一种广泛运用的教学方法。自学辅导教学法的运用,需要有专门编写的一套适合于自学的教材、练习册和测验本,因此,也称为"三本"教学法。

自学辅导教学法的课堂教学基本形式是：教师只做精辟简短的指导性讲授或布置阅读课题及提纲；学生独立阅读教材、做练习、回答问题；教师巡回答疑或重点讲解有关问题；学生订正错误、摘要笔记，并做出小结。

自学辅导教学法，一般可分为四个阶段进行：

1. 领读阶段

目的在于指导学生初步学会自学阅读的方法，培养学生独立做题、认真进行自我检查的习惯。这一阶段的主要教学途径是，教师引导学生进行"三读"：初读扫除字词障碍，细读概括段落大意，精读钻研关键字句；学生独立做出相应的练习题，并核对答案；教师检查，重点按提纲检查学生对基础知识的掌握情况。

2. 启发自学阶段

目的在于培养学生的独立自学能力，养成自学的习惯。在这一阶段的教学中，教师应适当放手，只要备好"启发自学提纲"和"小结检查提纲"发给学生，由学生独立地自学、做题、对答案、自检，最后纠正错误，进行小结。

3. 自学辅导阶段

目的在于提高学生的自学能力，强化自学习惯，达到教学要求。这一阶段教学中，教师在课上只交待学习任务和注意事项，学生独立阅读、练习、自检、小结，做出必要笔记。教师进行必要辅导、答疑、检查了解情况、小结并落实教学要求。

4. 教学研究阶段

目的在于进行阶段评价，为进一步教学提供策略依据。当一个单元教学结束后（期中或期末），学生的自学能力已有较大提高，也完全适应了自学辅导的方法，因此，教师应通过教育评价，研究教与学两方面的情况，总结经验教训，为下一步教学提供策略依据。

应该指出，自学辅导教学法强调以学生自学为主，突出学生的主体地位，这并不意味着忽视教师的主导作用。相反，对教师的主导作用应该是有更高的要求，具体表现在：

（1）教师必须在正确评价学生的自学能力的前提下，从实际出发，对学生的自学方法做具体的组织和指导。

（2）教师必须进行有针对性的指导、全面进行教与学的评价。这就要求教师要善于启发与引导要领，辅佐学生自学入门；要善于点拨关键，纠正学生的毛病；要善于释疑导向，帮助学生理解概念、掌握方法、活跃思路；在进行全面评价的基础上，要善于因材施教，确保大多数学生都有收获、得到发展；等等。

（四）单元教学法

单元教学法就是根据知识整体的结构，把教学内容组织和划分为若干教学单元，并按教学单元分段进行教学的方法。这种方法打破了传统教学中按课时划分教学内容的办法，目的是为了避免人为地割裂知识结构系统对培养能力产生的不利影响。单元的划分一般要根据具体教学内容的难易、联系以及学生的认知水平进行，单元可大可小，但都要反映出知识的形成和发展过程，不允许割裂知识的整体结构。单元教学法的具体教学过程有知识结构单元四步骤教学、单元六课型教学法两种形式。

1. 知识结构单元四步骤教学

这种方法是北京景山学校于 20 世纪 60 年代初系统提出来的一种教学方法,是将一个单元知识的教学过程分为四步完成:

(1) 自学探究

根据教材内容的特点,分两种方式进行:有关概念和描述现象的内容,用自学读书方式;有关观察、实验和推理论证的内容,用探究操作方法。单元教学开始,教师把内容概括地做出介绍,并给学生指出自学探究的路线图,提出一些思考题,启发学生积极思维,并鼓励学生发现问题、提出问题;然后引导学生去观察、实验、论证、独立得出结论。教师要及时了解学生自学探究的进展情况,收集提出的问题和独特新颖的思想方法等,为下一步重点讲授做好准备。

(2) 重点讲授

目的是使学生在自学探究的基础上,将所获得的知识提高一步,获得规律性的认识。一般来说,重点讲授的内容是单元教学内容的重点、难点、关键和内在联系;获得科学的数学结论和寻求解题途径的思维方法以及知识的起源、发展和去向等。

(3) 综合训练

就是让学生综合运用已掌握的数学原理和数学方法,灵活地去解决一些具有一定综合性的数学习题。在综合训练中,要选择有明确目的性和典型性的题目,设计好训练的程序,符合学生的发展水平,促进学生能力的提高。

(4) 总结巩固

就是让学生总结本单元的内容,整理基础知识、基本方法,整理习题类型和解题思想方法,形成一个完整系统,充实学生的认知结构,从而达到巩固提高的目的。同时,还可以让学生写出学习心得,或陈述自己的见解,或将所学内容引申拓广,或变更问题,寻求新的结论和方法,或撰写研究性的小论文。

2. 单元六课型教学法

这种方法是湖北大学黎世法教授于 20 世纪 80 年代中期提出来的,是将每个单元的内容依次通过以下六种不同的课型进行教学,即:

自学课:教师指点下,学生自学新教材;

启发课:教师重点讲解;

复习课:教师指导学生独立复习;

作业课:教师指导学生独立作业;

改错课:师生结合,共同批改作业;

小结课:师生结合,将知识技能概念化、综合化。

从以上两种形式的单元教学法的概略介绍中,可以看出它的突出优点在于:学生获得的知识较系统,有利于培养学生的自学探究能力。但运用这种教学方法需要教师经验丰富,学生有一定的自学能力和习惯。

(五) 数学方法论的教育方式

数学方法论的教育方式(又称 MM 教育方式)是无锡市教科所徐沥泉于 1989 年秋开

始并先后在66个教学班进行实验之后,首先提出的,这个实验成果于1994年通过了由王梓坤院士、徐利治教授等专家组成的专家组鉴定:这一教育方式的实施"有利于提高学生的一般科学素质,增进社会文化素养、形成和发展数学品质,从而全面提高学生素质",并且这个教育方式的实施"可以锻炼出一支既能从事教学、又能从事科研的'Polya型'的数学教师队伍"。因此,认为这一教育方式有进一步研究和推广使用的价值。

MM教育方式指的是教师遵循数学方法论的基本原则,遵循学生身心发展和学习规律,促使教学、学习和数学发现的同步发展过程(即教学、学习、研究三者同步协调发展的过程)。MM教育方式要求:教师要有意识地运用数学方法论的基本原则去处理教材、备课、安排教学环节、上课、辅导和布置作业,以实现提高学生一般文化素养,使他们养成合理地思考、清楚地表达和有条不紊地工作的习惯;增进学生道德品质修养;形成和发展学生的数学品质。周春荔先生指出:"MM上的仍然是数学课,内容少而精,方法为启发式;不过,它以数学方法论的分析方法作为解剖刀,师生共同参与,注意数学的文化教育功能。"所以MM教育方式的实施要求应用探索发现的启发式,渗透数学方法论的思想处理数学教学内容;每一个教学环节都应为学生创设一定的思维情境,让学生积极参与教学活动,动脑、动手,又动口。所以我们认为MM教育方式既有传统教学方法之优点,又具有深刻体现数学思想方法的特色,是一种值得深入研究、实践的启发式教学方式,是一种探索式的教学方式。

三、小学数学教法变革的趋势

根据课程改革的理念,我国小学数学教学方法的改革呈现出以下发展趋势:[1]

(一) 注重课程目标的整体实现

数学教学不仅要使学生获得数学的知识技能,而且要把知识技能、数学思考、问题解决、情感态度四个方面目标有机结合,整体实现。无论是设计、实施课堂教学方案,还是组织教学活动,不仅要重视学生获得知识技能,而且要激发学生的学习兴趣,通过独立思考或者合作交流感悟数学的基本思想,引导学生在参与数学活动的过程中积累基本经验,形成认真勤奋、独立思考等良好的学习习惯。

(二) 重视学生在学习活动中的主体地位

学生是数学学习的主体,在积极参与学习活动的过程中不断得到发展。学生获得知识,必须建立在自己思考的基础上,可以通过接受学习的方式,也可以通过自主探索等方式;学生应用知识并逐步形成技能,离不开自己的实践;只有亲身参与教师精心设计的教学活动,才能在数学思考、问题解决和情感态度等方面得到发展。

教师应成为学生学习活动的组织者、引导者、合作者。教师的"组织"作用主要体现在:应当准确把握教学内容的数学实质和学生的实际情况,确定合理的教学目标,设计好的教学方案;在教学活动中,选择适当的教学方式,因势利导、适时调控,营造师生互动、生

---

[1] 中华人民共和国教育部制定.义务教育数学课程标准(2011年版)[S].北京:北京师范大学出版社,2012:43-52.

生互动、生动活泼的课堂氛围,形成有效的学习活动。

教师的"引导"作用主要体现在:通过恰当的问题,或启发性的讲授,引导学生积极思考;通过恰当的归纳,使学生理解知识、掌握技能、积累经验、感悟思想;关注学生的差异,用不同层次的问题或教学手段,引导每一个学生都能积极参与学习活动,提高教学活动的针对性和有效性。

教师与学生的"合作"主要体现在:教师以平等、尊重的态度鼓励学生积极参与教学活动,共同探索,与学生一起感受成功和挫折、分享发现和成果。

要处理好学生主体地位和教师主导作用的关系。学生在学习活动中的主体地位的落实,依赖于教师在教学活动中主导作用的有效发挥。教师富有启发性的讲授;创设情境、设计问题,引导学生自主探索、合作交流;组织学生操作实验、提出猜想、推理论证等,都能有效地启发学生思考,使学生逐步学会学习。

(三) 注重学生对基础知识与基本技能的理解和掌握

"知识技能"既是学生发展的基础性目标,又是落实"数学思考""问题解决""情感态度"目标的载体。

数学知识的教学,应注重学生对所学知识的理解。学生掌握数学知识,不能依赖死记硬背,而应以理解为主,并在知识的应用中不断巩固和深化。应注重数学知识与学生生活经验的联系,引导学生进行观察、分析、抽象、概括,揭示知识的数学实质及其体现的数学思想,理清相关知识之间的区别和联系。要注重知识的"生长点",把每堂课教学的知识置于整体知识的体系中,处理好局部与整体的关系。

在基本技能的教学中,不仅要使学生掌握技能操作的程序和步骤,还要使学生理解程序和步骤的道理。如对于整数乘法,不仅要掌握如何算,而且要知道相应的算理。

基本技能的形成,需要一定量的训练,要组织好变式训练,不能依赖机械的重复操作。

(四) 强调数学思想方法的感悟与数学活动经验的积累

数学思想是数学知识和方法在更高层次上的抽象和概括,学生在积极参与教学活动的过程中,逐步感悟数学思想。如分类,在学习数学的过程中经常遇到分类,要使学生逐步体会为什么要分类,如何分类,如何确定分类的标准、被分的母项和分得的子项,使学生逐步感悟分类是一种思想。学会分类,有助于学习数学知识,也有助于分析和解决数学问题。

数学活动经验的积累是提高学生数学素养的重要标志。帮助学生积累数学活动经验是数学教学的重要目标,数学活动经验是在数学学习活动过程中逐步积累的。

教学中设计有效的数学探究活动是学生积累数学活动经验的重要途径。"综合与实践"是积累数学活动经验的重要载体。引导学生体验如何发现问题,如何把实际问题变成数学问题,如何设计解决问题的方案。通过这样的教学活动,逐步积累运用数学解决问题的经验。

(五) 关注学生情感态度的发展

设计教学方案、进行课堂教学活动时,应当经常考虑:如何引导学生积极参与教学过程？如何组织学生探索，鼓励学生创新？如何引导学生感受数学的价值？如何使学生愿意学，喜欢学，对数学感兴趣？如何让学生体验成功的喜悦，从而增强自信心？如何帮助学生锻炼克服困难的意志？如何培养学生良好的学习习惯等？

在教学活动中，教师要尊重学生，以强烈的责任心、严谨的治学态度、健全的人格感染和影响学生，进行养成教育。

（六）强调面向学生全体与关注个体差异的有机协调

教学活动应努力使全体学生达到课程目标的基本要求，要求让每一个学生都能受到良好的数学教育，同时也要求关注学生的个体差异，促进每个学生在原有基础上的发展。对于学习有困难的学生，教师要给予及时的帮助，鼓励他们主动参与数学学习活动，及时地肯定他们的点滴进步，从而增强学习数学的兴趣和信心。对于学有余力并对数学有兴趣的学生，要为他们提供足够的材料和思维空间，指导他们阅读，发展他们的数学才能；鼓励与提倡解决问题策略的多样化，引导学生通过与他人的交流选择合适的策略，丰富数学活动的经验，提高思维水平。

思考与练习

1. 小学数学教学方法的内涵是什么？
2. 小学数学教学方法变革有哪些阶段性特征？
3. 试述有代表性的小学数学教学方法的改革。
4. 当前小学数学教学有哪些变革与发展的趋势？

第二节　小学数学常用的教学方法

一、教学方法和教学方式

什么是教学方法？人们对它的定义有着多种不同的表述。有人认为"教学方法是在教学过程中，教师和学生为实现教学目的，完成教学任务而采取的教与学相互作用的活动方式的总称"。[1] 也有人认为"教学方法是指教师在教学过程中为了完成教学任务所采用的工作方法和在教师指导下学生的学习方式"。[2] 还有人认为，每一种教学方法都是教师组织学生的认识活动和实践活动以及确保学生掌握教育内容而进行的一系列的有目的的行动。一般认为："教学方法是为达到教学目的运用教学手段进行的、由教学原则指导的、由一整套方式组成的师生相互作用的活动。"[3]

上述定义从不同的角度揭示了教学方法的一些共同的本质属性，即教学方法是为了实现教学目标、完成教学任务所采用的活动方式；教学方法注意了学生的主体地位以及师

---

[1] 李秉德.教学论[M].北京：人民教育出版社，1991：197.
[2] 上海师范大学《教育学》编写组.教育学[M].北京：人民教育出版社，1979：156.
[3] 王策三.教学论稿[M].北京：人民教育出版社，1985：247.

生的相互作用；教学方法不同于教学工具或手段，而是对工具或手段的运用；不是某种固定的方式或动作，而是一系列有目的的行动。

教学方法是教学思想的反映，是教学原则的具体化和行为化，它随着教学思想的更新、教学目标和教学内容的变化而变化。长期以来，我国存在着重教轻学的现象。不少教学论著作在谈到教学方法时，多强调教而较少重视学。20世纪80年代由于关注智力发展而强调激发学生的主动性，确认学生的主体地位，因而重视学法的研究，认为教法和学法是教学活动统一体的两个方面。在新课程理念的影响下，教学内容突出与学生生活的联系，强调让学生学习现实的、有意义的、富有挑战性的数学。所以在教学方法的改革上，强调学生动手实践、自主探索与合作交流，重视教师教法与学生学法的有机统一，突出对学生学习方法的指导。

教学方法和教学方式是两个既有密切联系又有严格区别的不同概念。教学方式是构成教学方法的基本单位，是教师和学生在教学过程中具体的操作行为方式，而教学方法是由许多教学方式所组成的。教学方法不是一个单独的操作行为方式，而是由语言系统、操作系统、实物系统和情感系统等构成的师生双方的活动系统。所以，教学方式是构成教学方法的基本单位，而教学方法是许多教学方式的有机组合。例如，讲解法是一种教学方法，在讲解时教师说明、描述某个概念，解释某个名词术语或论证某个命题。这里的说明、描述、解释、论证等就是教学方式，在不同的教学方法中可以利用同一种教学方式，在同一种教学方法中也可以采用不同的教学方式。

二、小学数学教学方法的作用

从宏观的角度看，教学方法是教学过程中最重要的因素，不用适当的教学方法，就不可能实现教学目的。从微观的角度看，教学方法的作用在于唤起学生的注意，激发他们的兴趣，调节学生的行为，以学生能接受的方式呈现教材，扩大学生因学习成就带来的满足感。

因此，教学方法对完成教学任务、实现教学目的具有重要意义。当确定了教学内容和相应的教学目的之后，就必须有相应的、行之有效的教学方法；否则，完成教学任务，实现教学目的就要落空。可见，教学方法关系到教学的成败。改革教学方法具有迫切的现实意义。

小学数学教学方法具有综合性和相对性。综合性表现在：每一种教学方法都是一系列教学方式的综合，或者是几种基本教学方法的组合。一堂课很少只采用一种教学方法，常常是一法为主，多法相助，互相补充，综合运用。相对性表现在：没有也不可能有某一种或某几种教学方法能普遍适用于一切场合，各种教学方法都有自身的长处和短处，也都有一定的运用条件和适用范围。要根据具体情况科学选择，灵活运用。

三、小学数学教学方法的分类

教学方法大体可分为五个系列、三个层次。

五个系列：一是传递接受型。主要通过教师的系统讲授使学生掌握知识，如讲解法。二是自学辅导型。把原来由教师讲解的部分内容，改由学生在教师指导下自学，如阅读法、自学法、辅导法等。三是引导发现型。向学生提供研究的材料,引导学生探索,发现应得出的结论,如引探教学法、问题探索法、引导发现法、迁移教学法等。四是情境陶冶型。通过教学环境的情感渲染,利用人的可暗示性,调动学生大脑中无意识领域的潜能,使学生在精神愉快的气氛中进行学习,如游戏法、情境教学法、愉快教学法、暗示教学法等。五是示范模仿型。通过教师或课本示范,让学生进行模仿练习,从而培养学生的技能、技巧和能力,如范例教学法、尝试教学法等。

三个层次:第一层次是基本的教学方法,主要有讲解法、谈话法、练习法、演示法、实验法、阅读法等,它们是教法体系的基础。小学数学教学可以凭着几种基本的教学方法,创造出许多具有特色的教法。第二层次是综合性教学方法,这些教学方法实际上都是几种基本教学方法的组合。比如,引导发现法是谈话法、实验法、演示法、讨论法的结合;自学辅导法是阅读法、练习法、讲解法、讨论法的组合。第三层次是创造性教学方法。在学习和模仿各种综合性教学方法的同时,不断总结,有所创新,创造出具有自己个性特色的教学方法,步入看似无法实有法的自由王国。

四、小学数学教学的基本方法

小学数学教学的基本方法主要有讲解法、谈话法、练习法、演示法、实验法、阅读法、参观法、讨论法、实习法和复习法等十种。从学生获得知识的独立程度看,基本教学方法可以分为三类:第一类,教师要进行较多的组织,学生的活动较少,如讲解法、演示法、复习法;第二类,教师进行必要的组织,学生的活动较多,如谈话法、讨论法、参观法、练习法;第三类以学生的独立活动为主,如阅读法、实验法、实习法。下面介绍几种常用的、基本的教学方法。

(一) 讲解法

讲解法是指教师通过讲解向学生解释概念、说明规则,系统地、有论据地讲述新的规律性知识。

讲解法主要用来教学新知识,有时也用来复习旧知识。这种教学方法需要学生有一定的听讲和理解能力。采用讲解法必须注意以下问题:

(1) 要运用规范的数学语言。教师要正确、清楚地阐明数学概念,运用规范的数学语言,不要随意用日常语言取代数学语言。

(2) 注意新旧联系,充分利用儿童已有的知识和经验。如讲解乘数是两位数的乘法,计算可以从乘数是一位数的乘法如 34×3 的复习开始,然后出现 34×23,提出问题,引导学生思考,乘数十位上的 2 表示的数值是多少?怎样解决用十位数乘的问题,得到的部分积的末位应该记在哪里?等。

(3) 注意运用分析与综合、归纳与演绎等逻辑方法。如讲解两步应用题,应该引导学生从"已知"想"可知",或者从"未知"想"需知",即应用综合或分析的逻辑方法。

(4) 语言要简练易懂,生动有趣。讲解时要注意儿童的年龄特点,使学生懂得讲解的内容,并且印象深刻。对于结论性语言,要逐字逐句讲清楚,注意留给学生思考的时间。

(5) 注意启发学生积极思维。讲解时,要掌握学生原有的认知结构与现有的发展水平,努力创造"最近发展区"。

讲解法常用于小学高年级。

(二) 谈话法

谈话法是通过有目的、有计划的师生谈话进行教学的一种方法。它的特点是:通过教师提问,驱动学生的思维,激起学生对旧知识的回忆,沟通新、旧知识之间的联系,让学生根据教师提出的问题思考,从而发现规律,得出结论。研究学生的回答,教师就能了解他们掌握知识的情况,还可以发展学生的语言表达能力。因此,谈话法是各个年级常用的、实行启发式教学最为有效的适用范围比较广的一种教学方法。

采用谈话法必须注意以下问题:

(1) 谈话前要找准新旧知识的联结点或原认知结构的生长点,设计好所提的问题。提问要明确,要富于启发性,并且难易适度。让学生联系已有的知识或经验,按教师的提问思考、研究,做出回答,逐步得出应有的结论。在此过程中,教师可根据学生的回答提补充问题或者做适当解释。

(2) 谈话时要面向全体学生,要吸引全班学生积极参加,避免教师与优秀生一对一的谈话。对学生的回答,教师要认真倾听,及时评讲,并注意发展学生的数学语言。对于中下生的回答,更要耐心倾听,并且运用补充问题降低回答的难度,或引导学生弥补答案中的不足之处。

(3) 谈话后要小结。针对学生回答的情况,教师要用简明、扼要的语言做出小结,使学生获得准确、完整的知识。

此外,在运用谈话法时,还要注意创设民主氛围。可以教师问、学生答,也可以学生问、教师答,还可以学生问、学生答,以营造生动活泼、轻松愉快的课堂气氛。

(三) 练习法

练习法就是在教师指导下,学生通过练习来巩固知识,形成技能、技巧,并且发展智力。练习法是小学数学教学中经常使用的一种方法。在小学数学教学中组织练习,要注意以下几点:

(1) 练习的目的要明确、适当。练习之前教师要向学生说明练习的目的和要求,以调动学生练习的主动性和积极性。练习要求的高低要适当。要求过低,会妨碍学生进一步学习;要求过高,有些学生难以达到,会影响他们的学习信心。

(2) 练习要有计划地进行。要根据教学的内容和目的要求按照循序渐进的原则来设计练习。例如,为学习新知识做准备时,需要安排准备性练习;教学一个概念或法则后,要安排巩固性练习,使学生加深对概念的理解或掌握法则。此外,还要有形成技能的练习和复习性质的练习。

(3) 练习的方式要多样化。选用多种练习方式,可以提高学生练的兴趣,也有利于加深对知识的理解。如低年级口算练习的形式有听算、视算、个人算、分组算、集体算以及游戏性或竞赛性的练习等。高年级也要根据具体内容适当变换练习方式。

(4) 练习的分量和练习的时间要适当。练习的数量应根据教学内容和要求而定,练习的内容要有针对性,防止单调重复,盲目多练,以免学生负担过重,降低练的兴趣。练习的时间要合理安排。一般新知识教过后要及时练习,以后可以适当间隔一段时间再进行同样的练习。第一学段主要是在教师的指导下进行课堂练习,一般不留课外作业;第二学段也应以课堂练习为主,适当布置一些课外作业。

(5) 练习的要求应有弹性,做到因材施教。学习困难生可以少做几题,或者另外设计几道题;对优秀学生除完成规定的练习外,可适当布置一些思考性强的练习题。

(6) 在练习中注意发展学生的智力。让学生在练习中独立探寻解决问题的方法,避免单纯地模仿例题。练习中应包括一些可以用不同方法来解的题目,以利于发展学生思维的灵活性与创造性。还可以出少量思考题,鼓励学生动脑筋,探寻其中的规律与解题方法,但不做一般要求。

(7) 注意对练习的检查和指导,并严格要求。教师要及时检查了解学生作业的情况,发现错误,要及时予以纠正。教师既要使学生知道自己练习的效果,品尝成功的喜悦,提高练的兴趣,又要教会学生自己发现和纠正错误的方法,提高练习的效果。

(四) 演示法

教师通过演示教具或实物来说明或印证所教的知识,这种教学方法叫演示法。演示法不仅向学生提供了鲜明的感性材料,有助于理解抽象的数学知识,而且有助于发展学生的观察力和思维能力。

数学概念比较抽象,有时,单靠教师讲解很难使学生掌握,必须借助实物和教具的演示。它是直观教学原则的具体体现,因此,在小学数学教学中,应当十分重视应用演示法。在演示过程中,一般伴有教师的解释或提问,引导学生观察和分析。

运用演示法要注意以下几点:

(1) 演示要有明确的目的。

(2) 课前准备好演示用具(购买或自制)。

(3) 演示要与讲解相结合。要告诉学生:观察什么和怎样观察,以及思考什么问题。

(4) 演示后要及时总结归纳,得出规律或应有的结论,使学生的感性认识提高到理性认识。

(五) 实验法

让学生在教师的指导下通过实验,掌握数学概念或规律,这种教学方法叫作实验法。

运用实验法要明确实验的目的和实验的步骤。由于实验法既能培养学生的动手操作能力,又能发展学生的智力和探索精神,近年来,得到了教育界的普遍重视。但数学是一门理论科学,而不是实验科学。

运用实验法的注意点:

(1) 用好实验法的关键在于课前要设计好实验方案。课前教师要亲自做一遍,摸清实验中可能产生的问题。

(2) 课前要学生准备好实验的器材。

(3) 实验前,教师要讲清实验的方法和要求。实验时,要加强个别辅导,帮助学生做好实验。实验后,教师要及时引导学生从中得出结论。

(六) 阅读法

阅读法的特点是,在教师的指导下,通过阅读课本获得知识。阅读是人的一生中最重要的学习方法。教师应当不断提高学生的阅读能力和自学能力。

在实际教学中,运用阅读法有以下几种形式:

(1) 先读后讲。教师先指导学生阅读课本,然后再讲解。学生阅读前,教师应提出阅读的要求,并帮助学生扫除一些阅读上的障碍。

(2) 先讲后读。教师先讲解,学生再阅读。明确讲的要点和所得结论。

(3) 边讲边读。教师一边讲解,一边指导学生阅读。

上述三种方式应根据儿童的年龄特点灵活地选用。一般地,教材内容比较容易,课本中叙述得又比较详细,可用"先读后讲";教材比较难,学生又没有这方面的知识基础,可用"先讲后读";低年级适宜采取"边讲边读"的方法。

运用阅读法应注意以下几个问题:

(1) 阅读前,要向学生提出阅读的要求。一般包括阅读的范围、重点以及阅读时要思考、解决的问题等。

(2) 重视阅读方法的指导,使学生逐步掌握阅读方法,提高阅读能力。首先要通读一遍,然后精读重点部分。不理解的要做上记号,以备提问或留心听教师的讲解。

(3) 教师要及时检查学生的阅读情况,鼓励学生提出疑难问题,并且对此做出针对性的讲解。

以上概述了小学数学教学中几种常用的基本方法,随着教育科学的发展,新的教学方法还会不断产生。

思考与练习

1. 教学方法与教学方式有什么区别与联系?
2. 小学数学教学方法的作用是什么?
3. 小学数学教学方法如何分类?
4. 小学数学教学的基本方法有哪些?
5. 讲解法的特点是什么?
6. 运用谈话法要注意哪些问题?
7. 当前在小学数学教学中使用练习法存在哪些主要问题?
8. 实验法与演示法的主要区别在哪里?
9. 研究一份小学数学教学案例,指出教者在主要的教学环节上所用的是哪些教学方法?

第三节 小学数学常用的教学手段

教育现代化包括教学手段的现代化。现代化教学手段,特别是计算机辅助教学这样的教育技术,能帮助学生更好地理解和掌握教学内容。

一、教学手段的含义和分类

教学手段是指"师生为实现预期的教学目的,开展教学活动,相互传递信息的工具、媒体或设备"。[①] 这一定义从三方面表达了教学手段的内涵:一是教学工具、媒体或设备的使用不是盲目的,要受教学目标、教学任务的制约,不同的教学任务要使用不同的教学手段;二是教学手段既是教师教学的手段,也是学生学习的手段;三是教学手段表现为教学工具、媒体或设备,它们都是教学活动中所使用的物质工具。

教学手段从实物、图形、模像为主要工具的传统教学手段,发展到今天以计算机为核心、包括网络应用的现代化教学手段,按其产生发展的先后,可分为以下三类:

(1) 传统教学手段,主要指教具与学具,如实物、标本、模型、图表等,它们在教学中使用较早,到目前仍然是小学数学教学中广泛运用的教学手段。

(2) 电化教学手段,主要指幻灯、投影、录音、录像等以电力为动力的教学手段。

(3) 现代化教学手段,它的特征是以计算机为核心并包括网络技术的应用。

二、传统教学手段

教学中教师演示用的工具称为教具。学生操作用的工具称为学具。过去在教学中,只研究教具的使用。随着小学数学教学改革的深入发展,学具的使用越来越受到普遍的重视。

(一) 教具和学具的作用

(1) 使用教具和学具可以为学生提供感性经验,帮助他们理解和掌握数学知识。儿童的思维是从直观行动思维发展到具体形象思维,再发展到抽象逻辑思维。因此,儿童最初学习数学概念和规则时,必须有教具的演示或让学生亲自动手操作学具,从动作感知表象,再抽象概括,上升为理性认识。所以,教师运用教具帮助学生学数学,学生运用学具自己学数学,能加深学生对数学知识的理解。

(2) 有利于激发学生的学习兴趣。小学生具有好奇、爱动的特点,新异事物可以激发学生的学习欲望,把形象生动的教具和学具引进课堂,学生不仅可以动眼、动耳、动脑、动口,而且可以动手操作,既活跃了课堂气氛,使某些教学活动游戏化,又极大地激发了学生的学习兴趣。

(3) 有利于促进学生思维的发展。教师演示教具时,学生需要集中注意,仔细观察,同时边看边想,这将有助于学生的注意力、观察力、抽象思维能力的发展,也有利于他们的动手能力和语言能力的发展。

(二) 使用教具和操作学具应注意的问题

1. 使用教具要注意的几点

(1) 让学生看清楚教具演示的过程,同时要配合讲解,引导学生观察、分析、思考。

(2) 正确处理使用直观教具与发展学生抽象思维的关系。数学的特点是高度的抽象

---

① 田慧生.教学论[M].石家庄:河北教育出版社,1996:226.

性和严密的逻辑性。由于儿童年龄小,接受抽象数学概念有困难,需要采用直观教具作为手段,但不能停留在直观的水平上,教师要通过分析讲解,及时进行抽象。例如,教学体积概念时,教师出示2只装有半杯水的玻璃杯,让学生观察,然后分别把大小不同的两块铁投入杯内,学生观察到:杯里的水面上升了,说明铁块要"占据"空间;而且水面上升的高度不一,说明这两块铁占据空间有大、有小。再让学生举例说明物体占据空间,从而抽象出体积的概念。

(3) 直观教具的大小要适当,色彩要鲜明,以利于集中学生的注意力。

2. 指导学具操作时要注意的几点

(1) 学具使用要适时、适度。例如,让学生折一折纸,画一画图,表示出二分之一等分数,是为了帮助学生建立分数概念。一旦学生对二分之一有所认识后,就应当引导学生回忆操作过程,回忆分数二分之一是怎样得来的,然后对分数概念进行抽象概括。如不及时抽象,一味追求直观,将妨碍学生抽象思维的发展。

(2) 在学具操作过程中,要及时引导学生观察、分析、比较,掌握数学知识,发展思维能力。

(3) 在学具操作过程中,要重视培养学生的语言表达能力。要求学生一边操作,一边说;操作后,说出操作过程;根据操作的结果,说出结论。

(4) 有些学具可以让学生自己制作。如制作棱长是1厘米的正方体。通过制作,可以加深学生对正方体和体积单位的认识。

三、电化教学手段

(一) 运用电化教学手段的意义

电化教学手段,是指在教育活动中运用的幻灯、投影机、电视、电影、录像、录音等视听工具。运用电化教学手段的意义如下:

(1) 适合小学生的心理特点。电化教学手段生动、形象、鲜明,感染力强,可以更好地吸引学生的注意力,提高学习兴趣,加深学生对教材的理解和记忆。

(2) 能提高课堂教学效率。随着小学数学教学内容的更新和增加,要求适当加快教学进度,传统教学手段已无法满足这个要求。采用电化教学手段,就能大大地提高课堂教学效率。

教育心理学的研究表明,人的感官中,学习效率最高的是视觉,其次才是听觉。而在传统教学中,大部分时间由教师讲、学生听,教学效率无法提高。从记忆方面来看,视听并用记忆效果最好,三天后的保持率达66%,而单靠视觉三天后的保持率为27%,单靠听觉三天后的保持率仅有16%。把视听结合起来,将大大地提高课堂教学效率。

(3) 能突破时间和空间的限制,把难以使学生直接感知的事物和现象直接有声有色地呈现出来。

(4) 能够适应教学内容的现代化。

小学数学教材要渗透集合、函数、统计等数学思想,单靠教师的讲解,学生接受起来是有困难的。采用模像直观,可以从发展变化的情境中使学生领会数学思想和方法。

（二）电化教学手段的分类

1. 视觉媒体

视觉媒体是作用于视觉器官的映像技术。它是以光电设备——幻灯机、投影机为载体，把记录在透明胶片上的文字、图像信息或各种视觉符号投映在屏幕上，使师生看到放大的影像。有幻灯媒体（包括普通幻灯机、微型幻灯机、环形幻灯机、自动换片幻灯机等）、投影媒体（投影幻灯机放映时不需暗室，又称白昼幻灯机），放映时，学生不但可以看黑板、阅读课本，还能动手操作或记笔记。教师可以面对学生，及时了解学生的反应，随时进行指导。

使用投影机，关键在于幻灯片的设计与制作。

2. 听觉媒体

广播和录音技术诞生以后，人们使用录音机，可以把结论性的讲述，预先录音，然后在课堂里反复播放。

在课外活动中可以用录音机播放数学家的故事和数学史故事。

3. 视听觉媒体

视听觉媒体可将视觉和听觉刺激同时作用于人的感官，提高学生的学习效率，有效地影响学生的学习态度和情感变化，并使学生受到潜移默化的影响和美的熏陶，常见的视听觉媒体有电影、录像等。

在课外活动中可放映中外数学家和数学史方面的影片。

制作录像带比摄制电影片方便，放映起来也方便。为了配合一个课题的教学，可以制作录像。录像使用非常方便。

四、计算机辅助教学

现代化教学手段是以计算机为核心，并且运用网络技术和通信技术的教学手段。计算机辅助教学是它的初级形式。

（一）计算机辅助教学的产生和发展

计算机辅助教学（Computer Assisted Instruction，简称 CAI）是将计算机所具有的特殊功能用于教学的一种教学形态。在教学活动中，可以利用计算机技术传播教学信息，达到教育目的，提高教学效果。

计算机辅助教学始于 20 世纪 50 年代后期，当时人们只是从计算机的应用出发进行一些探讨。随着研究的不断深入，逐渐形成了计算机辅助教学的概念。

计算机辅助教学系统的设计思想和技术大致经历了两个阶段：

第一阶段，主要通过程序教学来进行，它是在美国行为主义学派斯金纳为代表的程序教学思想的基础上发展起来的。目前完全用这种方法编制的学习程序已不多见。

第二阶段是多媒体计算机辅助教学。多媒体系统集声音、画面、文字显示等多种媒体于一身，具有人机交互功能，接近于人类的交流方式，因此发展迅速，应用广泛。

（二）计算机辅助教学的模式

根据计算机辅助教学的目的和教学形态的不同，计算机辅助教学的模式可以分为五种类型。

1. 练习操练型

计算机提供一系列练习给学生解答，计算机按程序进行应答处理，判定回答是否正确，同时提供信息反馈。

2. 个别指导型

即对学生进行个别指导。通过人机交互会话来交流信息，实现教学过程的控制。为了编制 CAI 课件，必须设计在不同情况下与学习者对话的材料，同时选定适合的学习进度以及学习目标。

3. 问答咨询型

这是一种对话式信息检索系统。采用具有人工智能的专家系统结构，由专家系统来理解学生提出的问题，并做出相应的回答。

4. 模拟游戏型

提供一种新的实验方法和手段，可以完成许多常规设备难以完成的实验。

5. 问题求解型

学生在计算机的支持和引导下，可以从不完全地求解问题，直至问题的全部解决。

（三）计算机辅助教学的特点

1. 交互性

在计算机与学生会话的过程中进行教学。

2. 有利于因材施教

CAI 是按照以学生为主体的学习方式设计的，它允许学生在自己方便的时候按照自己的学习策略进行学习，为实现以学生为中心创造了环境，体现了人格化教学的思想。

3. 有利于提高学生的主动性

由于 CAI 系统具有信息量大、画面生动、内容丰富、问题多样、即时反馈等特点，因此，可以激发学生的学习兴趣，提高学习的主动性。

4. 有利于把教师从重复劳动中解放出来

学生利用 CAI 课件进行学习，让学生自己围绕教学目标进行多次、反复、多种形式的练习。在练习中，CAI 可以不倦地为学生辅导、评判作业、指出错误，使学生巩固知识。这大大减轻了教师出题、阅卷、批改、统计等工作的劳动量，使教师可以把主要精力用于提高教学质量的研究上来。

五、网络教学和远程教学

对现代化教学手段的进一步利用，将导致课程的形态和内容、教学的过程与方法、教学的效率与效果等产生前所未有的变化。网络教学与远程教学已经在小学数学教学实践中广泛使用，与信息技术整合的小学数学教学资源越来越丰富，教学手段的现代化将不可避免地带来数学教育的变革。

思考与练习
1. 教学手段大致可以分为哪几种类型？
2. 使用教具和操作学具时，应注意哪些问题？
3. 现代化教学手段有哪些特点？
4. 什么是计算机辅助教学？计算机辅助教学有哪些特点？

第四节 小学数学教学方法的选择与优化

教学方法是多种多样的，且各有其适用范围。选择教学方法，要根据课题的内容、教学目的、学生的年龄特点、程度和水平，以及学校教学设备等因素综合考虑。例如，在低年级教乘法的初步认识时，宜用演示法和谈话法；为了让学生熟练地掌握乘法口诀，宜用练习法。在高年级教一个数乘以分数的意义时，宜用讲解法或谈话法；教长度单位的认识和用长度单位计量时，宜用演示法；讲三角形内角和时，可用实验法等等。

教学时，为了有效地完成教学任务，往往采用几种教学方法合理配合。如"边讲边练"，就是把讲解法和练习法适当地结合起来。小学数学教学方法的选择与优化要注意以下几个方面。

一、教学方法使用的综合性

每一种教学方法都有其优势与不足，一种教学方法的运用往往只能在某一个或几个方面发挥教学所需要的积极作用。一节课由于内容的复杂性、教学目标的层次性及多种任务的要求，很难用一种方法完成。因此就需要教师根据学生认知和教学内容的特点等，综合使用多种教学方法，从而发挥良好的综合效应。

比如梯形面积的教学中，可创设问题情境，先采用讲解法教学，引出"如何求梯形的面积？"的问题，启发学生思考，然后采用尝试教学法，让学生进行探究式学习，进而发现梯形面积的计算方法，归纳出梯形面积的计算公式。教师也可采用相关图形教具或多媒体教学手段，通过图形的切、割、拼、补等变换，通过演示法与讲解法，推导出梯形的面积公式，引导学生进行有意义的接受学习。在学生习得了梯形的面积公式后，教师还要使学生巩固和初步应用所学的知识和技能，可采取读书指导法、练习法促其实现。而为了激起学生探求知识的兴趣，在整个过程中的情感投入，即相关的情意教学法可能不知不觉地渗透其中。

二、教学目标追求的综合性

任何一种教学方法总是要追求实现一定的教学目标。有的教学方法偏重于基本知识，有的偏重于基本技能，这对学生的可持续性发展能力的培养重视不够，致使学生动手操作能力的发展、情感因素的培养受到影响。现代数学教育思想所推崇的教学方法大都强调教学目标的综合性，重视数学兴趣的培养、情感的激发，激励学生主动进行思维建构活动，开发智力、发展能力、培养创新意识和用数学的意识。

这就决定了数学教学方法的复杂性和系统性。比如自学辅导教学法与"尝试指导、效果回授"教学法都不仅重视认知目标的全面性，同时重视教学中非智力因素的影响，强调教学的情意性，追求教学的情感发展等目标的实现。当然一种教学方法很难实现各种教学目标，各种教学方法都需要在侧重各自目标追求的同时，力求在一定程度、一定层面上追求实现教学目标的兼容性、综合性。

三、教学互动交流的情感性

现代教学论认为教学过程是一个互动交流的过程，课堂越来越被看成是合作、对话的师生交流的场所。传统教学中信息传递的单向性、师生交流的匮乏性对教学效果的不良影响已逐渐得到重视，因此，教学方法愈来愈渗透着情意原理，情感因素成为推动教学过程，影响教学效果的重要砝码。

现代人们普遍认为，学习过程是一个热认知的过程，人的情绪状态影响个体的动机和知觉状态，情感是认知活动的动力系统；人的右脑半球的开发和利用依赖于轻松欢乐的情绪。因此，有效的教学方法不仅重视学生认知的因素，而且注重学习兴趣的培养，学习动机的激发，注重教学环境的情感因素，使学生在轻松欢乐的情绪体验中学习，变苦学为乐学。苏联教育家赞可夫说："教学法一旦触及学生的情绪和意志领域，触及学生的精神需要，这种教学法就能发挥高度有效的作用。"这是因为教学过程中情感的因素对学生既能起到良好的熏陶、感染作用，又能有效地促进沟通交流，而学生良好的情感激发和培养不仅带来了学习的新动力，而且对于学生健全人格的培养与发展也有很大好处。

数学教学注重情意原理更有其必要性，这是因为数学常被认为是枯燥乏味的学科，大多数学生对其几乎无兴趣可言。但数学枯燥的"坏名声"，根本原因还在于教学方法缺少对兴趣的激发。著名数学家、数学教育家M.克莱因指出："数学教育的最大缺陷之一正是缺乏情感的投入。"这一针见血地道出了传统数学教学方法的不足之处。因此，现代数学教学方法特别重视情感的投入，让学生在轻松愉快的环境中学习，通过激发兴趣、强化动机，提高学习效率。

四、教学方法的开放性

传统封闭性教学拘泥于预先固定不变的程式，几乎全部是封闭的班级授课制，它不适应素质教育的需要，尤其是不适应学生个性充分发展、人格全面完善的需要。现代教学方法注重开放性，在教学过程上关注人为开放性与创造性的存在。教学过程是师生交往、互动的过程，在教学形式上注重综合运用集体授课与活动、分组讨论交流、个别自学与辅导等多种形式；在时间流程上，不局限于传统的课堂教学的固定环节，而是按照实际需要在课内外有机结合、延伸拓展，为学生素质的全面提高创造一个多样、颇为开阔的时空环境。

长期以来，数学课程总是强调它的逻辑性、演绎性、封闭性。自从20世纪70年代日本数学教育家岛田茂等提出"开放性问题"以来，在国际数学教育界引起了广泛的注意，数学开放性问题已成为国际性的数学教育关注点，开放化的数学教学模式是国际性的数学教学发展趋势。开放式教学方法之所以成为国际数学教育界的热门话题，究其原因在于这种崭新的教学方法是着力培养学生分析问题和解决问题的多方面活动能力和数学思维

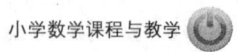

能力,让学生能够按各自的目的、不同的能力、不同的兴趣选择不同的学习方式与内容。

总之,在教学过程中由于教师、学生、教学内容等教学要素的发展变化,必然要选择各种不同的教学方法,对于小学数学教学方法的选择与优化,教师要善于根据具体情况灵活应用,选择有效的教学方法配合使用。研究各种基本方法的最佳组合,以提高课堂教学效率,是数学教学的基本要求与发展趋向。

思考与练习

1. 小学数学教学方法的选择与优化要注意哪些问题?
2. 试以某一小学数学教学内容为例,说明采用某种教学方法的优势与不足。
3. 试以某一小学数学教学内容为例,说明综合使用的多种教学方法及其选择与优化的缘由。

阅读材料

"四基—四能—三会":培养学生核心素养的一条教学线索

当下数学核心素养的培养成为中小学数学教学的主要目标与基本任务,核心素养如何贯彻? 如何在课堂上落地生根? 这是当前数学教学亟待探索的问题。分析与审视数学课程标准,从"四基""四能""三会"之间的关系,以及它们与学生数学核心素养的关联入手,发现"四基—四能—三会"是培养学生核心素养的一条教学主线。

一、从"双基"拓展到"四基"为培养核心素养夯实数学学习基础

数学抽象、逻辑推理、数学建模、直观想象、数学运算、数据分析等是数学核心素养的基本构成要素,是具有数学基本特征的思维品质、关键能力以及情感、态度与价值观的综合体现,与数学知识、技能及能力相比,更具有综合性、整体性、发展性等特征。但培养学生的数学核心素养仍然离不开学习基础的支撑,否则它就成了无本之木、无源之水,从"双基"到"四基"的拓展为数学核心素养培养构建了一个更为科学、合理、有效的学习基础。

长期以来,数学基础知识与数学基本技能(简称"双基")是我国数学教学的重要目标。围绕着"双基"目标的实现,在数学教学中形成了很多富有成效的教学方式,如"精讲多练""变式教学""题型、题组教学"等。但一般来说,数学基本知识和技能主要表现为结论性知识。而从学生的数学素养培养来看,它并非单纯地通过接受数学事实性知识来实现,它更多地需要通过对数学思想的领悟,对数学活动经验的积累及条理化以及对数学知识的自我组织等活动来实现。因此,增加"数学基本思想""数学基本活动经验",把"双基"拓展为"四基"既有必要也有可能。

数学基础知识、基本技能主要体现为结果性的知识、客观性的事实,而数学基本思想、基本活动经验则是在学习过程中学生主体获得的主观性体验和感悟,它们的结合,使数学学习中的结果与过程、客观与主观、静态与动态、外在与内化有机地结合起来,相互为补,能克服"双基"教学过于表层、追求熟练、缺乏对数学本质理解的弱点。

二、以问题为导向发展学生"四能"促进学生学会数学思考

数学学习的过程不仅是分析问题与解决问题的过程,更要培养学生发现问题、提出问题的能力,这简称为"四能"。这对数学问题解决从发现、提出到分析、解决的全过程提出了能力要求,也是从发展学生数学核心素养的视角,对数学课程目标的拓展,使得数学教学中"问题解决"的地位得到进一步提升。从这一要求出发,基于数学核心素养的数学教学应提倡以问题为导向,活动为载体,采用问题驱动式教学方式,立足于问题发现、提出、分析、解决的全过程,在问题解决的过程中,引发、导引、深化学生的数学思考,促进学生数学核心素养的提高。

通过"四能"所具有的阶段性特点,一步步将问题的探索引向深入,这种学习的本质是促进学生学会数学地思考,因为问题的探索性与数学的思维性总是相伴而行的。因此,在这一过程中,教师要强化学生数学思考的品质要求,如:研究问题的视角、表达问题的方式、思考问题的特点、解决问题的思路、问题间的关联、问题解决后的反思等。在探究发现数学知识,运用数学知识解决问题的过程中,感悟数学思维活动的特点,提升数学思维的品质。

三、以"三会"的行为养成为落脚点提升学生的数学核心素养

基于数学核心素养的教学需要找准教学的落脚点,这个落脚点最终当然应该体现在学生身上。为了刻画数学核心素养在学生身上的行为表现,引导学生"会用数学眼光观察世界,会用数学思维思考世界,会用数学语言表达世界",简称"三会",成为提升学生数学素养的基本描述。中国学生发展核心素养体系从培养学生应具备的、能够适应终身发展和社会发展需要的正确价值观念、必备品格和关键能力出发,极其看重处理人与世界的关系,其"社会参与""自主发展"维度多项指标皆指向于此。会用数学看、用数学想、用数学表达交流,不仅呼应了核心素养培养体系的总体要求,而且以极具个性的生动语言,对数学核心素养在人身上的行为表现进行了刻画,这为数学教学关注学生数学核心素养的行为养成提供了启示,找到了路径。

从"四基"到"四能"再到"三会",展示出发展学生数学核心素养的一个明晰的教学线索,"四基"立足于打好数学学习基础,体现出基础性、整合性、结构性;"四能"立足于问题解决活动,体现出情境性、过程性、探索性;"三会"立足于行为养成,体现出实践性、创新性、发展性。这一线索从基础、途径和行为的角度反映了数学核心素养的具体体现,对构建基于核心素养培养的数学教学载体和过程可以提供一种参考,也能为学生数学核心素养的评价提供一个理论框架。

(摘自:黄翔,童莉,李明振,沈林.从"四基""四能"到"三会"——一条培养学生数学核心素养的主线.数学教育学报,2019(5))

参考文献

[1] 马云鹏.小学数学教学论(第四版).北京:人民教育出版社,2013.
[2] 杨庆余.小学数学课程与教学.北京:中国人民大学出版社,2010.
[3] 于波.20世纪我国中学数学课堂教学变革研究.西南大学,2008.
[4] 邱学华.邱学华论尝试教育.上海:华东师范大学出版社,2018.
[5] 沈兰,郑润洲.变革的见证——顾泠沅与青浦实验30年.上海:上海教育出版社,2008.
[6] 徐沥泉.教学·研究·发现——MM方式演绎.北京:科学出版社,2003.

第五章 小学数学教学设计与实施

教学没有彩排,过去了就没法改变,因此教学实施前的准备与设计是至关重要的。教学设计就是教师为达到一定的教学目标,对教学活动进行的系统规划、安排和决策,它也是教师的一项基本能力。教学实施就是将教学设计变为具体的教学行为。教学设计方案是静态的,教学实施过程是动态的,在实施过程中,要正确处理讲授与学生自主学习的关系,合理把握预设与生成的关系,实现教与学的统一。

> **学习的基本要求**
> 1. 了解备课与数学教学设计的内涵、结构与步骤;
> 2. 能针对具体的小学数学课程内容进行教学设计;
> 3. 了解小学数学教学实施的基本环节和要求,初步掌握教学实施方法;
> 4. 明确数学教学语言的基本要求,初步掌握讲述与提问的方法;
> 5. 了解练习的各种类型和要求,初步掌握练习设计的方法;
> 6. 了解说课、评课的意义,初步掌握说课的内容及评课的方法。

第一节 小学数学教学设计概述

教学是一个复杂的系统过程,不是一个简单的线性过程,它是一个需要预设规划,但往往又会有意外生成的旅程。因此,教师上课前需要做各种教学准备工作,这就是我们通常所说的备课。要保证教学质量,教师课前要备课,要提高教学质量,教师要提高备课质量,备课水平是教师教学水平的一个重要体现。随着人们对教学复杂性的认识及教育技术学的发展,教学设计概念的提出、发展与丰富,使课堂教学的准备从备课转向教学设计。

一、备课

(一) 备课的意义

备课,顾名思义就是教师上课前的准备工作。它是教师根据课程标准、课程内容及学生学习特征等具体情况,分析重难点、选择教学方法、规划教学过程等,以保证学生有效地学习。小学数学教学是一项十分复杂和细致的工作,备好课是上好课的前提,是提高课堂教学质量的保证。

备课是教师的一项基本功,教师要通过认真备课,不断地提高自己的教学水平。不仅青年教师要认真备课,有多年教学经验的老教师也要认真备课,因为每年的学生情况不同，教学内容也不断变化，更重要的是随着教改的深入，教学方法也在不断革新，所以备课不能一劳永逸，而要不断地精益求精。

（二）备课的基本要求

（1）学习课程标准。要逐字逐句领会精神，理解课程标准中基本理念、目标内容、实施建议等，它们为课堂教学指明了方向。

（2）钻研教材。小学数学教材是按照课程标准编写的，是进行教学的主要依据。要上好课，先要钻研教材，熟悉教材，掌握教材。钻研教材一般要达到如下要求：

在了解全套教材的前提下，深入钻研自己所教的那册教材。了解该册教材在全套教材中的地位、作用和教学要求，以及各个单元的教学目的和课时分配。

对于所教的一册教材，还要掌握各个单元之间的前后联系，注意教材的系统性和阶段性。防止前后脱节或不必要的重复，避免超越或降低阶段要求。

（3）了解学生。了解学生原有的基础、学习数学的兴趣以及学习态度、学习习惯等情况。了解学生可从多方面进行，如请教原任教师、查阅成绩册、分析试卷、找学生谈话以及平时检查作业、复习提问、个别辅导都是有效的途径。必要时还可以采用摸底测验的方法。

（4）选择教法。教学方法的选择没有固定的模式，要根据具体的目标、内容及教师、学生的实际情况而定。一堂课往往不会只采用一种教学方法，而是多种方法结合使用。

（三）制订教学计划

备课的全过程主要有三方面工作：

1. 制订学期教学计划

学期教学计划是一个学期的总备课，要在开学前订好。有了周密的学期教学计划，编写每一堂课的教案才有依据。

学期教学计划一般包括下面一些内容：

（1）提出全学期总的目的要求。

（2）对学生情况做简要分析，包括上学期学习成绩，好、中、差不同程度学生掌握知识的状况、学习态度、学习方法、习惯及作业情况等。

（3）提出提高教学质量的措施。可以从钻研教材、认真备课、改进教法、加强辅导、开展课外活动、发展兴趣爱好等方面考虑。措施要切实可行。

（4）确定本学期的研究课题（包括观摩课）。

（5）安排本学期的教学进度。（包括各单元或各节的课时分配，阶段复习和测验时间安排等）教学进度的格式大致如下：

表 5.1 _____学年第_____学期小学数学教学进度表

_____年级_____班　　　　　　　　　　　　　　执教老师_____

周次	教学内容及活动	课时数	执行情况	备注

续表

周次	教学内容及活动	课时数	执行情况	备注

2. 制订单元教学计划

制订单元教学计划时,应对本单元的教材内容和教学要求做全面考虑,具体划分课时,并且确定各课时的教学要求、课的类型和主要教具。

单元教学计划一般包括以下内容:

(1) 本单元的教学要求。

(2) 教材的重点、难点和关键。

(3) 完成教学任务的主要途径(包括使用教具、现代化教学手段等)。

(4) 划分课时,确定每节课的主要内容和要求、配备的例题和习题。

(5) 安排必要的复习课,使学生弄清单元知识的内在联系,并为后续内容的教学做好铺垫。

3. 制订课时教学计划

制订课时计划也称写教案,这是备课的最后一步,也是最关键的一步。

课时计划是进行课堂教学的依据,也是检查是否完成教学任务的主要依据和总结教学经验的宝贵资料。课时计划的好坏直接影响教学的效果。

写课时计划要详略得当,讲求实效,新教师要写详细些,有经验的教师可以简略一些。

课时计划应提前几天写好,上课前一天要根据前一节课的教学情况,进行必要的修改和补充。并且检查各项准备工作。

课时教学计划一般包括以下一些内容:

(1) 教学内容或课题。

(2) 教学的目的要求。包括要使学生掌握哪些基础知识,培养哪些能力,进行哪些思想品德教育等。目的要求力求明确、具体,便于检查。

(3) 教具、学具以及现代化教学手段的准备。要写清教师使用的教具或现代化教学手段,学生应准备的学具。学生要用的学具,应该提前布置学生准备。

(4) 拟订教学过程。这是课时教学计划的核心部分。教学过程要根据教学目的而定,没有统一的格式。

二、小学数学教学设计

(一) 教学设计的内涵

教学设计(Instructional Design,简称为ID)也称教学系统设计(Instructional System Design,简称为ISD),是运用现代学习、教学、传播等方面的理论和技术,针对特定的教学对象和教学目标,来分析教学问题、寻找解决方法、评价教学效果以及修改执行方案的系统过程。教学设计本是教学开发的重要组成部分,随着教学开发运动深入发展,推动了教学设计的研究,"自60年代以来,已逐渐发展成为教育技术领域的一门独立学科"。但不同的学者对教学设计概念有不同的理解。如加涅认为"教学设计是一个系统化规划教学系统的过程。教学系统本身是对资源和程序做出有利于学习的安排。任何组织机构,如果其目的旨在开发人的才能,均可以被包括在教学系统中。"史密斯(P. L. Smith)和拉甘(T. J. Ragan)认为教学设计是系统地同时也深思熟虑地将学与教的原理转换成教学材料、教学活动、信息资源和教学评价的计划过程。迪克(W. Dick)和凯利(L. Carey)认为教学设计是设计、开发、实施与评价教学的系统过程。

我国著名教学设计研究专家盛群力认为教学设计是对教师课堂教学行为的一种事先筹划,是对学生达成教学目标、学业进步的条件和情境做出的精心安排。乌美娜等认为教学设计是运用系统方法分析教学问题和确定教学目标,建立解决教学问题的策略方案、试行解决方案、评价试行结果和对方案进行修改的过程。

基于不同的视角,人们对教学设计有不同的看法,简单地说,教学设计就是教师为达到一定的教学目标,对教学活动进行的系统规划、安排和决策,也即对教(学)什么、怎么教(学)、教(学)到什么程度等所进行的设计。

(二) 小学数学教学设计的内涵

数学教学设计是教学设计的下位概念,是教学设计的相关理论、模式与方法在数学学科教学中的运用与拓展,其核心更关注学科内容及其教学特征。如奚定华认为数学教学设计是以数学学习论、数学教学论等理论为基础,运用系统方法分析数学教学内容、确定数学教学目标、设计解决数学教学问题的策略方案、试行方案、评价试行结果和修改方案的过程。曹一鸣认为数学教学设计就是针对数学学科特点,具体的教学内容和学生的实际情况,遵循数学教学与学习的基本理论和基本规律,按照课程标准的要求,运用系统的观点和方法整合课程资源、制定教学活动的基本方案,并对所设计的初步方案进行必要的反思、修改和完善。

一般来说,小学数学教学设计指基于小学数学的学科特点、数学教学规律、数学学习规律等,应用系统科学的方法对数学教学系统的各个要素、结构和功能进行整体研究,从而揭示出教学要素之间必然的、规律性的联系,达到小学数学教学过程的优化控制,使数学教学处于有效教学的系统过程。简单地说,小学数学教学设计就是为小学数学教学制定蓝图的过程。

三、从备课到教学设计的发展

在数学教学中,备课与教学设计均是为教学做准备的,都是指向教学的规划与筹谋,二者既存在诸多相似之处,也存在明显的差异。

(一) 备课与教学设计的主要相同点[①]

(1) 二者都把教学看作一个过程,并注重对构成这个过程的各环节如导入、展开、结束等进行基本预设。

(2) 二者都把教学看作一个由环境、教材、教师和学生等相互发生联系的双边或多边

---

① 赖华强.谈谈教学设计原理对传统备课理论的改进[J].韶关大学学报(社会科学版),2000(3).

活动,并注重对参与这个活动的各因素进行考察。

(3) 二者都注重教学内容和方法的选择。

(4) 二者都关心教学效果。

总之,在小学数学教学中,备课与教学设计都是为教学的实施做准备,都是为了更好的教学做预设与规划。

(二) 备课与教学设计的主要不同点

1. 教学设计更加强调教学是一门技术

"教学有法,教无定法","教学是一门科学,也是一门艺术"等观点表明数学教学既有一定的客观性,教学有规律可循,教学要遵循其内在的规律,又说明教学在很大程度上是可以变通,教学存在一定的艺术性与主观性。不过从教学设计的角度来说,教学是一门技术,是知识、经验及科学原理的合理应用,旨在建立起促进学习的环境。为此,教学设计在诊断学生的学习水平,检查教学效果,选择教学方法,甚至在整个教学设计的科学性方面,为寻求教学设计的理论或事实的依据,往往比备课花费更多的功夫。教学设计充分注意到与教学有关的因素,并力求对之做出深入的分析和科学的解释。

2. 教学设计要求教师对教学有更系统的认识

传统意义上的备课强调教师的作用,强调教师对知识的掌握与理解,主要关注教师的教。而教学设计强调对教学的系统认识与把握,强调对教学内容、教学方法、教学手段、教育技术、学生学习等的系统认识与把握,强调教学事件的系统组合与精心安排。如加涅指出,教学设计要关注如下九个事件:

(1) 引起注意以待接受特定刺激;

(2) 告诉目标,以建立合理的预期;

(3) 刺激回忆先前学过的东西;

(4) 呈现材料以供选择性知觉;

(5) 提供学习指导;

(6) 引发行为;

(7) 对行为表现提供反馈;

(8) 借助应答性反馈评估行为表现;

(9) 安排多样化的练习促进保持和迁移。[①]

3. 教学设计强调为学生的学习而设计教学

一般的备课,虽然也注意教与学的关系,关注学生的主体地位,但在教学实践中主要还是以教师的教为中心,一份备课的数学教案常表现为一份教授计划。而教学设计则明确提出"为学习设计教学",面向学生的数学学习进行教学的预设与规划。如加涅的上述九个事件主要是指向学生的学习的,这也是其倡导系统设计教学的一个基本理念,要求教师的教应努力将外在的教学事件与内在的学习条件相联系,为学习者提供一组精心安排的教学活动,以促进学习者有效学习。

---

① 盛群力.“为学习设计教学”——加涅教学设计观述评[J].外国教育资料,1993(1).

4. 教学预设的内容与表现形式不同

无论是备课还是教学设计,最后都要形成一个教学预设的方案。但一般来说,备课和教学设计所形成的教学方案在内涵、结构、表现形式上是不一样的。备课所形成的教案,其结构常包括:课题、教学目标、教学重难点、教学方法、课的类型、教学媒体、教学过程等。教学过程一般为引入、新知讲授、例题讲解、练习、课堂小结与布置作业5个基本环节,而教学设计的预设方案常包括:① 分析系统。主要包括教学内容分析、学习者分析。在教学内容方面需要分析其地位、作用、前后联系,及蕴含的重要思想方法等。对学习者分析主要包括学生的生活经验、知识基础、思维能力、知识的固着点、学习特征等。② 设计系统。主要包括学习目标设计、学习内容设计、学习过程设计、学习评价设计等。需要根据课程的要求,设计学生学习所要达到的三维目标,明确学生的学习任务,分析学习的重难点以及突出重点、突破难点的策略,为学生有效的学习,为达到学习目标提供主要途径,要明晰教学的流程与步骤,明确师生的数学活动及其相应的教学形式和手段等,以及教与学的活动中教师的反馈与评价。③ 反思系统。在教学设计实施后,教师要及时地对教学设计进行反思,提出进一步的修改,促进自己在教师专业上的不断发展。[①]

由此可见,从一定意义上说,现在教学设计可看成传统备课的发展与拓展,是对教学更系统、更深入的准备,它已成为教师专业发展的一项基本能力。

思考与练习

1. 小学数学备课的基本要求有哪些?备课的全过程有哪几方面的工作?
2. 选一段教材,写一堂新授课的课时计划。
3. 什么是小学数学教学设计?
4. 小学数学备课与小学数学教学设计有哪些异同点?

第二节 小学数学教学设计过程

小学数学教学设计是一项教与学的复杂规划过程。美国学者马杰(R. Marger)曾把教学设计比喻成一个旅程,要明确"我要去哪里?我如何去那里?我怎么判断我已经达到那里?"这形象地说明了教学设计的基本过程主要包括:

"我要去哪里?"——制订教学目标;

"我如何去那里?"——分析学习者的起始状态,分析和组织教学内容,选择教学方法和媒体;

"我怎么判断我已经达到那里?"——进行教学评价。

教学设计要对教学的全程进行系统的预设,不仅涉及教学的各个要素与层面,而且要对教学实施后的效果进行反思,以不断地改进与完善教学。

一、小学数学教学设计的基本要素

教学设计需要考虑学生、教师、课程目标、教学内容、教学方法、教学评价等教学过程

[①] 张彦春.数学教学设计与数学备课之差异[J].教学月刊(中学版),2010(8).

中的各个方面。肯普(J.E. Kemp)曾提出任何教学设计过程都离不开教学目标、学习者特征、教学资源和教学评价四个基本要素。我国学者王光明、康玥媛等认为从教的角度来看,教学设计要解决的主要问题是"教什么""怎么教""教得如何"等问题,从学的角度来看,教学设计要解决的主要问题是"学什么""怎么学""学得如何"等问题。[①]

(一) 学什么

"学什么"不仅包括数学课程标准所规定的数学基本知识、基本能力,及养成积极的数学情感态度与价值观,还包括学生的数学学习能力、数学思维能力、数学交流能力,养成数学核心素养等。因此,从学生学习数学要获得什么来看,包括数学基本知识、数学基本技能、数学基本思想、数学基本活动经验四个要素,这也是数学课程标准的基本要求。

(二) 怎么学

数学课程标准指出:"学生学习应该是一个生动活泼的、主动的和富有个性的过程。认真听课、动手实践、自主探索、合作交流等都是学习数学的重要方式。学生应当有足够的时间和空间经历观察、实验、猜测、计算、推理、验证等活动过程。"[②]

从课程标准的上述规定来看,"怎么学"主要包括数学学习活动与数学学习方式两个要素。特别对小学生来说,数学教学就是数学活动的教学,强调数学学习的"活动化",强调数学学习的动手实践、自主探索、合作交流等学习方式。

(三) 学得如何

"学得如何"主要指数学学习评价。教学实施过程中教师需要依据课程目标对学生的学习进行评价,判断学生数学学习的效果与目标达成的情况,以全面了解学生的学习过程与效果,激励学生的数学学习与改进教师的数学教学。

综上所述,从学生学习的角度来说,小学数学教学设计需要考虑学什么、怎么学、学得如何三个层面,具体包括数学基本知识、数学基本技能、数学基本思想、数学基本活动经验、数学学习活动、数学学习方式、数学学习评价七个基本要素。

二、小学数学教学设计的基本结构

小学数学教学设计是一个复杂的系统过程,不仅需要从学什么、怎么学、学得如何三个层面综合规划与设计,具体还要考虑数学基本知识、数学基本技能、数学基本思想、数学基本活动经验、数学学习活动、数学学习方式、数学学习评价七个基本要素及其相互联系、相互融合的系统化,需要通盘考虑学生、教师、数学课程三项不可缺少的教学要素,还需要进一步反思教学设计实施后的效果如何,不断改进与完善。因此,以学生学习为中心的小学数学教学设计的基本结构包括分析系统、设计系统与反思系统三个方面。[③] 具体如图5.1所示。

---

① 王光明,康玥媛.小学数学教学设计[M].北京:教育科学出版社,2014:36.
② 中华人民共和国教育部.义务教育数学课程标准(2011年版)[S].北京:北京师范大学出版社,2012:2-3.
③ 王光明,康玥媛.小学数学教学设计[M].北京:教育科学出版社,2014:47.

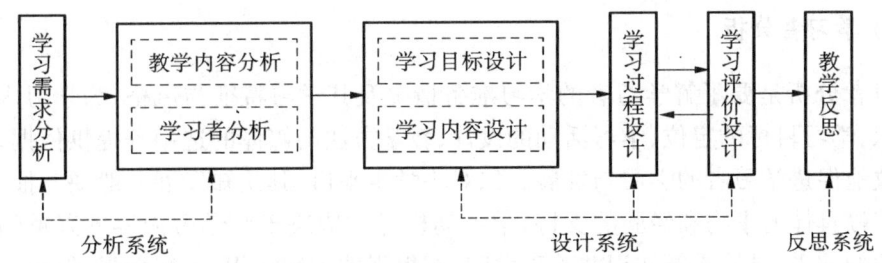

图 5.1　小学数学教学设计的结构框架

首先是分析系统。由学习需求分析、教学内容分析及学习者分析三个基本环节构成。这是教学设计的起点,要求教师从学生的知识经验、能力基础、认知特征、数学课程内容等不同角度进行系统分析,全面了解教学设计的信息、资源、依据、要求等。

其次是设计系统。由学习目标设计、学习内容设计、学习过程设计与学习评价设计四个基本环节构成,这是整个教学设计的主体,其结果是形成教学实施的方案,预设教学过程的各个环节,并对为何要这样设计有明确的依据与认识。

最后是反思系统。反思教学设计实践的效果,发现其中存在的问题,提出改进的措施与再设计,如此不仅能有效地提高教师的教学水平,提高教与学的效果,也能有效地提高教师教学设计的能力与水平。

三、小学数学教学设计的基本步骤

依据小学数学教学设计的基本结构,教学设计要先分析,再设计,实施后反思,按先后顺序具体包括学习需求分析、教学内容分析、学习者分析、学习目标设计、学习内容设计、学习过程设计、学习评价设计、教学反思八个基本步骤。

(一) 学习需求分析

学习需求分析是教学设计的起点,也是有效教学设计的一个基本保证。学习需求就是学生学习期望与学习现状之间的差距。学习需求分析要求通过系统的分析,发现教学中存在的问题,确定问题的性质与解决的可行性等,以提供学习"差距"的有关数据和资料,并以此形成教学设计的目标与思路。

(二) 教学内容分析

教学内容是教与学的主体任务,是实现教学目标的主要载体。一般来说,数学教学内容的分析主要是指对数学教材的分析。第一,要求教师要深入钻研课程标准,明确课程标准的要求;第二,教师要深刻领会数学教材的编写意图、目的要求、深度与广度、作用与联系,了解数学教材的结构,了解例题、习题的编排、功能和难易程度,从整体和全局的高度把握教材;第三,教师要分析数学教材的重点、难点及关键点,对教材有深入浅出的把握;第四,教师还需要了解有关数学知识的背景、发生和发展的过程,与其他学科知识的联系,及在生产和生活实际中的应用等。既要注重教材显性知识的把握,又要关注教材隐性功能的挖掘与利用。

（三）学习者分析

学习者分析是要了解学习者的学习准备情况及其学习特征与风格，为学习内容的选择和组织、学习目标的定位、学习活动的设计、教学方法与媒体的选用等提供依据，从而使教学有效地促进学习者的学习与发展。如对小学生来讲，其认知发展一般缺乏抽象性，思维活动依赖具体的事物和经验的支持，学习动机通常取决于对学习内容感兴趣的程度以及对老师的偏爱，易接受新知识并善于发问，有很强的求知欲望，可塑性强，但数学学习起点水平较低，教师要选择相对直观、简单的内容组织教学。

（四）学习目标设计

学习目标是指学习者通过教学后应该达到的要求，也就是学生学完某些数学知识后能够做什么的规约。它既决定教学的内容，又决定着教学的方法，同时也是衡量教学质量高低的标准。学习目标是数学教学活动的结果，更是数学教学设计的起点与指南，既支配着教学的过程，又规定教学的方向。

（五）学习内容设计

首先要依据数学课程标准的规定，设计学生所要学习的数学知识，所要习得的基本能力，及所要养成的数学情感态度与价值观。其次还要设计学生数学学习的能力、数学的思维能力、数学的交流能力，分析所能养成的数学素养等。并且在这些学习内容设计中一定要体现学生的个性差异，要体现学习内容的层次性、累积性等。

（六）学习过程设计

学习过程设计主要有学习活动设计与学习方式设计两大主题。数学教学是数学活动的教学，设计高质量的学习活动显得尤为重要，教师精心设计适合学生参与的观察、操作、探究、讨论等学习活动，是教学中体现学生主体地位、获取数学基本活动经验的基本途径。教师在设计和组织学习活动时，应该围绕数学核心知识概念展开，并依据核心内容概念精选恰当的教学素材、教学策略，选取与之匹配的自主学习、探究学习、合作学习等学习方式，是促进学生理解、应用数学，改变学生的学习方式，学会学习与思考的基本教学要求。

（七）学习评价设计

学习评价是伴随着教学活动同步向前推进的，设计科学合理的学习评价不仅能及时了解教与学的效果，了解学生的学习状况，更主要的是能采取有效的措施改进学生的学习行为与习惯，促进学生更好地学习与发展。因此，学习评价方案是教师教学设计的有机组成部分，教师在进行学习评价时，要结合自己的教学目标、教学内容和学生的知识基础、学习环境、个体差异等设计适合自己的教学和学生学习的评价方法，制定切实可行的评价标准。

（八）教学反思

反思教学设计及其实施效果是教师对教学设计的再认识、再思考，并以此来总结成功经验,发现存在问题及吸取教训,进一步提高教育教学水平与教学设计能力。教学反思是教师积累教学经验,提高个人专业水平的一种有效手段,也是教师走向优秀与卓越的有效途径。

四、小学数学教学设计的案例[①]

《圆的初步认识》一课是苏教版小学数学教科书五年级下册第六单元第85—86页的内容。下面按上述小学数学教学设计的结构与步骤对此课进行简略的教学设计。

(一)《圆的初步认识》教学设计的前期分析

1. 学习需求分析

日常生活中有很多圆的图形与生活场景,一般来说,小学五年级学生对此有一定的生活体验与直观感知,但并没有抽象出圆的数学概念,学生对于圆的概念是不清晰甚至是错误的。圆不仅与人们的生产生活联系丰富,同时也是数学中的一种基本的、重要的几何图形,是小学阶段学生需要认识的一个重要的曲线图形,学习圆的知识是必要的、重要的。本节课的学习内容是在学生学习了多种平面图形的基础上展开的,在《圆的初步认识》的教学中要从学生的生活经验出发,从具体到抽象,让学生理解与掌握数学中圆的概念,并学会画圆。

2. 学习者分析

(1) 学习者的思维特征

通常小学五六年级学生的年龄为11或12岁,按照皮亚杰的儿童认知发展理论,小学生处于具体运算时期,正准备向形式运算时期转变,这就意味着他们的思维主要是具体形象的,并逐步向抽象逻辑过渡,不过多数学生还处于具体形象阶段,他们虽然有初步的抽象概括能力,但空间观念还在不断发展之中,对几何平面图形的感知还是较为抽象的。这个年龄阶段的学生,占主导地位的是有意注意和无意记忆,其注意力的稳定性和集中性等都有了不同程度的发展,抽象记忆水平也有所提高。

(2) 学习者的认知起点水平

通过生活经验可得知,高年级段的学生已经具有关于圆的生活经验,如:骑自行车,部分学生也见过圆规,对圆有一定的了解,但只是直观的认识,并不理解圆的本质特征。教学过程将从学生原有的认知基础出发,学习圆的概念,深切体会圆的特征与生产生活的紧密相连。对于圆的学习,学生有很大的兴趣,教师在教学中要紧密联系学生的实际生活,列举出日常生活、生产中所见到的圆形物体,引出圆的概念,了解圆的特征。由平面中的直线图形认识到曲线图形的学习,从而建立正确的圆的概念,掌握圆的特征,对部分同学而言还是有一定难度的,是学生认识发展的一次飞跃。

(3) 学习者的自我调节能力

小学生的年龄特征表现为好动、贪玩,自我调节能力较低。这就要求教师能把握学生的年龄特点,遵循他们的心理发展规律,寓教于乐,重视亲身体验的机会,在活动中轻松、

[①] 此案例教学设计的主体内容引自:王茜.在文化的脉络中理解概念——《圆的认识》教学设计与思考[J].教育视界,2018(12).

创新性学习。圆的相关知识与特征，学生通过自己的活动、探索都能获得，在做数学中学数学。同时，根据学生的心理特点，教师应重视引导学生运用多种感官，积极参与到知识的形成过程中，充分借助多媒体的形象展示，为探索活动提供有力验证和巩固知识、运用知识的机会。在学习画圆的教学活动中认识圆的特征，体验学习数学的乐趣。

3. 教学内容分析

《圆的初步认识》是苏教版小学数学教科书五年级下册第六单元的教学内容，是学生在学习了长方形、正方形、三角形等多种平面图形基础上进行的新知识学习，是小学阶段学习的最后一种生活常见的平面图形。在一年级学习中学生只是直观感知过圆。在此之后，还将继续学习圆柱和圆锥的知识。

学生在圆之前学习平面图形都是直线图形，圆是曲线图形，与之有明显的差异。教学将从研究直线图形入手，过渡到曲线图形的学习，学生不仅要掌握圆的一些基础知识，还要感受与体悟"化圆为方""化曲为直"等数学思想方法，理解曲线与直线的内在联系，这对学生思维能力及其转变均具有一定的挑战性。

小学生的生活经验中有许多大小不同的圆形物体，在日常生活中经常见到圆。但是，小学生的认知中往往错误地把圆形物体的整个部分看作圆，殊不知用圆规画出来的那条封闭的曲线才是圆。对于圆形物体与圆混淆不清，对"圆上"这个概念的理解是难点；那么对半径、直径的概念也无法准确地掌握。课堂教学时，教师应该明确：用圆规画出来的那条封闭曲线才是圆，在这条曲线上的点叫圆上的点，这样的点有无数个。小学生第一次使用圆规作图，必须向学生详尽地说明圆规的使用方法，并正确示范如何画出标准的圆，指导学生用圆规画圆。

(二)《圆的初步认识》教学的系统设计

1. 学习目标设计

(1) 学生在观察、画图、交流等活动中感受并发现圆的基本特征，知道圆心、半径和直径的含义；会用圆规画指定大小的圆；能用圆的知识解释一些日常生活现象。

(2) 学生在画圆的活动中进一步积累图形经验，增强空间观念，学会数学的思考。

(3) 学生进一步体验图形与生活的联系，感受平面图形的学习价值，提高数学学习的兴趣和学好数学的信心。

2. 学习内容设计

学习内容不仅是学生学习活动的对象与主题，也是学生学习活动的任务，教师需要对教科书中的知识内容进行重新设计。

教师要善于挖掘生活原型，积极寻找圆的生活背景。再现形象真实的生活原型，能够有效与学生的生活经验联系，而且还能培养学习兴趣，引发学生的学习动机；教师要善于激活已经获得的生活经验，培养发现问题的意识。例如，在苏教版教材中，例题选择了钟面、自行车等生活图片，利用学生生活经验，促进知识建构，在课堂教学过程中丰富学生的生活经验，促进体验教学；沟通教学内容与生活的联系，充分利用学生的生活经验，引导学生去分析和解决实际生活问题，培养学生的实际应用技能和解决问题能力。

在圆的认识教学过程中，教师可以配合使用多媒体，直观地为学生展现圆在人类历史、生活、审美等各个层面的广泛应用,比如中国剪纸、中国结、中外建筑等,带领学生感受圆与人类生活的密切关联,体会圆的美学与人文价值。

3. 学习过程设计

(1) 唤醒经验,引入探究

1) 引入名言,启发置疑

(出示:毕达哥拉斯:"一切平面图形中最美的是圆形。")

师:古希腊数学家毕达哥拉斯说过这样一句话:"一切平面图形中最美的是圆形。"看到这句话,你有什么想说的?

师:圆为什么被称为最美的平面图形?圆里面又有哪些奥秘呢?今天我们就一起来研究圆。

2) 联系生活,初步感知

师:在我们的生活中,你还在哪些地方见到过圆的影子?

出示:生活中与圆有关的自然现象、建筑工艺品、运动现象。

师:欣赏了这么多有关圆的图片之后,你能用自己的话来说一说什么是圆吗?

[设计意图:由毕达哥拉斯的一句数学名言引入,在学生的疑惑中催发学生学习的内驱力,刺激学生主动去探索圆的奥秘。此外,毕达哥拉斯的这句名言还揭示了圆属于平面图形的范畴。紧接着,利用"寻找生活中的圆"唤醒学生已有的感性经验,在寻找和欣赏图片的同时,初步感知圆的整体特征。]

(2) 活动操作,探究特征

1) 尝试画圆,初步体验

师:看来,大家对圆都有自己的认识,那么你能试着画个圆吗?想想看,可以借助什么来画圆?

根据学生的回答,适时总结:没错,可以借助专门的画圆工具——圆规。

学生在练习纸上尝试画圆,教师巡视。

师:你是怎样画的?画圆时要注意些什么?

请画得好的同学交流并展示画圆的方法和注意点。

总结:画圆时要注意,把圆规的两脚张开不变,带针尖的一脚固定不动,手拿把手,稍稍倾斜,旋转一周。即"两脚分开,固定针尖旋转成圆"。

2) 二次画圆,巩固方法

师:按照刚才的方法,你能再画一个更大一些的圆吗?

学生再次画圆,巩固画法。

师:仔细观察,两次画的圆有什么不一样?为什么?

明确:圆规两脚间的距离决定圆的大小。

3) 创造画圆,丰富体验

出示:《诗·沔水》中记载:"规者,正圆之器也"。

师:其实,早在古代,人们就已经创造出了画圆的工具——规,但和我们今天所用的圆规可不一样,而是"规绳"。

(课件出示图 5.2)

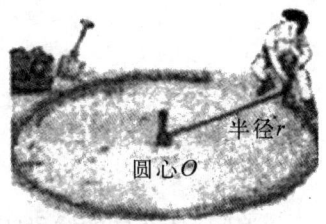

图 5.2 "规绳"画圆

师:想一想,古人是怎样借助"规绳"来画圆的?

师:"规绳"画圆时,将一端固定,作为圆心,另一端接上可以留下痕迹的物体,旋转成圆。

师:同学们想不想体验一下用古人的方法画圆?

操作要求:同桌两人为一组,利用提供给大家的材料尝试画一个圆。(材料:图钉、毛线、橡皮筋、铅笔)

学生交流汇报:将毛线一头系在图钉上,另一头系在铅笔上,固定图钉,将铅笔旋转成圆。

师:把毛线换成橡皮筋可以吗?为什么用橡皮筋画不成圆?

明确:画圆时,绳长必须是固定不变的,而橡皮筋的长度会发生改变。

4) 观察对比,沟通联系

师:无论是用圆规画圆,还是用"规绳"画圆,仔细想一想,画的时候有什么相同的地方?

根据学生的回答,适时总结:都需要固定一点,旋转一周,在旋转的过程中长度不能改变。(定点、定长)

[设计意图:"画圆"是本节课教学的重点和难点,结合学生已有的经验,在教学时设计了三个层次的操作:首先是所有学生必须掌握的基本技能——圆规画圆。在初次画圆中,通过交流"画圆时要注意些什么?",引导学生明确圆规画圆的基本方法和步骤。其次,巩固画圆。画大小不同的圆,既是作为画法的巩固练习,又在此过程中使学生体会到圆的大小和圆规两脚间距离的关系。最后,借助直线、图钉进行创造性画圆,给予学生一定的拓展空间。同时,在这个过程中,通过毛线和橡皮筋的对比,以及图钉的"固定"作用,帮助学生进一步理解圆的本质属性:定点和定长。]

5) 感悟提升,揭示概念

师:其实,早在两千多年前,我国著名思想家墨子就给圆下了一个定义:"圆,一中同长也。"同学们能看懂这句话的意思吗?

师:这里的"一中"指的是什么?"同长"呢?

根据学生的回答,顺势揭示圆的各部分名称(如图5.3):这个定点,就是圆的圆心,用字母 O 表示。这些从圆心到圆上任意一点的等长线段叫"半径",用字母"r"表示。除此之外,圆内还有一条叫直径的线段,用字母"d"表示。

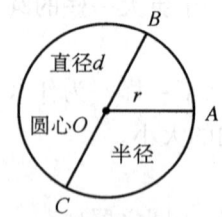

图5.3 圆的构成与名称

追问:什么样的线段叫直径?

学生在自己画的圆中标出圆心、半径和直径。

[**设计意图：**在学生经历过充分的画圆练习并进行对比后，对圆的认识更为具体，但相对零散，缺乏系统性。而墨子这简单的5个字"一中同长也"非常简洁、凝练地将圆的本质特征进行了归纳概括与抽象命名。将"一中"和"同长"与圆的各部分名称一一对应起来，这样形成的圆心、半径不再是抽象的概念名称，而是学生在充分感知和理解后对圆本质特征的内化。]

6) 圆片折圆，探寻直径与半径的联系

师：借助圆规画圆留下的痕迹，我们很容易能够找到圆心和半径，那如果没有圆规的痕迹呢，你还能找到圆心吗？

学生操作：利用材料袋里的圆，找到圆心，并标出圆心、半径和直径。

师：你是怎样找到圆心和半径的？

明确：通过将圆对折再对折，两次对折的交点就是圆心，短的折痕是半径，长的折痕是直径。

师：这四条折痕都是半径吗？还能找到其他的半径吗？在一个圆内能找到多少条半径？多少条直径？在同一个圆内，直径和半径的长度有什么关系？

根据学生的回答，总结：在同一个圆里，圆的直径和半径有无数条，并且长度都分别相等。在同一个圆里，直径的长度是半径的2倍。

师：圆对折后，两边完全重合了，还能说明圆是一个什么图形？对称轴在哪？能找到多少条对称轴？

[**设计意图：**在找圆心的过程中顺势引导学生发现圆的半径、直径及它们之间的关系，学生在具体的操作中，自然而然地建构起圆各部分概念之间的联系。]

(3) 应用练习，总结提升

1) 应用知识，内化新知

出示问题：如图 5.4，地震局预测 A 地于 14：28 左右将发生 6—7 级地震，波及范围为 20 km，请判断 B、C 两地是否在危险区域内。

师：你能在地图中画出危险区域并判断 B、C 两地是否在危险区域内吗？

师：你是怎么画的？

师：题目中给的这两条信息分别有什么作用？

明确：要确定一个圆，不仅要知道圆心，决定圆的位置，还要知道半径，决定圆的大小。

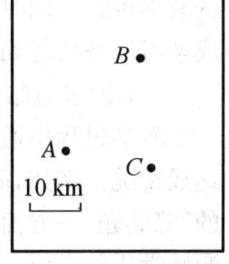

图 5.4　地震预测区域

2) 价值渗透，人文关照

出示图 5.5。

师：知道这是什么场景吗？

明确：这是在举行重要的会议，圆桌会议。

师：想想看，为什么是"圆桌"会议？

明确：圆桌上的每个人与圆心的距离都相等，表示平等……

图 5.5　圆桌会议

师:说得太好了! 据说在5世纪,英国国王亚瑟与他的骑士们围坐在一张圆形桌子的周围共商国是,骑士和君主之间不排位次,圆桌会议由此得名。关于亚瑟王和圆桌骑士的传说虽然有着各种各样的版本,但圆桌会议的精神则延续下来。第一次世界大战之后,这种形式被国际会议广泛采用。

3) 回顾过程,拓展延伸

师:再来看这句话,毕达哥拉斯:"一切平面图形中最美的是圆形。"通过今天这节课的学习,你对圆有了哪些新的认识?

师:其实,在这句话的后面,还有一句:"一切立体图形中最美的是球。"

师:如果也让你给球下一个定义,你想怎么说?

师:球,一中同长也。不过球不是简单的平面图形了,需要放大到立体图形中了,这个知识留给大家课后去研究。

4. 学习评价设计

按照评价功能的不同,可将学习评价划分为诊断性评价、形成性评价与总结性评价。

(1) 通过诊断性评价明确学生认识圆的学习起点

在教学设计前期,为了了解学生学习圆概念的学情,对学生们的学习知识准备及情感等状况进行摸底。例如,如果学生对于"半径"和"直径"概念是否需要完整地概括出来?"圆"的概念没有直接给出,在揭示概念后,学生从一个圆内各个不同的线段中找出,是否有必要?这些情况的了解,有助于教师在教学中对于教学重难点的考虑。设计的目的是为教学决策提供有力的依据,能够预设出满足不同水平和学习风格的学生需要的教学方案,使学生获得最有益的学习成果。

(2) 通过形成性评价了解与促进学生对圆的理解和掌握

为了更好地达到教学目标的要求,获得更好的效果,设计了形成性评价。教师在教学中及时了解教学的效果、学生学习的进展以及存在的问题,并以此为依据来及时调整与改进教学进程。同时对教学各阶段的教学活动进行分析,并就此教学资源对学生圆满地完成学习任务所起到的作用给出评价和总结。

(3) 通过总结性评价检验学生对圆的理解掌握及学习目标的达成

教学过程中通过结果性评价,了解学生是否掌握与理解了圆概念,确认教与学的目标达成情况。例如,简单的考试或考核等,或者学生是否能口头说出类似"车轮为什么是圆的"等问题,一方面是检验学生的学习是否达到了教与学的目标要求,另一方面可更好地激励学生的学习。

(三)《圆的初步认识》教学设计的反思

《圆的初步认识》一课是曲线图形学习的开始,对于丰富学生对平面图形的认识,发展学生的空间观念有重要的影响。反思本课的教学设计与实施,主要有以下认识与考虑。

1. 挖掘文化内涵,引领新知探究

《圆的初步认识》一课蕴含了大量的文化知识,历来是众多课例的精彩点缀。细究相关文化内涵,精炼的文字、凝练的概括彰显了文化的魅力,抛开为"文化"而"文化",本节课力求充分挖掘圆的文化内涵,用"圆是最美的平面图形""规者,正圆之器也""圆,一中同长也"等,"串"起学生对圆的认识。

2. 遵循学习路径,提升儿童思维

有效的学习不是告诉,而是亲身体验。画圆作为本课的重点,在设计时充分考虑学生的已有经验,给予学生充分探索的空间。

首先,让学生大胆尝试画圆。基于学生的好奇和经验,学生对于"画圆"是跃跃欲试的,与其规范操作,不如大胆放手,让学生在"做"中习得经验。通过让学生自己去尝试画圆,自己总结操作要领,丰富活动经验,获取最深刻的学习经验。其次,巩固画圆。这既是学生对画圆方法的巩固,又在操作理解上对学生有了进一步的要求——画"更大的圆",使学生初步感知到圆的大小与圆规两脚间距离的关系。最后,创造性画圆。在直观体验与具体操作之后,让学生借助毛线、图钉感受古人画圆,进一步感受到圆的两个本质属性:定点、定长。三次画圆过程遵循学生的学习路径,层层递进,有效提升了学生的思维。

3. 融通知识联系,渗透空间观念

最后,以"你对圆有了哪些新的认识"回应课始疑问,这既是学生对于"一切平面图形中最美的是圆形"这句话的释疑,又是对于本节课的回顾与总结。当然,教学不仅于此,毕达哥拉斯这句话还有后半句"一切立体图形中最美的是球",这句话的呈现将教学向空间延伸,不但沟通了圆与球之间的密切联系,建立了平面和立体的初步联系,更有效发展了学生的空间观念。

思考与练习

1. 小学数学教学设计有哪些构成要素?
2. 试述小学数学教学设计的结构与步骤。
3. 选一段小学数学教材,写出其教学设计。

第三节　数学课堂教学语言

教师的职业特点,要求具有相对出色的语言能力,能够完美地传达教学内容,有效地开展师生之间的互动,循循善诱地将学生引入教学情境之中,让学生感受到学习的乐趣。学生对教师的认同感,最初往往是从教师语言的吸引力开始的。

苏霍姆林斯基说过:"教师的语言素养,在极大程度上决定着学生在课堂上脑力劳动的效率。"数学的学科特点与小学生的心理特点决定了数学课堂教学语言必须符合以下基本要求。

一、规范性

教师的语言必须具有规范性,以期产生语言的正面示范效应。教师的语言规范性主要包括两个方面的含义:第一,教师必须用国家宪法规定的"全国通用的普通话";第二,教师的语言在遣词、造句方面不要有错误,尽量避免用词不当、语句不通、语法混乱等问题。

二、科学性

教师语言所表达的内容必须符合科学性要求,做到准确无误,符合逻辑,不向学生传播错误、含糊、混乱的信息。

1. 语言要准确

数学语言是用来表达现实世界中数量关系和空间形式的特殊语言,它和日常语言有着广泛的联系,但又不同于日常语言。因此,数学教学语言的表述,科学性、准确性是第一位的。数学知识的严谨性要求教师的语言必须准确。用词确切,叙述严密,避免产生歧义和误解。在准确的基础上力求精练,使教学信息体现简约性的特点。

如,小数的基本性质中"小数的末尾添上或者去掉零,小数的大小不变",此处要用"添上"和"去掉"零,而不能用"加上"或者"减去"零。

在进行退位减法运算时,常听到学生讲,"不够减,借一作十",而正确的说法是"退一作十"。此处的"借"是生活中的自然语言,而"退"才是数学语言。教师应给以指导。

又如,"增加2倍"与"扩大2倍"意义不同;"轴对称"与"对称轴"所指各异;"6、9两个数的倒数和"与"6、9两个数和的倒数"不可混为一谈。

至于,"都是""都不是""不都是""最少""至少",以及"且"与"或"等,作为数学术语,必须准确使用。

教学语言的似是而非、含混不清都将造成学生的概念混淆,如,"相邻两个数位之间的进率都是10",这里将数位与计数单位混淆了。正确的说法是"相邻两个数位的计数单位之间的进率都是10"。

又如,"分子和分母没有公约数的分数叫作最简分数",这里忽略了公约数1,造成了语言表述的漏洞。

2. 语言要有逻辑性

数学教学语言必须符合逻辑,要做到概念明确、判断恰当、推理合乎逻辑、论证有说服力。也就是要符合同一律、矛盾律、排中律和充足理由律。

例如,讲解轴对称图形,教师通过实物演示,告诉学生说:"我们沿着这条直线将图形对折,两边的图形完全重合,我们就说这个图形是关于这条直线的轴对称图形。"

演示另一图形时说:"我们沿着这条直线对折,两边的图形不能完全重合,所以它不是轴对称图形。"

显然,后一例的说法违反了充足理由律,出现了逻辑错误。只有当这个图形无论沿哪一条直线对折,两边都不能完全重合,才可以说,"这个图形不是轴对称图形"。

三、启发性

我国古代教育家孔子最早提出"不愤不启,不悱不发。举一隅不以三隅反,则不复也",意思是只有通过学生积极思维和自觉学习,才能对知识融会贯通,举一反三,教学才能达到预期的效果。这就主张教师通过启发式教学,开发学生的智力,增强学生的自学能力、理解和应用知识的能力。因此,教师要善于用启发性语言调动学生学习的主动性、积极性,发展学生的智力,把学生引进一种力所能及的,促使他们获得成功的脑力劳动中去,最终达到预期的教学效果。

1. 语言要形象生动

数学概念一般比较抽象，教师的表述要以学生的可接受性为前提，在教学中，要根据学生的年龄和心理特点，处理好直观性与抽象性，通俗性与严谨性的关系，能够运用生动、形象的语言激发学生的学习兴趣，唤起学生的好奇心、想象力，架起感性认识和理性认识的桥梁，从而使抽象的知识形象化，深刻的道理通俗化，枯燥的内容趣味化，深入浅出，以语言的魅力促进学生的积极思维。

首先，教师的口头语言与图像语言相结合，可以使学生通过听觉与视觉的综合运用，有效地接收信息。

例如，介绍公因数、公倍数概念时，口头语言辅之以集合图的图示，学生理解起来就比较容易。

其次，教师在讲解时可以运用具体生动的事例来帮助学生理解抽象的知识。

例如，画出长方形顺时针旋转 90 度后的图形，学生感到困难。

教师做了如下的引导：

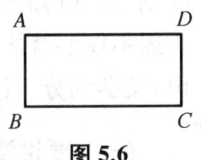

图 5.6

"如图 5.6 所示，现在我们把 B 点看成钟面上时针与分针的交叉点，经过 B 点的两条线段 AB 看成时针，线段 BC 看成分针，我们要求顺时针旋转 90 度，时针 AB 从 12 旋转到哪？分针 BC 从 3 旋转到哪？"

此外，教师运用恰当的修辞方法和适当的表情与手势，也可以增强语言的形象性。

2. 语言表达要适切

教学中，教师的语言讲授要把握好分寸，减少盲目性，不要绝对化。

如"要求平行四边形面积必须知道底和高"，"求一个小数的倒数，就必须先把它化成分数"等等。

这些说法既不符合逻辑，也会造成学生思维的错误定势。

例如，图 5.7 中，三角形 ABE 的面积为 24 平方厘米，求平行四边形 $ABCD$ 的面积。

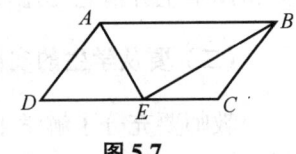

图 5.7

显然这里求平行四边形的面积并不需要先求出底和高。

在教学中，教师设计如下一些问题供学生思考，可能会得到好的效果。

（1）如果两个平行四边形等底等高，那么，这两个平行四边形的面积具有什么关系？

（2）如果两个平行四边形的面积相等，那么，这两个平行四边形的底和高有什么关系？

（3）如果两个平行四边形的底和高对应相等，它们的周长一定相等吗？

四、趣味性

兴趣是最好的老师，孔子也曾指出："知之者不如好知者，好知者不如乐知者"，既然兴趣在学习中起到如此重要的作用，教师便应该正确地驾驭课堂教学语言，用生动、有趣的语言来弥补教学内容本身的单调枯燥，使学生能从教师的语言中获得愉悦和乐趣。

思考与练习

数学课堂教学语言必须符合哪些基本要求？举例说明。

第四节　教师的讲述与提问

一、讲述

讲述是指教师运用简明、生动的语言，叙述、解释、描绘教学内容的一种方式。讲述不等于注入式，更不是"满堂灌"。讲述要有启发性，教师从学生的知识基础、接受能力、学习方法等实际出发，通过讲述达到激发学生的兴趣，调动学生的学习积极性、主动性，引导学生展开思维，实现获取知识和技能的目的。

形象生动的讲述，可以化抽象为具象，变难懂为易懂。深入浅出的讲述，可以使学生深刻地理解知识。讲述要富有感染力，教学语言是师生双方传递信息和交流情感的载体，讲述不仅要晓之以理，也要动之以情。教师系统的讲述可以使学生既获得系统的数学知识，又学到分析推理的方法，教师的讲述要贯彻"少而精"和启发性原则。

（一）要讲清基本概念和规则

学生弄清了概念，才能正确地进行判断和推理；掌握了规则，才能熟练地计算和操作。

讲述概念，不仅要从具体到抽象，从个别到一般，讲清它的本质属性，还要讲清它与其他有关概念的联系与区别。如教学面积的概念，既要讲清面积的意义和计量方法，同时也要与周长概念进行比较。

讲述规则（如四则运算的计算法则、面积、体积公式等），不但要介绍它的具体内容，还要帮助学生弄清它是怎样推导和总结出来的，使学生知其然，也知其所以然。

（二）要从学生的实际出发进行讲述

教师要充分了解学生，从学生的实际出发，在学生原有知识或生活经验的基础上进行讲述。

下面是一位教师讲述"画平行线"的教学片段（如图5.8）：

（学生自主尝试和交流之后）

师：下面由老师做示范，请大家看看可以怎样画。

师：先把三角板的一条直角边和这条直线吻合。（图2）

师：然后，我们给这块三角板配一条轨道，轨道建在哪里呢？（略作停顿，给学生想象空间）

建在它的另一条直角边上！（图3）

师：拿另一把直尺贴上去，轨道就建成了。（图4）

师：现在我们可以沿着轨道开火车喽！

教师按着直尺，把三角板上下滑动，然后停在某处，沿着三角板的一条直角边画出已知直线的平行线。教师的语言讲述辅以直观演示，更有利于学生理解和掌握。

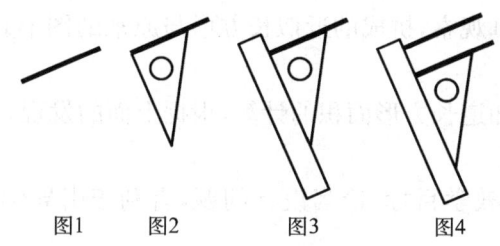

图1　　　图2　　　图3　　　图4

图5.8　用直尺与三角板画平行线

（三）讲述要有适度的师生互动

要启发学生积极思维，引导学生独立思考，发现和提出问题，分析和解决问题。讲述的目的不只是使学生学会，还应该教会学生学习的方法，使学生会学。

讲述技能，不只是教师的口才问题，它涵盖了教师的专业知识、语言功底、文化修养和教育思想。

二、提问

按照布鲁姆的教育目标分类学，依据回答问题所需要的认知操作，可以将提问分为六种类型。

（1）事实型问题：是什么？什么时候？怎么样？等；

（2）理解型问题：深入思考并用自己的语言清楚表述；

（3）应用型问题：知识应用到新的领域；

（4）分析型问题：运用多种材料验证观点；

（5）综合型问题：整合已有知识解决问题；

（6）评价型问题：有理有据地做出判断，并清楚解释。

其中，前三种属于低认知水平的提问，后三种属于高认知水平的提问。

善教者必善问。课堂提问是教学活动的常见形式，提问可以提高学生的注意力，启发学生积极思维，有助于反馈教学信息，了解和掌握学生的学习情况，发现问题及时纠正。提问要做到以下几点：

（一）提问要围绕教学目标

例1　圆面积计算

先引导学生动手操作，将两个半圆分成若干个相等的小扇形，然后剪开，重新拼合，拼成一个近似的长方形，如图5.9。此时教师设计了两个问题。

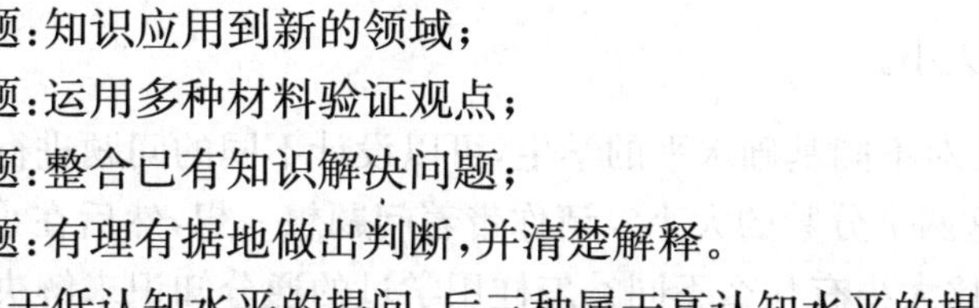

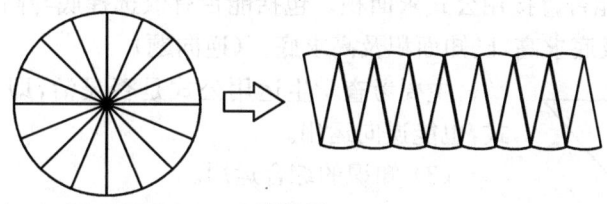

图5.9

第一问:"请大家认真观察,拼成的近似长方形与原来的图形有哪些联系?"学生观察思考发现后做出回答。

第二问:"我们已经知道长方形面积的计算,根据上面的发现,那么圆面积又该如何计算呢?"

紧扣教材内容,围绕教学目标,恰当设计问题,有利于引导学生主动探究,激发学生思维。

例 2　乘法的竖式计算

如右式,在 34×12 的竖式中,方框中的这一步表示的是:

A　1 个 34

B　2 个 34 的和

C　10 个 34 的和

D　12 个 34 的和

```
    3 4
  × 1 2
    6 8
  [3 4]
  4 0 8
```

这一提问的意图在于帮助学生理解计算法则中的算理。

(二) 提问要符合学生的认知水平

提问要根据儿童的认识规律,尽量做到从特殊到一般,从具体到抽象。这样,就容易被学生所理解,进而做出回答。

例 3　异分母分数的大小比较

比较 $\frac{3}{4}$ 与 $\frac{5}{6}$ 的大小。

同样的问题,针对不同基础水平的学生,可以设计不同的问题进行提问。

A. 怎样比较这两个分数的大小?请你带着问题想一想,然后在小组里说一说。这题与以前学习的分数比大小有什么不同?怎样用学过的通分知识来解决问题?

B. 这题与以前学习的分数比大小有什么不同?你能用学过的分数知识解决吗?

C. 你能想办法比较这两个分数的大小吗?把你的想法在小组里说一说。

(三) 提问要有层次性

"善问者如攻坚木,先其易者,后其节目"。提问要由易到难,从简单到复杂,从单一封闭问题到多元开放问题。

例 4　三角形面积的教学

(1) 看图求三角形面积(基本题)。

主要考查学生能否直接用公式求面积。包括能否有效选择底与高。

(2) 已知面积及底求高,已知面积及高求底。(逆向题)

主要考查学生运用公式是否灵活,即不仅能正向运用公式,也能逆向运用。

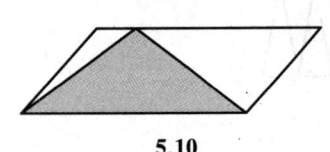

5.10

(3) 知识的综合运用。

a. 已知三角形面积是 12 平方厘米,求平行四边形面积。

b. 求一块三条边分别为 6、8、10 的直角三角形土地的面积。
（4）问题解决。
　　从一块长 3 米，宽 1.5 米的长方形红布上裁取底与高都是 3 分米的三角形小旗，可以裁多少面？

（四）提问要面向多数学生

　　课堂教学的对象是全体学生，要鼓励学生广泛地参与教学活动。设置问题要顾及大多数学生的认知水平和智力结构。如果提问对象过窄，只有少数学生在思考，多数人成为"局外人"，久而久之，一些学生就会产生"事不关己"的心理，成为教学的旁观者。提问要尽量使得人人都有机会。教师可根据具体情况，采用"让举手者回答""随机抽答""学生齐答"等不同方式。同一种问题可以对不同的学生提出不同的要求。比如，对学困生可以只要求他说出答案，对中等水平的学生可以要求他讲清思考过程，对于优秀学生则可以要求他论证自己的答案或者思考"还有没有其他解法"。

（五）反馈要及时有效

　　教师要对学生的回答做出及时评价，恰当有效的反馈评价也是影响学生学习兴趣，提高学习效果的重要因素。

　　教师在备课时，对问题的设计考虑比较周全，而提问后的反馈评价常不在考虑之列，表现为师生之间一种即兴的互动行为。提问后的应对处理可以因势利导，随机应变，因人而异。回答正确的予以肯定；回答错误的也要允许学生把话讲完，同时设计好纠错的办法适时介入。必要的学生相互评价和适当的追问也是反馈的有效策略。

　　教师在实践中的一些成功做法可以借鉴：

　　延迟评价，适时等待。学生在老师提问时，兴奋点集中于期盼老师的点名，而把思考结果暂时遗忘，起立回答时会一时语塞或答偏答错。此时如能适时等待或相机点拨，会收到好的效果。

　　变换问题，启发思考。当学生对问题感到费解时，老师可以改变问题的形式和提法，使学生容易接受和理解。

　　发现错误，借题发挥。学生的错误回答，有时是一种宝贵的教学资源。教师要抓住机会，分析原因，正确引导，引起大家的重视。

　　捕捉亮点，智慧共享。对学生回答问题时的新颖思路和别致想法，应该充分肯定，不失时机地进行拓展推广。

　　一般情况下，提问的反馈评价是不可预设的，需要教师的随机应变，这就要求教师具有扎实的数学功底、良好的语言素养和正确的教学理念。

思考与练习

1. 教师在课堂上的讲述应注意哪些问题？
2. 如何提高课堂提问的有效性？自选一节教材，设计一组课堂提问的问题。

第五节　小学数学教学的练习

练习是数学学习必不可少的环节。练习具有促进理解、巩固知识、形成技能、培养习惯、发展能力的功能。为了提高数学练习的有效性,必须了解练习设计的要求和练习实施的方法。

一、练习设计的要求

(一) 目的性

设计练习时,必须明确练习所要达到的目的。如,加深概念的理解,引导问题的探究,激发学习的兴趣等。

例如:一本练习簿 5.8 元,56 元最多可以买几本?

此题的练习目的有二,一是小数除法的计算;二是用去尾法取商的近似值的应用。

又如:下面的问题哪些与求体积或表面积有关?

(1) 水池里有多少吨水的问题。

(2) 制作一个盒子至少要用多少硬纸板的问题。

(3) 石头放入有水玻璃杯中,水面上升多少的问题。

(4) 游泳池贴瓷砖要多少块瓷砖的问题。

(5) 油漆大厅里长方体柱子要多少油漆的问题。

(6) 学校要砌一面墙,要多少块砖的问题。

此题的练习目的是帮助学生正确区分体积与表面积这两个概念。

(二) 针对性

设计练习时一是要针对学习内容的重点、难点和关键;二是要针对学生学习过程中易错、易混、易忘的知识点和技能环节。

例如:学习小数乘法的计算法则时,计算

12 × 13　　　　　1.2×13　　　　　12 × 1.3

0.12 × 1.3　　　　0.012 ×0.13　　　1.2×0.013

这组练习,对于小数乘法中积的小数点定位,有很强的针对性。

(三) 层次性

练习设计要由易到难、由简到繁、由基本到变式、由单一到综合循序渐进合理安排。

以"圆柱体的体积"的课堂练习为例:

(1) 圆柱体的底面半径是 5 cm,高是 10 cm,求圆柱体的体积。

(2) 圆柱体的底面周长是 12.56 cm,高是 10 cm,求圆柱体的体积。

(3) 圆柱体的高为 10 cm,沿垂直于轴的方向切成两个圆柱,表面积增加 40 平方厘米,求原来的圆柱体积。

(4) 圆柱体的高为 10 cm,沿一对平行的上下底面直径把圆柱切开,表面积增加 40 平方厘米,求原来的圆柱体积。

以上四个练习,由易到难,层次分明。

(四) 多样性

小学数学练习的多样性主要表现在两个方面:

一是题型多样。如计算题、填空题、选择题、应用题、画图题、实践操作题等。

二是方式多样。如书面练习、口头练习、个人练习、合作练习、即时练习、延时练习等。

(五) 科学性

数学练习题的内容必须符合数学的概念、原理,不应出现知识性错误,条件与条件之间不应出现矛盾。

例如:求直角梯形的周长与面积(如图 5.11),单位:cm。

注意到直角梯形的上、下底之差与两腰应围成直角三角形,但是$(10-8)^2+3^2\neq 5^2$。

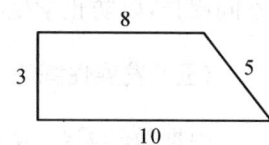

图 5.11

题目的已知条件不相容,答案不存在。当编题者把注意力集中于公式或法则的运用上,忽视了事物的客观存在性,就会出现违背客观规律的错误。

又如,在自然数中,奇数与偶数各占自然数的(　　)%。

学生往往想当然地回答"各占 50%"。但事实上,这道题目本身存在问题。因为以集合论的观点看,奇数集合、偶数集合与自然数集合之间可以建立一一对应关系。通俗地说,所有奇数或偶数与自然数一样"多"。

这里,由于忽视了有限与无限的区别,把对有限集合的认识,错误地引申到无限集合中。

鉴于小学生的特点,练习设计还应在保证科学性的前提下,尽量增强趣味性。根据因材施教的需要,给不同水平的学生设计不同程度或不同要求的练习,体现选择性,适应差异教学的要求。

二、练习设计的类型

小学数学练习按其不同的作用可分为以下几种:

(一) 基本练习

小学数学中最基础的知识内容,如百以内加减法,表内乘除法,基本应用题,简单图形的求积计算,计量单位的化聚和换算等,学生必须熟练掌握这些知识,才能进一步学习其他数学知识。因此,这些练习要作为基本练习经常训练。这种练习虽然简单,但影响小学数学教学的全局。教师常把这类题制作成练习题卡片,安排在一堂课的基本训练阶段进行。

(二) 单一性练习

它是围绕某一具体内容编排的练习。这种练习的主要作用在于巩固当前教学单元新授的知识。例如,叙述运算顺序的训练,小数除法中小数点的位置移动的训练,分数教学中单位"1"的辨认等。

(三) 综合性练习

把新旧知识的运用安排在一起的练习。如教过除法应用题后,把乘除应用题综合在一起组织练习;教过计量单位"吨"以后,把吨、千克、克综合在一起练习。

这种综合性练习,有利于新旧知识的融会贯通、综合运用、灵活运用,发展学生的思维。

(四) 对比性练习

对于容易混淆的知识,运用对比的方法而设计的一种练习。如让学生同时计算长方形的周长和面积,或者计算周长相等的长方形的不同面积,或者计算面积相等的长方形的不同周长,以防止学生混淆周长和面积这两个不同的概念。

(五) 发展性练习

根据教学需要,从易到难,由浅入深安排的一种练习。如下列题组:

(1) 小芳三天看完一本小说,第一天看 20 页,第二天看 30 页,第三天看 50 页。这本小说一共有多少页?

(2) 小芳三天看完一本小说,第一天看 20 页,第二天比第一天多看 10 页,第三天比第二天多看 20 页。这本小说一共有多少页?

(3) 小芳三天看完一本小说,第一天看 20 页,第二天比第一天多看 $\frac{1}{2}$,第三天看的是前两天的总和。这本小说一共有多少页?

(4) 小芳看一本小说,第一天看了全书的 $\frac{1}{5}$,第二天看了全书的 $\frac{3}{10}$,还剩下 50 页,这本小说一共有多少页?

从基本应用题到复合应用题,再发展到分数应用题。把整数应用题和分数应用题串联起来,可以使学生清楚地看出应用题变化的来龙去脉,使知识系统化、条理化。

(六) 变式练习

变式练习是指给学生呈现多种有变化的情境,如变换叙述方式,或变换条件的顺序,或变换练习的形式,促进学生对知识和技能的理解掌握,逐步达到融会贯通,灵活运用。

如图 5.12,观察下面的三角形(阴影部分),把与其面积相等的图形涂上阴影。

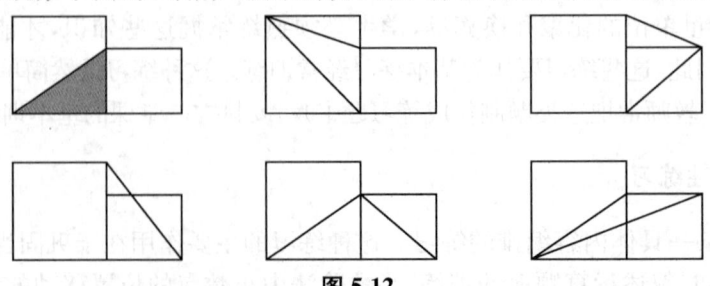

图 5.12

学生通过变式练习,对三角形面积的计算公式会理解得更加准确深刻。

三、练习设计的方法

进行小学数学的练习设计,首先要钻研教材,了解学生,同时要注意收集资料。在此基础上,可以采用以下方法。

(一)筛选

根据需要,从各种习题资源里精心挑选,合理取舍,使练习题符合教学目标和学生的实际水平。筛选后的题目,教师必须亲自"下水"做一遍,以保证练习题的科学性和有效性。

(二)改编

小学数学的练习设计,比较常用的有以下几种改编形式:

1. 扩缩改编

"扩"是指将比较简单的习题改变成稍复杂的练习题;缩则相反。"扩"是为了促进学习的迁移、深化;"缩"是为了启迪学生化繁为简。扩与缩是相对的,两者常常结合使用,扩缩改编在应用题的练习设计中比较常见。事实上,其他类型题目也可以运用扩缩的方法改编。

例如,解方程的练习,由 $9x-6=12$,经过扩与缩得到以下题组:

扩:$9x-2\times 3=12$　　$3(3x-2)=12$　　$2x+7x-6=12$

缩:$x-6=12$　　　　$9x=8$

这一组练习不但覆盖了小学数学简易方程的大部分类型,而且能使学生通过练习看出它们之间的内在联系,对于解方程的化简思路也有明显的帮助。

2. 可逆改编

交换已知条件和所求问题的位置,使学生的思考方向改变。思维的可逆性是数学思维的重要成分,可以通过适当的练习加以培养。

例如,老师买了 15 个溜溜球和 8 个魔方,溜溜球每个 10 元,魔方每个 12 元。一共用去多少元?

改编时,可以将总价作为已知条件,转而去求其中一个玩具的单价或数量。

例如,老师买了 15 个溜溜球和 8 个魔方,一共用去 246 元,溜溜球每个 10 元,魔方每个多少元?

3. 情境改编

变换实际问题的情境内容,使学生透过不同的现实情境,抽象出相同的数学模型。如植树问题、敲钟问题、锯木料问题等虽情境内容各异,但是都反映节点与间隔的数量关系,属于同一个数学模型。

4. 形式改编

主要是指根据练习的需要,选用适当的题型或答题方式,同样的内容可以设计为填空题、选择题,也可以设计为计算题、问答题等。

5. 数据改编

数据的变化可以依据计算本身的特点,如计算法则、规律等,也可以依据本班学生的个性特点,如易错、易混等情况。有时数据改编还可以考虑一些特殊数据的特殊教学效用。

例如,求棱长6厘米的正方体的体积和表面积。

两个答案的数值相等,单位不同,可以引导学生关注体积与表面积的区别。

(三) 自编

练习设计需要推陈出新,别开生面,使学生能保持兴趣,活跃思维。

例如,填空练习:

(1) 38×99=38×(100−1),它的含义是把（　　）个38看作（　　）个38减去（　　）个38。

(2) 体育课,小方听口令原地连续（　　）次"向右转",正好旋转了360°,如果原地连续"向后转",那么,转（　　）次正好旋转360°。

(3) 爸爸给小明63.5元纸币,至少有（　　）张。

(4) $a-b-c-d=a-($ 　　　　　$)$;
$a\div b\div c\div d=a\div($ 　　　　　$)$。

以上自编练习题,题材比较新颖,练习目的也很明确,既有对知识的灵活运用,也有数学思想的渗透,还体现与生活实际的密切联系。

四、练习设计的调控

练习是数学学习的重要组成部分,数学基础知识的掌握,基本技能的习得,基本思想的形成,基本经验的积累都离不开练习。练习的质量直接影响着数学教学质量的高低。练习的"量"要适当,大量的机械重复的练习,既加重学生的负担,也会使学生生厌。练习的"度"要适切,只有符合学生实际的深度、广度和难度的练习,才能有效促进学生的学习和发展。

因此,在教学中,教师要想方设法设计好练习,引导学生掌握知识与技能,感悟思想与方法,积累活动经验,促进数学学习,提高数学素养。

五、小学数学作业的处理

(一) 小学数学作业的方式

数学作业的方式要根据课堂教学的内容和目标而定。一般有课堂作业和课外作业两种。课堂作业通常在新知识教完后,用板演或书面的方式进行。教师要对学生的课内作业做出及时的反馈。教师之所以布置课外作业,是因为有些知识和技能的掌握仅仅依靠课内时间是不够的,还需要用课外的时间来巩固、拓展和延伸。课外作业一般有书面解一些式题、应用题或实习作业(如测量、制作几何模型、画统计图表、收集数据资料等),熟记某些重要的知识(如乘法口诀),也包括预习和复习整理。

（二）小学数学作业布置的一般要求

数学作业应在备课时就确定下来。根据教学内容和目的要求选择有针对性的作业题。为了减轻学生过重的课外负担，作业布置要防止数量过多，避免机械重复，力求难度适当。布置的作业大部分应能在课内完成。课外可以布置少量作业，二、三年级一般不超过 15 分钟，四、五、六年级一般不超过半小时。为了适应不同能力的学生，布置的作业要有"弹性"。如要求学习困难的学生做一些基本题，有余力的再做一两道稍有变化的题目，而对能力较强的学生，可以补充几道难度稍大的选做题。

布置作业时要向学生说明作业的目的要求和应注意的问题。课外作业要在学生理解和掌握了所学的内容以后才能布置，否则学生独立完成有困难，不仅加重学生负担，也影响学生的学习信心和作业积极性。

要强调和鼓励学生做作业时独立思考，防止抄袭或请求别人代做。有困难的学生，教师可以给予必要的指导或帮助。

（三）小学数学作业的批改

1. 作业批改的意义

教师通过作业批改，能够及时了解学生掌握知识的情况和解决问题的能力水平，从而帮助学生纠正错误，弥补知识的缺陷，形成正确的学习态度和认真对待作业的习惯。通过学生自批和互批作业，可以提高学生评价的能力。

2. 作业批改的方式

根据不同的教学要求和不同类型的作业，一般有如下几种批改作业的方式：

当堂批改。作业当堂完成后，教师公布正确答案，或者学生交流各自的答案，各人分析研究错误的原因，课后随即订正，订正后再交教师批改。

课后批改。作业一般都在课后批改。

教师面批。对于个别学习困难的学生可采用面批的方式。边批改，边辅导。

学生互批。有些不太复杂的作业可以让学生互相批改，以提高学生评价的能力。

3. 作业批改的要求

对于课内没有订正过的作业和课外作业，教师课后要认真批改。发现作业中有错误，最好标出来，让学生自己研究错误的原因，并改正，必要时，教师可以找学生当面了解他是怎样思考和怎样计算的。对于普遍性的错误，要在课堂上讲评，引导学生订正。对于学生的作业有进步或有创见的，要给予鼓励。

对作业中的情况和问题，教师应有简要的记录，作为今后改进教学的参考。

思考与练习

1. 练习设计有哪几种形式？它们的意义和作用各是什么？
2. 练习设计的主要方法有哪些？
3. 如何提高小学数学作业的有效性？

第六节　小学数学教学的预设与生成

一、教学预设与教学生成

（一）教学预设

教学预设就是教师在课前对教学目标、过程、方法的清晰、理性的思考和安排。预设主要思考三个问题：目标、起点、过程。三者相互联系，相辅相成。一次完整的课堂学习可以描述为学生从他的认知起点，到课堂学习目标之间的认知发展过程。为了有效地完成这一学习过程，教师一般在课前要进行通盘的考虑。从教学内容、教学方法、活动形式，到学生可能出现的反应，遇到的困难，都有一个预先的估量和设计。

教学预设是教师的教学先导活动，主要解决的是教学的目的性和程序性问题。教学的课前设计常体现在教案中，由教师按教学规律来完成。

（二）教学生成

生成是指从已有的事物中生长出新事物的现象，教学生成就是在教学活动中，学生表现出的教学反应，产生的思想认识和学习行为。这种反应和认识、行为是动态的，是具有个性特点的。生成主要由学生的认知发展的特点和教学活动所决定。生成可以分成两类，一类是教师可以预料到的情况，可以称之为预设内的生成；另一类是教师未能预料到的情况，可以称之为预设外的生成。

根据以学生为本的教学思想，教师应从学生已有的知识、经验、情感、兴趣和需要出发，根据课堂交流互动的实际情况，面对生成性的教学资源，及时调整预定的教学程序，变换教学行为，将其有效地转化为教育教学的契机，使教学更加有效地进行。

教学活动的目的性决定了教学预设的必要性，教学活动的动态性决定了教学生成的必然性。

传统的预设性教学忽视教学情境与教学行为的互动，使原本丰富生动的教学过程变成了单纯的设计思路的运演流程。

教师应把握生成性教学的基本特性：

(1) 过程性。教学过程存在着变化，一个具有生命力的课堂总会在动态中有所生成。

(2) 超越性。在富有变化的课堂情境中，生成出来的思想或行为常常是我们意想不到的，而这种生成常常是一种对原有认识的超越。

(3) 互动性。教学生成往往是师生积极互动的结果，需要师与生、生与生、学生与教材的互动交流与相互作用。

预设体现教学的计划性和封闭性，生成体现教学的动态性和开放性，两者互补。预设重视的是显性的、结果性的、共性的目标，生成则关注隐性的、过程性的、个性化的目标。不重视设计的教学如无的放矢，会出现无序和混乱，且难以实现教学目标。但是恪守设计一成不变，忽视课堂现实的动态变化，也会阻碍学生的认知发展。在具体的教学过程中，教师应根据境遇的不同对教学思路做适应性的修改与调整。

二、预设外生成及其应对

预设内生成是教师课前可以预料到的情况,而预设外生成则是始料未及或超出经验的。预设外生成的产生主要源于问题的开放性、学生思维的发散性以及学生的认知错误等。

例如,教师在学习分数基本性质后,布置一道课堂练习题:

如果把分数$\frac{5}{9}$的分母加上27,要使分数的大小不变,分子应该加上多少?

这道题的解决方法,多数学生是把加上27,转化为乘以4,然后运用分数基本性质,将分子乘以4,也就是加上15,其间两次运用了加法与乘法的转换。这种解法既有普遍性,也符合分数基本性质教学内容的练习目的。

课堂上,一学生提出:用$\frac{5}{9}$乘以27等于15,就可以直接算出答案。

教师在预设时没有想到这种解法,同学们也为之愕然,可以这么简单吗?

面对这一预设外生成,教师让这位学生说说是怎么想的。学生知其然,不知其所以然。

这种方法可行吗?还是一种巧合?继而教师让学生进行讨论。学生更换了其他数据,用同样的方法进行验证,结果屡试不爽。学生从结果上认可,但是难以从算理上讲清,此时需要教师的介入和指导。

事实上,这是一个可行的正确解法。(请你试试如何解决这个问题)

又如,学习加法交换律时,学生在完成48+73=73+48的同时发现48+73=84+37。

提出这是否也是一种交换律?

面对这一生成,教师给学生探讨交流的机会,验证比较后学生了解到这一现象的局限性。此时,根据情况,教师可以告诉学生这种现象不具有普遍性,不能成为一种规律。

当然,也可以进一步让学生探究在什么条件下,这种情况成立。

对于教师的教学准备而言,预设外生成可能是一种偏离,但这种偏离正是学生个人知识和经验的外显,应受到关注和尊重。面对预设外生成,一般可根据具体情况采取不同的应对策略,如辨明真伪,正确引导;借题发挥,放大生成;顺应学情,随机应变。

案例 5.1 比例尺

教师出示问题:一块长方形地,长80米,宽30米。把它画在比例尺是1∶1 000的图纸上,平面图上的面积是多少平方厘米?

多数同学首先把长与宽按照比例尺转化为图上距离,然后算出图上面积是24平方厘米。这时,有一位同学提出了自己的不同解法:

80米=8 000厘米,30米=3 000厘米;

$8\ 000 \times 3\ 000 \times \frac{1}{1\ 000} = 24\ 000$(平方厘米)。

面对这一解法,学生议论纷纷。此时教师要求同学们讨论一下第二种解法有没有道理,并说明理由。

片刻后,学生发表看法。

生1:我认为不对,图上面积24 000平方厘米太大了。

师:这位同学联系实际进行估算,感觉不合理。

生2:结果好像不正常,但是我又说不出计算错在哪里。

师:是的,我们还应该利用数学的知识和方法说出道理。

学生继续讨论。

生3:我认为应该先把长和宽化成图上距离,再算面积,而不是算出面积再用比例尺换算。

师:这位同学是从算法上分析的,那为什么要先用比例尺转化呢?

生4:因为比例尺1∶1 000表示的是图上距离与实际距离的比,而不是面积的比,所以第二种算法不对。(其他同学纷纷表示认可)

生5:老师,我发现一个秘密,比例尺1∶1 000的平方为 $\frac{1}{1\,000} \times \frac{1}{1\,000} = \frac{1}{1\,000\,000}$,就是图上面积与实际面积的比。

师:你有一个很好的想法,关于这种想法是否正确,大家可以验证一下吗?(讨论)

生6:我们小组是这样验证的:$\left(8\,000 \times \frac{1}{1\,000}\right) \times \left(3\,000 \times \frac{1}{1\,000}\right) = 24$(平方厘米),$(8\,000 \times 3\,000) \times \left(\frac{1}{1\,000} \times \frac{1}{1\,000}\right) = 24$(平方厘米),结果一样。

师:同学们真的很棒。不仅指出了第二种解法的问题,还找到了纠错的办法。

以上这一教学过程,表现出教师面对生成的良好应对,既辨明真伪,又有效放大生成,让学生经历了一次探究发现的过程。

案例5.2 两位数乘两位数

教师出示问题:学校门前有一个花坛,每排摆放19盆花,摆了这样的21排,一共有多少盆花? 教师要求学生说出计算方法和理由。学生提出了以下算法:

用竖式计算,理由是这种方法最常用。

$19 \times 21 = 19 \times 20 + 19 = 399$,理由是21个19想成20个19加1个19。

$19 \times 21 = 20 \times 21 - 21 = 399$,理由是19个21想成20个21多算了1个21。

老师肯定了同学们的算法,并进行了总结。此时一个同学举手要求发言,他说:"19×21可以想成20×20−1=399。"老师追问理由,他说:"我是看到结果是399,所以想到400−1。"同学们议论纷纷,"没有道理","瞎猜凑数"……这个情境超出了教师预设的范畴。

教师十分镇定地说:"真的是瞎猜吗? 有没有一点道理呢? 我们都来想一想。"于是,同学们又进入了积极思考,课堂上也增加了一个新的教学环节。

一会儿工夫,有同学要求发言:"这样计算也有道理,每排有19盆花,一共21排。我们如果把最后一排去掉,21排变成20排,再将拿出来的一排19盆花给每排添上1盆,每排也就是20盆了,只是最后一排少一盆,因此是20×20−1。"同学们听了一起鼓起掌来。

老师的镇定源于心里已经想到$(a+b)(a-b)=a^2-b^2$。

教学生成的应对,应该有基本的价值取向,追求合理、有意义、有效的课堂生成。强调教学中的生成,并不削弱预设在教学中的重要作用。如果没有充分的教学预设,一味地追求生成,教学就会失去方向性,使教学出现盲目、无序的状态,影响教学效果。预设与生成并不是非此即彼的关系,预设和生成是一个有机的整体,预设是生成的前提,生成是对预设的补充和超越。

教师应该在教学的过程中不断提高对学生的理解,要积极鼓励学生发现问题和提出问题,同时认真钻研教材,从而敏锐把握教学生成的时机,合理地利用教学生成的有效资源。

教师应该秉持相容兼顾的原则,使精心预设与动态生成互动共生,相得益彰。

思考与练习

1. 如何正确认识预设与生成的关系?
2. 举例说明如何应对预设外生成。

第七节 小学数学教学中的说课与评课

一、说课

(一) 说课的概念

说课,一般是指教师以教育教学理论为指导,以数学课程标准为依据,在精心备课的基础上,面对同行、领导或其他教学研究人员,针对具体课题,采用口头表述的方法,讲述自己的教学设计及其理论依据,然后由听者评析,达到相互交流,共同提高的目的。通俗地说,说课就是要说清某一课题教什么,怎样教,以及为什么这样教。

(二) 说课的意义

1. 促进教研活动的开展

说课是教研活动深入开展的一种形式,反过来它又会对教研活动产生强大的推动力。说课比观摩课灵便和节约时间,能较好地体现教学理论研究和教学实践的密切结合。

2. 促进教师队伍的建设

教师参与说课活动,既要当说课者,又要当听课者。一方面,为了说好课,教师势必要学习更多的数学知识和现代教育理论。另一方面,教师听说课必然会从别人的说课中吸取营养,丰富教学经验,提高教学理论水平,从而使教师队伍的素质得到提高。

3. 促进教学质量的提高

说课活动的开展,营造了良好的教学研究氛围,提高了教师钻研教材的能力和自觉性,为教学质量的提高创造了条件。

4. 促进师范生的专业成长

师范院校是培养未来小学教师的摇篮,说课融教育学、心理学、课程教学论等教育理论于一"体",集普通话、粉笔字、简笔画,教具学具等多项教学基本功于一"身",兼备课、试教、上课、评价等多种教学步骤于一"环",提高了师范生的教育教学能力,缩短了他们与合格小学教师的距离,促进了师范生的专业成长。

(三) 说课的类型

说课的类型很多,根据不同的标准有不同的分类方法。

1. 按表述的时间分,可以分为课前说课和课后说课

(1) 课前说课

课前说课是指教师在认真研究教材、分析教学资源、初步完成教学设计基础上的一种形式,是教师对自己的教学行为做出理性解释的一种方式,是教师备课后的一种教学预演活动。

(2) 课后说课

课后说课是指教师在上课后阐述自己教学得失的一种形式,是一种集体反思与研讨活动。

2. 按用途来分,可以分为评比型说课、专题型说课和示范型说课

(1) 评比型说课

为了教学评比和业务考核的需要,考虑到时间和人员的影响,教育管理部门常采取说课的形式对有关教师进行考核。作为教师教学业务评比的一个项目,评比型说课能反映教师运用教育教学理论的能力、理解课程标准和教材的水平、教学环节设计的科学性和合理性等。

(2) 专题型说课

专题型说课是以数学教学中的某些重点、难点或热点问题为主题,引导教师进行一段时间的实践与探索,在此基础上,用说课的方式汇报其研究成果的一种教育教学研究活动。

(3) 示范型说课

示范型说课一般由优秀教师(如教学能手、学科带头人或特级教师)做出,然后组织听课教师学习与评议。

(四) 说课与备课、上课的关系

说课与备课都是课堂教学的准备工作,都是为上课服务的,它们的不同点是:

(1) 说课是集体备课的一种重要形式,是有目的、有计划、有组织、有准备的教研活动。备课是教师上课前的准备,是教学工作的一个环节。

(2) 说课主要是面向教师,其目的是指导备课,提高备课、上课水平。备课、上课是面向学生的,主要目的是促进教师搞好教学设计,优化教学过程,提高课堂教学效益。

(3) 说课是教师集体进行的备课活动。说课时要使用明确的外部语言,简洁、清晰、合乎逻辑地叙述备课的思维过程。备课是教师个体进行的活动,使用的是隐性的、内部的及书面的语言。

(4) 说课与备课、上课要求不同。上课主要解决教什么,怎样教的问题,说课则不仅

解决教什么,怎样教的问题,而且还要说出"为什么这样教"的道理,说课使得教师的隐性思维变成显性。

(5) 说课不受时间和空间的限制,便于操作,是全面考核、检验教师教学水平的一种很好的形式。

(五) 说课的内容

说课的内容一般包括说教材、说教学方法、说教学过程、说板书设计四个方面。

1. 说教材

教材是教学的依据,说教材就是说出某一单元或一节课的教材的地位和作用,教材的特点、编者意图和前后联系,以及教者对教材的组织、教学目标、教学重点和难点的确定等。说教材要达到两个目的:一是确定学习内容的范围与深度,明确"教什么";二是揭示学习内容中各项知识与技能的相互关系,为设计教学过程奠定基础,知道"如何教"。主要包括:教学内容(课题),教材简析,教学目标,教学重点、难点。

(1) 教学内容(课题)

说出本节教学内容在什么版本第几册教材第几页,同时还要说明这段教学内容课时划分,你讲的是哪一课时。要求表述准确、明确。

(2) 教材简析

根据数学课程标准的要求,分析本节教学内容在整个学科知识体系中的地位、作用、结构及前后联系,具体说明本节教学内容包括哪些知识点。教学内容是在哪些旧知识的基础上产生的,又为后续哪些知识做铺垫,即包括知识基础、内容结构、对后续知识的影响。

例1 "三角形的面积计算"的教材简析

【教材】义务教育教科书苏教版小学数学五年级下册 p9—10

《三角形的面积计算》是《多边形的面积计算》中的第二课时。它是在学生已经掌握了三角形的特征,长方形、平行四边形面积的计算方法,以及初步认识图形的平移、旋转等知识的基础上进行教学的。通过对这部分内容的教学,学生能掌握三角形面积的计算方法,能相对独立地探索并解决与三角形面积计算相关的实际问题,同时加深学生对三角形与长方形、平行四边形之间内在联系的认识,也为学生进一步探索并掌握其他平面图形的面积计算方法打下基础。

本课内容编排的最大特点是加强了动手操作,让学生在动手实践中建立各种图形的内在联系,发现推导三角形面积公式的方法。让学生经历实际操作、建立猜想、归纳发现和抽象出公式的过程,培养推理能力。这样的编排能使学生理解三角形面积公式的来龙去脉,锻炼数学推理能力,从而感受数学方法的内在魅力。

(3) 教学目标

教学目标是教学活动的出发点和归宿,是优化课堂教学的保证。制定教学目标要以课程标准为指导,以教材为依据,以学生为基点。教学目标可分知识与技能、过程与方法、情感态度与价值观三个方面。设计教学目标主要解决两个问题:一是阐述目标确定的依据;二是如何将目标细化。

例2 "认识小数"第一课时教学目标

【教材】义务教育教科书苏教版小学数学三年级下册 p87—89

① 结合具体情境初步认识小数的含义,会认、读一位小数,知道小数各部分的名称。

② 结合教学内容,让学生主动参与、经历小数意义的探索过程,通过观察思考、比较分析、综合概括,培养学生的思维能力。

③ 通过了解小数的产生和发展过程,提高学习数学的兴趣,使学生进一步体会数学与生活的密切联系。

(4) 教学重点、难点

对教材而言,重点是指教材中最基本、最重要的知识。一般而言,数学中的概念、公式、法则、思想与方法是教学的重点。

难点是指接受起来比较困难的地方,如难理解、难辨认、难掌握的内容。一般而言,内容抽象、计算复杂,是知识发展的飞跃,是认识的转折点。

说课中的重点与难点的说法与教案中的重点和难点的表述不同,前者应强调它们是在怎样的背景下被确定的,点明突出重点、突破难点的方法。

例3 "平均数"的教学重点、难点

【教材】义务教育教科书苏教版小学数学四年级上册 p49—53

① 教学重点:理解求平均数的含义,掌握求平均数的基本方法。

② 教学难点:理解平均数的意义,平均数与实际数的区别与联系。

2. 说教学方法

(1) 说教法

说教法就是根据教者对教材的理解,说明采用何种教学方法与教学手段及其理论依据。说教法是教师运用现代教学思想解决教学中的实际问题的体现。教学方法的选择要根据教材的特点、教学目的和要求以及学生的实际情况来确定。恰当的教学方法有助于激发学生的学习兴趣,最大限度地调动学生学习的积极性,提高课堂教学效率。它包括以下内容:教法的选择及其理论依据,教学手段设计及其理论依据。

(2) 说学法

说学法是指说出在教学中要教给学生什么样的学习方法,如何指导学生学习数学,对问题如何去分析、归纳、推理,怎样掌握数学的认知结构。说学法包括以下内容:学习方法指导及理论依据,学习手段的选择及理论依据。结合本节课所采用的教法,说出你将教给学生哪些学习方法和技能,培养学生哪些能力。最有价值的知识是有关方法的知识,学而得法才能学而有效。

例4 "分类"的教学方法

【教材】义务教育教科书苏教版小学数学一年级下册 p8—9

一年级学生年龄小,经验少,但乐于接受新鲜事物,思维活跃,因此本节课在教法、学法上突出了以下特点:

① 联系实际,从生活中学。在我们的生活中,到处充满着数学。本节课要注重把数学知识与生活实际联系起来,为学生提供丰富的感性认识和生活经验,激发他们学习的兴趣。

②参与合作,在交流中学。交流与合作是知识经济时代社会发展的需要。本节课要注重让学生通过小组合作、操作、讨论与交流来发现问题和解决问题,培养他们团结协作的优良品质。

3. 说教学过程

说教学过程,就是把备课中设计好的教学思路、课堂结构及板书设计等方面内容简明扼要地说出来,并且说明这样安排的理论依据。一般分为说教学流程(环节、阶段)和说教学结构的特点两种类型。在说课的实践中,可以偏重于流程,也可以偏重于结构,还可以将流程与结构结合起来说。

(1) 说教学流程

数学教学任务是通过精心设计的教学过程来完成的,从教学过程论角度来分析,说教学流程一般包括如下几个部分:

① 教学总体思路和环节。按教学程序看,一般分为创设情境、导入新课—动手操作(小组合作)、探究新知—反馈练习、巩固新知—师生总结、强化认知。在新课改中,我们应十分重视学生智力、能力的发展,强调学生发展的三个阶段:设置问题情境——非智力因素(学会参与);引导信息加工——智力因素(学会学习);设计实践活动——能力与技能(学会迁移)。

② 教学环节与方法、手段之间的联系。

③ 教与学的双边活动安排。教师准备提哪些问题,这些问题能起什么作用;学生怎样参与,如何组织,学生可能会出现哪些问题;教师有什么应对措施,有哪些思维定势需要克服,采取哪些措施等。在说师生的双边活动时,应根据需要说突出重点、突破难点的具体做法。

④ 总结归纳,拓展延伸。

(2) 说教学结构

说教学结构不同于说教学流程,教学结构是教师对教学具体程序的归纳,构成若干板块。说教学结构可以防止对教学步骤做过细分析。

现代教学强调教与学的互动、情境创设与情感体验。教师在课堂教学中应设计出若干师生互动的板块,如创设情境,架设桥梁;探究新知,自主构建;回归生活实际,解决问题;布置作业,课外延伸。这是一种组合式板块状的说课表达。

说教学结构的具体要求是:① 说清教学总体构思和各个教学板块;② 每个板块的表述要充分体现是什么、为什么、怎么样,要突出教与学的双边关系;③ 适度交代重点怎样突破,难点如何化解。

案例 5.3 "认识几分之一"说教学过程

【教材】义务教育教科书苏教版小学数学三年级下册 p76—78

鉴于本课内容所设定的教学目标及学生的认知规律和实际情况,预设如下三个部分展开教学:

(一) 创设情景,导入新知

这一部分分两个层次引导学生学习:

1. 教师组织学生说说所认识的分数,并进行板书:如 $\frac{1}{2}$,$\frac{3}{5}$ 等,然后教师出示一个苹果,把它平均分给2个同学,由学生说说每个同学分得这个苹果的几分之几。在交流的基础上,教师将苹果随意切成大小不等的两部分,由学生判定其中的一份是否为一个苹果的 $\frac{1}{2}$,从而感受和体会分数的含义,感受分数的关键是"平均分"。教师结合学生的分析,板书:"平均分"。

2. 教师再出示一个苹果,把它平均分给4个同学,由学生说说每个同学能分得这个苹果的几分之几,从而感受和体会 $\frac{1}{4}$ 的含义。

(设计理念:这两个层次的设计,主要是创设学生熟悉的生活情境,唤醒学生学过的"把一个东西平均分成几份,用分数表示其中的一份"这个旧知,为下面探究新知做知识铺垫,同时让学生感受数学来源于生活。)

(二)探索交流,发展思维

考虑到教材中猴子分桃是故事情景,具有一定的虚构性,结合本课知识特点及学生的知识背景,我准备采用学生分苹果的现实情景,让学生在熟悉的情境中感悟、理解,体会分数的产生过程。这一部分分三个环节进行:

1. 教师出示一盘(6个)苹果,组织学生探索"如果把一盘苹果平均分给2个同学,每人分得这盘苹果的几分之几?"学生独立思考后教师组织交流,引导学生说说自己的想法,得出每人分得这盘苹果的 $\frac{1}{2}$。小结:把一盘苹果平均分成两份,每份是这盘苹果的 $\frac{1}{2}$。

2. 教师再出示刚才的一盘(6个)苹果,组织学生探索"如果把一盘苹果平均分成3份,每份是这盘苹果的几分之几?"学生小组讨论后教师组织交流,得出每份是这盘苹果的 $\frac{1}{3}$。小结:把一盘苹果平均分成3份,每份是这盘苹果的 $\frac{1}{3}$。

3. 教师组织学生观察和思考分苹果的情况,发现用分数表示的规律,即把一个或一些东西平均分成几份,其中一份都可以用几分之一来表示,都是这个整体的几分之一。

(设计理念:通过这样一个动手操作、合作交流的自主学习活动,引导学生在学中做、在做中悟,从而获取数学活动的经验,初步体会到把一些东西平均分成几份,这样的一份也可以用几分之一来表示,从而加深了对几分之一的认识;并通过小组讨论、辨析,培养了学生的抽象思维能力,为主动建构分数的意义做好了孕伏。)

(三)实践应用,深化提高

安排三个层次的练习,通过层层深入,帮助学生进一步掌握本课知识,形成技能,让学生感受解决问题的乐趣,体会数学与生活的联系。

1. 基本练习

安排如书本"想想做做"第1、2、3这样的练习,使学生经历从实物组成的整体到几何体组成的整体,再到用图或实物表达自己认识的几分之一的过程,从而认定一个物体是整体的几分之一,若干个物体也是整体的几分之一,加深对几分之一的认识。

2. 综合练习

安排小组拿棋的实践活动,第一步先组织学生小组中拿棋(各组数量不等),由学生平均分,找出其中的 $\frac{1}{2}$。交流讨论其中一份的个数,并组织学生针对不同意见进行讨论,思考"为什么同是 $\frac{1}{2}$ 所对应的个数会有不同?"

第二步引导学生找出 $\frac{1}{3}$,比较研究每份的数量差别。让学生在具体的操作情境中,巩固对几分之一的理解。

(设计理念:这个设计让学生通过动手实践,合作学习,让学生运用已经学过的知识来解决实际问题,进一步巩固、加深对几分之一的认识,体会解决问题的乐趣。)

3. 开放练习

安排"想想做做"第4题:一堆小棒有18根,分别拿出这堆小棒的 $\frac{1}{2}$ 和 $\frac{1}{3}$。你还能拿出这堆小棒的几分之几?

在开放的情景中使学生进一步认识几分之一。

(设计理念:目的是全面巩固本课知识,在合作学习中体会解决实际问题的乐趣,激发学生的创新思维,使学生感受数学与生活的联系,体会数学的价值。)

4. 说板书设计

说明如何设计板书(如提纲式、归纳式等),为什么要这样设计(条理清楚、便于理解与记忆)。

二、评课

(一) 小学数学课堂教学评价的意义

课堂教学是使学生获得知识、形成技能技巧、发展智力和能力、培养良好的思想品德的最基本的途径。因此,要提高教育教学质量,首先就要提高课堂教学质量,而要提高课堂教学质量,就要对课堂教学质量进行评价,从中找出影响课堂教学质量的因素,及时改进教学。

一般地说,小学数学课堂教学评价就是对照小学数学课堂教学目标,对教师和学生在课堂教学中的活动及由这些活动所引起的变化进行价值判断。客观公正而又科学的课堂教学评价,能充分发挥其诊断、反馈、导向、激励、调控等功能,对探索小学数学教学规律、发展小学数学教育理论、提高教师的教学水平和学生的学习质量都有十分重要的意义。

(二) 小学数学课堂教学评价指标

对小学数学教师课堂教学质量进行评价,必须依据明确的反映教师课堂教学质量的指标体系进行。近年来,全国各地的教研部门、学校和教师在教改实验或教学实践中都提出了评价课堂教学质量的指标体系。这些指标体系的项目多少不一,内容详略不同,但一般都注意到:指标和教学目标的一致性,直接可测性,系统内指标相互独立性,指标体系整体完备性,指标可接受性等。随着教学改革的不断深入,评价的指标体系也将不断地发生变化。从目前的教学现状来看,教学评价指标大都是从教学目标、教学内容、教学过程、教师素质、教学效果等方面来制订的。

1. 教学目标

一堂课的教学目标就是这堂课要达到的要求。在小学数学课堂教学中,教学目标对教师与学生的行为具有规范和约束的作用。教学不仅要包括数学知识与技能方面的要求,还应包括数学思考、解决问题,以及学生对数学的情感与态度。对目标的不同理解会导致不同的教学行为,从而形成不同的课堂教学。确定小学数学课堂教学目标应当遵循全面发展的教育思想,贯彻教学、教育与发展相统一的原则。教师应在深刻理解和掌握《课标(2011年版)》精神,了解本年级、本课题的教学任务的基础上,结合学生实际,写出具体、明确、全面、易于操作、易于评价的数学教学目标,而且能将数学教学目标贯穿于整个教学过程中,落实在每个教学环节上。

2. 教学内容

随着新课程改革的进行与深入,赋予教师更大的参与课程决策的权利,其中就包括教师对教学内容的选择与安排。数学教学内容,不仅是数学教材所呈现的内容,也包括教师把生活中与数学教学目标相关的事物纳入课程教学中成为教学的资源。教师应该根据已经确定的数学教学目标,安排好具体的教与学、讲与练的内容。教学内容应当是学生通过努力可以掌握的,同时也是实现数学教学目标所必需的。

教师在使教学任务具体化的过程中,应体现认识过程由浅入深、循序渐进的原则,突出重点、分散难点、抓住关键。此外,教师还应掌握数学教材内容的思想性、科学性和系统性,结合数学知识、技能的教学,注意对学生进行思想品德教育,培养学生良好的品质和学习习惯。

3. 教学过程

教学过程的核心问题是课堂结构。数学课堂教学结构的设计要符合儿童的认识规律,做到结构严密、安排合理、层次清楚、过渡自然。具体地说,复习检查的内容重点要突出,针对性要强;导入新课时要讲究导入艺术,能激起学生的求知欲;进行新课时要正确处理教与学的关系,充分体现教师的主导作用和学生的主体地位的统一;巩固练习要分层次进行,练习的数量、难度、坡度都要恰当,练习的形式要灵活多样,题型新颖,寓练于乐。此外,还要十分重视数学教学过程中的反馈与调控,能运用多渠道传递教学信息,并能及时地进行信息反馈,及时地调整教学进程,保证数学课堂教学始终围绕教学目标开展教与学的活动。

作为教师与学生在课堂教学中相对固定的行为方式,教学方法是课堂教学评价中的重要因素。数学教师应能根据不同学段的学生实际、教学目标和教材特点,灵活地选择教学方法和教学手段,并且能根据实际情况将各种教学方法有机结合起来,讲求实效,充分发挥学生的主体作用。无论哪一种教学方法,都要有利于学生的思维能力、动手操作能力、语言表达能力以及解决实际问题能力的培养;要充分发扬民主,为学生的质疑提供条件;设计练习要有针对性、层次性;坚持面向全体学生,因材施教。

教学的心理环境主要包括课堂教学气氛和课堂上的师生关系。这一要素在数学课堂教学活动开始前并不存在,只有在数学课堂教学活动开始后,这一要素才逐渐生成。而它一旦生成就会对数学课堂教学中教师与学生的行为产生持久和广泛的影响,进而影响到其他要素。

4. 教师素质

教师是课堂教学活动的策划者和领导者,作为课堂教学活动的主体之一,其在课堂教学中的行为会直接影响课堂教学的效果。课堂教学中的其他要素,如教学目标、教学内容、教学方法等必须以教师具体的教学行为为中介。在小学数学课堂教学中,教师通过合理确定教学目标,选择适当的教学方法,组织教学材料,安排学生的学习活动,机智地处理课堂上的突发事件等一系列教学行为,保证数学课堂教学质量。教师在数学课堂上的行为特征是由教师本人的学科知识、教学能力以及教师的人格特征决定的。教师要进行有效的教学,必须具备宽广的知识面和对知识的深刻理解。另外,教师的人格特质也会对数学教学效果产生影响。

5. 教学效果

教学效果是评价课堂教学的主要指标之一。一堂课的教学效果如何,可以通过当堂验收或从课堂中学生的反馈信息来判断。小学数学课堂教学的效果主要应考虑如下几个方面:学生是否已经掌握了数学基础知识和基本技能,智能是否已经有所提高,情感态度的教育是否恰当,学生参与数学活动的深度和广度,信息交流是否多向,学生回答问题的质量如何,学生思维是否活跃,数学课堂整体效果是否良好等。

以上简要论述了评价小学数学课堂教学质量的主要指标。如果有些教师在数学课堂教学的某一方面有特色或特长,那就应该加分。此外,不同课型的评价侧重面也不相同。在具体评价中,可以根据各个学校的师资水平或评价目的适当地调整各项指标的权重。目前,小学数学课堂教学评价一般是把定性评价与定量评价结合起来进行。如表 5.2 所示是一张以定量评价为主的小学数学课堂教学评价表,仅供教学评价时参考。必要时,可以按定量评价所得的分数将评价结果分等。例如将得分为 100～90 分者评为优,得分为 89～75 分者评为良,得分为 74～60 分者评为一般,得分为 59 分以下者评为较差。在评价表的最后一行要求评价者给出定性评价,这样会使评价更加全面。表中评价要点的设置、分值的确定以及等级划分是否恰当,尚有待于实践的检验,以求逐渐完善。

表 5.2 小学数学课堂教学评价表

学校_____ 班级_____ 执教者_____
课题_____ 评价人_____ 日期_____

评价指标	评价标准（优等参照标准）	评 分 标准达到度(分值)				得分
		完全达到	大部分达到	基本达到	部分达到	
教学目标	教学目标明确、具体、符合数学课程标准要求,切合教学实际。	15	12	9	6	

续表

评价指标	评价标准（优等参照标准）	评分				得分
		标准达到度（分值）				
		完全达到	大部分达到	基本达到	部分达到	
教学内容	教学内容正确，讲授准确无误，突出重点，抓住关键，分散难点，练习设计层次清楚，目的明确。结合教学内容渗透思想方法教育，培养良好的学习习惯。	25	20	15	10	
教学过程	课堂教学层次安排合理，各教学环节过渡自然，能较好体现教学的整体性和学生的学习规律。教学方法适合教学内容和学生特点，讲述、提问、讨论、合作、交流等方式安排合理，教学手段运用恰当。课堂活跃，师生之间有充分的有效交流。	25	20	15	10	
教师素质	课堂教学组织能力强。教态亲切自然，语言准确、精练，普通话好。板书设计合理、工整、美观。演示操作熟练。	15	12	9	6	
教学效果	按时完成教学任务，学生能够掌握基本的知识与技能，经历与体验有关的方法，形成相关的能力，表现出积极的情感和态度。	20	16	12	8	
定量评价指标总分						
总体印象（定性描述）				评价等第		

（三）小学数学课堂教学评价的实施

课堂教学评价的实施，可以通过多种途径，如领导评价、同行评价、学生评价和自我评价，并利用多种评价方法，如定量评价和定性评价等，来对课堂教学的实际情况做多方面的、综合的评定。下面主要介绍采用定量与定性相结合的方式，通过领导或同行对课堂教学进行综合评价的具体实施步骤。

1. 做好准备，认真听课

听课前，评价人员应对教学评价的基本知识有所了解；熟悉《课标（2011年版）》中对本单元教学的目标要求以及评价建议，明确本节课在本单元中的地位和作用；理解课本的内容，尽可能阅读执教者撰写的教案。在听课中，按照评价表中的项目和重点认真做好摘要记录，以便及时地评定等级，综合评价其主要优缺点。

2. 简要记录，分项评分

听课中，评价者要认真地做好听课记录，记录主要关注的应是学生的参与、活动、交流及反思和学习效果的情况。对教师在教学过程中的安排、设问、讲解、演示、板书、收集、处理学生情况的方式以及反馈的适当性的评价都不要陷入一种固定的模式或标准,而是从它们对学生学习是否具有促进作用的角度评价这些方面是否处理恰当,在给评价指标的各个项目打分时适当地给予考虑。同时,还应该记录评价者对一节课的整体印象。

听课后,评价者应根据自己的记录并回顾全堂课的实施过程,从整体出发,全面衡量各项指标达到要求的程度,认真评出分数,填入评价表中。应该注意的是,评价人必须熟悉评价标准,理解指标含义,认真分析实施过程偏离标准的程度、性质及后果,实事求是、公正合理地评出分数。

3. 计算总分,综合评价

将各评价项目的实际得分相加得出总分,按规定给出等级。若是多人参与评价,可先计算各评价项目的平均值,然后再相加,得出评价总分,也可以对每位评价者所得总分进行平均,得出评价总分。

课堂教学评价不能以评价人根据听课笔记给出一个分数就完事,还应该听取主讲教师介绍本堂课的设计构思和实施过程的自评意见。如果可能,还可以征求学生的课后反映,查看学生的作业,对学生进行口头或书面的测验。在全面了解和考察的基础上,对这堂课的优、缺点从总体上做出全面的分析,并扼要地写出综合性评语,明确地指出这堂课主要的优、缺点和进一步改进教学的意见。

(四) 小学数学课堂教学评价的注意事项

对课堂教学质量进行评价是一项细致复杂的工作,为了客观、公正、全面、有效地评价小学数学课堂教学,应该注意以下几点:

1. 注意评价的整体性,坚持全面评价

课堂教学是一个多因素相互作用下的有机整体。要求评价人从整体出发,掌握统一的评价标准,坚持全面评价。

2. 充分发挥评价的功能,把评价和改进课堂教学结合起来

课堂教学评价的目的,不只是对课堂教学给出一个等第,而应把数学课堂教学评价与改进数学课堂教学结合起来。着重分析成功的原因,以及研究改进教学的可能性和措施。

3. 充分发挥执教人自我评价的作用

现代教育评价理论十分强调评价的主体性,认为授课者应当是评价的主体,应该充分发挥授课教师在评价过程中的作用。课堂教学评价应建立在自评的基础上,从而进一步激发教师改进教学的热情。

思考与练习

1. 什么是说课?说课与备课、上课的关系如何?
2. 开展说课活动有何意义?
3. 以"小数的性质"为课题,设计说课案例。
4. 小学数学课堂教学评价的主要指标有哪些?
5. 小学数学课堂教学评价实施的基本步骤是什么?
6. 到小学听一堂数学课,然后对该堂课进行评价,并在班级内组织一次讨论。

> 阅读材料

中国数学课堂教学基本特点

研究者采用"课例调查—问卷访谈—专家讨论"的方法,发现中国数学课堂教学的基本特点如下:

1. 注重复习引入,把新知识建立在旧知识的基础上。复习引入是课堂教学的一个重要环节。

2. 循序渐进,教学过程呈渐进式,注重课堂结构。课堂教学一般分为4—5个教学环节。

3. 注重典型样例(例题)的分析,所花时间约占课堂教学时间的三分之一。通过例题的分析让学生明确基本的知识和方法。

4. 注重巩固复习,做一些模仿性练习,也有适当的重复。

5. 注重练习,在每一节数学课上都有练习的环节,教师注重变式练习的设计,通过变式练习促进学生能力发展和对知识的理解深化。

6. 注重反馈,教师较多利用小测验等方法检查学生的学习情况,并让学生对错题进行订正。

这些与中国传统文化密切相关,自古以来就有"温故知新""熟能生巧""循序渐进""学而时习之""知行合一"等教育思想,这六个特点体现了中国文化的传统,也构成了中国文化背景下的课堂教学的基本模式。这对于形成学生扎实的"双基"非常有利。当前中国教师也正在探索如何把中国传统方法与现代数学教学思想相结合,在减轻过重负担的同时,提高学生的数学素养。

(摘自:王建磐.中国数学教育:传统与现实.江苏教育出版社,2009:67 - 68)

参考文献

[1] 中华人民共和国教育部.义务教育数学课程标准(2011年版).北京:北京师范大学出版社,2012.

[2] 曹培英.提高小学数学练习设计有效性的研究.小学数学教师,2011(5 - 6).

[3] 白永潇,张丹.整体实现课程目标 重视学生主体地位.小学教学,2012(7 - 8).

[4] 王光明,康玥媛.小学数学教学设计.北京:教育科学出版社,2014.

[5] 涂荣豹.数学教学设计原理的构建——教学生学会思考.北京:科学出版社,2018.

[6] 范文贵.小学数学教学论(第二版).上海:华东师范大学出版社,2016.

[7] 孙雪梅,朱维宗,吴波等.数学教学设计.哈尔滨:哈尔滨工业大学出版社,2019.

第六章　数与代数的教学

《课标(2011年版)》将义务教育数学课程内容划分为"数与代数""图形与几何""统计与概率"和"综合与实践"四个部分。从本章起,我们对小学阶段上述四部分内容的教学逐一进行研究。

"数与代数"是整个数学知识体系的基石,在义务教育阶段的数学课程中占有重要地位。了解数与代数教学的价值、目标、内容以及各部分内容教学的策略,能更好地把握该领域教学的规律。

> **学习的基本要求**
> 　　1. 了解数与代数教学的价值、目标与内容;
> 　　2. 掌握数的认识、数的运算、量与计量、代数初步与探索规律等各部分内容的教学基本策略;
> 　　3. 会正确解读相关教材,发展"数与代数"的教学设计能力与课堂教学素养。

第一节　数与代数教学的价值、目标与内容

一、数与代数的教学价值

数与代数的内容主要包括数与式、方程、不等式与函数等,它们都是研究现实世界数量关系和变化规律的数学模型。小学数学中数与代数的内容是以往数与计算、代数初步知识和量与计量的部分内容的整合,这些知识历来是我国小学数学教学内容的主体,是进一步学习数与代数及其他各部分内容的必备基础。具体说,数与代数的教学价值如下:

(一) 能使学生体会到数学与现实生活的紧密联系

数与代数的知识本身具有抽象性,但其反映的内容往往与生产生活联系密切,是现实世界数量关系和变化规律的抽象。因此,在数与代数教学中,联系生活实际,把生活经验数学化,数学问题生活化,能使学生体会到数学就在身边,从而感受到数学学习的价值。

(二) 有助于促进学生对数学学习的兴趣,培养初步的创新意识和发现能力

在"数与代数"的学习过程中,通过创设丰富多彩的问题情境,引导学生逐步建立、扩展数的概念,进行数的运算,建立数学模型与求解,以及对现实世界中数量关系及其变化

规律的探索等活动,有助于促进学生对数学学习的兴趣,培养学生初步的创新意识和发现能力。

(三)有助于学生树立辩证唯物主义观点,学会利用科学观点认识现实世界

"数与代数"的知识是在人类生产与生活中产生和发展的,数与代数的学习中涉及许多相互依存、对立统一的概念和方法,如整数与分数、约数与倍数、正数与负数、加与减、乘与除、通分与约分、精确与近似等,同时,在正、反比例与函数的学习中,还充满着运动、变化的思想。这些内容都有助于渗透辩证唯物主义的观点,有利于学生学会用科学观点去发现与提出问题,分析与解决问题。

二、数与代数的课程目标

《课标(2011年版)》在概述总目标之后,就每一学段的教学分别从知识技能、数学思考、问题解决与情感态度等四个方面对总目标进行了具体阐述。表6.1罗列了第一、二学段"数与代数"部分的课程目标。

表6.1 第一、二学段"数与代数"部分的课程目标

	第一学段	第二学段
知识技能	经历从日常生活中抽象出数的过程,理解万以内数的意义,初步认识分数和小数;理解常见的量;体会四则运算的意义,掌握必要的运算技能;在具体情境中,能进行简单的估算。	体验从具体情境中抽象出数的过程,认识万以上的数;理解分数、小数、百分数的意义,了解负数;掌握必要的运算技能;理解估算的意义;能用方程表示简单的数量关系,能解简单的方程;能借助计算器解决简单的应用问题。
数学思考	在运用数及适当的度量单位描述现实生活中的简单现象,以及对运算结果进行估计的过程中,发展数感。	初步形成数感,感受符号的作用;在观察、实验、猜想、验证等活动中,发展合情推理能力,能进行有条理的思考,能比较清楚地表达自己的思考过程与结果;会独立思考,体会一些数学的基本思想。
问题解决	能在教师的指导下,从日常生活中发现和提出简单的数学问题,并尝试解决;了解分析问题和解决问题的一些基本方法,知道同一个问题可以有不同的解决方法;体验与他人合作交流解决问题的过程;尝试回顾解决问题的过程。	尝试从日常生活中发现并提出简单的数学问题,并运用一些知识加以解决;能探索分析和解决简单问题的有效方法,了解解决问题方法的多样性;经历与他人合作解决问题的过程,尝试解释自己的思考过程;能回顾解决问题的过程,初步判断结果的合理性。
情感态度	对身边与数学有关的事物有好奇心,能参与数学活动;在他人帮助下,感受数学活动中的成功,能尝试克服困难;了解数学可以描述生活中的一些现象,感受数学与生活有密切联系;能倾听别人的意见,尝试对别人的想法提出建议,知道应该尊重客观事实。	愿意了解社会生活中与数学相关的信息,主动参与数学学习活动;在他人的鼓励和引导下,体验克服困难、解决问题的过程,相信自己能够学好数学;在运用数学知识和方法解决问题的过程中,认识数学的价值;初步养成乐于思考、勇于质疑、实事求是等良好品质。

从上述学段目标的阐述可以看出数与代数教学的整体性与层次性。一方面,上述目

标从整体上考虑了学生的数学发展,涵盖了数与代数学习的主要知识技能,综合考虑了数学能力的培养、智力因素与非智力因素的发展,部分目标(如问题解决与情感态度)既反映在数与代数的教学中,也渗透到其他三部分内容的教学中。另一方面,对于具体内容教学的阶段要求也是层次分明,如数的抽象,第一学段的表述是"日常生活",第二学段的表述是"具体情境",再如数感的教学,第一学段是"发展数感",第二学段是"初步形成",目标明确具体,操作性强。应予指出的是,问题解决与情感态度目标是各部分内容教学合力的效果,作为小学数学最基础、最重要的内容之一,数与代数的目标达成度需充分关注。

三、数与代数的课程内容

数与代数在小学数学课程内容中占有很大比重。《课标(2011年版)》对小学阶段数与代数部分进行了合理安排,主要包括数的认识与运算、常见的量、式与方程、比与比例、探索规律等内容。具体如下:

第一学段:

(一) 数的认识

(1) 在现实情境中理解万以内数的意义,知道万以内数的十进制组成,能认、读、写万以内的数,能用数表示物体的个数或事物的顺序和位置。

(2) 能说出各数位的名称,理解各数位上的数字表示的意义;知道用算盘可以表示多位数。

(3) 理解符号<,=,>的含义,会比较万以内数的大小。

(4) 在生活情境中感受大数的意义,并能进行估计。

(5) 能结合具体情境初步认识小数和分数,能读、写小数和分数。

(6) 能结合具体情境比较两个一位小数的大小,能比较两个同分母分数的大小。

(7) 能运用数表示日常生活中的一些事物的数量,并能进行交流。

(二) 数的运算

(1) 结合具体情境,体会整数四则运算的意义。

(2) 能熟练地口算20以内的加减法和表内乘除法,能口算百以内的加减法和一位数乘除两位数。

(3) 能计算三位数的加减法,一位数乘三位数、两位数乘两位数的乘法,三位数除以一位数的除法。

(4) 认识小括号,能进行简单的整数四则混合运算(两步)。

(5) 会进行同分母分数(分母小于10)的加减运算以及一位小数的加减运算。

(6) 能结合具体情境进行估算,并会解释估算的过程。

(7) 经历与他人交流各自算法的过程。

(8) 能运用数及数的运算解决生活中的简单问题,并能对结果的实际意义做出解释。

(三) 常见的量

(1) 在现实情境中，认识元、角、分，并了解它们之间的关系。

(2) 能认识钟表，了解 24 时计时法；结合自己的生活经验，体验时间的长短。

(3) 认识年、月、日，了解它们之间的关系。

(4) 在现实情境中，感受并认识克、千克、吨，能进行简单的单位换算。

(5) 能结合生活实际，解决与常见的量有关的简单问题。

(四) 探索规律

探索简单情境下的变化规律。

第二学段：

(一) 数的认识

(1) 在具体情境中，认识万以上的数，了解十进制计数法，会用万、亿为单位表示大数。

(2) 结合现实情境感受大数的意义，并能进行估计。

(3) 会运用数描述事物的某些特征，进一步体会数在日常生活中的作用。

(4) 知道 2，3，5 的倍数的特征，了解公倍数和最小公倍数；在 1—100 的自然数中，能找出 10 以内自然数的所有倍数，能找出 10 以内两个自然数的公倍数和最小公倍数。

(5) 了解公因数和最大公因数；在 1—100 的自然数中，能找出一个自然数的所有因数，能找出两个自然数的公因数和最大公因数。

(6) 了解自然数、整数、奇数、偶数、质(素)数和合数等概念的意义。

(7) 结合具体情境，理解小数和分数的意义，理解百分数的意义；会进行小数、分数和百分数的互化(不包括将循环小数化为分数)。

(8) 能比较小数的大小和分数的大小。

(9) 在熟悉的生活情境中，了解负数的意义，会用负数表示日常生活中的一些量。

(二) 数的运算

(1) 能计算三位数乘两位数的乘法，三位数除以两位数的除法。

(2) 认识中括号，能进行简单的整数四则混合运算(以两步为主，不超过三步)。

(3) 探索并了解运算律(加法的交换律和结合律、乘法的交换律和结合律、乘法对加法的分配律)，会应用运算律进行一些简便运算。

(4) 在具体运算和解决简单实际问题的过程中，体会加与减、乘与除的互逆关系。

(5) 能分别进行简单的小数、分数(不含带分数)加、减、乘、除运算及混合运算(以两步为主，不超过三步)。

(6) 能解决小数、分数和百分数的简单实际问题。

(7) 在具体情境中，了解常见的数量关系：总价＝单价×数量、路程＝速度×时间，并能解决简单的实际问题。

(8) 经历与他人交流各自算法的过程,并能表达自己的想法。

(9) 在解决问题的过程中,能选择合适的方法进行估算。

(10) 能借助计算器进行运算,解决简单的实际问题,探索简单的规律。

(三) 式与方程

(1) 在具体情境中能用字母表示数。

(2) 结合简单的实际情境,了解等量关系,并能用字母表示。

(3) 能用方程表示简单情境中的等量关系(如 $3x+2=5, 2x-x=3$),了解方程的作用。

(4) 了解等式的性质,能用等式的性质解简单的方程。

(四) 正比例、反比例

(1) 在实际情境中理解比及按比例分配的含义,并能解决简单的问题。

(2) 通过具体情境,认识成正比例的量和成反比例的量。

(3) 会根据给出的有正比例关系的数据在方格纸上画图,并会根据其中一个量的值估计另一个量的值。

(4) 能找出生活中成正比例和成反比例关系量的实例,并进行交流。

(五) 探索规律

探索给定情境中隐含的规律或变化趋势。

四、《课标(2011 年版)》课程内容简析

(一) 数的认识

一是突出数概念在小学数学中的基础性地位。自然数、小数、分数、百分数等概念是学生数学概念逻辑系统建构的基础。《课标(2011 年版)》要求明确具体,内容操作性强。例如,在第一学段中,提出"在现实情境中理解万以内数的意义,能认、读、写万以内的数";在第二学段中,提出"会运用数描述事物的某些特征,进一步体会数在日常生活中的作用","结合具体情境,理解小数和分数的意义,理解百分数的意义"。强调结合具体情境认识数,不仅能使学生感受到数学与生活的联系,而且有利于学生体会数的抽象意义和作用,增强应用数的意识。

二是突出数感的培养。数感是指关于数与数量、数量关系、运算结果估计等方面的感悟。"数感"是《课标(2011 年版)》确立的十个核心概念之一。《课标(2011 年版)》强调应把数感的培养贯穿在整个数与代数教学的始终。从这一要求出发,在"数的认识"学习中,处处突出对学生数感的培养,强调在现实情境中认数、读数、写数,感受数值大小,体会数的量化功能,结合现实情境感受大数的意义。

(二) 数的运算

数的运算内容设置充分体现了传承与创新的统一。众所周知,运算能力是数学能力

结构的重要组成部分,也是数学核心素养的基本成分,学生运算能力不强会影响后续数学乃至其他学科学习。因此,历次大纲或课程标准对数的运算内容设置都比较重视。《课标(2011年版)》关于数的运算扭转了过去一段时间以来小学数学轻视算理、忽视算法优化、淡化技能训练倾向,把传统教学重视的因素与新课程的做法有机结合起来,提高了运算能力的要求。

例如,百以内加减法和一位数乘除两位数是多位数笔算的基础,因此在第一学段提出明确的"口算"要求;笔算内容由于近年来计算机与计算器的普及,单纯的复杂计算价值不大,因此要求比较明确,提出"认识小括号,能进行简单的整数四则混合运算(两步)"。关于估算,我们知道这是一种日常生活中常用的方法,在许多问题情境中需要用到估算,有时估算可能会比精确计算更有用,因此新课程非常重视,要求教师自始至终重视估算的教学。《课标(2011年版)》关于估算的要求更加明确具体。如在第一学段中,提出"能结合具体情境选择适当的单位进行简单的估算,体会估算在生活中的作用"。

(三) 式与方程

"式与方程"的学习标志着学生从算术学习过渡到代数学习,从对"数量"的理解过渡到对"关系"的探讨。从中小学数学教学的衔接看,"式与方程"学习的关键性不言而喻。

由于代数知识比较抽象,《课标(2011年版)》关于这部分内容注重通过情境体验与直观感受引领学生理解抽象知识。例如,提出"结合简单的实际情境,了解等量关系,并能用字母表示"。这里既提出了内容要求,又给出了学习路径,从而把学习过程置于一个能够体验的情境中,通过直观的感受理解字母表达式所反映的等量关系。再如,关于方程学习,提出"能用方程表示简单情境中的等量关系(如 $3x+2=5,2x-x=3$),了解方程的作用"。方程的学习,以往注重的是有关概念和技能,学生没有经历数学建模的过程,无法真正体会方程的价值。能用方程表示简单情境中的等量关系,就是在具体情境中,运用方程建立等量关系,有利于学生体会方程是刻画现实世界的一个有效的数学模型。另外,关于解方程的方法,课程标准虽提出用等式的性质解,但从"了解等式的性质"这一要求看,并非强制要求。根据等式性质解方程只是其中的一种方法,允许学生选用不同的方法解方程。这样处理,既不妨碍中小学数学教学的衔接,也尊重了学生已有的知识经验。

(四) 探索规律

某种程度上讲,数学科学的发展就是数学规律不断地揭示、推理与应用的过程。因此,当下小学数学课程特别重视"探索规律"的课程内容,尤其是随着基础教育课程聚焦学生核心素养发展,探索规律的教学价值凸显。史宁中教授将数学学科的核心素养解读为:会用数学的眼光观察现实世界,用数学的思维思考现实世界,用数学的语言表达现实世界[1],从这一角度讲,数学规律的探索是发展学习者数学核心素养的高效路径。

根据课程"探索规律"的课程目标,当下小学数学课程不仅在知识学习、习题训练过程

---

[1] 史宁中.数学基本思想18讲[M].北京:北京师范大学出版社,2016:2.

中大量涉及各类数学规律的探索,如在第二学段提出"探索并了解运算律(加法的交换律和结合律、乘法的交换律和结合律、乘法对加法的分配律),会应用运算律进行一些简便运算",而且将"探索规律"单列板块,作为"数与代数"的课程内容呈现。但应注意的是,把"探索规律"归属于"数与代数"并不意味着其他领域无须探索规律,相比而言,"数与代数"蕴含的规律更丰富。另外,计算器不仅仅具有计算的功能,它还可以被用来进行一些数学规律的探索或验证活动。对计算器的使用,《课标(2011年版)》提出"能借助计算器进行运算,解决简单的实际问题,探索简单的规律"。这一要求凸显了计算器在探索规律中的独特功能。

(五) 实际问题

在以往的数学教材中,应用题是除"数与计算"外的第二大部分内容,但有些应用题与生活实际脱节,并且教学过程中存在着将问题僵化成固定类型等弊病。因此历来是数学教材改革的重点内容之一,但以往改革大都表现为量的增减和难度的升降,改革的总体趋势是:内容由繁难庞杂趋向于简洁明了,解法由算术解到算术解与方程解相结合,能力培养上由单纯重视解题技能发展为同时重视解题思路。当前小学数学把应用题不再单列为学习类目,而代之以一种教育价值更高的"实际问题"。这种实际问题题材更丰富,呈现方式更生动,解决模式可能不唯一,答案具有开放性,等等。

随着"问题情境—建立模型—解释、应用与拓展"这种"问题解决"学习模式的推广,数学知识的呈现更多地以"原型—模型—应用"的方式出现,情景化的"实际问题"成为其中的"原型"和"应用"的主要角色,成为学生掌握知识,培养能力和开展探索、合作、交流的重要载体。实际问题解决的教学实质是贯穿在各领域内容教学的始终。如在"数与代数"领域,新课程始终强调计算教学与问题解决教学的融合。值得提出的是,《课标(2011年版)》在重视分析与解决问题能力的同时,突出了发现与提出问题能力的培养;在掌握分析与解决问题的基本方法的同时,了解解决问题方法的多样性。

思考与练习

1. 简述数与代数教学的价值。
2. 以一套小学数学教材为例,简述各册教材"数与代数"领域的内容及其编排。

第二节 数与量的概念教学

关于数学知识的教学,《课标(2011年版)》指出:"应注重学生对所学知识的理解,体会数学知识之间的关联。"数学概念是数学知识体系的重要组成部分,而数与量的概念则是数学概念逻辑体系中最基本的部分,正确理解数与量的概念,弄清概念与概念之间的关联对于学生概念逻辑体系的构建,乃至学生认知结构的形成与发展都具有积极的意义。

一、自然数概念的教学

自然数概念的教学内容一般包括:20以内、100以内、万以内以及万以上数的认识(或者称"大数的认识")四个阶段,另外还包括因数与倍数等内容。

自然数是现实世界中"实实在在"存在的数,在自然数基础上逐步扩展形成的整数、有理数、实数,乃至复数、超复数等,本质上说是更高程度的数学抽象。德国数学家克罗内克(Leopold Kroneker,1823—1891)有句名言:"上帝造就了自然数,其他的数都是人为的。"因此,自然数概念的学习具有丰富的现实原型。另外,我们知道,数学概念学习有概念形成与概念同化之分。作为数学概念体系最基础部分的自然数概念,通常运用丰富的现实原型,根据概念形成的心理过程进行教学,即在儿童的生活经验基础上逐步抽象概括出自然数概念。具体来说,自然数概念的教学包括以下几点:

(一)引导学生在生动具体的情境中认数

小学生的认数过程,实质上浓缩了人类几千年认数过程的精华,要使他们在很短时间内,经历人类认数这一漫长的历史发展过程,达到对数的意义的理解,必须依赖于他们的生活经验这一基础。因此教学过程中,要充分利用生动具体的情境,借助数概念丰富的生活原型,逐步抽象,形成概念。一般来说,情境创设应来源于现实生活,如当前教材大都安排了主题图,教学设计应充分利用主题图创设生活情境。当然也可充分发挥教学设计的艺术,不要局限于教材,也不要拘泥于生活,要善于创设多样化的有效的情境,如童话情境、游戏情境等。

案例6.1 "0"的认识

【教材】苏教版义务教育教科书《数学》一(上)

【教学片段】

(一)教学例3

师:星期天到了,四只小兔约好到野外采蘑菇,我们来看看,它们分别采了多少个蘑菇?(出示主题图)每个小兔采的蘑菇可以用哪个数表示呢?

(学生介绍时,教师对应写出3、2、1、0。教师在写0时,动作慢一点,让学生看清楚0是怎么写的。同时强调说明一个也没有用0表示,0与1、2、3一样也是一个数。)

(二)教学"试一试"及0的写法

让学生想一想,两幅图表示怎样的一件事情,再跟同桌说一说。

师:原来的萝卜数用什么数表示?现在呢?教师强调一个萝卜也没有用0表示。

师:你会写0吗?(让学生先想一想怎样写0,再让学生尝试在田字格里书写0。)

教师引导全班学生对几个学生的书写做出评价,同时教师强调写0时的起笔、拐弯和收笔,强调拐弯要圆滑。

(三)教学例4

师:通过刚才的学习,我们知道0这个数可以表示什么?是不是所有的0都表示一个都没有呢?请每位小朋友拿出自己的直尺,看一看直尺开始的地方是几?直尺上的数是怎样排列的?请你从左到右依次读一读。

【点评】创设兔子采蘑菇的童话情境,引导学生在观察、比较、分析、判断、概括中逐步感受"0"的抽象意义,"一个也没有","没有了"都用"0"表示,"0"还可以表示起点。三个例子,三个层次,符合一年级小朋友的年龄特征。

（二）突出自然数抽象意义的理解

一般可从两个角度理解自然数的抽象意义：一是利用数的组成帮助学生逐步建构，二是联系实际体会。传统教学偏重前者，新课程则认为把两个角度有机结合起来效果更好。因此，教学中可从以下几个方面帮助学生理解自然数的意义。

(1) 联系实际体会自然数的意义，使学生在应用中深化对数概念的认识。例如，10以内数认识的教学对于数概念的建立与发展非常关键。有人认为，儿童在入学前大都会数10以内的数，许多儿童在幼儿园就已经学习了10以内的数，因此只要关注写数即可。这种看法是偏颇的。由于思维特点与认知规律的特殊性，儿童对这些数所代表的实际意义不一定理解得很清楚。因此，教学时应注重引领学生联系实际理解数的抽象意义。华罗庚说过："数（shù）产生于数（shǔ）。"数数是教学中常用的方法。通过数数，逐步把数从具体事物中抽象出来。通过数数可使学生理解数的顺序和大小。数数时，可以顺着数，也可以倒着数。从认识0开始，可以让学生观察直尺上的数，从中间某个数起顺数或倒数，还可联系生活实际数。例如，通过排队买票的场景，让学生直接观察、数数，看出一共有几人在排队，某人排在第几个；让学生数出教室里一列有几个座位以后，再让学生指出某同学处在第几个座位。通过这些联系实际的练习，可以使学生充分地体会到自然数的基数意义与序数意义。

(2) 重视数的读写教学。正确读写自然数与理解自然数意义是相互促进的。对自然数意义的理解是正确读写数的基础，可以使学生在读写数时事半功倍；反之，熟练地读写数也能使学生更好地理解自然数的意义。数的读写教学要注意：① 在低年级，对数的组成与分解，要作为基本的技能来训练，在高年级，要在读写中体会数的组成与分解；② 读写数教学的重点是万以内数的读法与写法，难点是多位数（特别是中间有零的）的读法与写法。突破的方法是根据自然数的十进制组成先分级，再从高往低逐级读，突破了读法，写法也就不难了。

(3) 了解十进制计数法。十进制计数法的主要内容有二：一是计数单位间的关系——每相邻两个计数单位间的进率是10；二是计数法的位值原则——哪个数位上的数字是几，就表示有几个这样的单位。了解十进制计数法有助于加深对自然数的意义的理解。教学中要注意联系各种现实情境引导学生逐步感悟十进制计数法的本质。

例如万以内数的认识的教学关键是新计数单位"千"与"万"。教学中要充分运用各种现实情境，引导学生感受新计数单位，理解新计数单位的意义。首先，可出示一些图片，如珠穆朗玛峰的高度、商店里家用电器的价格等，使学生感受比100大的数，然后，再让学生找一找周围生活中这样的大数。为了使学生认识新的计数单位"千"，可出示一个由10×10×10个小正方块组成的正方体，让学生先估计一共有多少个正方体，再数一数一共有多少个。当然要讲究数的方法，这一过程可结合学具操作，在小组合作与全班交流中进行，从而复习已学过的计数单位"个""十""百"，然后再以一千个小立方体为单位，出示图片，组织学生一千一千地数，感受几千的实际含义，进而认识到10个一千是一万，认识到新计数单位"千"与"万"之间的十进关系。为了让学生认识新计数单位"千"与"万"有多大，可联系实际引导学生思考和想象，如1 000名学生在操场上活动的场面，万人体育馆的场景,一千页的书有多厚,10本这样的书又有多厚,等等。

(三)循序渐进培养学生的数感

"数感"是《课标(2011年版)》提出的十个核心概念之一,是儿童数学学习必备的基本素养。关于数感的构成要素,有研究者认为包括"数的意义、数的表示、数的关系、数的运算、数的估算、数的问题解决"等六个方面。① 这一观点涵盖了数概念学习的各个方面,同时也说明了学生数感的形成与发展不仅是数概念教学的核心,也是后继知识学习必须关注的方面。应予指出的是,数感与数学知识的多少有关联,但绝不是正比例关系。"数感更多地表现为应用数与运算的态度与意识,突出表现为主动、自觉地应用"。②

数感发展的关键期是小学低中年级,数概念的教学是培养学生数感的开端。教学中要善于从学生的生活经验着手,挖掘数感培养的生活素材,通过观察、操作等活动感受数的意义,鼓励学生大胆用数交流,通过多种方法表述数或进行计算,引导学生进行估算等。采用这些有效做法潜移默化地施加影响。例如,估算是培养学生数感的很好载体。大数认识过程经常要运用估算。如估计操场上大约有多少人,一个体育馆大约能容纳多少人,从自己的家走到学校大约走多少步,等等。但是这些大数对于学生来说感性经验并不丰富,还是比较抽象的。教学时可结合现实情境或事例,引导学生逐步建构大数的意义,发展数感。如100万个小时相当于一个114岁的人生活的总时数,等等。

(四)在因数与倍数等概念教学中进一步理解自然数

这部分内容属于数论的最基础知识,概念比较多,也比较抽象,许多概念如奇数和偶数,质(素)数和合数等容易混淆。掌握这部分知识不仅能丰富学生对自然数本质属性的理解,也有助于学生数感的进一步发展,同时为后面分数的学习奠定了基础。教学过程中,应注重通过自主探究活动引导学生亲历概念的自我建构与规律的归纳概括过程。

案例 6.2　质数与合数

【教材】苏教版义务教育教科书《数学》五(下)

【教学片段】

(一)复习导入

谈话:前面我们已经学习有关倍数和因数的知识,你能找出一个非零自然数的因数吗?同学们都有自己的学号,请把表示你学号的这个数的所有因数找出来。

选择一些同学发言,逐一板书他们学号的因数。其余同学互相交流。

(二)分类比较,揭示概念

谈话:请同学们仔细观察黑板上这些数,能不能把这些数分分类?小组可以互相议一议,再指名回答。

可能的分类有:(1) 奇数与偶数;(2) 因数个数不同;(3) 一位数与两位数。

总结:这些分法都有道理。奇、偶数我们以前已经认识了,今天我们重点来研究按

---

① 郭名.小学生数感的发展与特征研究[D].东北师范大学博士论文,2009.
② 黄爱华,罗忧红.理解意义,培养数感[J].人民教育,2006(13):19.

因数个数分类的情况。像这样只有两个因数(1与它本身)的数,叫作质数,也叫作素数;有两个以上因数的数叫作合数。

(三)观察讨论,建立概念

师:同学们仔细观察一下,质数有什么特征?合数有什么特征?相互之间可以议一议。

生:质数的因数只有1和它本身两个,合数的因数除了1和它本身之外还有别的因数。

师:有没有不同意见?谁再来说一说?课本上又是怎么说的呢?

(四)举例说明,巩固概念

师:现在我们知道了什么是质数,什么是合数,那么除了黑板上的这些数,你还能举一些例子吗?

生:17,23,31,37,51是质数,4,16,20,25,32是合数。

师:这些数是不是质数?我们来判断一下。

生:17、23、31、37是质数,51不是质数。

师:51为什么不是质数?

生:因为51除了1和它本身以外,还有因数17和3,所以是合数。

师:这些都是合数吗?(学生没有意见)谁能说说20为什么是合数?

最后讨论"1"的特殊性:得出1既不是质数,也不是合数,因为它只有一个因数。

【点评】质数与合数概念比较抽象,教师严格遵循学生概念学习的心理过程展开教学。开始紧紧抓住"因数"这一知识基础,就地取材,让学生找一找表示自己学号的数的因数,从而使抽象的教学内容变得现实具体,贴近学生生活。通过进一步的观察、讨论,逐步认识质数、合数概念的内涵与外延,自主建构概念的意涵。整个过程学生参与度高,效果显著。

二、分数、小数、百分数、负数概念的教学

分数、小数概念虽然与我们日常生活关系密切,但学生认识分数与小数的含义要比认识整数困难得多。为使学生更好地理解分数与小数的含义,课程标准以及历次大纲均将这部分内容分段教学。通常分成两个阶段:第一阶段主要结合学生的生活经验,初步地认识分数与小数;第二阶段再系统学习分数、小数的知识,并结合日常生活中的应用把分数进一步拓展到百分数。

关于分数与小数的编排顺序问题,我们知道,小数(有限小数)实质上是十进分数的改写形式。所以,从数学科学本身的发展顺序来讲,应当先教学分数,再教学小数。但是,分数的书写形式和运算法则与整数差异显著,并且需要数的整除知识作基础,学生接受有困难。而小数的计数系统是从整数的十进位制扩充而来,小数的写法和运算法则与整数类似,学生可以通过类比迁移进行学习。同时,小数在生活中的应用比分数更广泛。所以,从学生认知发展顺序来讲,宜先学习小数。因此,对于分数与小数的编排顺序历来存在着不同的做法。一般是把数学本身的发展顺序与学生的认知发展顺序结合起来,具体编排上苏教版与人教版教材略有不同。

（一）分数的认识

现行教材中分数概念通常从三个层面帮助学生理解：

一是"比率"，即指部分与整体的关系或部分与部分的关系。例如一个圆平均分成 4 份，每一份是整体的 $\frac{1}{4}$，反映的是部分与整体的关系；再如小红有 5 个苹果，小丽有 3 个苹果，小红的苹果是小丽的 $\frac{5}{3}$ 倍，可视为部分与部分的关系。这一层面的理解，可帮助学生完成对分数的基本性质以及通分、约分等相关知识的正确认识。

二是"度量"，指的是可以将分数理解为分数单位的累计。例如 $\frac{3}{4}$ 里面有 3 个 $\frac{1}{4}$，就是用分数 $\frac{1}{4}$ 作为单位度量 3 次的结果。这一层面的理解，可以大大丰富学生对分数的认识。度量层面的体验也可直接作用于分数加（减）法的学习中。

三是"商"，即把分数视为两个整数相除的结果（即商定义）。这一层面能使学生认识到分数也是一个数，也可和其他数一样进行运算。

以上三个层面对学生多角度认识分数都发挥着重要作用。它们相辅相成，共同承担着分数意义的完善建构。

实际教学一般分成两个阶段。

第一阶段，教学"分数的初步认识"，一般安排在第一学段。主要是结合现实情境认识具体分数，突出分数的实质是"平均分"，帮助学生初步建立分数是部分与整体的关系。

第二阶段，教学"分数的意义与基本性质"，多维度理解分数概念的内涵，一般安排在第二学段。通过实例，使学生理解：单位"1"不仅能表示一个物体、一个计量单位，还可以表示由一些物体组成的整体。在此基础上引导学生明确分数的意义和分子、分母的含义，并且着重理解分数单位的概念，明确不同分母的分数有着不同的分数单位，知道一个分数和"1"都是由几个分数单位组成的，从而为分数四则运算的教学奠定基础。

分数概念比较抽象，是数概念教学的一个难点，要使学生理解分数概念的抽象意义，必须遵循数概念教学的一般规律。除此之外，还要注意以下几点：

（1）充分利用与学生生活密切相关的真实场景，引导学生通过操作感悟分数的意义。分数的产生源于均分与度量的需要，而"均分"与"度量"在日常生活中经常出现。在教学分数概念时，充分运用直观形象，配以生活中的真实场景，能使学生更好地感悟概念的意义。

（2）充分利用各种模型，在不同层次上理解分数的意义。初步认识分数概念通常借助于学生熟悉的日常事物与活动。例如，把一个月饼平均分为两份，其中的一份是 $\frac{1}{2}$ 个，把一张纸平均分为四份，其中的一份是 $\frac{1}{4}$。这里实质是从"面积模型"的角度来理解分数，除此之外，还有集合模型、数轴模型等。

集合模型与面积模型联系密切，但理解难度大，关键是"单位1"不再是把一个物体作为"1个整体",而是把几个物体看作"1个整体",作为一个"单位",所取的"一份"也不是"一个",可能是"几个"作为"一份"。例如,把 4 个桃子看作"单位 1"平均分成 2 份,每份 2 个占整体的 $\frac{1}{2}$。分数的集合模型的核心是把"多个"物体看作"整体 1"。必须注意的是,不是所有的事物都可以看作"整体 1"平均分,如把 1 辆汽车平均分成两份就不算是汽车了,也就谈不上每份是 $\frac{1}{2}$ 辆汽车。分数的数轴模型即用数轴上的点表示分数,需要学生有更高程度的抽象能力。教学中要借助多种模型在不同层面上帮助学生理解分数。

(3) 重视分数的大小比较以及分数基本性质的教学。关于分数的大小比较,可分成三种情况:一是分母相同的分数比分子;二是分子相同的分数比分母;三是分子与分母都不同的分数大小比较。其中第三种情形一般在学习分数基本性质后研究。教学分数的大小比较,要联系分数单位或借助几何图形的观察进行,重点是引导学生理解比较分数的大小的依据,避免机械地引用法则条文。如比较 $\frac{3}{8}$ 与 $\frac{5}{8}$ 的大小,要让学生联系分数单位进行分析:因为 3<5,所以 3 个 $\frac{1}{8}$<5 个 $\frac{1}{8}$,即 $\frac{3}{8}<\frac{5}{8}$。同分子分数的大小比较法则是以分数单位的大小比较为基础的。如让学生首先借助于图形直观,认识 $\frac{1}{4}>\frac{1}{5}$,然后推知:3 个 $\frac{1}{4}>3$ 个 $\frac{1}{5}$,即 $\frac{3}{4}>\frac{3}{5}$。不能简单地告诉学生:"分子相同的分数比分母,分母大的分数反而小"。即不但要让学生知其然,更重要的是知其所以然。

分数的基本性质是约分、通分的依据,而约分与通分又是分数四则运算的基础。教学时,可联系分数与除法的关系,借助商不变的规律来帮助学生理解分数的基本性质;然后再通过图形演示或学生自己动手操作,总结出分数的基本性质。

案例 6.3　分数的基本性质

【教材】　苏教版义务教育教科书《数学》五(下)

【教学片段】

(一) 操作。教师请学生拿出准备好的正方形纸,先对折,用涂色部分表示它的 1/2。

师:你能通过继续对折,找出和 1/2 相等的其他分数吗?(学生操作活动,交流汇报,教师相应板书等式。)

师:能不能再写一些与 $\frac{1}{2}$ 相等的分数?说说理由。

(二) 探索。

师:观察每个等式中的两个分数,思考一下,它们的分子、分母是怎样变化的?试着完成填空。与小组同学交流,说说你有什么发现。

(三) 总结。分数的分子和分母同时乘或除以相同的数(0 除外),分数的大小不变,这就是分数的基本性质。

下略。

【点评】通过动手操作、自主探索,在几个特例基础上引导学生归纳出结论,是小学数学教学中常用的教学方法。

(二) 小数的认识

1. 小数意义的教学

小数(有限小数)作为十进分数的改写形式,教学需要一定的分数基础。但由于小数在学生的日常生活中见得比较多,并且小数的计数单位的进率也是十,因而运算法则与整数基本相同。所以,学生理解小数比较容易。小数的认识通常也分为两个阶段。

第一阶段,联系生活实际中的具体情境,在感性层面上让学生体会小数的含义。教学时可以首先在复习分数的初步认识与已学的有关计量单位的基础上,通过组织学生测量物体长度或观察熟悉商品标价等多种活动,引领学生感受小数的现实意义。例如利用商品标价学习小数,可事先让学生到超级市场或附近的商店观察各种物品的价格,把这些价格写下来,到班级交流,说一说不同的数表示什么意思,为什么不能都用整数表示。然后引导学生认识到,商品标价一般是以元作单位,某商品价格如果是几元几角,就可以改写为小数,小数点左边的数表示元,右边第一位表示角,第二位表示分,从而使学生初步认识小数,进而帮助学生认识小数的结构,正确地读写小数。

第二阶段,在学生已有的小数与分数初步认识基础上,系统地学习小数。重点是小数的意义与计数单位。教学时,可结合不同长度单位之间关系引导学生体会小数实质是十进分数的另一种书写形式。如"1厘米是1米的$\frac{1}{100}$,$\frac{1}{100}$米写成小数是0.01米"等等,从而认识到"分母是10、100、1 000…的分数都可以用小数表示"。在此基础上概括出小数的意义。为使学生能从本质上理解小数的意义,教学时还可运用多种直观手段,如用等分线段或者正方形的方法,帮助学生进一步体会"平均分"。例如,画一条线段表示"1",把它平均分成10份,1份就是$\frac{1}{10}$,写成小数就是0.1,再把每份平均分成10份,也就是把整体"1"平均分成100份,每1份是$\frac{1}{100}$,写成小数就是0.01,使学生体会到小数单位与整数单位一样,都是十进关系。

然后在理解小数意义基础上,了解小数的计数单位,引导学生归纳出整数与小数的数位顺序表,再教学小数的读法和写法。

在学生理解了小数意义的基础上教学小数大小比较,不会有多大困难。但应注意,小学生在开始学习小数时,常常会用比较整数大小的方法来比较小数的大小,误认为位数多的小数就大,而忽略了数位和它们的计数单位。所以教学时,要重视从小数的意义及小数的数位顺序等学生已有知识基础出发,以学生熟悉的事物为例,通过自主探索,归纳出小数大小的比较方法:先看整数部分,整数部分大的那个数就大;整数部分相同,十分位上的数大的那个数就大;十分位上的数相同,百分位上的数大的那个数就大……以此类推。

应该在适当的时候向学生说明:这个由整数大小比较法则类推出来的"小数大小比较法则"只适用于有限小数,不适用于无限小数。如0.959=0.96,而不是0.959<0.96。

2. 小数性质的教学

小数的性质有两条，它们是小数四则计算的基础。

性质1：在小数的末尾添上"0"或者去掉"0"，小数的大小不变。

性质2：把小数点向右（或向左）移动一位，两位，三位……原来的数就扩大（或缩小）10倍，100倍，1 000倍……

现行教材通常把性质2作为"小数点位置移动引起小数大小变化规律"出现。

小数的性质与分数的基本性质是相通的，但由于学生尚未学习分数的基本性质，所以教学时要从学生已有知识或经验出发，结合图形和学生熟悉的十进复名数帮助理解。如0.3＝0.30，可从以下不同角度说明：① 利用货币单位知识，比较0.3元与0.30元的大小；② 利用正方形图进行探索，让学生体会到0.3与0.30实际上是用不同方式表示同一事物；③ 利用直尺直观比较3分米＝30厘米＝300毫米，所以0.3米＝0.30米＝0.300米；④ 根据小数数位及其计数单位论证0.3＝0.30。

小数点位置移动引起小数大小的变化规律是小数乘除法计算的基础。教学时，要采取有效方法帮助学生从本质上理解这一规律。可安排如下活动：每人写一个小数，移动一下小数点使它变成另一个数，看看能写出几个，在原数的左右按一定规律排成一排。然后组织学生讨论：小数点位置的移动如何引起小数大小的变化？也可以利用计算器引导学生探索变化规律。

（三）百分数的认识

百分数在日常生产与生活中应用频率较高，在各种媒体中经常会遇到，因此学生学习百分数之前具备一定的经验基础。同时，分数概念又是百分数的学习基础，但应注意，我们通常所说的百分数并非分母是100的分数，而是表示一个数是另一个数的百分之几的数。认识百分数应注意如下几点：[①]

（1）分数既可以表示两个数之间的关系，也可以表示具体的数量，但百分数只表示两个数或两个同类量之间的倍比关系，并不表示具体的数量；

（2）由于以上原因，分数可以带单位名称，也可以不带单位名称，但百分数不能加上单位名称，这是它与分数的不同；

（3）分数一般用最简分数的形式表示，但百分数为了便于比较，都以1%作为单位，不用约分成最简分数的形式，也不用化成带分数，而且分子也可以是小数；

（4）由于百分数的广泛应用，认识百分数应该联系学生的生活实际，并通过日常生活的运用加深理解概念，体会百分数的好处。

因此，教学百分数应围绕以上几点，充分利用学生已有知识基础与生活经验。可以从报刊等媒体提供的涉及百分数的新闻材料入手，引进百分数，使学生感受百分数与生活的密切联系。在学生初步认识百分数之后，再通过实例让学生体会百分数在生活中的应用。例如可以出示用百分数表示的本校各个年级学生人数占全校人数百分数的统计表，让学生说说表中的各个百分数表示什么意思。还可以让学生收集并相互交流生活中百分数的

---

① 黄爱华，罗忧红.理解意义，培养数感[J].人民教育，2006(13)：24.

事例,以加深对百分数的认识。教学时还应通过分数、小数、百分数的互化沟通它们之间的关系,这不仅有助于学生从本质上理解百分数的意义,为百分数计算的教学扫除障碍,而且也有助于学生数概念认知体系的完善与优化。

(四) 负数的认识

负数是数概念的一次重要扩展。小学生以前接触的都是"算术数",这些数与生活实际往往联系紧密,学生借助于生活实际感受这些数的含义相对比较容易。负数对学生来说虽然也有一定的生活经验,但在学生生活中的直接应用并不多见,因此小学阶段只要求在熟悉的生活情境中了解负数,为中学阶段正式学习负数奠定基础。教学时应注意:

1. 密切联系熟悉的生活情境,初步认识负数意义

学生平时在看电视时会经常看到天气预报,如北京－2℃—5℃,哈尔滨－12℃—0℃等,教学时可以从列举学生熟悉的几个城市的天气预报入手(其中有几个在零下的),组织学生讨论,各种温度表示什么意思,在此基础上,引导学生初步认识负数的意义。

2. 注重通过实际应用加深对负数意义的理解

在学生对负数有初步认识基础上,可以引导学生用正、负数表示日常生活中的一些量,例如,利用正负数记录家庭收支情况,收入的钱数用正数表示,支出的钱数用负数表示,使学生进一步体会负数的意义。

三、常见的量的教学

这部分内容包括:货币单位元、角、分;时间单位年、月、日、时、分、秒;重量单位吨、千克、克。至于长度和角度、面积与体积等计量单位通常被安排在"图形与几何"领域。

货币、时间、重量等计量单位虽说"常见",但对于小学生来说,还是比较抽象的。货币单位有形象直观的背景,学生具有一定的感性基础,而重量单位就不能单靠感性直观得出,至于时间单位,就更为抽象了。教学时要注意以下几点:

(一) 结合现实情境,认识货币单位

货币单位一般安排在百以内数的认识后教学。由于学生对人民币有一定的感性基础,也积累了一定的购物经验。因此教学时可创设购物情境,通过付钱、找钱等活动,引导学生理解元、角、分之间的十进关系,从而学会用面额较小的人民币购物。还可以通过同桌学生换币等活动为学生创设动手实践与合作交流的机会,这也有助于培养学生与他人合作的态度以及数学学习的兴趣。

(二) 联系具体情境,感受重量单位

克、千克、吨是国际通用的重量单位,也是我国法定的计量单位。重量单位不像长度单位那样直观,可以通过观察体验,感受重量单位需要肌肉感觉来体验。对于"吨"这一单位,由于比较大,学生缺乏直接经验。因此,现行教材一般先教学千克、克的认识,再教学吨的认识。教学重量单位,要创造条件,使学生在具体的情境中,感受和建立重量单位的

观念。

教学千克、克时,可利用各种衡器(如天平、台秤等)进行实际操作,让学生称一称1千克红枣,看一看有多少,拎一拎1千克大米,感受有多重,数一数1千克鸡蛋有多少个,估一估生活中常见物品的重量,注意估计与精确称量的结合。

"吨"这一重量单位,学生日常生活中很少接触,不易让学生直接感知,可以联系生活实际来帮助认识。如一袋大米是100千克,10袋大米合起来就是1吨,通过一些实例使学生间接地认识到吨是一个较大的重量单位。

(三)通过观察操作,体验时间单位

时间单位与学生生活密切相关,但时间单位比重量单位更加抽象,而且单位之间的进率也较为复杂。因此现行教材一般分成时、分、秒与年、月、日两个阶段教学。在认识20以内的数时安排认识钟面。

教学时、分、秒,要注重让学生通过观察、操作时钟来体验。教学时可充分利用学生熟悉的作息时间表,以唤起学生的已有经验。然后在认识钟面的基础上抽象出时、分的概念,秒的概念也应通过学生熟悉的情境如百米赛跑引进,让学生感受秒是一个比分还小的时间单位。为了让学生充分地体验1小时、1分、1秒各有多长,建立时间计量单位的观念,教学时可由教师掌握时间,指导学生做1分钟的事情,如摸一摸脉搏跳动的次数、阅读课本、做眼保健操、跳绳、走路等,让学生在活动中体验1分钟的长短。对于时与分、分与秒的关系与24时计时法,可通过钟面演示或在钟面上拨指针的活动进行教学。

教学年、月、日的有关知识,要充分利用学生日常生活中常见的年历,引导学生观察不同年份的年历卡,找出每个月的天数填在表格里,然后从中发现关于年、月、日的一些规律。如一年有几个月,每个月的天数,大月、小月、平月、闰月、平年、闰年的区别。要尽可能利用学生已有的知识与经验。对于大月、小月,可以利用拳头或儿歌辅助记忆。

案例6.4 认识"年、月、日"

【教材】苏教版义务教育教科书《数学》三(下)

【教学片段】

(一)创设情境,谈话引入

1. 多媒体播放动画《生日歌》。

师:这是什么歌?(生日歌)你们喜欢过生日吗?那谁来说说,你什么时候过生日呢?还能告诉老师你的出生日期吗?刚才同学们说的出生日期和生日中都用了什么时间单位?揭示课题:年、月、日。

2. 师:你已经知道了哪些关于年、月、日的知识?(教师根据学生的回答随机板书。)

3. 对于年、月、日的知识,你还有什么疑问?

【点评】从《生日歌》入手,创设了宽松的学习氛围,为师生融洽、平等的交流奠定基础;同时从学生的生日和出生日期引入课题,显得亲切自然,使学生感受到生活中处处有数学,从而激发探究新知识的欲望。让学生自己说说"已经知道了哪些关于年、月、日的知识"以及对年、月、日知识的疑问,可以了解学生已有经验和知识基础,找准新知生长点,激

发其求知欲望。

(二)观察年历,探究新知

1. 认识年历卡。

师:课前让你们在年历卡上圈出自己与爸爸妈妈的生日,谁来介绍一下。

师:你是怎样找到的?先找什么?(月份)再找什么?(日期)这天是星期几?这个月有多少天?

2. 认识大月和小月。

师:课前让同学们从一张年历卡上调查了这一年各个月份的天数,现在将你们调查的情况在小组内交流一下。

要求:(1)小组合作,将你们小组各成员调查的情况填入表格中。

(2)观察统计表,小组交流你发现了什么规律?

小组讨论并完成统计表,教师请学生代表发言。根据学生回答,汇总并出示2010—2019年各月天数统计表。

教师讲解:习惯上把31天的月份叫作大月,30天的月份叫作小月,2月既不是大月,也不是小月。

师:把手中表格里的大月涂上红色,小月涂上绿色。追问:2月为什么两种颜色都不涂呢?一年中有几个大月?几个小月?

【点评】对于年月的一般规律问题,教材中只给出了2014年的年历卡,一张年历卡所呈现的信息是不完整的,教师让学生围绕不同年份的年历卡进行观察,并适时引导学生整理、归纳,发现年月的一般规律,这一过程有助于学生数学核心素养的发展。

3. 记住大月和小月。

师:这么多大小月,有什么办法能很快记住哪几月是大月,哪几月是小月?你有什么好方法吗?

根据学生的回答,重点介绍拳头记忆法与口诀记忆法。引导学生发现七个大月正中间的一个月就是七月,找出规律,并熟读口诀:七前单数七后双,七个大月心中装。

游戏巩固:同桌游戏,一人报月份,一人做动作,大月握拳头,小月挥挥手。

【点评】熟记大、小月是本课的重点和难点。因此,此环节设计了多种方法帮助学生记忆。并通过游戏的形式,让学生在轻松愉悦的氛围中进一步巩固了大月小月。

4. 计算全年的天数。

师:一年有多少天?怎么知道的?我们再来算一算,验证一下,是不是这个天数?

学生独立尝试计算,教师巡视收集有代表性的算法。

全班交流,解释算法。

可能方法有:

方法一:31+28(29)+31+30+31+30+31+31+30+31+30+31=365(366)(天)

方法二:31×7=217(天),30×4=120(天),217+120+28(29)=365(366)(天)

方法三:30×12=360(天),360+7−2(1)=365(366)(天)

……

通过刚才的计算,我们知道了一年有(　　)天或(　　)天。

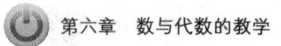

【点评】对一年天数的计算采取了先出结果,后计算验证的方法,这符合儿童的经验现实。鼓励学生用不同的方法算出全年的天数,并在解释算法的过程中,进一步巩固了大、小月知识。

思考与练习

1. 举例说明自然数概念教学要注意哪些问题?
2. 苏教版实验教材关于小数与分数的知识是怎样编排的?为什么这样编排?
3. 设计"年、月、日"新授课的教学要点。

第三节 数的运算的教学

数的运算在日常生活中应用广泛,因此历来是小学数学教学的重点内容。但随着科学技术的发展,尤其是计算器与计算机的逐步普及,数的运算的学习内容也产生了相应变化。这些变化突出体现在《课标(实验稿)》中。《课标(实验稿)》突破了传统计算教学的内容与方式,将计算教学内容融进了各种情境之中,即把计算教学与实际问题教学结合起来,淡化笔算教学,减少技能训练,提倡算法多样化教学等等。这些改革固然产生了显著的效果,计算教学不再单调、枯燥乏味,但也导致教学过程中学生只看到"情境"和算式,不知算理,不掌握计算方法,某种程度上造成计算基础薄弱。为此,《课标(2011年版)》对数的运算的教学内容与方式进行了更为科学的处理。根据《课标(2011年版)》,数的运算教学时应注意以下几点:

一是引导学生在具体情境中理解运算的意义与价值。计算是解决问题的工具,以往的计算过多地注重形式化,"式题"太多,学生很少了解为什么要计算,不知道在具体情境下选择什么方法计算。《课标(2011年版)》强调在具体情景中认识计算的意义与价值,使学生了解为什么要计算,选择什么样的方法计算。口算、笔算、估算、计算器、计算机都是可供选择的计算方式。因此,教学时要注重创设与学生生活环境、知识背景密切相关的,又能引起学生兴趣、激发学生探索热情的情境,使学生认识到计算学习的必要性与重要性。当然,没有数学意义的情境的辨认和解说要尽量减少,以提高计算教学的效率和效果。

二是要重视基本运算技能的训练。学生计算一道式题,常常需要综合运用多方面的计算知识,例如计算 324×451,涉及乘法口诀、乘数是一位数的乘法计算、多位数加法(进位与不进位)法则等,其中每一项计算的错误都会影响整道题的正确计算,更谈不上合理灵活地选择算法。因此,形成基本的运算技能是非常必要的。

《课标(2011年版)》一方面,把"基本技能"列为"四基"课程目标之一;另一方面,在教学建议中明确指出,基本技能的形成,需要一定量的训练,但要适度,不能依赖机械的重复操作,要注重训练的有效性。教师应把握技能形成的阶段性,根据内容的要求和学生的实际,分层次落实。运算技能是数学学习必备的基本技能,在其基础上发展而成的运算能力是基本的数学核心素养,因此《课标(2011年版)》的这些精神对数的运算教学将会产生直接的、积极的影响。

三是要重视直观算理与抽象算法教学的有效联结。所谓算法,就是运算过程中的规则与逻辑顺序,通常是一些人为的规定,即算法规定了"怎么算";而算理则说明运算过程的依据与合理性,也即指出"为什么这样算"。因此,算理实质为算法提供了理论指导,算法则使得算理具体化。《课标(2011年版)》在教学建议中指出:"在基本技能的教学中,不仅要使学生掌握技能操作的程序和步骤,还要使学生理解程序和步骤的道理。"对于运算技能教学来说,运算的程序与步骤即"算法",而程序和步骤的道理即"算理"。学生在计算过程中明确算理与算法,就能够灵活、迅速地进行计算。教学实践中,许多学生虽然能够依据计算法则进行计算,但由于算理不清晰,知其然而不知其所以然,导致不能适应计算中的各种变化。例如,对于整数乘法计算,学生可能知道如何进行计算,但却不知道相应的算理。因此,计算教学应注重"法理"融合,实现直观算理与抽象算法教学的有效联结。

四是要注意算法多样化与算法最优化教学的和谐统一。所谓算法多样化是让学生用自己的方法(喜欢的或运用自如的方法)解决问题,是问题解决策略多样化的一种体现。提倡"算法多样化"和"解题策略多样化"对于拓宽学生的解题思路,培养思维的灵活性、发散性和创造性都是有益的。从这一角度说,算法多样化教学是必要的,不过多种不同的算法往往反映了不同的思维水平。尽管在训练学生掌握一种算法的初期,可以允许学生达到不同的思维水平,允许学生运用其理解得最快的某种算法,但从不断提高学生理性思维的根本目标来看,我们应该引导学生逐步掌握思维层次更高的算法,而不应该以学生主观上的"喜欢"作为选择算法的主要依据。为此,在数的运算教学中,应把算法多样化、规范化与算法最优化教学结合起来。一方面,对于各种算法的认同,应建立在思维等价的基础上,否则多样化就会导致泛化;另一方面,在算法多样化基础上,还应进一步比较、归纳,获得较为高效的、优化的算法。当然,算法优化教学应注重引领学生不断体验与感悟,教师不应强制规定或主观臆断,应让学生逐步找到适合自己的最优算法。

应予指出的是,与算法多样化对应的还有"一题多解"。算法多样化教学中,多样化的方法是在群体讨论交流基础上获得的,而一题多解教学则要求学生对同一道题用多种方法来解答,强调的是通过个体独立思考获得多样化方法。毋庸置疑,一题多解教学能有效培养学生发散思维能力,因此,传统数学教学非常重视一题多解教学。近年来,由于算法多样化教学的流行使得人们不再重视一题多解教学,这是偏颇的。《课标(2011年版)》在第一学段目标中提出"知道同一个问题可以有不同的解法",第二学段提出"了解解决问题方法的多样性",第三学段提出"体验解决问题方法的多样性"。这些提法从一个侧面反映了新课程观念的变化。

五是注意口算、笔算与估算的有机结合。小学教学中采用的主要计算方式有口算、笔算与估算。它们都是学生数感发展的重要途径。口算不仅是笔算与估算的基础,而且在日常生活中具有广泛应用。估算是日常生活中常用的方法,在许多问题情境中需要用到估算,特别是具有大数目的情境。事实上,学生在一个现实的情景中解决问题时,首先要确定是否需要计算,至于计算方法,口算、笔算、估算或运用计算机(器)都可以。因此,教学中应把口算、笔算与估算结合起来教学。教学笔算之前要夯实口算基础,要引导学生在计算前先估计结果的大致范围,以培养学生的估算意识,养成估算的

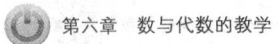

习惯。

数的运算主要包括整数四则运算、小数四则运算和分数四则运算,分别讨论如下。

一、整数四则运算的教学

(一) 整数加减法教学

整数加减法的教学一般与整数认识的教学结合进行,随着认数范围逐步扩大,分成20以内、100以内、万以内等几个阶段教学。

1. 20以内加减法教学

20以内加减法包括10以内的加减法和20以内进位加法与退位减法两个部分。一般把有关的加法与减法算式结合起来通过口算进行教学。现行教材通常避免单调的式题呈现,而是把各类式题与实际情境相融合(即以实际问题的形式呈现)。例如苏教版数学教材中"10以内加减法"从学生周围的生活实际出发,开始用一幅图编一道题,列一个算式;逐步过渡到一幅图编两道题,列两个算式;再过渡到一幅图编四道题,列四个算式。这样处理使儿童逐步建立起加减法的内在联系,便于学生逐步认识加减法之间的联系与区别,为实现有意义学习提供了可能。

20以内的进位加法与退位减法是这部分内容的重点,教材的编排通常有两种处理:并列与穿插。穿插编排即先讲9加几,再讲十几减9;然后讲8加几,再讲十几减8……这样有助于学生更好地体会加减法之间的联系,同时渗透转化的思想方法。而并列编排则有利于计算方法的类比迁移。现行苏教版教材采用的是后一种方式。就20以内的进位加法的编排来说,编排时通常把9+1,9+2,9+3,…安排在一起教学,称为"9加几",然后是8加几,7加几……这样编排便于学生体会到"一个加数不变,另一个加数改变,和也随着改变"的函数思想,同时也突出了"凑十法",便于学生掌握计算方法。所谓"凑十法",即先把第一个加数凑成十,学生要能根据第一个加数恰当地把第二个加数分成两个数,这对初学儿童来说是比较困难的。为此,新课程允许学生用自己习惯的方法去计算,即提倡算法多样化教学。应予注意的是,教学中应鼓励学生掌握高效、优化的方法。

案例6.5　9加几

【教材】苏教版义务教育教科书《数学》一(上)

【教学片段】

(一) 创设情境

请小朋友从袋子里先取9个桃(实物图),再从袋子里随便取出一些桃。你能提出什么数学问题?(一共取了几个桃)会列算式吗?(按顺序罗列算式9+1、9+2、9+3、9+4、9+5、9+6、9+7、9+8、9+9、9+10)这些算式有什么共同的特点呢?(揭示课题:9加几)

(二) 探究新知

(1) 看一看:小猴贝贝也取出了一些桃,我们看看它是怎样取的?(出示例题图:盒子里9个桃,盒子外4个桃)学生观察后提出问题:一共有多少个?列出算式:9+4。

(2) 算一算:请大家想办法算一算9+4得多少,也可以用学具来摆一摆。

(3) 说一说:鼓励学生畅所欲言,说出不同的算法,并提醒学生注意与同伴比较方法的异同。

学生的算法可能有:

① 数一数。

② 9+1=10,10+3=13。

③ 4+6=10,10+3=13。

……

(4) 介绍"凑十法":结合学生交流,用学具演示"凑十法"的思考过程,边演示边板书。指出算法名称:"凑十法"。

下略。

【点评】 儿童的生活经验、认知背景、思维方式等方面存在客观差异,教师因材施教,鼓励学生用适合自己的方式探索算法,符合儿童实际,并且没有流于形式,通过引导儿童与同伴比较方法的异同,使得他们自觉实现算法的优化。由于儿童面对9加几的算题时刚学过十加几,因此,自然会想到如何设法将当前的算题9加几转化为十加几后计算,从而顺利过渡到"凑十法"教学。

2. 100以内加减法教学

这部分内容教学的基础是20以内加减法口算与百以内数的认识。主要学习整十数加减整十数、两位数加减一位数或整十数、两位数加减两位数的口算,并初步学习简单笔算,为学习多位数加减法打下基础。教学时应注意以下两点:

(1) 把解决实际问题与计算结合起来

培养学生解决实际问题的能力是数学学习的重要目标。百以内的加减法在日常生活中具有广泛应用,因此,教学时应密切联系学生的生活实际,赋予算题生动的背景,把解决问题与计算融合起来,从而增强数学应用的意识,使学生感受到数学学习的价值。

(2) 引导学生经历算法的探索过程,理解算理,掌握算法

在引导学生探索计算方法时,应充分借助学生已有经验。如操作小棒或算珠,探索两位数加、减的各种口算方法,教师可以组织学生交流,在此基础上突出笔算方法,理解"满十进一"的道理,领悟从个位加起的必要性与合理性,从而顺利地完成从口算到笔算的过渡,进而从不进位加过渡到探索进位加,从不退位减过渡到探索退位减的计算方法。在探索过程中,学生往往会根据自己的亲身经验,获得不同的计算方法。对这些计算方法,教师应当鼓励与尊重,并创造条件引导学生积极思考与合作交流,及时优化算法。这样教学不仅能使学生领略算理,而且也能使学生深刻地体会到运算的实际意义,培养良好的数感。

3. 万以内加减法教学

万以内加减法是整数加减法教学的最后阶段。

这部分内容的教学同样要从学生的生活情境着手,通过实际问题引出算题,对于计算方法的教学同样要注重引导学生经历算法的探索过程。由于学生有百以内加减法的算理

与算法学习的基础,因此完全可以放手让学生自主探索三位数加减法的计算方法,从而进一步发展学生的探索意识。情景的设计,一要注意现实性,二要注意教学功能的综合性。例如,人教版实验教材设计了一个收集矿泉水瓶的统计表:

收集矿泉水瓶情况	
第一周	180 个
第二周	340 个
第三周	192 个
第四周	219 个

这种问题具有现实的教育意义,是学生能够操作的实际问题。这要比红花180朵,紫花340朵之类的问题要现实得多,因为学生在现实中可能到公园里观赏花,但不会去数有多少朵花。在实际教学中,教师创设的情境不现实的现象可以经常看到。上述问题具有多种教学功能:① 培养发现问题、提出问题的能力;② 有利于学生探索;③ 有利于培养估算能力,如第三周与第四周大致收集了多少个矿泉水瓶;④ 有利于渗透思想品德教育。

(二) 整数乘除法的教学

整数乘除法也是结合整数的认识,分成表内乘除法、一位数乘除法与两位数乘除法等几个阶段教学的。

1. 乘除法意义的教学

学生在学习乘法意义之前已经有了加法的基础知识,但他们往往对几个相同的数连加比较陌生。因此,教学乘法的意义,应注重从学生周围的生活实际入手,通过观察和操作,在充分感知同数连加的基础上去理解乘法的意义。

关于除法意义,要使学生正确理解,关键是要沟通除法与平均分的联系。教学时,应引导学生在具体情境中通过活动理解"平均分"的含义。

第一层次,组织学生分苹果、分矿泉水等活动,感知平均分;

第二层次,组织学生动手操作:要把一大筐苹果平均分成5份,怎么分?讨论交流平均分的方法,使学生从不同分法中获得对平均分的经验和认识,特别是认识到"一份一份地分"是平均分的基础;

第三层次,通过在实际情境中的应用,完整地认识平均分。

在学生充分经历"平均分"过程的基础上,再通过实例让学生感受平均分可以用除法。并且使学生体验到:每几个为一份,能分成几份的问题可以用除法;平均分成几份,每份是几个也可以用除法。

2. 表内乘除法的教学

表内乘除法是学生学习乘除法的开始,是学生今后学习多位数乘、除法的基础,因为任何多位数乘除法最终都要分解成若干个一位数的乘除法计算。

表内乘除法的教学内容可采用不同编排。一种是并列编排,即先教学表内乘法(一般分为 2—6 的乘法口诀与 7、8、9 的乘法口诀两个阶段),在学生比较熟练掌握表内乘法后安排表内除法(一般也分成用 2—6 的乘法口诀求商与用 7、8、9 的乘法口诀求商两个阶段)。这样编排能使知识更具系统性。另一种是交叉编排,即先教学 2—6 的乘法口诀,接着教学用 2—6 的乘法口诀求商,然后再教学 7、8、9 的乘法口诀以及用 7、8、9 的乘法口诀求商,这样编排能突出乘除法的密切联系。

乘法口诀是我国的"传家宝",由于汉语里的数字都是单音节,乘法口诀能朗朗上口,小学生很容易熟练地记忆,从而大大地提高计算能力。

为了使学生理解口诀的含义,教学时应把口诀置于实际情景中,使学生经历乘法口诀的形成过程,不要把编好的口诀灌输给学生,应让学生亲自参与编口诀的活动,体会编口诀的方法,逐步学会"自编"乘法口诀。编写出口诀后,要及时记忆口诀和运用口诀,让学生在"用"中"记",还可以设计助记"游戏",巩固口诀。这样教学不仅能使学生进一步理解乘法的意义,而且在自编口诀的过程中能感受到相邻口诀之间的关系,有利于学生在理解的基础上记忆乘法口诀,避免机械记忆。

用乘法口诀求商的教学是建立在除法意义与相关的乘法口诀基础上的。为使学生顺利地领悟到求商的方法,并把求商应用于解决实际问题,教学时宜结合乘法口诀的教学,用现实问题作为求商的素材进行训练,让学生逐步掌握用乘法口诀求商的方法。训练可以分两个层次:

第一层次,依据乘法的意义引出用乘法口诀求商。如先出示一道乘法准备题并解答:"每行栽 4 棵树,栽了 6 行,总共多少棵?"然后再出示两道除法题:"24 棵树,每行栽 4 棵,可以栽几行?"与"24 棵树,栽了 6 行,每行栽几棵?"分别列式并根据乘法口诀求商。

第二层次,直接提出两个并列的数学问题:"56 面小旗,挂成 8 行,平均每行挂几面?"与"56 面小旗,挂成 7 行,平均每行挂几面?"让学生自己探索用乘法口诀求商。

这两个层次的求商方法虽然都能使学生领悟到一句口诀解答两个除法算式,但有本质的不同。第一层次的求商方法对准备题具有很大的依赖性,并且实际教学中可能会抑制学生的积极思考。(为什么?)第二层次的方法体现了口诀求商的一般方法。学生为了解决"56÷8=?"或"56÷7=?"的问题而直接寻找口诀,这需要学生积极的思考才能实现。并且这种方法还蕴涵了"做除法,想乘法"的相互联系思想。因此,教学用口诀求商要逐步从第一层次过渡到第二层次。否则,学生就不能真正感受到乘除法之间的关系,解决实际问题时也可能会遇到困难。

3. 乘、除数是一、两位数的乘除法的教学

乘、除数是一、两位数的乘除法的教学基础是表内乘除法,学好这部分内容,位数更多的笔算乘除法都不难解决。

这部分乘法内容主要包括五个方面:① 各个数位都是不进位的;② 一次进位的;③ 连续进位的;④ 乘数中间有零的;⑤ 乘数末尾有零的。其中有些乘法思维过程比较复杂,如进位乘法(尤其是连续进位)以及乘数是两位数的乘法中积的对位问题等。要使学生能够正确、熟练地进行计算,不仅需要学生对乘法口诀非常熟练,而且需要学生在理解算理的基础上掌握计算法则。教学时要充分利用学生已有的知识经验明了算理,探索算法。

这部分除法内容在四则运算中属于比较困难的内容,思维要求更高。因为除法运算过程中交织着加、减、乘三种运算,哪一种运算不熟练都会影响除法的正确计算。另外,除法运算往往需要首先试商,如果学生口算能力不强,试商是非常困难的。并且,即使试商正确,竖式计算中商的位置书写不正确也不能获得正确结果。教学中要多采用直观手段向学生说明算理,讲解竖式的书写格式与计算法则。

关于整数乘除法运算的教学,还要注意处理好口算、笔算、估算三者之间的关系,做到三算互相促进。如教学笔算之前一般都要安排一些口算内容,使学生已有的口算技能得到进一步发展。估算则渗透在计算教学的始终,如进行笔算之前先估计结果的大致范围,利用估算试商或判断计算结果是否正确等等。

二、小数四则运算的教学

小数四则运算与整数四则运算的意义和算理本质上是相同的。整数加减法的关键是相同数位对齐,小数加减法的关键是小数点对齐,实质上也是将计数单位相同的数对齐。小数的乘除法最终都是要转化成整数的乘除法。因此,小数四则运算教学的关键是要沟通与整数四则运算的联系。

(一) 小数加减法教学

小数的加减法可按照以下两个层次进行教学:

(1) 结合小数初步认识,学习一位小数的加减法。使学生初步认识到小数加减法必须小数点对齐。教学时可以从学生十分熟悉的购买早点的情境出发,通过各种早点单价启发学生提出用加法或减法解决的实际问题。对于算题,先让学生根据生活经验口算,然后过渡到竖式计算。

引导学生发现,因为十个 $0.1\left(\dfrac{1}{10}\right)$ 就是 1,所以小数点对齐后,小数加减法就可按照与整数加减法相同的法则进行计算。

这时,可以暂不总结小数加减法计算法则,而让学生根据小数的含义思考。

(2) 系统教学小数加减法。由于学生在整数加减法的学习中已经知道了只有计数单位相同的数才能直接相加减,因此只要小数点对齐,相同数位就能对齐,从而使学生对于小数加减法的计算法则,不仅知其然,而且能知其所以然。

(二) 小数乘除法教学

计算小数乘法是先不看小数点,按照整数乘法来计算,然后在得到的积中点上小数点。这个小数点的位置怎样确定,自然也就成了教学的关键。而小数除法教学则要抓住"怎样把除数是小数的除法转化为除数是整数的除法"这个关键。

教学小数乘法,引导学生探索小数乘法的法则,可以先引导学生探索小数与整数相乘的方法,再推想小数乘小数的方法。在此基础上得到法则:小数乘法先按照整数乘法来计算,再看两个因数共有几位小数,积就有几位小数。

小数除法主要包括除数是整数的小数除法与除数是小数的小数除法。对于除数是小数的小数除法,要根据小数点位置移动引起小数大小变化的规律与商不变的性质,把除数是小数的除法转化为除数是整数的除法。因此,教学时不仅要让学生弄清算理,掌握算法,还要引导学生感受"转化"这一重要的数学思想方法。

小数乘除法中还有一个重要内容,就是取积或商的近似值。因为乘积的小数位数等于两个因数小数位数的和,所以积可能会出现较多位小数,实际生活中计算并不需要这么多位的小数,因此小数乘法中的积取近似值的情况在实际生活中会经常遇到。另外,小数除法计算实际上许多是除不尽的,根据需要,也要对商取近似值。教学中可通过美元与人民币兑换的实例说明取近似值的必要性与怎样取近似值,从而使学生在掌握知识过程中感受到数学的应用价值。

三、分数四则运算的教学

(一) 分数加减法的教学

这部分内容一般结合分数意义的教学,按照由易到难,由简单到复杂的原则,分为两个阶段教学。第一阶段,结合分数初步认识,教学同分母分数加减法;第二阶段,结合分数意义的教学,系统教学异分母分数加减法。

1. 同分母分数加减法

实际教学中教师可能会发现,学生能够很轻松地计算同分母分数加减法。但要注意学生的计算可能是根据计算法则进行机械操作,即学生可能会计算但却不理解为什么可以这么算。知其然而不知其所以然,就会对后面异分母分数加减法的学习带来负面影响,并且也不利于思维发展。因此,教学中要注意联系分数意义,引导学生在理解基础上掌握同分母分数加减的计算方法。在这里,关键是要突出分数单位的概念。如 $\frac{3}{8}+\frac{2}{8}=?$ 因为它们的分数单位都是 $\frac{1}{8}$, 3 个 $\frac{1}{8}$ 与 2 个 $\frac{1}{8}$ 相加,是 5 个 $\frac{1}{8}$,所以 $\frac{3}{8}+\frac{2}{8}=\frac{5}{8}$,事实上,在 $3+2=5$ 的每个数的后面,都可以带相同的计数单位或计量单位,得到一些新的等式。这些等式,包括 $\frac{3}{8}+\frac{2}{8}=\frac{5}{8}$,实际上都是 $3+2=5$ 的逻辑推论。

2. 异分母分数加减法

异分母分数加减法法则是先通分,再按同分母分数加减法法则计算。其中"通分"和"同分母分数加减法法则"均为学生已学知识。既然构成法则的两个主要成分都已学过,为什么学生还可能不会计算异分母分数的加减呢?问题就在于他们没有从本质上理解:只有计数单位相同的数,才能直接加减。把异分母分数转化为同分母分数的目的,就在于将分数单位不同的分数化为分数单位相同的分数。因此,教学时,不必把主要精力放在法则的讲解上,而要引导学生弄清异分母分数加减法的计算法则的实质所在。

案例 6.6 异分母分数加减法
【教材】苏教版义务教育教科书《数学》五(下)
【教学思路】

关于异分母分数加减法教学设计,可以有不同的思路。

思路一:引导学生回忆(1)同分母分数加减法怎么计算?(2)什么叫通分?通分的方法是怎样的?然后揭示课题:"异分母分数加减法",并提问:分数的分母不同,能不能直接加减?(不能)所以计算异分母分数加减法,一定要先通分。然后引导学生结合实际问题与图形直观,计算$\frac{1}{2}+\frac{1}{4}$与$\frac{5}{6}-\frac{1}{3}$,总结计算法则。

思路二:先让学生复习同分母分数加减法法则,再口算$\frac{2}{4}+\frac{1}{4}$与$\frac{5}{6}-\frac{2}{6}$。然后提问:这些题中哪些不是最简分数?能把它约成最简分数吗?随着学生的回答,板书:$\frac{2}{4}+\frac{1}{4}=\frac{1}{2}+\frac{1}{4}$;$\frac{5}{6}-\frac{2}{6}=\frac{5}{6}-\frac{1}{3}$。并将等号左边的式子擦去,指着右边式子说明:这就是我们今天要学习的异分母分数加减法。并请学生思考两个问题:(1)这两道题能直接加减吗?(2)怎样计算呢?通过讨论,使学生认识到:分母不同,就是分数单位不同,分数单位不同的分数,不能直接加减,需要通过通分转化成同分母分数去计算,从而获得异分母分数相加减的计算方法。

思路三:先复习整数的加减、小数加减和同分母分数加减的法则,引导学生思考:为什么这几个法则分别要"数位对齐""小数点对齐"和"分母不变,分子相加减"?从而概括出这几个法则的共同实质——计数单位相同才能直接相加减。在此基础上,再让学生结合具体情景问题,借助图形直观,计算$\frac{1}{2}+\frac{1}{4}$与$\frac{5}{6}-\frac{1}{3}$。

【点评】比较上述三种教法,可以发现:

思路一属于灌输式教学。在这种教学中,学生往往是被动地接受,记住结论。他们知道要通分,却不知道为什么要通分。他们知道计算异分母分数加减法要先转化成同分母分数去计算,但不能感悟到"转化"的思想方法。

思路二在实际教学中经常碰到。但此法对异分母分数加、减"先通分"给出了某种暗示。尤其是过渡练习,在得出$\frac{2}{4}+\frac{1}{4}=\frac{3}{4}$以及$\frac{2}{4}+\frac{1}{4}=\frac{1}{2}+\frac{1}{4}$的基础上,出现计算$\frac{1}{2}+\frac{1}{4}=?$使得这种暗示变得明显,于是,其后的启发引导也难免成为形式。

思路三抓住了整数加减、小数加减和同分母分数加减的法则的联结点——计数单位相同才能直接相加减,把前后知识很好地沟通起来,并使其迁移到新知的学习中,从而使学生不仅知道计算异分母分数加减法要先通分,而且理解为什么要通分,从本质上理解了异分母分数加减法法则,知其然,也知其所以然。

(二) 分数乘除法的教学

1. 分数乘法

分数乘法包括分数与整数相乘和分数乘分数两个层次的内容。这是在整数乘法的意义、分数的意义和分数加法计算的基础上进行教学的。通过教学,要使学生理解分数乘法的意义,掌握分数乘法的计算法则。

教学分数与整数相乘,通常分两步,先教学分数与整数相乘的意义,再教学分数与整数相乘的计算法则。分数与整数相乘的意义与整数乘法的意义相同,也是求几个相同加数的和的简便运算,只是这里的相同加数变成了分数。因此,教学时要注意在整数乘法基础上引入。最后总结出分数与整数相乘的计算法则。

分数乘分数的意义是分数乘整数的扩展,一般分两个层次教学:先解决求一个数的几分之一的问题,再解决求一个数的几分之几的问题。计算方法并不复杂,记忆和应用算法也不难,但其算理却较难理解,处理不当容易产生机械学习,使学生知其然而不知其所以然。因此这部分内容是分数乘法教学的重点,也是难点。教学时要充分运用几何直观帮助学生理解算理,体会分数意义与相应计算方法的内在联系。

案例 6.7　分数乘分数

【教材】苏教版义务教育教科书《数学》六(上)

例4　涂色部分都表示一张纸的 $\frac{1}{2}$,斜线部分各占 $\frac{1}{2}$ 的几分之几?各是这张纸的几分之几?

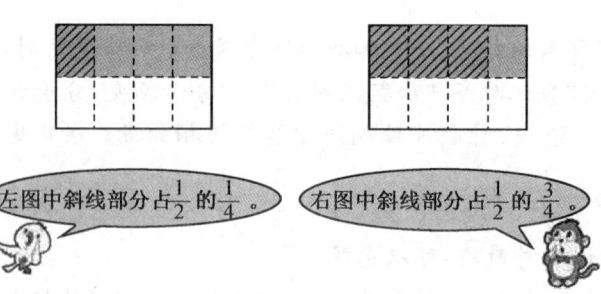

左图中斜线部分占 $\frac{1}{2}$ 的 $\frac{1}{4}$。　　右图中斜线部分占 $\frac{1}{2}$ 的 $\frac{3}{4}$。

$\frac{1}{2}$ 的 $\frac{1}{4}$、$\frac{1}{2}$ 的 $\frac{3}{4}$ 各是这张纸的几分之几?你能列算式并看图填写出结果吗?

$\frac{()}{()} \bigcirc \frac{()}{()} = \frac{()}{()}$　　　　$\frac{()}{()} \bigcirc \frac{()}{()} = \frac{()}{()}$

例5　根据乘法算式在图中画斜线表示计算结果,再填空。

$\frac{2}{3} \times \frac{1}{5} = \frac{()}{()}$　　　　$\frac{2}{3} \times \frac{4}{5} = \frac{()}{()}$

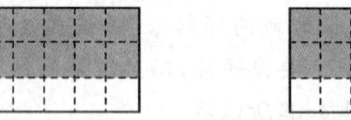

观察例4、例5中的每个算式和它们的计算结果,说说你有什么发现。

分数和分数相乘,用分子相乘的积作分子,分母相乘的积作分母。

【教学片段】

(一)教学例4

出示教材中的图形。

提问：两图中涂色部分都表示一张纸的 $\frac{1}{2}$，画斜线部分分别是 $\frac{1}{2}$ 的几分之几？又是这张纸的几分之几？

从而明确：$\frac{1}{2}$ 的 $\frac{1}{4}$ 是 $\frac{1}{8}$，$\frac{1}{2}$ 的 $\frac{3}{4}$ 是 $\frac{3}{8}$。

启发学生进一步思考：求 $\frac{1}{2}$ 的 $\frac{1}{4}$ 是多少，可以怎样列式？求 $\frac{1}{2}$ 的 $\frac{3}{4}$ 呢？

师问：你能列出算式并看图填写出算式的结果吗？

教师请学生根据填的结果各自想想怎样计算分数与分数相乘，并与小组同学讨论。

学生讨论得出：分数与分数相乘，分子相乘作分子，分母相乘作分母。

(二) 教学例 5

先让学生说说 $\frac{2}{3} \times \frac{1}{5}$ 和 $\frac{2}{3} \times \frac{4}{5}$ 分别表示 $\frac{2}{3}$ 的几分之几？

再请学生用前面得出的结论计算这两道题。

谈话：计算结果正确吗？能用什么方法来验证你的计算结果呢？

引导学生在自己准备的长方形纸上先涂色表示 $\frac{2}{3}$，再分别画斜线表示 $\frac{2}{3}$ 的 $\frac{1}{5}$ 和 $\frac{2}{3}$ 的 $\frac{4}{5}$。

学生动手操作，看看操作结果与计算结果是否一致。教师巡视对学困生进行指导。

(三) 归纳总结

比较刚才计算的每个积的分子、分母与它的因数的分子、分母，能发现什么呢？通过讨论，得出分数乘分数的计算方法：分数乘分数，用分子相乘的积作分子，分母相乘的积作分母。

【点评】教师充分借助学生已有知识基础，通过操作材料"长方形纸"实现了直观算法和抽象算理的联系，突破分数乘分数这一难点。在观察、实验、操作、推理等探索性与挑战性的活动中，引导学生通过几何直观探索和归纳分数乘分数的方法，感悟分数乘分数的算理。

2. 分数除法

分数除法是学生在学习整数除法和分数乘法的基础上教学的。教学时可分成分数除法的意义与分数除法的计算法则两个层次进行。

分数除法一般是作为分数乘法的逆运算来定义的。教学前要让学生学习倒数的概念。注意强调倒数是对两个数来说的，它们是相互依存的，必须说一个数是另一个数的倒数，不能孤立地说某一个数是倒数。在此基础上教学求一个数的倒数的方法。分数除法的意义可通过实际问题说明，使学生明确分数除法的意义与整数除法的意义相同，都是"已知两个因数的积与其中一个因数，求另一个因数的运算"。

分数除法包括分数除以整数、整数除以分数和分数除以分数三种情况。无论哪种情况，其计算方法最终都可以归结为乘以除数的倒数，即分数除法可以直接转化为分数乘法。因此，教学时可分别通过实例引导学生观察、比较，探索出每种情况下的计算方法，最后总结出统一的分数除法的计算法则:甲数除以乙数(零除外),等于甲数乘以乙数的倒数。

思考与练习

1. 苏教版义务教育教科书在"20以内加减法"编排中是怎样处理加减法之间的关系的?

2. 怎样理解"在基本技能的教学中,不仅要使学生掌握技能操作的程序和步骤,还要使学生理解程序和步骤的道理"?试举例说明。

3. 在整数四则运算教学中怎样培养学生的估算意识?试举例说明。

4. 在下面的课题中任选一个,确定教学目标、教学重点和难点,并设计教学流程。(1) 9加几;(2) 8的乘法口诀;(3) 乘数是两位数的乘法;(4) 除数是小数的除法;(5) 异分母分数加减法。

第四节 式与方程以及实际问题的教学

从算术到代数,从具体的数到用字母表示的数是人们对现实世界数量关系认识过程的一次飞跃,也是学生数学学习过程的一次重大转折。小学生的思维主要以具体形象思维为主,还没有完全过渡到抽象逻辑思维,所以在第一学段与第二学段主要教学算术知识,中学生的思维则逐步体现出抽象逻辑性的特点,所以相对抽象的、概括程度更高的代数知识的系统学习安排在第三学段。从这一角度讲,小学阶段教学的代数知识可视为中小学数学的衔接性内容或者准备性知识,中学代数则是小学代数的延伸与拓展。在小学数学中教学一些代数的初步知识,可为进一步学习中学数学奠定基础,对学生的思维发展具有重要的意义。

一、用字母表示数与简易方程的教学

这部分内容比算术知识更抽象,概括程度更高,需要在学生掌握了一定的算术知识的基础上逐步引入。因此,现行教材通常采用早期孕伏、逐步渗透,分散与集中相结合的方式进行编排。一般分为三个阶段:

孕伏阶段:在低年级结合数与计算等教学内容编排了各种用符号表示数的算式,提早孕伏代数思想,让学生尽早感知。如从"10以内数的认识与加减法"开始,编排 8+( )=10,32÷□=8 之类的算式,使学生体会到:这些算式中的符号"( )"与"□"等既可以表示填写数的空位,也可以用来表示数。同时在解答这些算题的过程中,也渗透了解方程的思想与方法。再如,教材结合有关内容出现如 20+( )<25,( )×8<55 等不等式,甚至还出现如□÷□×□=24 等更加开放的思考题。通过解答这类问题可以加深学生对符号表示数的认识。

过渡阶段:在低年级孕伏的基础上,中年级结合图形面积计算,出现用字母表示的计算公式,如长方形面积的计算公式用字母表示为 $S=a×b$;结合整数理论知识的教学出现用字母表示运算定律,如加法结合律用字母表示为 $(a+b)+c=a+(b+c)$,从而为正式

学习用字母表示数做好铺垫。

正式学习阶段:通过前两个阶段的教学,学生对字母表示数与简易方程已经有了一定的感性认识。教材在第二学段相对集中地编排了用字母表示数与简易方程等内容,让学生系统学习。

(一) 用字母表示数

用字母表示数是代数的一个基本特点。从用数字表示数到用字母表示数,从用语言等式表示数量关系到用字母表示数量关系,是一个从特殊到一般,从具体到抽象的过程。用字母表示数,简单明了,不仅能概括出数量关系的一般规律,而且能为研究与解决实际问题带来很大方便。但是相对于具体的、确定的数来说,用字母表示的数比较抽象,概括程度较高。小学生开始学习时往往对一个字母既可以表示这个数,又可以表示那个数,不容易理解与接受。因此,用字母表示数是这部分内容教学的难点。教学时要注意以下几点:

1. 引导学生体会用字母表示数的优越性

根据小学生的思维特点与年龄特征,教学时,要选择一些针对性强的实际问题,引导学生经历由具体的、确定的数到用字母表示数的逐步抽象过程,体会用字母表示数的简洁与便利。

教学用含有字母的式子表示计算公式(主要是几何求积公式),可引导学生自己写出相应的公式。由正方形面积计算公式引出 a^2 时,要讲清其意义、读法与写法,注意将 a^2 与 $2a$ 对比,以防混淆。a^2 表示 a 乘以 a 的积,$a\times 2$ 表示两个 a 相加的和或者 a 的 2 倍。

案例 6.8 用字母表示数

【教材】苏教版义务教育教科书《数学》五(上)

【教学片段】

(一) 儿歌引入

同学们都熟悉这样一首儿歌吧:1 只青蛙 1 张嘴,2 只青蛙 2 张嘴,3 只青蛙 3 张嘴……和同学们交流一下。你能用一句话表示这首儿歌吗?

(二) 用字母表示数

(1) 用小棒摆三角形。

摆 1 个三角形用 3 根小棒;

摆 2 个三角形用小棒的根数是 2×3;

摆 3 个三角形用小棒的根数是(　)×3;

摆 4 个三角形用小棒的根数是(　)×3。

师问:乘号前面的 2、3、4 分别表示什么?乘号后面的 3 表示什么?

(2) 用字母表示三角形的个数。

提问:你想摆几个三角形?可以怎样列式?

大家能不能想个办法,用一种写法来概括已经写出的所有算式?($a\times 3$)

问:a,3 分别表示什么?$a\times 3$ 呢?a 可以表示那些数?

(3) 小结。你觉得用 a 表示三角形的个数有什么优点?看来字母的作用真大,可以简洁、清晰地表示规律。

【点评】从具体的数过渡到用字母表示数,是小学生认识上的一次飞跃,抽象难懂。教师从学生喜闻的情境出发,唤起学生的主体意识。例子的选择针对性强,能很好地让学生感受到用字母表示数的优越性,为后面学习用字母表示数量关系与计算公式奠定了基础。

2. 指导学生学会求含有字母的式子的值,进行简单式子的化简

为了帮助学生正确认识用字母表示数的意义,教学时还应注意引导学生求代数式的值。因为用具体的数代替字母,代入式子求值,应用比较广泛,如解方程验算时就要用到。同时,就思维过程而言,由具体的数与运算符号组成的式子过渡到含有字母的式子是从特殊到一般的抽象概括过程,而将具体的数代入含有字母的式子求值,是从一般到特殊的具体化过程。从特殊到一般,再从一般回到特殊,可以使学生进一步体会到数学式子的实际意义。

教学化简形如"$5x\pm 3x$"的式子,即合并同类项时,可以和量的计算类比:根据 5 米 + 3 米 = 8 米,5 千克 + 3 千克 = 8 千克,自然有 $5x+3x=8x$,当然,也可根据乘法分配律推理:$5x+3x=(5+3)x=8x$。

(二)简易方程

方程随着解决实际问题的需要而产生,应用极其广泛。从数学本身看,方程是代数学的核心内容,正是对于它的研究才推动了整个代数学的发展。小学阶段所教学的简易方程主要包括 $ax\pm b=c$ 与 $ax\pm bx=c$ 这两种类型。过去教学解简易方程,一般要求根据四则运算各部分之间的关系来解。《课标(2011 年版)》提出运用等式的基本性质来解,而不强调运用四则运算各部分之间的关系解方程,主要是考虑到三个学段教学内容的连续性,为第三学段教学用等式的性质解"一元一次方程"做铺垫。根据课标精神,教学时要注意沟通新旧知识之间的联系,逐步引导学生在运用四则运算各部分之间的关系解方程基础上过渡到利用等式的基本性质解方程。具体来讲,简易方程的教学可围绕以下几个方面进行:

1. 引导学生认识方程的意义,学会用方程表示简单情境中的等量关系

方程是含有未知数的等式,它是等式的下位概念。弄清方程的概念是学习解方程的基础。解方程的本质就是"寻找 x 的值,使得等式成立"。教学实践中,初学者经常会出现诸如"$x+30=40=40-30=10$"之类的书写错误,原因就在于对方程的意义认识不清。教学中要注意在等式概念基础上,结合实际情境,对等式概念进行分化,建立方程概念。另外,由于解方程是列方程解实际问题的基础,而列方程解实际问题的关键就是寻找问题中数量之间的等量关系,因此教学中不能满足于学生会解简易方程,还应突出情境中等量关系的寻找,从而为列方程解实际问题的教学奠定基础。

案例 6.9 方程的认识

【教材】苏教版义务教育教科书《数学》五(下)

【教学片段】

(一)教学例 1

介绍称量工具——天平。出示例 1 图,提问:你能用等式表示天平两边物体的质量关

系吗?

指名回答,板书:50＋50＝100。

含有等号的式子叫等式,它表示等号两边的数是相等的。

(二)教学例2

1. 请学生观察例2图中每个天平,用式子表示天平两边的质量关系,并在黑板上集中出现。

$x+50>100, x+50=150,$

$x+50<200, x+x=200。$

2. 谈话:你能把这些式子按照一定的标准进行分类吗?可以怎样分?先独立思考后再小组内交流,最后达成统一认识。

学生可能按照不同的联结方式(大于、小于、等于)分成三类,教师指出也可分成两类,一类是用等号联结的式子,都是等式,一类不是等号联结的式子,都不是等式。

谈话:现在把这两个等式($x+50=150, x+x=200$)与等式$50+50=100$比较一下,有什么不同呢?

(三)总结:像$x+50=150$、$x+x=200$这样,含有未知数的等式是方程。

(四)讨论:1. $x+50>100$ 、$x+50<200$ 是方程吗? $50+50=100$是方程吗?为什么?

2. 等式和方程有什么关系呢?(方程一定是等式,但等式不一定是方程。)

【点评】方程是等式的下位概念,属于概念同化学习。这类概念的教学通常是在对已有概念分类基础上突出新概念的本质属性,关键是引导学生建立分类标准。本片段借助天平这一等式的现实原型,通过直观的图例抽象出等式的肯定与否定例证。在等式概念的进一步分化中,不仅使学生认识到方程的本质属性,也深刻领会到数学建模的思想与基本过程,有助于学生实现算术思维向代数思维的过渡。

2. 结合操作,了解等式的性质,学会用等式性质解简易方程

等式的基本性质有两条:一是在等式的两边同时加上或减去一个相同的数,等式仍然成立;二是在等式的两边同时乘以或除以同一个数(0除外),等式仍然成立。教学等式基本性质,可通过教具演示帮助学生理解。例如,在一架天平的两个托盘上分别放有2个苹果和3个梨,天平平衡了,然后再在两边增加一个同样重量的砝码。引导学生观察天平的两边是否平衡,从而使学生认识到在等式的两边同时加上相同的数,等式仍然成立。等式的其他性质也可通过类似方法帮助学生理解。

总之,在小学里教学简易方程,要注意由简到繁、循序渐进。对于较复杂的类型,要引导学生先把它们转化为较简单的情形。

二、列方程解实际问题的教学

小学生解实际问题(过去叫应用题)通常有算术与代数两类方法,即列算式解答与列方程解答。由于新课程倡导"问题情境—建立模型—解释、应用与拓展"这种"问题解决"式学习模式,实际问题的解决不仅体现为数学知识的巩固与应用,而且体现为数学知识形成的载体与源头。因此,新课程把列算式解实际问题与数的运算的教学融为一体。列方

程解实际问题则是在初步学会解简易方程的基础上对算术方法解实际问题的替代优化，为中学阶段列方程(组)解实际问题的教学奠定基础。

(一) 列方程与列算式解实际问题的比较

列算式解实际问题要依据四则运算的意义与实际问题中的数量关系。列算式解题时，未知数始终作为一个"目标"，不参与列式，需要找出已知数与未知数的关系，并用已知数与运算符号组成一个或几个算式，求出未知数。也就是说，算式中只能含已知数，不能含未知数。由于数量关系的多样性和叙述方式的不同，用已知数与运算符号来表示所要求的未知数时，常常需要逆思考，并在脑中进行数量关系的变换，因而造成列式上的困难。列方程解题打破了列算式时只能用已知数的限制，可根据需要用字母表示未知数，使未知数与已知数处于同等地位参与列式，依据题中数量之间的等量关系，列出含有未知数 x 的等式(即方程)，不受只能用已知数列式的限制，并且题目中怎样叙述就怎样列式，一般不需逆思考。未知数进入式子是新的突破。一般地说，列方程要比列算式考虑起来更自然，因而有更多的优越性。

(二) 列方程解实际问题教学的意义

1. 感受数学应用价值，渗透数学思想方法

数学源于生产、生活，又用于生产、生活。数学产生于人们的生产生活实践，能够用来解决生产生活实际中的各种问题。列方程解实际问题的教学可使学生充分感受数学的应用价值。

解决实际问题的过程本质上就是数学建模的过程。"模型思想"是《课标(2011年版)》提出的十个核心概念之一。方程是刻画现实世界的基本数学模型，而列方程解实际问题则突出了"方程"这一数学模型。通过将现实问题"数学化"，即化为数学问题，然后解这个数学问题(解方程)，再将这个数学问题的解转化为实际问题的解。这一过程可用图6.1来说明：

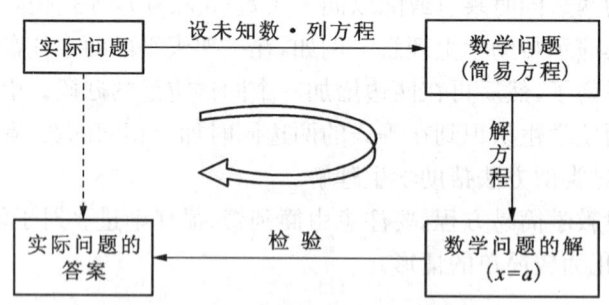

图 6.1　列方程解实际问题流程图

因此，列方程解实际问题就不仅仅是"解题"，更重要的是"数学建模思想"的渗透，并且在解方程过程中还可使学生进一步体会转化思想。通过解方程使所要求的数从未知转化为已知。

2. 增强思维灵活性,进一步提高发现与提出问题、分析与解决问题的能力

从图 6.1 可知,列方程解实际问题的一般步骤是:

(1) 弄清题意,找出未知数,并用 x 表示;
(2) 找出题目中数量间的相等关系,列出方程;
(3) 解方程,获得方程的解;
(4) 检验,获得实际问题的解。

列方程解实际问题的思维特点是把未知量当作一个已知量,去结合其他已知量,分析问题中数量间的关系,然后根据等量关系列出方程。这种思维方式与列算式解答有着本质不同,并且许多实际问题中数量关系又不十分明显,需要灵活思考,仔细分析。因此,教学列方程解实际问题可以培养学生思维的灵活性,进一步提高发现与提出问题、分析与解决问题的能力。

(三) 列方程解实际问题的教学

1. 打好知识基础,实现顺利过渡

列方程解实际问题的重点是根据题目中数量之间的相等关系运用符号语言建立数学模型——方程,这需要有一定的知识基础。教学前可以结合用字母表示数与简易方程的教学做好准备工作。例如,结合用字母表示数的教学,训练学生用字母表示未知数,进而用含有未知数的式子表示实际问题中的数量关系,或者反过来把用语言表述的数量关系式用字母表示出来,从而增强学生用符号表示量或数量关系的意识;在教学简易方程时,要使学生经历"把实际问题抽象为数学方程"的过程,通过这种抽象过程体会方程是刻画现实世界的一种基本的数学模型。

另外,学生初学列方程解实际问题时,容易受到列算式解题的思维定势的影响。例如,分析数量关系时,仍然把未知量作为解题目标,不参与列式,或者列方程时把 x 放在等式的一边,算术解法的算式放在等号的另一边。教学时,要注意引导学生克服思维定势,转变解题思维方式,从算术解法过渡到方程解法。

2. 密切结合实际,设计适合用方程解的问题

学生能否有效地开展列方程解实际问题的学习,一个重要因素是问题是否适合用方程解。如果学生不能感受到列方程解实际问题的优越性,他们就不会主动接受新的方法。教学列方程解实际问题不仅仅开阔了学生的思路,而且从中学阶段学习的需要来看,使学生尽早过渡到列方程解实际问题是必要的。问题的设计要使学生对新方法的优越性有亲身感受,开始时可设计需要逆思考的问题。

3. 把握教学关键,渗透数学思想

使学生学好列方程解实际问题的关键是在理解题意的基础上找出应用题中各种数量之间的关系,然后根据等量关系列方程求解。数量之间的关系可以用线段图、示意图或表格等方法直观地表示。苏霍姆林斯基说:"教会学生把应用题'画'出来,其用意就在于保证具体思维向抽象思维过渡。"[1]当然,也可以利用算术解法中分析数量关系的方法,找出

---

[1] [苏]苏霍姆林斯基著,杜殿坤译.给教师的建议[M].北京:教育科学出版社,1984:84-87.

等量关系,列出方程。

应予指出的是,计算步数不同的问题,列方程解答时思考方法基本上相同,难度差异不大。其原因就在于列方程解实际问题存在着共同的本质的东西,就是寻找等量关系,建立方程模型,而方程的解答又是最终转化成 $x=a$ 的情形,这其中蕴涵了数学建模思想和转化思想。教学时要紧扣这两种数学思想。

4. 加强比较,发展学生思维

首先,要加强列方程与列算式解实际问题的比较。教学列方程解实际问题后,有些问题可以让学生分别列算式与列方程来解,通过比较,体会列方程解题的优越性或鉴别在什么情况下选择哪种解法简便,从而培养学生根据具体情况灵活选用解题方法的能力。教学中要注意让学生体会到列方程解的优越性主要体现在"逆思考"问题上,而不是一切问题用方程解都较为优越。

其次,有些问题,由于考虑角度不同,可以列出不同的方程,从而产生不同的解法。教学时要鼓励学生从不同的角度寻找等量关系,列出不同的方程,并通过讨论、交流,对不同策略加以比较,从中找出最优方法,发展学生思维的发散性与灵活性。

思考与练习

1. 举例说明怎样教学用字母表示数。
2. 如何引进方程的概念?
3. 列方程解实际问题一般步骤是什么?关键是什么?
4. 列方程解实际问题的教学应注意哪几个方面的问题?

第五节 比和比例的教学

比与比例,一直是传统算术的一项重要内容,以前很多实际问题都用比例来解。实际上比例的内容大多属于代数知识,在小学引进方程后,很多用比例解的问题改用方程解就变得很容易。另外,我们知道,正比例、反比例关系实际上是两种基本的函数关系。因此,教学比与比例可以渗透函数思想,而函数则是表示、处理、交流和传递信息的强有力工具,是探讨事物发展规律、预测事物发展方向的重要手段。利用比与比例的教学渗透一些函数思想,可以使学生进一步体会到客观事物的多样性与复杂性,体会到数学的广泛应用价值。

关于比与比例的教学内容,近年来逐步趋于简化。新课程突出了正比例与反比例的教学,一般编排在高年级教材中。主要内容包括:比与按比例分配及其简单应用;成正比例、成反比例量的认识;在有坐标系的方格纸上画正比例关系图,并根据一个量的值估计另一个量的值;等等。

一、比与比例的概念

比和比例一直是初学者容易混淆的两个概念。两个数相除,又叫作这两个数的比。因此,两个数是有序的,颠倒两数的位置,就会得到另一个比。求比值与化简比是不同的,二者既有联系又有区别。比、除法、分数三者之间联系密切。比的前项相当于被除数、分子,比的后项相当于除数、分母,比值相当于商、分数值,比号相当于除号、分数线。因为除数和分母不能为"0",所以比的后项也不能为"0"。但也应注意它们之间的区别:"比"可以表示两个数之间的关系,除法指的是两数进行的运算,分数指的是数值,是一种数。比例是两个比相等的式子,表示的则是四个数之间的关系。

这部分内容抽象度高,教学时要充分利用实际生活中的问题情境,帮助学生理解有关概念,并注意揭示前后知识之间的关联,帮助学生构建完善的知识结构。

案例 6.10　比例的基本性质

【教材】苏教版义务教育教科书《数学》六(下)

【教学片段】

(一)复习导入

回顾:什么叫比例?怎样判断两个比可以组成比例?(一是看两个比的比值是否相同,二是看它们化成的最简比是否相同)

谈话:今天老师和大家再学习一种新的方法判断两个比能否组成比例。

板书:比例的基本性质。

(二)探究新知

1. 课件演示:把左边的三角形按比例缩小后得到右边的三角形。

教师:你能根据图中的数据写出比例吗?能写几个,就写几个。(指明板演)

板演结果有:3∶6=2∶4,2∶4=3∶6,3∶2=6∶4,2∶3=4∶6。

2. 谈话:你想知道它们各部分名称吗?请同学们自学教材第38页方框下内容,看书上怎么说。(组成比例的四个数,叫作比例的项。两端的两项叫作比例的外项,中间的两项叫作比例的内项。)

教师:谁来说一说并指一指这几个比例的内项和外项各是多少吗?把它说给小组里的同学,比比看谁说得既对又快。

3. 探索:观察这几个比例,两个外项的积与两个内项的积有没有什么关系?你发现了什么规律?(两个内项的积等于两个外项的积)是不是其他的比例也有这样的规律呢?小组同学相互讨论。

4. 总结:在比例里,两个外项的积等于两个内项的积,这叫作比例的基本性质。(板书课题:比例的基本性质)

5. 拓展:如果用字母表示比例的四个项(板书)$a∶b=c∶d$,那么这个规律可以怎样表示?(如果$a∶b=c∶d$,则有$a×d=b×c$)

如果把3∶6=2∶4这个比例写成分数的形式,该怎么写?你知道现在哪两个数是外项?哪两个数是内项吗?说给你的同桌听一听。

教师:如果把等号两端的分子、分母交叉相乘,结果会怎样呢?(结果会相等)你知道为什么吗?(因为在分数形式的比例里,把等号两端的分子、分母交叉相乘,就是把两个内项和两个外项分别相乘,所以它们的积是相等的。)

【点评】比例的基本性质承前启后,是比例意义的深化和发展,又是后面解比例知识学习的基础。教师先让学生学习比例的各部分名称,再引导学生通过观察、猜测、归纳、举例验证等数学活动自主参与比例基本性质的探究过程,感受"变与不变"的思想。探究过程科学严谨,环环紧扣,扎实高效,最终使学生实现了对新知的自主建构。

二、按比例分配

按比例分配就是把一个数量按照一定的比进行分配,它是"平均分"的拓展。按比例分配问题在实际生活中经常会遇到,因此,在解决这类问题过程中,可以帮助学生进一步理解比的意义和比与分数之间的关系,还能培养学生运用所学知识解决实际问题的能力。教学时要注意在实际情境中引导学生理解什么是按比例分配。例如,可组织学生课前做一些调查,看看在日常生活中,哪些地方用到了比的知识。通过调查使学生初步感受到比和我们的日常生活有密切的联系。再通过生活中的实际问题引进按比例分配,并使学生在解决实际问题的过程中感受到按比例分配的意义。

教学中还应引导学生运用按比例分配的知识解决一些实际问题。如"小明家和另外两户居民合用一个总电表。十月份共应付电费 80 元,小明家应付多少元?"

住户	小明家	小刚家	小丽家	合计
分电表数(千瓦时)	53	47	60	
应付电费(元)				80

这类问题现实性强,在生活中经常碰到。引导学生解决这些问题,既可使学生进一步理解按比例分配的意义,也可使学生感受到数学的应用价值。

三、成正比例、成反比例的量

这部分内容,主要是使学生理解两个变量之间的正、反比例关系。正、反比例关系是一种比较重要的数量关系,学生理解并掌握了这种数量关系,就能应用它解决一些简单的实际问题。在这之前,学生已掌握了一些常见的数量关系,如速度、时间与路程的关系,单价、数量与总价的关系,但是学生对这些数量之间的相依关系与变化规律还不清楚。因此,教学时要在学生已有知识基础上通过具体问题去体会成正、反比例的量之间的相依关系与变化规律,同时渗透函数的思想,为学生今后进一步学习奠定基础。

教学成正比例的量,可从常见的典型事例入手,引导学生分析研究问题中的数量关系,探索其中两种相关联的量的变化规律。在此基础上概括出正比例的意义。

例如,一辆汽车行驶的时间和路程是两种相关联的量,路程随着时间的变化而变化,如下表:

时间(小时)	1	2	3	4	5	6	…
路程(千米)	80	160	240	320	400	480	…

它们的变化规律是:路程和时间的比的比值(即速度)总是一定的。然后概括出 $\frac{y}{x}=k$ (常数)关系。这样教学不仅抓住了两种相关联的量的相互关系,而且抓住了它们在变化过程中的规律。

另外，有些相关联的量，虽然也是一种量随着另一种量的变化而变化，但它们相对应的两个数的比值不是一定的，它们就不成正比例。如人的身高和跳高的高度，被减数与差，正方形的面积与边长等。教学时，要引导学生根据正比例的意义进行判断。

教学成反比例的量，可以仿照成正比例的量的教学方法。通过实际问题的讨论，弄清问题所研究的两种相关联的量。它们变化的情况是一种量扩大，另一种量反而缩小；一种量缩小，另一种量反而扩大。还要弄清这两种相关联的量不论怎样变化，它们相对应的两个数的积都是一定的，在此基础上概括出 $xy=k$（一定）。另外，还应指出：有些两种相关联的量，虽然也是一种量扩大，另一种量反而缩小；一种量缩小，另一种量反而扩大，但这两种量中相对应的两个数的积不是一定的，所以不成反比例。例如：被减数一定，减数和差不是反比例关系。

教学时，还应注意以下几点：

（一）注意通过实例比较概念的异同

在学生已经掌握了判断两种量成正比例或成反比例的方法以后，要启发学生总结两种量成正比例与成反比例的共同点与不同点。共同点是两种量都是相关联的，它们都是一种量随着另一种量的变化而变化；不同点是两种量成正比例时，它们相对应的两个数的比值（也就是商）一定，两种量成反比例时，它们相对应的两个数的积一定。因而判断两种量是不是成比例，是成正比例还是成反比例，首先要看这两种量是不是相关联的，一种量是不是随着另一种量的变化而变化。然后看它们相对应的两个数是比值（商）一定，还是积一定。如果比值（商）一定，就成正比例。如果积一定，就成反比例。如果积和商都不是一定的，它们就不成比例。如在速度、时间和路程这三种量中，当速度一定时，时间和路程成正比例；当路程一定时，速度和时间成反比例。

（二）引导学生画正比例关系图，并根据一个量的值估计另一个量的值

在学生了解了什么是成正比例、成反比例的量后，可引导学生根据给出的有正比例关系的数据在有坐标系的方格纸上画图，以加深学生对正比例的认识，并使学生在直观上感受函数思想，为以后学习函数图像的绘制奠定基础。

（三）引导学生寻找生活中成正、反比例的量的实例，并进行交流

在教学成正、反比例的量后，可要求学生举出生活中的实例，并相互交流，使他们在交流中感受到数学与生活的密切联系。如，一张 100 元人民币，换成面值 2 元（或 5 元、或 10 元、或 50 元）的人民币，可分别换成多少张？一张 50 元的电话卡，打国际长途（打国内长途、打区间电话或者打市内电话）可以打多少时间？

思考与练习

1. 怎样教学比与比例的概念？
2. 怎样引导学生理解成正、反比例的量？

第六节　探索规律的教学

"探索规律"是新课程独立设置的教学内容之一。《课标(2011年版)》突出强调了创新意识的培养,并指出:"创新意识的培养是现代数学教育的基本任务,应体现在数学教与学的过程之中。学生自己发现和提出问题是创新的基础;独立思考、学会思考是创新的核心;归纳概括得到猜想和规律,并加以验证,是创新的重要方法。创新意识的培养应该从义务教育阶段做起,贯穿数学教育的始终。""探索规律"的教学则是培养学生创新意识的重要途径。

在数学里,规律无处不在,规律与规律之间往往也是相互交融,密切联系。在规律探索的过程中,人们常常要运用推理。在传统观念中,推理似乎就是"演绎推理"(也称论证推理)。实际上,一个数学规律完整的探索过程往往包括两个连续的思维阶段,即首先通过实验、观察、归纳、类比、联想、想象、估计、猜测等合情推理发现数学结论,然后再运用演绎推理确认结论的正确性。也就是说,某种程度上,合情推理和演绎推理是数学思维的两翼,二者相辅相成,缺一不可。因此,数学规律的探索过程,实际上是合情推理与演绎推理综合运用的过程。过去我们比较强调演绎推理,弱化合情推理,影响了学生创造意识的培养。《课标(2011年版)》中围绕创新意识对合情推理能力培养做了明确的阐述。

一、合情推理与演绎推理

合情推理是从已有的事实出发,凭借经验和直觉,通过归纳和类比等推断某些结果;演绎推理是从已有的事实(包括定义、公理、定理等)和确定的规则(包括运算的定义、法则、顺序等)出发,按照逻辑推理的法则证明和计算。在解决问题的过程中,两种推理功能不同,相辅相成。合情推理用于探索思路,发现结论;演绎推理用于证明结论。

合情推理的思想最早可追溯到欧拉,使其臻于完善的是G.波利亚,他的著作《数学与猜想》成为后来西方教育界重视合情推理的理论与实践基础。波利亚高度重视合情推理的教学实践。他认为教学中应该多给学生提供猜想的机会,培养他们进行猜想的习惯,教给他们进行猜想的方法。教学中最重要的就是选取一些典型数学结论的创造过程,分析其发现动机和合情推理,然后再让学生模仿范例去独立实践,在实践中发展合情推理能力。

合情推理是丰富多彩的,归纳和类比是两种用途最广的合情推理。数学家拉普拉斯说:"甚至在数学里,发现真理的主要工具也是归纳和类比。"

归纳推理是指对特例或事物的一部分进行分析而提出一般性结论或规律的过程,是一种从特殊到一般的推理。归纳推理又有完全归纳与不完全归纳之分,完全归纳推理获得的结论当然可靠,但不完全归纳(或称经验归纳)获得的结论可能是正确的,也可能不正确。在数学里,许多规律都是观察、归纳出来之后再进行证明的。高斯曾说过:"用归纳法可萌发出极为漂亮的真理。"著名的哥德巴赫猜想:"任何一个大于4的偶数都是两个奇素数之和。"就是通过观察诸如:$6=3+3, 8=5+3, 10=3+7=5+5, 12=5+7, 14=3+11=7+7$ 等式子归纳出来的"极为漂亮的真理"。

类比推理是利用事物之间的某些方面的相同或相似性，从一个具体对象到另一个特定对象的推理。它是一种从特殊到特殊的推理，实质是根据两个对象之间的相同或相似，把信息从一个对象转移给另一个对象。因此，结论具有或然性。例如，莱布尼茨发明二进制数就得益于中国古老的周易与八卦图的类比。八卦的基本符号是"爻"。爻分为阳爻"——"与阴爻"— —"两种。阳爻、阴爻与二进制数的"0""1"，以及电子计算机的"关""开"之间可以建立一一对应关系，从而可以相互类比。

虽然合情推理的结论具有或然性，但是在推理过程中，大胆的设想，超乎寻常的猜想，往往孕伏着发明和创造的潜质。因此，培养学生的合情推理能力尤为必要。基于这一点，《课标（2011年版）》提出在义务教育阶段的目标是：

第一学段：在观察、操作等活动中，能提出一些简单的猜想；会独立思考问题，表达自己的想法。

第二学段：在观察、实验、猜想、验证等活动中，发展合情推理能力，能进行有条理的思考，能比较清楚地表达自己的思考过程与结果。

第三学段：体会通过合情推理探索数学结论，运用演绎推理加以证明的过程，在多种形式的数学活动中，发展合情推理与演绎推理的能力。

从这里我们能够认识到，在小学阶段，重点是通过观察、实验、猜想等数学活动培养学生的合情推理能力，同时通过结论的验证与应用为演绎推理能力的形成奠定必要的基础。

需要指出的是，从义务教育的整体来看，重视合情推理并不意味着对逻辑推理的摒弃或弱化。波利亚曾反复指出："数学中有'论证推理'和'合情推理'两种推理，它们是思维的两种形式、两个方面，它们之间并不矛盾，在数学的发现和发明过程中是交互起作用的。在严格的推理之中，首要的事情是区别证明与推测，区别正确的论证与不正确的尝试；而在合情推理中，要区别理由较多的推测与理由较少的推测。如果你把注意力引导到这两种区别上来，那么就会对这两者有更清楚的认识。"合情推理虽然"合乎情理"，但结论具有或然性，要确认其结论的正确性，还需要通过论证推理来实现。当然，对于小学生来说，严密的逻辑论证有时不太现实，但验证还是可以的。并且，结论的应用本质上也是从一般到特殊的演绎过程。从这一意义上说，数学教学中，逻辑推理与归纳、类比、猜测等活动总是相互伴随，共生共长的。例如教学加法运算定律时，通过对多个具体例子的分析、比较、反思，发现了规律，归纳出加法运算定律（归纳推理），然后，将定律应用于简便计算（演绎推理）。又如教学分数基本性质时，由除法的商不变性质类推出分数基本性质（类比推理）。正如波利亚所说："借论证推理来肯定我们的数学知识，而借合情推理为我们的猜想提供依据。"这正是两种推理的结合。

二、小学数学中探索规律的教学内容与编排

小学数学中"探索规律"的内容主要是数、式、形的规律的探索，作为小学数学知识体系的重要组成部分，需要合理选择学习内容，精心设计呈现序列。

从《课标（2011年版）》来看，一方面，在各领域公式、法则、算法等规律性知识的教学中，强调让学生经历发现、探索的过程；另一方面，将"探索规律"作为数与代数中的独立内容，以加强这方面知识的教学力度。各学段具体目标如下：

第一学段：探索简单情境下的变化规律。

例1 在下列横线上填上合适的数字、字母或图形，并说明理由：

1,1,2;1,1,2;_____,_____,_____;

A,A,B;A,A,B;_____,_____,_____;

□,□,▯;□,□,▯;_____,_____,_____。

本例可使学生感悟到：对于有规律性的事物，无论是用数字、字母还是图形都可以反映相同的规律，只是表达形式不同而已。

第二学段：探求给定情境中隐含的规律或变化趋势。

例2 联欢会上，小明按照3个红气球、2个黄气球、1个绿气球的顺序把气球串起来装饰教室。你知道第16个气球是什么颜色吗？（可以有多种方法）

说明：希望学生能够通过所给条件，发现规律，进一步了解规律可以借助各种符号表示。在解决这个问题时，学生可以有多种方法。例如，用A表示红气球，B表示黄气球，C表示绿气球，则按照题意，气球的排列顺序可以写成：

A A A B B C A A A B B C ……

从中找出第16个字母，由此推出第16个气球的颜色。

根据标准精神，现行小学教材通常采取集中与分散相结合的方法进行编排，即在不同阶段设置独立的单元，以适当的主题进行"探索规律"的学习。如苏教版和人教版两种教科书中关于"探索规律"的内容分别在两个学段中都以主题单元方式进行了独立设计。纵观各册教材进一步发现，在其他各个学习领域，还以分散渗透的方式穿插编排了有关数学规律的探索性内容，重视让学生经历知识的探索过程，把发现规律、探索规律作为培养归纳、类比等合情推理能力的重要载体，并渗透于教学的全过程。但不同的教材在内容的选取上存在明显差异。苏教版教材主题单元的设计，主要是让学生在现实的情境中探索事物的间隔排列、简单搭配以及简单周期现象中的规律，并通过平移的方法探索、发现简单图形覆盖现象中的规律，使学生经历自主探索和合作交流的过程，并从中体会列举、画图、计算和有序思考等解决问题的基本策略，培养学生发现和概括规律的能力，初步形成回顾与反思探索规律过程的意识，提高解决相应的简单实际问题的能力。而人教版教材以独立单元设计的"探索规律"的内容相对较多，并且分布在各个年级。选取的内容主要是图形变化规律、数列变化规律和操作活动变化规律。内容设计的活动性、探究性比较强，一些内容直接设计在数学实践活动之中。

三、探索规律的教学策略

探索规律的教学是培养学生创新意识、发展数学核心素养的重要途径。在探索规律的过程中，一方面，学生的观察、归纳、类比等数学能力能够获得提高；另一方面，虽然属于知识内容，但突出的是学生的探索过程与活动，不同于传统的知识技能学习，因而在探索过程中他们的学习方式也会自觉地发生改变。因此，教学时，需要仔细研究、深入理解、准确把握、科学设计。

（一）引导学生探索简单情境中的变化规律

在探索规律的过程中，观察是基础，猜想是关键。通过观察，把握现象背后的本质，而猜想的过程主要运用的就是归纳、类比等合情推理。教学中，学生可能不敢猜，或者不会猜。因此要帮助学生突破思想障碍，鼓励学生大胆猜想，牛顿说过："没有大胆的猜想，就没有伟大的发现。"要给学生猜的机会，也要教给学生猜的方法。

在学生生活实际中蕴涵着丰富的数学规律，教学中，要考虑学生的年龄、知识、能力和智力的实际情况，充分地挖掘他们身边有趣的、与数学有关的探索性素材，从简单的容易发现的情形入手，组织学生进行观察、操作、画图、实验、猜测、验证、归纳等探索研究性的活动。规律要简单有趣且容易表达。主要是让学生感受规律的存在，对规律产生兴趣，能够联系学习的数、式、形以及运算知识，体会规律，表达发现的规律。

例3 先观察算式中的前三题，再填出括号里的数。

(1) $37\times3=111$　　　　　　(2) $13\times7=91$
　　$37\times6=222$　　　　　　　$13\times14=182$
　　$37\times9=333$　　　　　　　$13\times21=273$
　　$37\times(\ )=444$　　　　　　$13\times28=(\ )$
　　$37\times(\ )=555$　　　　　　$13\times35=(\ )$
　　$37\times(\ )=666$　　　　　　$13\times42=(\ )$
　　$37\times(\ )=777$　　　　　　$13\times49=(\ )$
　　$37\times(\ )=(\ )$　　　　　$13\times(\ )=(\ )$

现行教材还有许多值得挖掘的蕴涵规律的数学内容。如，二年级整理加法表、减法表、乘法口诀表，要求学生看出表格里算式的排列规律。学生参与整理表格的活动，体会相邻算式之间的关系，利用这种关系使计算正确、迅速。教师教学时不仅要关注其中的基础知识、基本技能，更重要的是蕴含其中的能力培养因素甚至数学思想的感悟。

（二）引导学生探索给定情境中隐含的规律或变化趋势

在"探索规律"的教学上，第二学段提出的"探求隐含规律"与"探求变化趋势"的要求要比第一学段要求有明显提高。对于简单情境下规律的探索，往往规律已经存在，并具有确定性，只需让学生在观察的基础上通过归纳或类比等推理活动去发现，而对于给定情境中隐含的规律或变化趋势，突出了探索过程，不再是简单直观的，而是比较隐蔽，规律虽然存在，但往往具有不确定性，从不同的角度观察，可能会"合情"地获得不同的规律。因此，教学中问题的探索性、开放性更强。另外，发现的规律要用数学方法表示，有些表示方法可以看作数学模型或者相当接近数学模型了。

例4 如在下面的横线上填数，使这列数具有某种规律，并说明有怎样的规律。

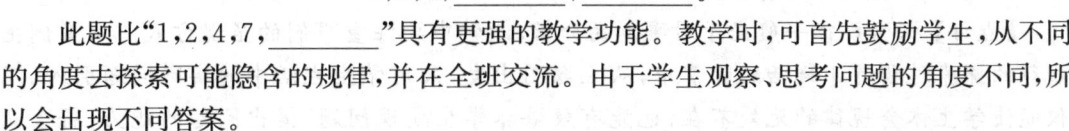

此题比"$1,2,4,7,\underline{\qquad}$"具有更强的教学功能。教学时，可首先鼓励学生，从不同的角度去探索可能隐含的规律，并在全班交流。由于学生观察、思考问题的角度不同，所以会出现不同答案。

(1) 1,2,4,5,7(后一个数比前一个数依次多1,多2);

(2) 1,2,4,8,16(后一个数是前一个数的2倍);

(3) 1,2,4,7,11(后一个数比前一个数依次多1,多2,多3,多4);

(4) 1,2,4,2,7(4比1多3,7比4多3;其中穿插的数都是2)。

可见,同一问题可以有不同的解决方法,只要解释是合理的,就是对的。教师要关注学生的各种想法,并为学生提供交流的机会。

在运用合情推理探索事物中隐含的规律或变化趋势时,还可以借助计算器进行。

例5 先请学生用计算器计算:

$$1122 \div 34 =$$
$$111222 \div 334 =$$
$$11112222 \div 3334 =$$

再出示:

$$111111222222 \div 333334 =$$
$$1111111122222222 \div 33333334 =$$

师:你遇到什么问题了?(计算器已经不能显示这些数了。)

师:那该怎么办?赶快看看有没有什么规律啊!(小组合作寻找规律)从而使学生体会到探索规律的必要性,学生通过归纳推理,把前三式隐含的规律类推到后两式中,解决了问题。在这一过程中,学生不仅体会到计算器可以帮助我们探索规律,而且也深刻体会到合情推理的价值。

(三) 重视公式、法则、定律等知识探索过程的教学

小学数学中包含着大量的公式、法则、定律等规律性知识,这些知识是培养合情推理与论证推理能力的重要载体。教学时要重视引导学生经历知识的探索过程。

案例6.11 加法交换律与结合律

【教材】苏教版义务教育教科书《数学》四(下)

【教学片段】

(一) 情境引入

1. 谈话:同学们喜欢体育活动吗?谁来说说你最喜欢哪些体育活动?

出示主题图,说明:四年级一班同学正在上体育课。(图中28个男生与17个女生在跳绳,23个女生在踢毽子。)

2. 提问:(1) 从图中你知道了哪些数学信息?

(2) 你能提出用加法计算的问题吗?

① 参加跳绳的一共有多少人?

② 参加活动的女生一共有多少人?

③ 参加活动的一共有多少人?

【点评】探索规律一般始于对事例的分析,教学中要注重事例的呈现方式。本案例把规律的探索过程置于鲜活的背景中,从主题图出发,采用学生生活中的实际问题引入,不仅能使学生体会规律的无处不在,也能有效培养学生发现问题、提出问题的能力,符合新

课程理念。

(二) 探索加法交换律

1. 解决问题，获得例证

师：我们先来看第一个问题：参加跳绳的一共有多少人？你们能马上口头列式并口算出结果吗？

指名回答，教师板书：28＋17＝45(人)或17＋28＝45(人)。

提问：观察比较这两个不同算式的计算结果，你们发现了什么？

引导学生说出：28＋17和17＋28的结果都是45。

教师接着指出：这两道算式的得数相同，我们可以把这两道算式写成这样的等式。(板书：28＋17＝17＋28)

提问：观察这个等式，有什么特征？像这样的等式你能再写一些吗？

2. 观察验证，获得规律

提问：同学们写的时候有没有什么规律？(加数不变，交换位置，结果一样。)

按照这样的规律，能写几个？无数个，写不完，用省略号表示。(板书：……)

3. 反思总结，概括规律

有这样规律的算式很多，写不完，谁能用一句话概括出这个规律。(四人一组讨论，然后交流。)出示加法交换律的文字表述。指出用语言叙述比较麻烦，大家能不能用自己喜欢的符号、图形、字母等把发现的规律简明地表示出来呢？

小结：用文字、图形、符号、字母都能表示出这类等式的规律，即"两数相加，交换加数的位置，和不变"，我们称这一运算规律为"加法交换律"。数学上，我们通常用小写字母表示加法交换律：$a+b=b+a$。

指出：我们过去学过用交换加数的位置再加一遍的方法来验算加法，就是用了加法交换律。

再看第二个问题，谁能马上列出算式？(17＋23)马上说出不同的算式？应用了什么规律？

(三) 探索加法结合律

谈话：刚才通过解决第一题，我们得到了加法交换律，现在我们再来研究"参加活动的一共有多少人？"看看有没有新的发现。

1. 解决问题，感知例证

提问：你们会列综合算式解决这个问题吗？在自备本上做，计算出结果。

交流：估计有学生列式28＋17＋23＝68(人)，你先算什么？(跳绳的人数)添上小括号表示强调先算，板书：(28＋17)＋23(人)。有没有不同的解法？对于列式28＋(17＋23)追问：这样列式先算的是什么？(女生人数)

观察比较这两个不同算式的计算结果，引导学生说出计算结果是一样的，这两个算式也可以写成等式。师板书：(28＋17)＋23＝28＋(17＋23)。

提问：它符合加法交换律吗？(不符合,加数的位置没变)

提问：加数的位置没变，那究竟加数的什么发生了变化呢？(相加的顺序不同)

引导学生一起说出：左边的算式是先把前两个加数相加，再加第三个数，右边的算式是先把后两个加数相加,再同第一个数相加,但计算结果是一样的。

再来看这样两组算式:算一算,下面的○里能填上等号吗?

(45+25)+13○45+(25+13)

(36+18)+22○36+(18+22)

如果有学生直接回答结果是一样的,教师添上"=",并请学生分组验算。

2. 猜测规律,举例验证

观察黑板上的几个等式,你能发现等号两边的算式什么没变,什么变了吗?

小组讨论:(要点:三个加数没变,加数的位置没变,运算顺序变了,结果没变)

教师引导:这个发现,会不会是一种巧合呢?如果换成其他的三个数相加,左右两边的得数还会相等吗?你能不能再举一些例子验证。

同桌相互验证,全班汇报。

谈话:像这样举出的例子,被同桌证实和不变的举手!有没有同学举出的例子左右两边的和不相同的?这样的例子能举完吗?(板书:……)

3. 归纳概括,总结规律

谈话:看来,我们的发现不是巧合,三个数相加一定有规律!

交流总结:三个数相加,可以先把前两个数相加,再和第三个数相加;也可以先把后两个数相加,再和第一个数相加,它们的和不变。指出:这个规律是我们今天要认识的另一个运算律——加法结合律。(板书:加法结合律)

加法结合律也可以用字母来表示,现在需要几个字母?(3个,如 a,b,c)你能用字母把加法结合律表示出来吗?学生试着写。(板书:$(a+b)+c=a+(b+c)$)

【点评】通过解决生活中的实际问题,用不同解题思路得到相同结果,进而引出规律的例证,再举出类似实例,通过观察、比较、归纳、概括、验证等方法,引导学生经历"先猜后证"这样一个完整的规律的探索过程。"猜"即合情推理,"证"即演绎推理,当然严密的逻辑论证对小学生来说有时难以实现。但为了增加对结论的可信度,可以通过验证更多的事例让学生去体会。这一点,教师处理得比较科学。另外,通过日常语言与符号语言表述规律的比较,提升了学生抽象概括的水平。

思考与练习

1. 什么叫合情推理?试举小学教材中的例子加以说明。
2. 简要叙述某一版本教科书中"探索规律"的编排情况。
3. 在探索规律的教学中怎样培养学生初步的合情推理能力?

阅读材料

1. "0"是自然数吗

从历史上看,国内外数学界对于0是不是自然数历来存在两种观点:一是认为0是自然数,另一种认为0不是自然数。

1891年,意大利数学家G.皮亚诺在建立自然数公理化体系时,给出的第一个公理就是"0是一个自然数"。因此欧美各国学术界,这种观点处于主导地位。苏联数学教育界则认为0不是自然数。新中国成立以来,我国中小学教材一直沿用苏联的观点,规定自然数不包括0。改革开放以来,为了方便国际交流,1993年颁布的《中华人民共和国国家标准》(GB 3100-3102-93)《量和单位》(11-2.9)第311页,规定:自然数包括0。所以中小学数学教材根据上述国家标准进行了相应的修改,规定0是自然数。

自然数集扩充后,自然数的基数理论以及其他一些与自然数有关的理论问题会随之产生相应的变化。但由于0的特殊性,在某些具体问题中依然要具体分析。如最小的一位数是什么?在0没有归入自然数以前我们都很清楚,现在规定0是自然数,那么最小的一位数是1还是0呢?我们认为还是1,因为在记数法中0本来就是表示空位的符号。另外,在小学阶段的"数的整除"部分,一般不考虑自然数0,因而在约数、倍数等概念中都不包括0。但过去的一些说法需加以纠正,如"一个自然数的最小倍数是它本身""自然数约数的个数是有限的"等结论应加以纠正。

2. 为什么"0可以作乘数",但"0不能作除数"

根据乘法的意义

$$a \times b = \underbrace{a + a + \cdots + a}_{b \uparrow a}$$

$$0 \times b = \underbrace{0 + 0 + \cdots + 0}_{b \uparrow 0} = 0$$

当 $b=0$ 时,根据积 $a \times b$ 的补充定义,$a \times b = a \times 0 = 0$,积也是唯一存在的,所以,0可以作乘数。

0为什么不能作除数呢?根据除法的定义:已知数 a、b,如果存在一个数 q,使 $a \times q = b$,就说 q 是 b 除以 a 的商,记作 $b \div a = q$,其中,b、a、q 分别叫作被除数、除数和商。

(1) 当 $a=0$ 时,如果又有 $b=0$,则满足 $a \times q = b$,即 $0 \times q = 0$ 的 q 可以是任何数;

(2) 当 $a=0$、$b \neq 0$ 时,则满足 $a \times q = b$,即 $0 \times q = b$ 的数 q 不存在。

在这两种情况下都不符合四则运算结果必须存在且唯一的要求,因此,在除法运算中规定"0不能作除数"。

(摘自:金成梁.小学数学疑难问题研究.江苏:江苏教育出版社,2010:5,49)

3. 小学生数概念的发展

(1) 小学生数概念发展的特点

① 儿童数概念发展具有一定的规律性。表现为:深度、广度、准确度和熟练程度一般随年龄增长而发展;数概念的发展非直线式的而是有起伏的、波浪式的发展;数概念的发展有极大的个别差异,这种差异是和环境、教学条件分不开的。

② 儿童数概念发展有一定的顺序性。这种顺序大致表现为:整数→小数→分数。在整数方面,掌握百以内数概念的顺序是:认数→数序与系列、组成→应用。掌握万以内数概念的顺序是:图←→数、相邻数、比大小、组成←→认写、数位、系列、应用→集合。掌握

小数概念的顺序是:图←→数、比大小、数位→系列、应用。

③ 各年龄儿童所能掌握的数概念,大致有一定的深度和广度,一般地说,7岁能在不同程度上掌握两位数中除系列以外的所有项目。8岁能掌握百以上(三位数)的所有项目,其中应用较差。9岁除能掌握万以内的数外,还能开始分别掌握小数和分数概念。10岁和11岁儿童,小数和分数概念都在进一步形成中。

④ 各年龄儿童还具有超越上列数概念一般水平的巨大可能性。

⑤ 从儿童易犯的错误,可以看到儿童思维发展的特点,如:空间想象力差,思维缺乏灵活性、精确性;思维容易带有片面性。

(2) 小学生数概念发展的关键阶段

① 从自然数概念到抽象数概念。在儿童掌握数概念的初期,是不能脱离开实物来进行认数和记数的。在7—8岁时,儿童在成人的教育帮助下,经过大量不同种类的实物记数和计算,逐渐抽象出了数的概念,这对儿童的思维发展具有里程碑意义。

② 十进位数概念。儿童发展起十进位数概念的关键阶段是在上小学以后的一段时间内。计数单位"十"的掌握,形成十进数的概念,使得儿童数概念的发展起了根本性变化。从此,数概念的广度大大扩展了。

③ 从整数到分数的发展。小学四、五年级左右是分数概念发展的关键阶段,此时的"数"不再是仅仅代表整个实物,而是开始表示实物的一部分。他们的数概念结构渐渐开始向小的方向发展,并逐渐扩展到无穷小。

(摘自:林崇德主编,沃建中著.小学数学教学心理学.北京教育出版社,2001:143-145)

参考文献

[1] 中华人民共和国教育部.义务教育数学课程标准(2011年版).北京:北京师范大学出版社,2012.

[2] 欧阳新龙.义务教育数学课程标准(2011年版)解读.湖北:湖北教育出版社,2012.

[3] 金成梁.小学数学疑难问题研究.江苏:江苏教育出版社,2010.

[4] 范文贵.小学数学教学论(第二版).上海:华东师范大学出版社,2016.

[5] [美]G.波利亚著,李心灿等译.数学与猜想:数学中的归纳与类比.北京:科学出版社,2001.

[6] 史宁中.基本概念与运算法则.北京:高等教育出版社,2013.

第七章 图形与几何的教学

"图形与几何"是小学数学课程内容的四大领域之一,是几何学中初步的、小学生能够接受的部分。这些知识不仅在日常生活和生产中有着广泛的应用,而且对于小学生建立空间观念,培养几何直观与推理能力都有着独特的不可替代的作用。小学时期也是儿童从具体表象思维向抽象逻辑思维的过渡时期。[①] 因此,搞好小学数学中图形与几何的教学,对于培养小学生的科学思维,做好中小学数学教学的衔接,确保小学生的可持续发展有重要的意义。

> **学习的基本要求**
> 1. 了解图形与几何教学的意义、课程内容和教学要求;
> 2. 了解在图形与几何的教学中,如何引导学生掌握基础知识,建立空间观念,培养几何直观与推理能力;
> 3. 能正确地进行图形与几何的教材分析,初步学会教学设计,逐步领会教学的策略和方法。

第一节 图形与几何教学的意义、内容和要求

数学是研究数量关系和空间形式的科学。[②] 可见,数和形是数学的基本内容。在数学中,研究形的分支学科叫作"几何学"。几何学的历史,源远流长。公元前4000年,埃及尼罗河水经常泛滥,需要土地测量,出现了以测量为目的的度量几何。公元前300年前后,古希腊出现了以欧几里得的《几何原本》为代表的演绎几何。从此,逻辑与几何结下了不解之缘。17世纪笛卡尔创立了坐标几何,把几何与代数密切联系起来,坐标方法从此成为认识图形与几何的利器。1872年F.克莱因用变换群将几何学分类,于是,图形的变换和运动进入了几何学的领域。19、20世纪之交,高斯、黎曼发展了微分几何,被爱因斯坦用于表示相对论,推动人类文明进入了新的时代。

作为小学数学课程内容的"图形与几何"仅仅是几何学中初步的、简单的,而且是小学生能够接受的部分。主要涉及直观几何(实验几何)、度量几何与演绎几何。直观几何(实验几何)主要是用观察、操作的实验方法(量一量、折一折、比一比、数一数等)来认识和归

[①] 朱智贤,林崇德.思维发展心理学[M].北京:北京师范大学出版社,1986:323.
[②] 中华人民共和国教育部.义务教育数学课程标准(2011年版)[S].北京:北京师范大学出版社,2012:1.

纳几何形体的特征。度量几何主要研究几何量(即几何形体的那些可以比较大小的属性)及其计量,包括长度与角度、面积与体(容)积等。此外,平移、旋转、轴对称等内容涉及变换几何;物体位置的确定涉及解析几何(坐标几何)。

要在小学打好数学的初步基础,不但要学习数与四则运算,还应学习常见的几何形体,并且通过图形的学习,发展学生的几何直觉,培养学生初步的逻辑思维能力和空间观念。

一、教学图形与几何的意义

图形与几何知识不仅在日常生活和生产中有着广泛的应用,对于培养小学生初步的逻辑思维能力和空间观念以及解决实际问题的能力,帮助他们初步领会数学思想方法、形成数学意识和训练理性思维,都有着独特的、不可替代的作用。

(一) 培养思维能力

在图形与几何的教学中,可以培养学生初步的比较与分类、分析与综合、抽象与概括、判断与推理等逻辑思维的能力。因为认识图形的特征,需要对感性材料进行分析和比较;研究概念之间的关系,需要同中求异,或异中求同,在分析的基础上比较事物的异同,进而根据概念的定义和图形性质进行推理,做出判断。

(二) 培养初步的空间观念和创造力

"空间观念"是在空间知觉的基础上形成的、关于物体的形状、大小和位置关系的表象。它是在综合同一类事物的多次感知的基础上形成的,是记忆的重要形式,是形成空间想象力的基础。图形与几何的教学对于培养创造力十分重要,因为发明创造最基本的要素是空间观念。

(三) 培养用形的知识解决简单的实际问题的能力

通过学习空间形体知识,以及在测量、绘图和求积等活动中运用这些知识,可以帮助学生逐步学会从几何的角度去观察周围的事物和认识它们的特性,培养学生应用数学的意识和运用形体知识去解决简单的实际问题的能力。

(四) 渗透"数形结合"思想

由数学中不同的分支学科来研究的数和形,自从 17 世纪以来,出现了思想方法上的飞跃。我们既可以把数量关系转化为图形性质,使其具有鲜明的直观性;也可以把图形性质转化为数量关系,从而使几何问题能用代数方法来研究。

华罗庚说过:"数无形时少直观,形无数时难入微。"数学教学要求把抽象的教学内容形象化,这就需要运用图形。这种抽象中的形象是数学教学卓有成效的重要因素。

(五) 提升数学课程在义务教育中的地位

在 20 世纪末高新技术的发展过程中,几何学原理得到了空前的应用。无论是在 CT 扫描、核磁共振等医疗成像技术上,还是在机器人、光盘、传真、无线电话以及高清晰度电视等最新电子产品上,都广泛采用了传统的和现代的几何理论。在人类进入信息社会的今天,几何学对社会发展的贡献越来越大。科学家呼吁:21 世纪的数学教育应当把几何学放在头等重要的地位。

当前,在图形与几何的教学中,如何处理好直观几何、实验几何与演绎几何之间的关系,成了人们关注的焦点。在局部地、有限度运用演绎方法的同时,需要更加关注对形体知识的直观感知;在增强数学的理性精神和理性思维的训练,保持我国数学教育在这方面的优势的同时,需要更多地强调直观和非形式化的内容,帮助学习者通过几何直观去理解数学,把复杂的数学问题变得简明,从而有助于探索解决问题的思路。

二、图形与几何的教学内容和编排

《课标(2011 年版)》中将"图形与几何"作为课程内容的一个领域,并且指出:"图形与几何的内容主要涉及现实世界中的物体、几何体和平面图形的形状、大小、位置关系及其变换,它是人们更好地认识和描述生活空间,并进行交流的重要工具。""图形与几何"的内容按"图形的认识""测量""图形的运动"和"图形与位置"四条线展开。这四条线都以图形为载体,以培养几何直觉、空间观念和推理能力,以及更好地认识和把握我们赖以生存的现实空间为目标。不仅着眼于理解和掌握一些必要的几何事实,而且强调学生经历自主探索与合作交流的过程,形成积极的态度与情感。课程标准规定的关于"图形与几何"的教学内容如下表 7.1:

表 7.1 《课标(2011 年版)》小学阶段"图形与几何"教学内容

	图形的认识	测 量	图形的运动	图形与位置
一至三年级	• 认识长方体、正方体、圆柱和球。 • 从不同方位观察物体。 • 认识长方形、正方形、三角形、平行四边形和圆。 • 认识长方形、正方形的特征。 • 用长方形、正方形、三角形、平行四边形或圆拼图。 • 认识角、直角、锐角和钝角。 • 能对简单几何形体分类。	• 量长度。 • 认识长度单位。会换算,会选用长度单位。 • 估计和测量长度。 • 认识周长、长方形、正方形的周长公式。 • 认识面积的含义和面积单位。会换算,会选用面积单位。 • 长方形、正方形的面积公式。 • 估计面积。	• 感知平移、旋转和轴对称。 • 在方格纸上将简单图形平移。 • 认识轴对称图形。	• 用上、下、左、右、前、后描述物体的相对位置。 • 在东、南、西、北中给定一个方向,辨认其余三个方向。知道东北、西北、东南、西南。能运用这些词语描述物体所在的方向。
四至六年级	• 认识线段、射线和直线。 • 知道两点间的连线中线段最短。认识两点间的距离。 • 认识周角、平角、直角、钝角、锐角。 • 两条直线平行和相交(包括垂直)。	• 用量角器量角。按指定度数画角。 • 用三角尺画 30°、45°、60°、90°角。 • 三角形、平行四边形和梯形的面积公式。 • 认识平方千米、公顷。 • 圆的周长和面积公式。	• 确定轴对称图形的对称轴。 • 在方格纸上画一个轴对称图形的对称轴和补全一个轴对称图形。 • 用方格纸将简单图形按一定比例放大或缩小。体会图形的相似。	

（续表）

	图形的认识	测量	图形的运动	图形与位置
四至六年级	• 认识平行四边形、梯形和圆。 • 用圆规画圆。 • 三角形的认识与内角和。三角形两边之和大于第三边。 • 认识等腰三角形、等边三角形、直角三角形、锐角三角形和钝角三角形。 • 从不同方位看物体。 • 认识长方体、正方体、圆柱和圆锥。 • 长方体、正方体和圆柱的表面展开图。	• 用方格纸估计不规则图形的面积。 • 体积的意义和单位。体积单位的实际意义和换算。 • 长方体、正方体和圆柱的表面积和体积公式。 • 圆锥的体积公式。 • 实物体积的测量方法。	• 认识图形的平移与旋转。 • 在方格纸上将简单图形平移或旋转90°。 • 欣赏图案。运用平移对称和旋转在方格纸上设计图案。	• 比例尺。能根据给定的比例尺进行图上距离与实际距离的换算。 • 根据方向和距离确定物体的位置。 • 描述简单的路线图。 • 用数对表示位置。在方格纸上用数对确定位置。

教学内容的变化反映出以下特点：

（一）强调问题情境的设置

内容的呈现大都从设置情境开始。设置的情景贴近学生的日常生活，力求将"图形与几何"的学习过程变成有趣的、充满想象和富有推理的活动。不过，"情境导入"也只是新课导入的一种方式，"复习导入"在数学教学中也是常用的。

（二）注重所学知识与日常生活的联系

让学生在观察、操作、推理等活动中，获得对空间形体的直观经验，认识它们的形状、大小、位置关系及变换。通过观察物体、认识方向、制作模型、设计图案等活动，发展学生的空间观念。

（三）削减单纯的周长、面积和体积的计算

因为这些计算对于发展学生的空间观念，以及培养学生的推理能力作用不大。对于侧重于演绎推理的初中数学来说，这些计算无助于做好中小学数学教学的衔接。

（四）增加"图形变换"和"空间位置确定"的内容，以及绘制图案和制作模型等活动

让学生用坐标、变换、推理等多种方式认识现实空间和处理几何问题，初步了解"图形与几何"与自然、社会和人类生活密不可分的联系。

（五）突出探索性活动

倡导"动手实践、自主探索、合作交流"的学习方式。让学生通过自主探索，认识和掌

握图形的性质,发展空间观念和推理能力。

三、图形与几何的教学要求

通过图形与几何的学习,应达到下列基本要求:

(一) 认识常见的几何形体

在直观认识的基础上,明确其特征,了解它们相互之间的区别和联系。能正确使用所学的几何名词。在明确概念的基础上进行推理训练,发展学生的几何直觉、空间观念和数学思维。

(二) 认识常用的几何量及其计量

形成长度与角度、面积与体(容)积等几何量的概念。认识常用的计量单位及其进率与换算。掌握并学会推导有关的计算公式,并能将公式用于计算、估算或论证,以解决某些实际问题或理论问题。

(三) 直观认识图形的平移、旋转和轴对称

能在方格纸上将简单图形平移、旋转 90°、放缩,或者绘制其轴对称图形。初步认识轴对称图形。能做出恰当的判断并说明理由。

(四) 直观认识图形的位置

会用"上、下、左、右、前、后"和"东、南、西、北"等词语表述物体的相对位置。能用有序数对表示或确定物体在一个平面内的位置。

思考与练习
1. 在小学教学"图形与几何"有什么意义?
2. "图形与几何"内容具体分为哪几个部分?提出了哪些教学要求?

第二节 图形认识的教学

一切图形都可以看作"点的集合"。如果图形中所有的点都在同一个平面内,那么这个图形就叫作平面图形;如果图形中的所有的点不是都在同一个平面内,那么这个图形就叫作空间图形。

在小学数学中认识的平面图形有:线段、直线、射线;角和直角;垂线和平行线;长方形和正方形;三角形;平行四边形和梯形;圆;等等。

根据小学生的生活经验、知识基础和心理发展水平,要使他们认识一种图形,明确图形的特征,建立正确的表象,形成这种图形的概念,有两种基本方式:一是从典型的实际事例出发,抽象概括;二是从已有的相关知识出发,定义新的概念。在课堂教学中,大致表现为以下三种情形:

第一,举出典型的实际事例让学生观察,以建立正确的表象;从事例抽象出图形,分析它们的各种属性;找出它们的共同属性,并且区分本质属性和非本质属性;最后,概括共同的本质属性,以形成概念。小学生在直观认识长方形(一年级)的基础上,进一步形成长方形的概念(三年级)时,就是这种情况。

第二,研究新授概念的某个邻近的属概念;将这个属概念适当分类;弄清每一类的特征,从而明确新授概念的种差。小学生认识锐角三角形、直角三角形、钝角三角形等图形,就属于这种情形。

第三,先举出典型事例使学生初步认识某种图形,再用属加种差定义使学生明确这个概念。角、正方形、梯形等图形的认识都是这样处理的。

一、平面图形认识的教学

下面依次讨论认识各类平面图形的教学要点,并附有部分教学案例或片段。

(一) 线段、直线、射线的教学

直线是初等几何的一个原始概念,是定义其他几何概念最初的出发点之一。在 D.希尔伯特的公理化体系《几何基础》中,直线是从现实原型中直接抽象出来的不定义的概念。它的基本性质是用一组公理来表述的。

在小学数学教科书中,对此有两种编排:一是先教直线,然后教线段(直线上两点间的部分)和射线(直线被线上一点分成的每一部分);另一种是先教线段,然后教射线(线段向一方无限延长所得到的图形)和直线(线段向两方无限延长所得到的图形)。

前者容易出现一个问题:直线的无限延伸性往往被小学生忽视,或者学生虽然记住了这一点,但对它缺乏深刻的领悟和具体的感受。事实上"直线"概念的教学有三个要素:直,无粗细可言和无限延伸性。其中,"直"和"无粗细可言"可以通过直观教学并且运用同一性抽象得出。如"直"可以通过教具演示、通过与"曲"的对比,使学生认识。"无粗细可言"也可以借助典型事例的观察和分析让学生认识到。如教室墙面的浅色区域和深色区域的分界线,以及折纸折出来的线都是没有粗细的线的例子。只有"无限延伸性"难以通过直观教学使学生获得,因为我们找不到这样的实际事例。"无限长的直观教具"我们是拿不出来的,能拿出来的,只能是"有限的"。于是,这种无限延伸性只能由教师告诉学生。结果,学生往往是将信将疑。

于是,有人提出如下教学方案:

① 教师用直尺在黑板上的两点间画线。用拉紧的粉线在两点间弹线。同时,让学生在作业本上的两点间画线。指出:这样画的线都是线段。

② 让学生讨论、交流,最后明确线段的特征:线段是直的(而不是弯曲的);线段有两个端点;在联结两点的线中,线段最短;数学上所说的"线段"是没有粗细的。(举出有关的事例)

③ 出示画有各种线的卡片,让学生辨别:其中哪些是线段、哪些不是线段。

④ 让学生从周围的环境里找出线段。

⑤ 让学生将画出的线段向一方延长,再延长……告诉学生:线段向一方无限延长得

到的图形叫作射线;线段向两方无限延长得到的图形叫作直线。从而认识:射线是向一方无限延伸的,射线有一个端点;直线是向两方无限延伸的,直线没有端点。

⑥ 要求学生用直尺画直线,过一点画以及过两点画,获得"经过两点只能画一条直线"的感性的、经验性的认识。这样,小学生先通过直观教学认识有限的图形"线段";然后在此基础上,通过画图操作和想象,认识无限的图形"射线"和"直线"。

案例 7.1　认识线段

【教材】苏教版义务教育教科书《数学》二(上)

【案例片段】

(一) 创设情境,导入新课

师:(出示一组学生跳绳、另一组学生拔河的情境图)请看这幅图,图里的小朋友在开展什么体育活动? 他们所用的健身器材是什么?

生:都用了一根绳子。

师:活动时这两根绳子的状态有什么不同?

生:跳绳用的绳子是弯曲的,拔河用的绳子被拉直了。

师:这种直的"线"就是我们今天所要学习的"线段"。(出示课题"认识线段"。)

(二) 操作互动,形成概念

师:以上所说的那种"直"的"线",还可以通过"用直尺画"或者"用纸折"得到。(指导学生用直尺画线,用纸折线。)研究一下:这样画出来或折出来的"线"是哪一种线?(它们都是直的线)它们除了"直",还有什么其他的特征呢?

生1:它们都有两个端点。

生2:有的长、有的短,可以比较长短。

生3:画出来的线有粗、有细,但是折出来的线无法比较粗细。

师:(小结)几何里所说的"线段"是一种这样的图形:

● 它是一条直的线;

● 它有两个端点和一定的长度;

● 但它们没有粗细之分。(用直尺画线段时,画粗一点或者细一点都可以)

【点评】

1. 在这里,教者不是通过创设一个情境来进行"线段"概念的教学,而是借助几个不同的事例,引导学生进行"同一性抽象"和"理想化抽象",概括出"线段"的特征,从而使学生认识"线段"的特征,达到明确概念的内涵的目的。

2. 对概念内涵的完整的、准确的理解往往不是学生几分钟的探究或互动所能达到的。需要依靠教师"小结",对师生的互动内容做必要的取舍或调整,做出简要的启发性讲解。

3. 至于"线段"为什么"有长、有短",但没有粗细可言,作为"理想化抽象"的结果,也是和学生说不清楚的。只能由教师举例说明:这是几何学的规定,并且实际上有这样的事例。

【讨论题】

1. 小学生认识"线段"的特征应包括哪些要点?

2. 怎样使小学生认识"线段"的这些特征?

案例 7.2 认识直线和射线

【教材】苏教版义务教育教科书《数学》四(上)

【案例片段】

(一)指导学生按要求画线段,复习"线段"的意义和特征。

师:画一条长 5 cm 的线段 AB(图 7.1)。A,B 是这条线段的_____;5 cm 是这条线段的_____。

图 7.1　线段 AB 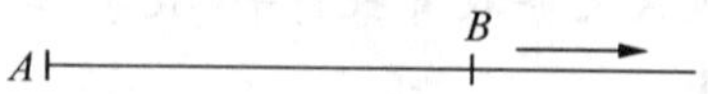　　　　图 7.2　射线 AB

(二)通过将线段"延长"的操作,逐步感受"无限延长"的含义和所需要的条件,从而明确射线、直线与线段的区别与联系,明确通过"理想化抽象"所形成的概念。

师:将线段 AB 沿着从 A 到 B 的方向延长,再延长……(图 7.2)

师:你能无限制地延长下去吗?具备什么条件才能"无限延长"呢?

生:要有一张无限大的纸就行了。

师:这样的纸在现实中当然是不存在的。但作为几何学研究对象的"平面",被假定在各个方向上都是"无限的"(无边无际的)。因此,平面内的每一条线段都可以向两个方向无限延长。线段向一方无限延长得到的图形叫作射线;线段向两方都无限延长得到的图形就是直线。

如线段 AB 沿从 A 到 B 的方向无限延长,得到射线 AB(图 7.2);沿从 B 到 A 的方向无限延长,得到射线 BA(图 7.3);沿这两个方向都无限延长,就得到了直线 AB(图 7.4)。

图 7.3　射线 BA 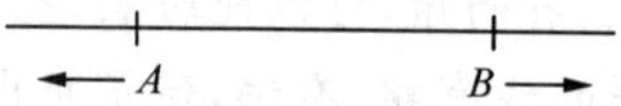　　　　图 7.4　直线 AB

师:可见,射线只有一个端点,向一方无限延伸着;直线没有端点,向两方无限延伸着。直线、射线与线段的相同点、不同点如下表所示。

表 7.2　线段、射线、直线的相同点和差异

名　称	线　段	射　线	直　线
图　形	线段	射线	直线
相同点	都是直的;都没有粗细可说。		
差　异	有两个端点	有一个端点	没有端点
	有一定的长度	向一方无限延伸着	向两方无限延伸着
其　他	在联结两点的线中线段最短		两点确定一条直线

【点评】

1. "直线"和"射线"的无限延伸性不可能通过事例或教具,运用直观教学使学生认识到。需要让学生动手画图,并且在画图的基础上思考、想象,逐步认识这种无限延伸性。

2. 在"图形与几何"的教学中,所谓"动手操作",应该更多地考虑按一定的条件画图。通过画图,逐渐领会如何使所画的图形具备该类图形必须具备的各种特征以及所要求的附加条件,进而理解符合该条件的图形是否存在、是否唯一,力求减少课堂上目标不太明确的教育意义不大的"动手操作"。

【讨论题】
1. 你赞同用"线段"定义"射线",还是用"直线"定义"射线"?为什么?
2. 举例说明:在"图形与几何"的教学中,有时用直观教学的方法难以取得良好的教学效果。

(二) 角和直角的教学

角和直角的认识,一般可以分为两个阶段教学。

1. 角和直角的初步认识

① 小学生初步认识角是在正式学习角的定义之前。这时,所谓"角",还只是日常语言中的词汇,并且常常是作为具体事物的组成部分而存在着。三角板中的三个角,课本面上的四个角和时针、分针所成的角,以及折扇上的许多角等。教学时,特别需要研究:怎样引导小学生从日常语言中的"角"逐步过渡到数学概念的"角";怎样在相关事物的"角"的表象基础上形成"角"的概念。

对此,可以先从实例中角的观察,过渡到用圆纸片折角。纸片虽然也是实物,但其形态已比前一组实物简单得多。因此,从中获得的角的表象将更为清晰。进一步,出现用两根纸条(或木条)做成的角的活动模型和表示角的图形,将"角"演化为"一个顶点和两条边"的结构。至此,除角的两边的无限延伸性外,角的概念已接近于形成。

② 角的活动模型的演示和画角的操作,可以使学生初步认识角的大小。画角的两边时,可以告诉学生:"随便画多长都行。"这就暗示了角的两边的无限延伸性。

③ 直角的初步认识,也可以从实际事例的观察开始,然后过渡到用纸片折直角。在相关的实际事例中,要突出"三角板中最大的角"。因为它是小学生检验直角的模板和画直角的工具,也是以后检验一个角是锐角或钝角的工具。

通过用三角板检验直角和画直角,在方格纸上画直角和在钉子板上做直角,以及从图中找出所有的直角,不但可以加深学生对直角的初步认识,而且也发展了学生的观察力、分析能力和想象能力。

2. 角的意义、度量、画法和分类

① 系统学习"角"的基础知识时,首先要复习线段,并且引进"直线"和"射线"。然后,用射线定义角,进而定义角的顶点和边。定义后,可以让学生就一些实物指出其中的角,以及每个角的顶点和边,以充实感知,丰富表象,加强理性认识的感性基础。

② 为了使学生认识角的边是射线,而不是线段,从而对角的大小形成正确的观念,教者可以出示两个大小悬殊的正方形或三角板,指出:它们虽然有大有小,但其中的直角都一样大(叠合显示)。比较两个角的大小,可以类比线段大小的比较,用叠合的方法进行。在角的大小的概念建立后,就可以较为顺利地教学角的计量单位,量角的方法("中心对顶点,零线对一边,另一边看度数")和按指定的度数画角的步骤以及角的分类。

进一步建立锐角、钝角、平角和周角等概念。让学生用三角板上的直角来检验一个角是不是直角,为定义锐角和钝角做好准备。

为了使学生对这些概念有全面的、系统的认识,可以在直角和平角的背景上演示角的活动模型。当角由小到大逐步变化时,让学生随时说出他所看到的是一个什么角。

③ 为了强调角的边是射线,角的大小和它的两边画得长一些或短一些没有关系,可以提出这样一道趣题:什么东西在放大镜下不会被放大?

(三)垂线和平行线的教学

垂线和平行线不仅本身有着广泛的应用,而且是学习后面许多知识的基础。教学这部分内容,应使学生认识垂线和平行线的意义,会画出一条直线的垂线和平行线,并且知道在不同条件下画垂线或平行线能否画出,能画多少。

1. 互相垂直,垂线和垂足

① 认识两条直线互相垂直,可以从考察两条相交直线开始。先让学生用量角器量其中的一个角的度数,然后推算另三个角。并且思考:如果其中一个角是直角,那么另三个角各是什么角?

② 定义互相垂直、垂线和垂足。强调"垂线"总是针对和它垂直的另一直线而言。

③ 出示画有相交直线的几张卡片,让学生从中挑出互相垂直的。并且注意它们都是相交直线,从而突出垂直是相交的特例。

④ 引导学生观察周围的事物,回忆日常生活中的见闻,举出两条直线互相垂直的实例。

⑤ 给出类似下面的图形(图 7.5),让学生从中找出互相垂直的直线,并用三角板检验。防止学生误解:只有铅垂线和水平线才是互相垂直的。

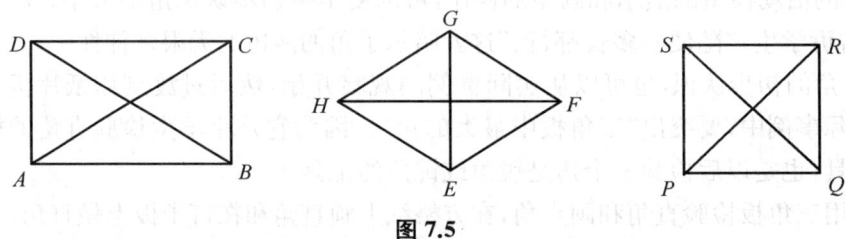

图 7.5

⑥ 指导学生画垂线。使学生从画图的实践中认识到:过直线上或直线外的一点有且只有一条直线和这条直线垂直。

2. 点到直线的距离

① 让学生从线外一点到这条直线画一条垂直的线段和几条不垂直的线段。

② 要求学生先凭观察和直觉,判断这些线段的长短。然后用刻度尺量一量,比一比,加以证实。

③ 定义点到直线的距离。

④ 运用"点到直线的垂直线段最短"这一性质研究和解决相关的实际问题。

3. 平行线

① 认识平行线,可以从考察同一平面内的两条线段开始,弄清这样的两条线段的位

置关系有以下三种情形：相交、延长后相交，以及无论怎样延长都不相交。（图 7.6（1）、(2)、(3)）

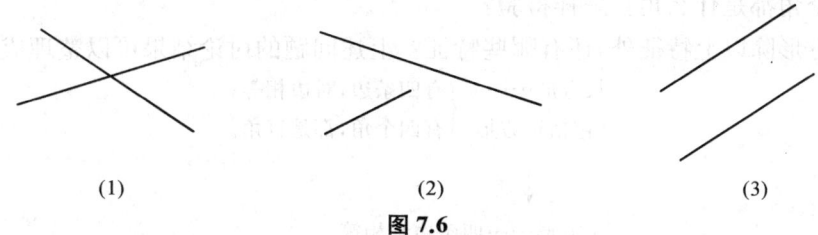

(1)　　　　　　　　(2)　　　　　　　　(3)

图 7.6

② 问：线段向两方无限延长得到的图形是什么？同一平面内的两条直线的位置关系有哪几种情况？（相交、不相交）

③ 定义平行线。

④ 让学生在两条平行线间画几条垂直线段(图 7.7)；关于它们的长度间的关系，可以要学生先在观察的基础上做出猜想；然后通过量一量、比一比，或其他办法检验猜测是否正确；最后得出"两条平行线之间的垂直线段都相等"的结论，还可以让学生根据已有的知识"长方形的对边相等"，运用演绎推理推出，以体现"直观几何""实验几何"与"论证几何"的结合。

⑤ 平行线的画法在中学是以判定定理"同位角相等，则两直线平行"为依据的，但在小学没有这样的基础，画法反而可以作为检验两条直线是否平行的依据。

⑥ 按指定的长与宽画长方形。既可以用画垂线的方法，也可以用画平行线的方法。

（四）长方形和正方形的教学

1. 长方形和正方形的直观认识

由实例抽象出图形，让学生观察，形成表象，并且通过折叠认识：长方形每一组对边的长度相等；正方形四边的长度都相等。（图 7.8(1)、(2)、(3)）

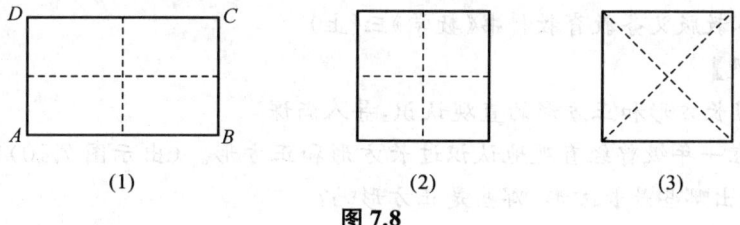

(1)　　　　　　　　(2)　　　　　　　　(3)

图 7.8

像这样通过观察和操作获取知识，特别适合于直观行动思维占有重要地位的小学低年级学生。

2. 长方形和正方形的认识

为了进一步认识长方形和正方形的特征，明确概念的内涵，可以提出类似下面的问题，引导学生思考、讨论、探究：

① 长方形(包括正方形)有几条边、几个角?
② 各边的长短有什么关系?你是怎么知道的?
③ 每个角都是什么角?怎样检验?
④ 正方形除以上特征外,还有哪些特征?上述问题的讨论结果可以整理成如下:

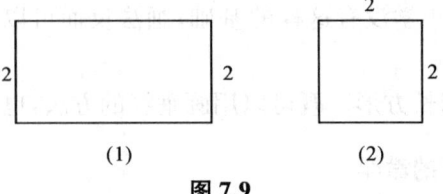

正方形……四条边都相等。

使小学生一开始就感受到长方形的一切性质正方形都具有,为确认长方形和正方形的属种关系打好基础,防止误解"正方形不是长方形",以做好与中学几何的衔接。

认识长方形与正方形的特征后,要提出一些问题,引导学生运用获得的知识进行推理,做出判断。如:

● 拿出你的小手帕。它的形状是长方形吗?你是怎么知道的?它的形状是正方形吗?为什么?

● 知道正方形一边的长度是2厘米,能说出另三边的长度吗?为什么?

● 知道长方形一边的长度是2厘米,能说出另三边的长度吗?为什么?

● 知道长方形中两边的长度都是2厘米,能说出另两边的长度吗?解题时应该怎样讨论?(图7.9(1)、(2))

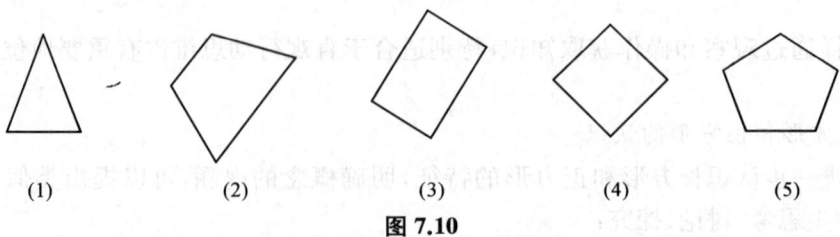

图 7.9

⑤ 知道长方形中三边的长度都是2厘米,能说出第四边的长度吗?这样的长方形有什么特征?

案例 7.3　认识长方形和正方形

【教材】苏教版义务教育教科书《数学》三(上)

【案例片段】

(一)复习长方形和正方形的直观认识,导入新课

师:我们在一年级曾经直观地认识过长方形和正方形。(出示图7.10)同学们能从下面的图形中指出哪些是长方形、哪些是正方形吗?

(1)　　(2)　　(3)　　(4)　　(5)

图 7.10

生1：图(3)是长方形，图(4)是正方形，其他三个都不是长方形，也不是正方形。

师：为什么呢？

生2：为什么图(3)是长方形、图(1)不是长方形呢？

师：问得有道理。不论我们肯定什么或否定什么，都应该提出相应的理由。几何图形中的每一类图形都有它一组相应的特征。具备了所有的这些特征，它就属于这类图形；只要有一项特征不具备，它就不属于这类图形。

生2：作为"长方形"，它应该具有哪些特征呢？

师：下面我们就来研究和解决这个问题。

(二) 研究长方形的特征，明确长方形的概念，学会长方形的判定

师：一年级直观认识长方形时，我们是把黑板面、课桌面、书本面等这样的平面图形称为"长方形"。这类图形究竟有哪些特征呢？（师生对话，互动交流，教者小结）

师：首先要想一想：我们可以从哪些方面来研究长方形的特征？在每一方面又有哪些具体的结论呢？如何确认这些特征？（将师生互动的结果整理如下。）

长方形 $\begin{cases} (边) 有4条边，对边相等； \\ (角) 有4个角，都是直角。 \end{cases}$

师：为了确切地表述和理解长方形的特征，需要对所用的词语作些解释。如：

● 长方形是用四条线段围成的，这些线段都叫作长方形的"边"。

● 在长方形的四条边中，有公共端点的两边叫"邻边"，没有公共端点的两边叫"对边"。

如在图7.8(1)的长方形$ABCD$中，AB和CD是它的一组对边，AD和BC是它的另一组对边，而邻边则有四组。

师：在一个长方形中，有多少条边、多少个角，甚至用不着一个、一个数，一看就知道了。可是，长方形的两组对边分别相等，你们是怎么知道的呢？

生1：我用刻度尺分别量一量它们的长度，就能知道它们是不是相等。

生2：如果长方形是一张纸片(图7.8(1))，我可以把它分别沿虚线对折，直接比较每一组对边的长度是不是相等。

【点评】在这里，两位同学用的都是"动手操作"的实验方法。有时，还可以直接凭观察，运用直觉思维。如"正方形的四边相等"就可以通过图形的观察直接看出，或者通过折纸片证实(图7.8(2)、(3))。其中，图(2)说明了正方形的对边相等；图(3)则说明邻边相等。

(三) 明确正方形是特殊的长方形

师：长方形的这些特征正方形都具有吗？（都具有）

师：据此，可以得出什么结论？

生1：正方形也都是长方形。

生2：正方形是特殊的长方形。

生3：正方形是长与宽相等的长方形。

【点评】

1. 关于长方形与正方形的关系，由于有些老师处理不当，可能导致学生的误解：不承认"正方形是长方形"；不承认"正方形是一种特殊的长方形"。

误解的根源在于没有正确地形成"长方形"的概念,没有明确"长方形"这个概念的内涵,没有完整地、准确地弄清楚被称为"长方形"的这类图形的特征(即它们的共同的本质"属性",包括"性质"和"关系"),以及如何根据一个图形有无这些特征来判定该图形是否属于这类图形。

例如,当我们确认长方形的特征可以用以下:

"有4条边"、"对边相等"、"有4个角"、"都是直角"

四句话来表述之后,就可以根据正方形全部具备这些特征而断定:"正方形是长方形";根据三角形不具备第一项特征即可断定:"三角形不是长方形"。

2. 认定"正方形是长方形"后,就可以将长方形根据它的长是否等于宽分为两类:弄清了长方形与正方形的属种关系,就可以用欧拉图表示这两个概念之间的这种关系(图7.11)。

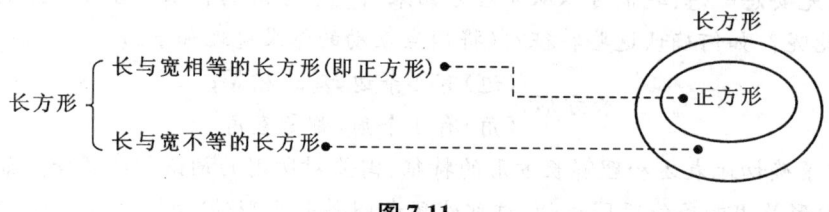

图 7.11

3. 在这里,我们运用了长方形的两种变式(长等于宽的长方形和长不等于宽的长方形)说明了"长是否等于宽"并不是长方形的本质属性,"两组对边分别相等,并且四个角都是直角"才是长方形的本质属性和判定一个图形是不是长方形的标准。小学生不承认"正方形是特殊的长方形"不仅反映了他们的认知结构中概念体系的紊乱,而且说明了他们并没有完全理解什么是长方形和正方形,因而不利于他们以后学习中学几何。

【讨论题】

1. 如果有学生不承认"正方形是长方形",则反映了他的认知结构中有哪些误解?
2. 如何在"认识长方形和正方形"的教学中防止这些误解?
3. 在概念教学中如何使学生明确概念?

(五) 三角形的教学

三角形是边数最少的多边形。一切多边形都可以分割成若干个三角形,并且借助三角形的性质,推导出它们的性质。所以,在几何教学中认识三角形是认识多边形的基础。小学生在一年级直观认识长方形和正方形时,也认识了三角形,然后正式学习三角形的特征和分类。

1. 三角形和它的稳定性

① 从实例抽象出图形后,出示不同类型、不同位置的三角形让学生观察,抽象概括,形成三角形的概念——由三条线段围成的图形叫作三角形。并介绍三角形各部分的名称。

② 出示用三根木条钉成的三角形(以及用四根木条钉成的四边形),让学生拉一拉,

看看在各边的长度不变的条件下它们的形状会不会改变。从而认识到"三角形三边的长度确定后,三角形的形状和大小就不会再改变了",这就是三角形的稳定性(四边形则不然,四边的长度确定后,它的形状和大小还会改变,这就是"四边形的不稳定性")。然后举例说明三角形的稳定性(以及四边形的不稳定性)在生产与生活中的应用。

2. 直角三角形、锐角三角形和钝角三角形

① 复习直角、锐角和钝角的概念以及检验的方法。

② 列表出示若干个三角形。让学生检验每个三角形的三个角,并把检验结果填入表中。

表 7.3　三角形中直角、锐角、钝角的个数统计表

序号	图　形	锐角的个数	直角的个数	钝角的个数
1		3	0	0
……	……	……	……	……

然后,引导学生研究统计表中的数据,从中得出某些结论。如:
- 任何一个三角形中都有锐角;
- 任何一个三角形中都至少有两个锐角;
- 三角形中可能有直角(或钝角),也可能没有。如果有,只能有一个直角或钝角。

③ 让学生根据统计数据试着将这些三角形分类,并研究每一类三角形的特征。

④ 在以上探索、研究、讨论的基础上,再给出锐角三角形、直角三角形和钝角三角形的定义。

⑤ 为了强化对小学生的思维训练,可以提出一些类似下面的问题,让他们根据上述定义进行推理,做出判断。

- 根据三角形的一个角是锐角(或直角、或钝角),能否断定这个三角形是锐角三角形(或直角三角形、或钝角三角形)?
- 根据三角形的一个角不是锐角(或直角、或钝角),能否断定这个三角形不是锐角三角形(或直角三角形、或钝角三角形)?

这些问题可以用适合小学生的、有趣的形式提出。如,将三角形纸板放在大信封内,只能看见它露在外面的一个角,我们能断定它是哪一种三角形吗?

3. 等腰三角形和等边三角形

① 出示可以对折叠合和不能对折叠合的三角形纸板。问:"三角形满足什么条件才能对折叠合?"待学生正确回答后,再定义等腰三角形和其中各部分的名称。

② 给出各种方位的等腰三角形(图形),并与不等边三角形混排,让学生辨认。辨认后,先标记相等的边,再进一步说出它的腰、底、顶角和底角。

③ 再次出示对折叠合的等腰三角形纸片。使学生认识:等腰三角形的两个底角相等。

④ 让学生观察底和腰相等的等腰三角形,研究这种三角形的特征。进而定义等边三角形,并且使学生认识:等边三角形的三个角都相等。

4. 三角形的高和底

① 正确理解高和底的意义,对于以后学习面积公式特别重要。

教学时,在检查学生对垂线、垂足以及垂直的检验等知识点后,就可以定义三角形的高。

② 要使学生认识:"三角形的高"是针对某一边来说的。和高对应的边叫作三角形的底。三角形的三边都可以作为三角形的底,每个底上都有对应的高。所以,三角形有三条高。

③ 复习过线外一点画垂线的方法,然后给出三角形,让学生用直尺和三角板画高。

5. 三角形的内角和

① 印发几个三角形,让学生分别量出每个三角形中三个角的度数,再计算三个角的度数和。并且思考:可以从中发现什么?

② 回忆:平角是否等于180°?问:能否设法将三角形的三个角拼成一个平角?折叠三角形纸片时,提示学生:折叠第一个角时,以三角形两边中点的连线为折痕。

③ 归纳出"三角形的内角和是180°"后,就可以出一些习题,让学生推理或计算。如:
- 直角三角形中两个锐角的和等于多少度?
- 等边三角形中的每一个角是多少度?等等。

④ 为了强化对学生的思维训练。还可以提出类似下面的问题:
- 等腰三角形的一个底角是40°,它的顶角是多少度?
- 等腰三角形的顶角是40°,它的每个底角是多少度?
- 等腰三角形的一个角是40°,它的另两个角各是多少度?(两组解答)
- 等腰三角形的一个角是60°,它的另两个角各是多少度?
- 等腰三角形的一个角是100°,它的另两个角各是多少度?(只有一组解)

案例7.4 三角形的内角和

【教材】苏教版义务教育教科书《数学》四(下)

【案例片段】

(一)复习导入,引发探究,提出猜想

师:小朋友们,我们上周学习了"三角形"。请回忆一下,什么叫三角形呢?

生:三条线段围成的图形叫作三角形。

师:(出示一副三角尺)三角尺是常用的绘图工具。大家知道这种绘图工具为什么叫作"三角尺"吗?

生1:因为它有三个角。

生2:因为它的形状是三角形。

师:对。(取出一块三角尺)你们知道它的三个角分别是多少度吗?如果不知道,请用量角器量一量。(学生操作)

师:把每块三角尺的三个角的度数加起来,看看和是多少。

(学生汇报测算的结果,教师板书)

$$30°+60°+90°=180°,\ 45°+45°+90°=180°.$$

师:为什么两个不同的三角形,三个内角的和都相等? 这里是否隐含着某个值得探究的规律? 我们可以对此提出什么样的猜想?

生1:也许任何一个直角三角形的三个内角的和都是180°。

生2:也许任何一个三角形的三个内角的和都是180°。

【点评】

1. 探究和发现,需要经历复杂的思维过程,大致如下面的框图7.12所示:

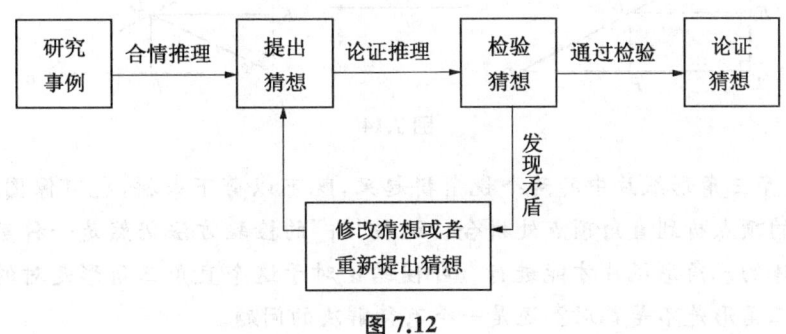

图 7.12

首先,要从研究身边熟悉的事例开始。运用合适的方法,得出具体的结论。进而运用合情推理(不完全归纳、类比、联想、直觉、灵感等),提出有关一般规律的猜想,并且运用论证推理(演绎推理或完全归纳推理)从正反两方面来检验猜想。如未发现矛盾,最后,再设法予以论证。如果检验猜想时发现了矛盾,则需修改原来的猜想或者重新提出能避免该矛盾的新的猜想,并且重新进行检验,直至通过检验。最后,设法论证,使该猜想("假说")上升为科学理论。

2. 提出猜想时,往往需要归纳,由特殊到一般。但归纳时,最好是分几步归纳,而不是"一步到位",如图7.13:

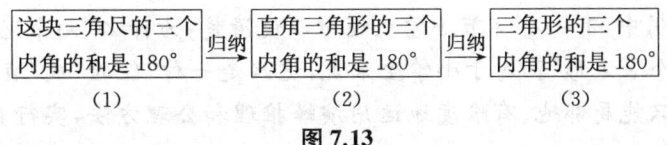

图 7.13

尽管学生有可能根据(1)直接归纳出(3),但先检验和论证(2),然后在(2)的基础上,进一步检验和论证(3),逐步推进,确实能减少困难。

(二) 检验猜想和论证猜想

师:我们先来研究:是不是"任何一个直角三角形的三个内角的和都是180°?"

各组取出信封里的直角三角形纸片,用它来检验这个猜测的结论。(各组探究后交流)

生1:我们量得这个直角三角形三个内角的和是

$$90°+54°+36°=180°。$$

师:凡是用测量、计算的方法来检验这个猜想的小组举手。你们的检验结果都相同吗?

师:"测量"是一种实验的方法。测量得到的数据和根据这些数据计算的结果难免有误差。所以,无法确定直角三角形三个内角的和究竟是"确实等于180°",还是"约等于 180°"。

生 2：我们小组认为：因为直角是 90°，所以，"直角三角形的三个内角的和是不是 180°"取决于其中的两个锐角的和是不是 90°。只要两个锐角能拼成一个直角，三个内角的和就是两个直角，即 180°。（图 7.14）

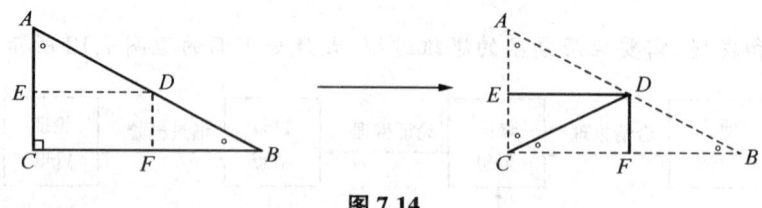

图 7.14

师：把直角三角形纸片中的两个锐角拼起来，既可以剪下来拼，也可像图 7.14 那样，将两个锐角的顶点折到直角顶点处拼合。这种"拼"的检验方法仍然是一种实验，需要借助于某个具体的三角形纸片才能进行。即使结论对于这个直角三角形是对的，但它对于所有的直角三角形是不是都对？还是一个有待解决的问题。

生 3：我们小组的信封里有两个完全一样的直角三角形纸片，用它们可以拼成一个长方形（如图 7.15）。而长方形的内角和是 4 个直角，所以每个直角三角形的内角和是 2 个直角，即 180°。

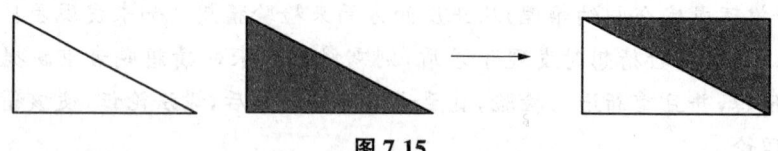

图 7.15

师：（小结）这里，实际上是根据"长方形的内角和是 360°"推出了"直角三角形的内角和是 180°"。他们是运用论证的方法证明了猜想(2)。

但在这个证明中，有一个环节小学生还难以说清楚：为什么"两个完全一样的直角三角形可以拼成一个长方形"？对于小学生来说，这只是一种"经验"或"直觉"。事实上，在小学几何教学中只能局部地、有限度地运用演绎推理和公理方法，实行直观几何、实验几何与论证几何的结合。

（三）应用新知和巩固新知

教科书四（下）(p29 第 1 题)

师：现在我们来计算下面每个三角形中未知的角的度数。

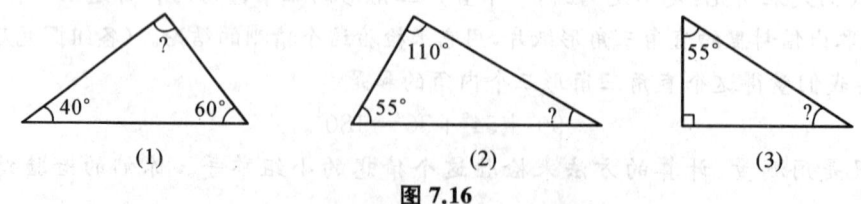

图 7.16

生：求未知角的度数，可以用量角器从图中量吗？

师：……（如何回答为宜？从数学思想方法的运用上给予指导。）

【点评】

1. 教科书或练习册中所附的插图多数是"示意图",它们一般不是严格按比例尺绘制的。即使是严格按比例尺绘制的,像工程图纸那样,一些重要的长度和角度仍然要作为"尺寸"标注在图纸上,不允许也不必要从图中量取。因此,通常解题时,一般都要求按数量关系列式计算,不能从所绘的示意图中直接量取。

2. 只有当图是严格按比例尺绘制的,要求我们用"图解法"解题,并且对解答的精确度要求不高时,才允许从图中直接量取所要求的长度或角度。

【讨论题】

1. 解决数学问题时,为什么一般不能从图中直接数出或量出所要求的数量?
2. 探究得出的猜想,为什么不但要检验,还需要论证?

(六) 平行四边形和梯形的教学

1. 平行四边形的直观认识

在小学认识长方形和正方形后,就直观认识了平行四边形,初步获得了平行四边形的表象。通过拉动用四根木条钉成的长方形,可以使学生认识到"平行四边形的两组对边也是分别相等的",但它的角不一定是直角。

2. 平行四边形的认识

① 出示一批由四条线段围成的图形。其中包括长方形、正方形、平行四边形、梯形和其他四边形。指出:由四条线段围成的图形叫作四边形。

② 让学生研究几个被称为"平行四边形"的图形。当有人发现"对边平行"后,要求学生用两块三角板根据平行线的画法检验。检验确认后,就可以给出平行四边形的定义。(两组对边分别平行的四边形叫平行四边形。)

③ 让学生检验长方形和正方形的每一组对边,并且根据平行四边形的定义认定:长方形和正方形都是特殊的平行四边形。

④ 定义平行四边形的高和底。指出:平行四边形的高也是针对某一边来说的,实质上是对边之间的距离。平行四边形的高可以从一条边上的任何一点向对边作垂线段得出。

案例 7.5 认识平行四边形

【教材】苏教版义务教育教科书《数学》四(下)

【案例片段】

在复习"线段、射线和直线""同一平面内两条直线的位置关系"以及"平行线和垂线的画法和判定"的基础上教学新课。

(一) 认识平行四边形

师:分组考察下面的图形(图 7.17),讨论和研究这些图形如何分类。

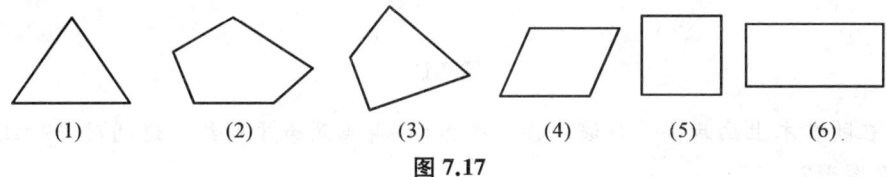

图 7.17

师:(根据学生的讨论小结)由3条线段围成的图形叫三角形(或三边形);由4条线段围成的图形叫四边形;由5条线段围成的图形叫五边形……以下类推。

上列各图中,(3)、(4)、(5)、(6)都是四边形。

师:在一个四边形中,有公共端点的两边叫作邻边,没有公共端点的两边叫作对边。每个四边形有几组对边?

在上面的四边形中,能找到"平行线"吗?能找到几组平行线?

【点评】把学生的注意力引向考察"四边形的对边是否平行",防止学生只关注四边形的对边是否相等。

师:在图7.17的四个四边形中,有一个四边形和其他四边形不同。这个四边形是几号?它与其他的四边形不同的特征是什么?

师:(小结)四边形(3)的两组对边都不平行;而四边形(4)、(5)、(6)的两组对边都分别平行。

两组对边分别平行的四边形叫作平行四边形。

师:回忆一下,你们在哪里见过平行四边形?

师:考察长方形与正方形,它们的两组对边是否分别平行?

根据平行四边形的基本特征,长方形和正方形都具有,我们可以得出什么结论?(长方形和正方形都是特殊的平行四边形)(图7.18)。

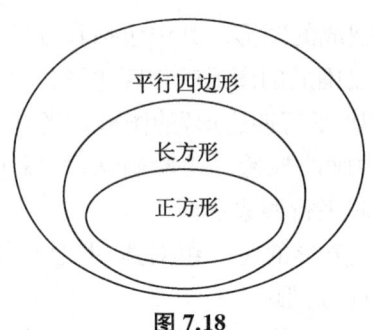

图7.18

【点评】在复习已有知识的基础上,通过有关概念的分化,形成平行四边形的概念,进而明确平行四边形的定义以及它和长方形、正方形之间的属种关系。用精确的语句表述平行四边形的定义,可以防止概念模糊不清。

(二)巩固练习

师:下面的四边形是不是平行四边形?为什么?(图7.19)

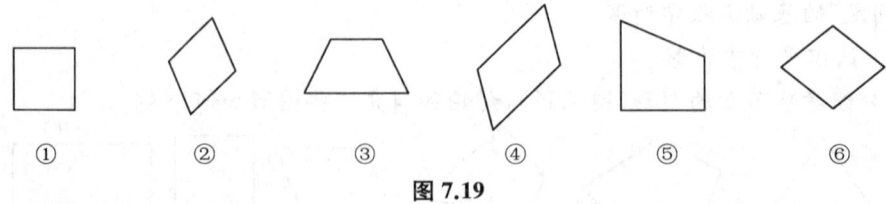

图7.19

师:在随堂本上画两条平行线。换一个方向,再画两条平行线。这两对平行线围成了一个什么图形?

为什么说它是平行四边形?

师:平行四边形的每一组对边除平行外,还有什么关系?你是怎么知道的?

根据这一点,当我们用4根小棒围成平行四边形时,应该选4根怎样的小棒?

师:量图7.20的平行四边形 ABCD 的四个角的度数:

∠A=　　∠B=　　∠C=　　∠D=

师:你发现了什么?可以得出什么结论?怎样定义四边形的"邻角"和对角?

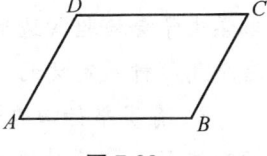

图 7.20

(三)认识平行四边形的高和底

师:(让学生按教师的指令在随堂本上画图)画一个平行四边形。从平行四边形一条边上的任意一点作对边的垂线。这点和垂足之间的线段叫作平行四边形的高。垂足所在的边叫作这个高对应的底。(图 7.21)

师:事实上,平行四边形的每一条边都可以做底,这个底上的高实质上是一组对边(即两条平行线)之间的距离。

(四)巩固练习

师:画出下面每个平行四边形中指定的底边上的高。你能折出平行四边形纸片的高吗?

师:怎样把一张平行四边形的纸片剪成两部分,再用这两部分拼成一个长方形?你能想到几种剪、拼的方法?(图 7.21)

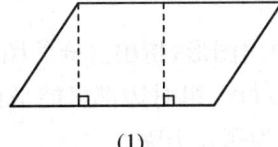
(1)

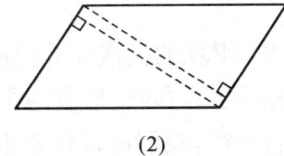
(2)

图 7.21

师:在一个平行四边形中画高。分别量出这个高和对应的底的长度,取另一组对边做底,画平行四边形的另一条高(图 7.22)。量长度后填下表。

高	AE=　cm	AF=　cm
底	BC=　cm	CD=　cm

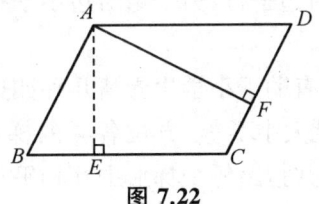

图 7.22

【点评】

1. 本课时认识平行四边形,有别于一年级对平行四边形的"直观认识",是从几何知识的前后联系中,研究平行四边形的特征,形成平行四边形的概念,给出平行四边形的定义。根据数学知识的系统性,在充分复习相关旧知识的基础上,进行新课教学,从而明确平行四边形"两组对边分别平行"的特有属性。

2. 说"不稳定性是平行四边形的特征"是错误的,因为任何四边形都是"不稳定"的。

"两组对边分别平行"才是平行四边形的特征(即特有属性)。

定义实质上是数学家做出的规定。他们规定究竟将什么样的图形称为"平行四边形"。定义不是定理、公式,也不是客观规律,不适合作为探究的对象,也不是猜想的结果。案例通过引导学生研究四边形的分类,促使四边形概念的分化和平行四边形概念的形成。当学生学会检验四边形的对边是否平行后,就可以将平行四边形的定义告诉学生,并展示这个属加种差定义的规范的文本。

3. 有了平行四边形的属加种差定义,任何图形只要符合这个定义中的条件,就是平行四边形。检验对边是否平行时,对于明显不平行的场合,可以通过观察,根据直观做出判断。根据平行线的画法来检验四边形的对边是否平行只需用于看来"似乎平行"难以准确辨别的场合。

4. 几何知识的系统性和前后联系应作为安排教学顺序、确定课堂结构的主要依据。在形的教学中安排学生操作时,首先要考虑动手画图。用小棒搭,在钉子板上拉或者在方格纸上画平行四边形等操作都宜于在学生明确了平行四边形的意义之后(即定义后)进行。否则,学生无法判断自己的作品究竟是不是平行四边形。在不知道定义的条件下动手操作,很难获得良好的教学效果。

【讨论题】

1. 怎样有效地促使小学生"平行四边形"概念的形成?
2. 为什么"定义"通常不宜作为小学生探究和发现的学习内容?
3. 梯形的认识

① 从梯子的一格、堤坝的横截面等实例抽象出图形,指出这样的图形就是梯形。

② 定义前,先告诉学生:四边形有两组对边,每一组对边都可能平行,也可能不平行。根据每一组对边是否平行,我们可以将四边形分为哪几类呢?

$$\text{四边形}\begin{cases}\text{两组对边分别平行的}\cdots\cdots\cdots\cdots\text{平行四边形}\\ \text{两组对边都不平行的}\\ \text{一组对边平行、另一组对边不平行的}\cdots\cdots\text{梯形}\end{cases}$$

其中,一组对边平行,另一组对边不平行的(也就是"只有一组对边平行的")四边形叫梯形。

上面的表示有助于小学生弄清几种四边形之间的关系。

③ 出示一批大小不等、方位各异的梯形,将其混杂在长方形、平行四边形和三角形中,让学生辨别,并指出每个梯形中互相平行的边。

④ 定义梯形的底、腰和高,以及等腰梯形。

(七)圆的教学

1. 圆的初步认识

从有关实物抽象出图形,并出现数学名词"圆",是在一年级下册教科书中。但在这之前,圆作为计数的对象,作为填数或填运算号的空位,早已多次出现过。可见,圆不仅是日常生活中最常见的图形,也是小学生最熟悉的一种图形。

2. 圆的认识

有些旧版本的教材以"圆形物体"作为从相关实例到认识"圆"的中间概念。由于小学生对"圆形物体"和"球形物体"难以分清,所以,常常导致认识上的混乱,影响教学活动的顺利进行。

有些教科书则以学生在日常生活中和"圆的直观认识"中形成的、已有的表象作为出发点,一开始就要求学生"说一说周围的物体上哪里有圆",避免使用"圆形物体"一词,似乎更为恰当。

通过圆形纸片的几次对折和对于折痕的研究,为定义圆心、半径和直径创造了条件。对于圆心、半径和直径,都应该用一句话给予明确的界定,避免含糊其词,导致学生认识模糊或表述不清。

关于圆的特征,教科书提到了三点:在同一个圆中,① 半径的长度都相等;② 直径的长度都相等;③ 直径的长度等于半径的两倍。

教学时,可以引导学生先通过画、量、比较、归纳得出①;然后根据直径和半径的定义推理,以得出③;最后,再根据等量公理"等量的同倍量相等",由①、③推出②。既丰富了数学课程中思想方法的教学内容,又强化了对学生的推理训练。单纯根据量一量、比一比归纳出结论,或者借助直观教具或多媒体动画的演示等直观的方法或实验的方法得出结论,在思想方法的教学和抽象思维的训练上,都难免存在不足之处,也不符合数学是一门理论科学的课程特点,以及"数学教学在形成人的理性思维上独特的、不可替代的作用"的充分发挥。

学生认识了"同一个圆中半径的长度都相等",用圆规画圆的方法以及"将车轮做成圆形并将车轴装在圆心"等技术措施就有了理论根据。

介绍用圆规画圆时,要着重说明:两脚叉开,两脚的尖端之间的距离就是圆的半径;固定的一只脚的尖端的位置就是圆心;装有铅笔的另一只脚顺时针旋转一周时,往往从右下方开始,单手操作,一次完成。

案例 7.6　圆的认识

【教材】苏教版义务教育教科书《数学》五(下)

【案例片段】

(一)借助实例,导入新课

师:我们知道:在常见的许多物体中都有圆。如……(师生举例,并说明其中的圆在哪里)

师:"圆"是一种曲线图形。这种图形究竟有哪些特征? 正是这一节课的学习内容。(板书课题"圆的认识")

【点评】

以上引进新课时,用的是"许多物体中有圆"的说法,回避了用"圆形物体"的概念过渡。如茶杯里有圆,茶杯口就是一个圆,但不能说茶杯本身是一个"圆形物体"。同样,球面里面也有圆,如果把"球"也说成是"圆形物体",就会弄不清楚"球"和"圆"的区别和联系,引起概念上的混乱。

(二)认识圆心、半径和直径,它们的性质和关系

师:"圆"是一种什么样的曲线图形? 它有哪些基本特征?

请取出信封里的圆纸片,并且仔细观察。

它是对称图形吗?

如何证实?(对称轴在哪里?)

你能找到多少对称轴?

(小结)圆是一种轴对称图形。将圆纸片对折时,每一条折痕所在的直线都是它的对称轴。(图 7.23)

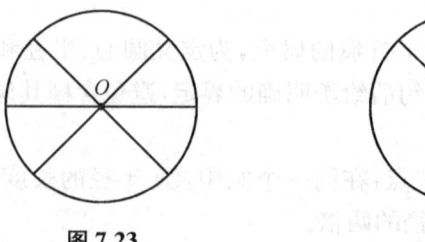

图 7.23　　　　　图 7.24

师:请观察这张画了许多对称轴的圆纸片,你能从中看出圆的更多的特征吗?

生1:圆的对称轴都相交于一点 O。

生2:这个点 O 到圆上各点的距离都相等。

师:这是圆的最主要的一项特征。为了把这项特征说清楚,并且说得规范,需要用几个数学名词。

我们把位置固定的点叫作定点,长度固定的线段叫作定长。到定点的距离等于定长的那些点组成的图形就是"圆"。这个定点叫作这个圆的"圆心",联结圆心和圆上任意一点的线段叫作这个圆的半径,经过圆心并且两端都在圆上的线段叫作这个圆的直径。

师:关于圆心、半径和直径,可以看出它们具有哪些性质和关系?

师:(小结学生的探究和发现)

● 每个圆都有一个圆心,并且都只有一个圆心;

● 每个圆都有无穷多条半径,这些半径的长度都相等;

● 每个圆都有无穷多条直径,这些直径的长度都相等;

● 一个圆的直径的长度等于半径的两倍。

师:你是怎么知道同一个圆里半径的长度都相等的?

生1:看起来,那些线段的长度确实是一样的。(用直观的方法检验)

生2:随意画同一个圆的两条半径,量一量它们的长度,再比一比测量的结果(或者不用刻度尺量长度,直接比较两条线段的长短)(用实验的方法证实)。

师:为了获得"图形与几何"的知识,我们可以用直观的方法或实验的方法,还可以用推理论证的方法。例如,每一条直径都是由两条半径在圆心处连接而成的,所以"直径的长度是半径的两倍"。

【点评】

小学数学里所说的"圆的特征"主要指:在同一个圆里,① 半径的长度都相等;② 直径的长度都相等;③ 直径的长度是半径的两倍。在引导学生探究圆的特征时,让他们用不同的方法获得这些结论,就可以使他们在学习基础知识的同时,获得更多的科学方法论方面的训练。

（三）画圆

师：画圆一般用专门的绘图工具——圆规。圆规有两只脚（所以又称"两脚规"）。一只脚上装了一个针尖，另一只脚装了一个笔尖。画圆时，先将针尖和笔尖之间的距离根据所画圆的半径调节好；然后将针尖固定在所画圆的圆心处，笔尖落在纸上；从右下方开始旋转一周，圆即画成。

（教师在黑板上画圆示范。学生在作业本上模仿操作。各画两个圆。）

师：你画的两个圆大小相同吗？为什么？圆的大小是由什么决定的呢？

师：画两个半径是 3 cm 的圆。这两个圆的大小相同吗？它们的区别在哪里？（让学生明确：圆的半径或直径决定了圆的大小；而圆心则决定了圆的位置。）

师：人们也常用"模板"画图，即把某些物体（如圆形硬币或垫圈）的轮廓线上的圆或者绘图板上的圆孔在纸上描下来。这样画圆虽然方便，但难以按指定的大小或位置画图，所画圆的圆心一般也只能通过估计来确定。

（四）圆的应用

关于圆的应用，可提出类似下面的问题供学生思考或研讨：

● 为什么车轮要做成圆形，并且车轴要装在圆心处？
● 为什么下水道的井口要做成圆的？
● 为什么茶杯、碗、水缸的口一般都做成圆形？

【点评】

1. 在"圆"的直观认识中，"圆"只是自然语言中的一个词语，还不是真正的数学名词。通过本课教学，应使"圆"从自然语言的日常词语提升为数学名词。为此，需要引导学生认识"圆"的基本特征，形成明确的"圆"的概念。这就需要引导学生分别用直观的方法、实验的方法或论证的方法去认识圆的这些基本特征。从而感悟到："圆"就是到定点的距离等于定长的所有的点组成的平面曲线，并把"圆"的特征整理如下：

圆 { 圆心 O：每个圆都有且只有一个圆心，圆心决定圆的位置。
半径 r：联结圆心和圆上任意一点的线段叫作这个圆的半径。每个圆都有无穷多条半径，它们的长度都相等。
直径 d：两端都在圆上并且经过圆心的线段叫作圆的直径。每个圆都有无穷多条直径，它们的长度都相等，并且等于半径的两倍。} 半径或直径决定圆的大小

2. 为了表述"圆"的特征，需要用到一些相关的数学名词，对于这些词语都需要给予明确的界定，绝不能含糊其词，或作为自然语言中的普通词语擅加解释。

3. 认识图形的特征时，虽然直观的方法、实验的方法和论证的方法都是可以用的，但随着学生年级的升高，前者的运用应逐渐减少，后者的运用应逐渐增多。并且，这也是数学的学科特点所要求的。因为数学是一门理论科学，而不是一门实验科学或以感性认识为主的学科。

4. 让学生在认识圆的特征后学习用圆规画圆，画法就有了明确的理论根据，而不是单纯的操作技能的习得。画圆，既可以任意画，也可以按指定的圆心或半径画；既可以在纸上画，也可以在地面上画，以满足某种实际需要。

画图作业,要关注所画图形是否已满足题目提出的所有的条件,并关注符合全部条件的图形的存在性和唯一性。在问题解决的学习中关注解答的存在性和唯一性,可以使我们的思维进入一个更广阔的空间。

【讨论题】

小学生认识"圆的特征"主要指的是哪些内容?在教学中如何加强数学思想方法的教学?

二、立体图形认识的教学

所谓"立体图形"是指所有的点不全在同一平面内的图形,单独存在的物体的形状都是立体图形。在几何学中,立体图形的教学是在平面图形的知识基础上进行的。学生认识了常见的立体图形的特征,就为学习表面积和体积的计算打下了基础。

在小学,要求学生认识的立体图形有长方体、正方体、(直)圆柱、(直)圆锥和球。教学中,要让学生在观察、操作和制作模型的基础上,进行抽象的逻辑思维,逐步认识这些立体图形的特征。

对立体图形的这种认识虽然只是初步的和与感性认识密切联系的,还没有形成和中学数学一致的精确的数学概念,但必须使小学生获得正确的表象,并且与中学数学里相关概念的定义没有矛盾,从而为以后学习中学数学打好基础。

(一) 长方体和正方体认识的教学

长方体和正方体是小学生常见的立体图形,是在学生认识了长方形和正方形的基础上学习的,对于发展学生初步的空间观念十分重要。

小学生认识长方体和正方体,通常分为两个阶段。

1. 长方体和正方体的直观认识

在这个阶段,要求小学生观察具有长方体形状的实物和模型,并通过操作,获得感知,积累表象,知道"长方体"和"正方体"这些名词。对于长方体的特征,只要求知道它是"由六个面围成的,并且每个面都是长方形"即可。用中学立体几何的定理不难证明:六个面都是长方形的六面体,就是底面是长方形的直平行六面体。

直观认识长方体时,暂不要求学生分析长方体的顶点和棱;认识棱的长度和面的大小之间的关系;以及长方体和正方体的属种关系。

2. 长方体和正方体的认识

进一步学习长方体和正方体,教学步骤可按如下程序编排:

① 从实例抽象出长方体的图形后,让学生回答:

长方体有几个面?每个面是什么形状?

从而明确"长方体"就是由6个长方形的平面部分围成的物体。

② 让学生就实物或模型研究长方体的6个面的大小。认识相对的每两个面的形状和大小都是完全相同的。

③ 定义长方体的棱和顶点,让学生研究:一个长方体有多少棱,多少顶点,并且交流研究的方法。从逐个计数到按群计数,再到推算:一个长方体有 4×6÷2=12 条棱,有 4×

$6÷3=8$ 个顶点。这样,将计数与推算相结合,对于培养学生初步的逻辑思维能力十分有益,也体现了"直观几何、实验几何、论证几何的结合"。

④ 关于长方体中"相对的(即没有公共边的)每两个面完全相同""相对的(即方向相同的)每4条棱长度相等"不能仅仅通过教具(或多媒体动画)的演示或操作(量一量、比一比)使学生认识,还可以根据已有的知识"长方体的6个面都是长方形"以及"长方形的对边相等"推出。

⑤ 定义长方体的长、宽、高,指出长方体的大小完全由它们决定。长、宽、高可能各不相等;可能有两个相等;也可能三者都相等。

长、宽、高都相等的长方体就是正方体。

防止误解:"长方体的长、宽、高总是都相等";"正方体不是长方体"。

⑥ 让学生课后用纸板制作长方体和正方体模型,为学习它们的表面积计算做好准备。

案例 7.7　认识长方体和正方体

【教材】苏教版义务教育教科书《数学》六(上)

【案例片段】

(一) 复习长方形和正方形,引导到对长方体的特征的探究

师:(出示一批平面图形)这些图形里有长方形吗?请从中找出一个长方形,并且说一说长方形有哪些特征?(将学生的回答整理如下)

长方形
- (边)有4条边,对边相等。
- (这两个长度分别叫作长方形的"长"和"宽")
- (角)有4个角,都是直角。

师:长方形的上述特征正方形是不是都具有?据此可以做出什么结论?(正方形都是长方形。正方形是特殊的长方形。正方形是长与宽相等的长方形。)

师:我们现在认识长方体和正方体,将不同于一年级学生对这些形体的直观认识。那时,老师让学生看一些被称为"长方体"的事物,感受它们的外形的特点,记住它们的表象,作为以后判断一个物体的形状是不是长方体的依据。无论是说一个物体的形状是长方体或不是长方体,都不需要提出充足的理由,同学们也难以说出充足的理由。现在认识长方体,需要从感性认识为主提升为理性认识为主,需要根据一个图形的特征来判断它是不是长方体。这就需要研究和明确长方体的特征。

(二) 认识长方体

师:长方体的特征要从哪几方面去研究?可以先回想一下:长方形的特征是从哪几方面去研究的?从中得到启发。

(学生交谈,教师小结):长方形的特征是从边和角两方面去研究的,边和角都是围成长方形图形的元素,所以长方体的特征也许同样可以从围成长方体的那些图形元素中去研究。

师:这里涉及几个重要的数学名词。确切理解和适当运用这些名词有利于长方体特征的表述。

- 长方体是由几个平面部分围成的,每个平面部分都叫作这个长方体的面;
- 长方体的每两个相邻的面有一条公共边,叫作长方体的棱;
- 长方体的棱的公共端点叫作长方体的顶点。

长方体的特征往往就反映在它的面、棱、顶点的数目、性质和关系上。

（1）长方体有多少个面？这些面是些什么形状的平面图形？有哪些性质和关系？

（2）长方体有多少条棱？它们的长度和位置有什么关系？

（3）长方体有多少个顶点？

小学生各人对长方体的特征的认识可能只是点滴的、不全面的。要不断地把学生的思维引向被他们忽视的方向，并注意及时整理和小结，以达到完整的、准确的认识。并小结如下：

长方体 $\begin{cases} (面)有6个面,都是长方形,相对的面完全相同。\\ (棱)有12条棱,互相平行的每4条棱长度相等。\\ \qquad (这三个长度分别叫作长方体的长、宽、高)\\ (顶点)有8个顶点。\end{cases}$

（三）长方体的特征的确认

师：认识长方体的每一项特征，或者确认某一项特征，可以用思维水平不同的方法。如"长方体有几个顶点？"怎样才能知道？

生1：数一数就知道有8个。

师：这就是"逐个计数"的方法。

生2：把顶点分为上、下两组：上面4个，下面4个，共有8个。

师：这就是"分组计数"或"按群计数"。

生3：也可以根据"长方体有6个面""每个面内有4个顶点""每个顶点为3个面所共有"推算：一个长方体有 $4×6÷3=8$（个）顶点。

师：推算过程实质上是根据前三个判断推出第四个判断的推理，反映了长方体的这四个特征之间内在的逻辑联系。熟悉这样的联系，反映了我们的逻辑思维达到了更高的水平。

师：确认长方体的某一项特征，也可以用思维水平不同的方法。

如长方体的六个面中包括三组相对的面。每一组相对的面都是完全一样的长方形。

在确认长方体的这项特征时，首先要使词组"相对的面""完全一样的长方形"数学化，即用数学名词解释这两个词组。

- 在长方体中，没有公共边的两个面叫作"相对的面"；
- 长与宽分别相等的(也就是全等的)两个长方形叫作"完全一样的长方形"。

师：为了确认长方体的对面全等，可以凭借观察和直觉(制作一个长方形纸片，分别与两个相对的面叠合)；也可以用量一量、比一比的实验方法，确认对面的长与宽分别相等。不过，如条件许可，则用论证的方法教育意义更大。

$\left. \begin{array}{l} ABCD\text{ 是长方形} \Rightarrow AB=CD \\ BFGC\text{ 是长方形} \Rightarrow BF=CG \end{array} \right\} \Rightarrow AEFB\text{ 与 }CGHD\text{ 完全相同}$

(四) 长方体的判定

师:从长方体的特征中我们可以划分出一部分最基本的,可以由它们引申出其他特征,作为判断一个物体的形状是不是长方体的依据,那就是

长方体 $\begin{cases} 由6个面围成的 \\ 每个面都是长方形 \end{cases}$

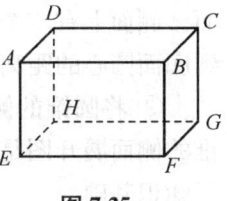

图 7.25

这个结论用高中的数学知识就可以证明。

(二) 圆柱的认识的教学

1. 直观认识圆柱

主要是通过观察和触摸圆柱形实物和模型,获得圆柱的整体性感知,积累圆柱的表象,知道"圆柱"的名称,能将圆柱从其他物体中挑出来。对于圆柱的特征不做过多的分析和语言文字的描述,仅仅要求学生认识:圆柱是由三个面围成的。其中,有两个平的面,形状都是圆,并且大小一样。

通常所说的"上、下一样粗"对于学生辨别圆柱和鼓形十分有用。

2. 圆柱的认识

可以按以下步骤进行教学:

① 让学生收集圆柱形的物体,向全班同学展示。

经师生审核、确认后,教者出示圆柱的直观图(图 7.26(1))。指出:这种立体图形在几何学中叫作"圆柱"。

② 让学生注意到:圆柱是由 3 个面围成的,其中有两个平的面是圆,叫作圆柱的底面,并且通过观察或操作,认识圆柱的两个底面是半径相等的两个圆。第三个面是曲面,叫作圆柱的侧面。

③ 定义圆柱的高。引导学生研究圆柱的侧面,将侧面沿一条高剪开,并把它

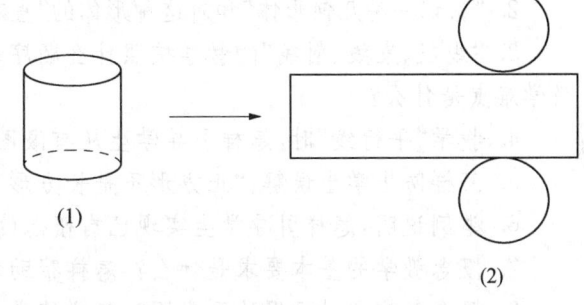

图 7.26

展平,从而认识到:圆柱的侧面可以在平面内展开成一个长方形。它的长和宽分别等于圆柱的底面周长和高(图 7.26(2))。为学习圆柱表面积的计算做准备。

④ 从圆柱形实物或模型抽象出图形后,让学生将两者对照,认识直观图中圆柱的底和高,逐步训练学生根据圆柱的直观图想象它所表示的图形。

(三) 圆锥认识的教学

① 认识圆锥时,也需要从圆锥形物体或模型出发,抽象出图形,指出:这种立体图形叫作圆锥。

② 为了初步认识圆锥的特征,可以让学生通过观察或触摸,注意到圆锥是由两个面围成的。其中有一个平的面,形状是圆,叫作圆锥的底面;另一个面是曲面,叫作圆锥的侧

面。侧面上有一个点,它到底面圆周上各点的距离都相等,这个点叫作圆锥的顶点。顶点到底面圆心的距离叫作圆锥的高。

③ 将圆锥的侧面沿着顶点和底面圆周上一点的连线剪开,并且展平,使学生看到圆锥的侧面展开图是一个扇形。认识到这一点就为制作圆锥模型和圆锥的侧面积计算提供了知识基础。

④ 辨别立体图形的练习,可以设计成多种形式,以提高学生练习的兴趣。

(四) 球的认识的教学

① 球也是小学生生活中常见的一种物体。是用一个面围成的,这个面叫作球面。为了辨认一个物体是不是球形,可以依据这样的准则,那就是不论从哪个方向看,球都是圆的。

② 为了使学生认识球心、球的半径和直径等概念,可以将球切成两个半球,注意切得的平面部分是一个圆面。这个圆的圆心到球面上每一点的距离都相等,叫作球心。然后定义球的半径和直径。

③ 通过和圆类比,使学生认识球的特征:在同一球中,半径的长度都相等,直径的长度都相等;并且直径的长度是半径的两倍。

不过,现行课标关于球的认识的教学要求明显降低,只要求通过实物和模型辨认球。

思考与练习

1. 在小学数学课程中要求小学生认识哪些平面图形和立体图形?
2. "认识一种几何形体"和对这种形体的"直观认识"所要达到的教学目标有什么不同?
3. "线段、直线、射线"的教学按照什么顺序教比较符合儿童的思维特点和认识规律?教学难点是什么?
4. 教学"平行线"时,怎样引导学生从有限图形的观察,到无限图形的想象?
5. 怎样防止学生误解:"正方形不是长方形"?
6. 举例说明,怎样引导学生实现已有概念的分化,为学习新的概念做好准备?
7. 概念教学的基本要求是什么?怎样帮助学生明确一个概念?
8. 概念怎样通过运用达到巩固?怎样使学生掌握的概念系统化?

第三节 测量的教学

一、长度的教学

(一) 长度单位的内容编排

在现行教科书中,小学生最先认识的长度单位是"厘米"。但在教学"线段"和"厘米"的前后顺序上有两种不同的编排:先认识"线段"、后认识"厘米";先认识"厘米"、后认识"线段"。

考虑到"厘米"是小学生学习的第一种"长度单位",即计量"线段"的长度所用的计量单位,因此,从逻辑的正常顺序来说,似乎以先认识"线段"、后认识"厘米"为宜。在认识了厘米、米之后,再认识分米、毫米,最后认识千米。

(二) 长度的教学要点

(1) 教师可以从量实物上一条线段长度的实际问题,引入新课,使学生认识"厘米"。

然后用厘米去量身边的一些物体的长度,并且通过找大约长1厘米的事物,以丰富对"厘米"的感受,逐步形成"厘米"的空间观念。

(2) 学生认识"厘米"后,可以告诉学生:"厘米"是一种常用的长度单位。为了方便地量各种不同的长度,还需要用另几种大小不同的长度单位:"毫米""分米""米""千米"等。应该让学生结合身边的事例,认识这些长度单位大约有多长。如带学生走一走公路上两个里程碑之间的距离,告诉学生这就是1千米,或者让学生观察100米跑道的长度,并且想象10个这样的跑道有多长,使学生初步形成千米的观念。此外,还应该让学生学会不同的长度单位之间如何换算。

对于长度单位间的进率,要强调这是计量科学中的规定,不宜把诸如"为什么1厘米＝10毫米"之类的问题作为"小组讨论"或"探究""发现"的内容。

(3) 为了使学生学会量长度,应该让学生明确量长度的操作要领:
- 刻度0对准线段的一端;
- 刻度尺的边和线段的方向一致;
- 线段另一端所对的刻度就是线段的长度。

二、周长和面积的教学

周长和面积等概念都是对图形进行定量研究的产物,是刻画图形大小特征的量。

"周长和面积的教学"包括"周长"和"面积"概念的教学、长度单位和面积单位的教学,以及几种平面图形的周长公式和面积公式的教学。

多边形的"周长"是在线段长度的基础上定义的。关于周长公式,除圆周长公式的推导较为复杂外,其他多边形的周长公式都不过是求和以及加法算式的简化,而各种图形的面积公式都是在长方形面积公式的基础上推导出来的。长方形的面积公式又是根据面积概念的有关公理(主要是"全等形等积"和"面积可加性")和面积单位的定义推导出来的。面积的概念和面积单位是学习面积计算的基础。

小学数学在推导面积公式时,既用了归纳的方法,也用了演绎的方法,而且还广泛地运用了等积变换的方法和化归的方法。在推导圆的面积公式时,还用了极限的思想方法。用铺方块或数方格的办法求面积(每一个方块或方格表示1面积单位),实质上是用直接计量法求面积——直接用面积单位来量一个图形的面积。为了简便,人们总是力求从直接计量法求面积过渡到间接计量法求面积。为适应这种过渡,各种面积公式也就应运而生。

(一) 周长和面积概念的教学

1. 周长概念和正方形、长方形的周长公式

① 通过教具演示或学具操作。使学生理解:"平面封闭图形的周长"就是指围成这个

图形一周边线的长度。对多边形而言：所有边长的总和就是这个多边形的周长。

② 正方形的周长公式可以根据周长的意义和正方形的特征推出。

③ 长方形和平行四边形的周长计算都可以用类似上面的方式处理：让学生研究周长的具体算题，列式计算；从列出的不同算式中优选出一个，作为周长公式。

④ 这些公式既可以用"语言等式"表示，也可用字母来表示。如

正方形的周长＝边长×4　　　或者　　$C_{正方形}=4a$
长方形的周长＝(长＋宽)×2　　　　　　$C_{长方形}=2 \cdot (a+b)$

⑤ 巩固周长公式的练习应该是多种多样的。既有已知边长或量出边长求周长的，也有已知周长求边长的；既有长与宽都给出具体数据的，也有在长和宽中给出一个数据和一个数量关系的；既有求周长的，也有求周长的变化。对知识的深刻理解和牢固掌握，只有通过在不同情境中的灵活运用才能达到。

2. 面积概念和面积单位的教学

面积概念和面积单位是推导面积计算公式的基础。学生先要理解面积概念和面积单位，才能理解和掌握面积的计算公式。

在平面几何中，"面积"表示平面封闭图形所围的平面部分的大小。所谓"平面封闭图形的面积"是指这个图形所对应的一个正实数，它具有以下性质：

① 全等形对应的正实数相等；（全等形等积）

② 把一个平面封闭图形分割成几部分，则整个图形对应的正实数等于所分成的各部分对应的正实数的和。（面积的可加性）

对于面积概念，小学数学教科书只给出了描述性的解释：物体的表面或围成的平面图形的大小，叫作它们的面积。为了使小学生正确理解面积概念，要通过直观教学和学生的操作，使他们认识到物体表面或平面封闭图形围成的平面部分有大有小，是可以比较大小的。如课桌面大于书本面（总量大于它的一部分）；由两个同样的（全等的）三角形纸片拼成的平行四边形的面积等于每个三角形的面积的两倍；等等。不领会这些内容，仅仅能背诵解释"面积"的上述语句，还不能说已经形成了面积概念。

面积是可以量的。量面积的计量单位叫作面积单位。常用的面积单位是边长为1厘米（分米、米）的正方形的面积，叫作平方厘米（平方分米、平方米）。

教学面积单位时，可以先让学生比较两个大小接近的正方形和长方形的面积的大小，启发学生将它们划分为大小相同的小方格。于是，它们的面积的大小比较问题就转化为小方格的个数（即两个自然数）的大小比较，从而使学生认识运用面积单位的必要性。（图 7.27）

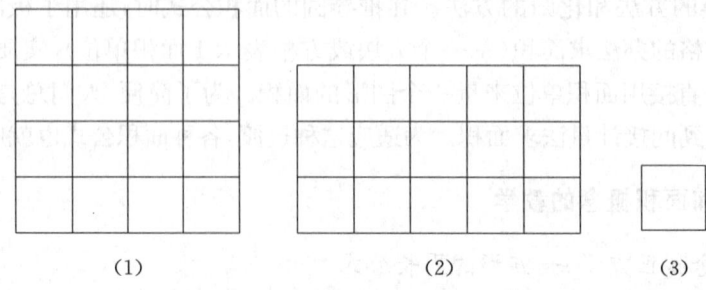

图 7.27

认识每一种面积单位时,都应当向学生展示它们的实际大小,让学生观察,并将它们和学生熟悉的事物联系起来,使学生形成不同面积单位的明确表象。

为了防止面积单位和长度单位的混淆,可以让学生通过分析、比较(表 7.4),认识到:长度单位和面积单位名称不同,意义不同,进率不同,适用范围也不同。

表 7.4 长度单位与面积单位的比较

	名 称	意 义	进率	适用范围
长度单位	厘米、分米、米	特定线段的长度	10	求长、宽、周长等
面积单位	平方厘米、平方分米、平方米	特定的正方形的面积	100	求面积

面积单位的进率,通常在正方形的面积公式后教学,事实上也可在面积单位定义后教学。

(二) 多边形面积计算的教学

在教科书中,多边形面积公式的编排顺序大致如下。

首先,根据面积概念、面积单位以及长方形的特征推出长方形的面积公式。对于例举的边长是整数的具体的长方形来说,面积公式的正确性可以用直接计量法(数方格)来证实。而直接计量法的理论根据,则是"全等形等积"和"面积的可加性"这两项面积公理。

接着,根据长方形的面积公式运用演绎推理推出了正方形和其他几种图形的面积公式。(整个过程如图 7.28 所示)

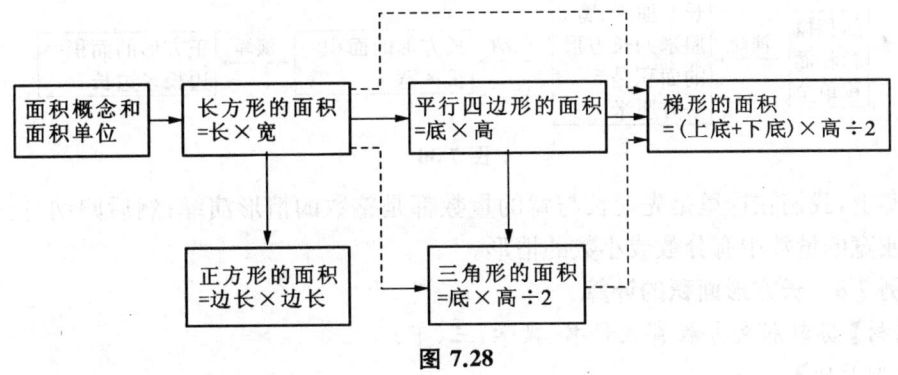

图 7.28

学生认识了平行四边形的特征后,就可以根据化归的思想,运用割补的方法,将平行四边形等积变换为长方形,从而根据长方形的面积公式推出平行四边形的面积公式。

为了进一步根据平行四边形的面积公式推导出三角形和梯形的面积公式,教科书将两个同样的(全等的)三角形(或梯形)拼成一个平行四边形。有人把这种等积变换称之为"双拼"。事实上,我们也可以将三角形等积变换为长方形,将梯形变换为三角形或长方形来推导它的面积公式。

1. 长方形和正方形面积计算的教学

① 出示长 5 厘米、宽 3 厘米的长方形。要求学生用直接计量法求它的面积。(图 7.29(1))

② 讨论数方格的各种方法：逐个计数、按群计数和用乘法算（先看一排有几个方格，再看共有几排）。明确：用乘法算的方法最为简便。

③ 问：为了弄清一排有几个方格、共有几排，是不是非得把长方形分成面积单位不可呢？引导学生发现：为此，只要用对应的长度单位去量长方形的长和宽。长是几个单位就说明一排有几个单位正方形；宽是几个单位就说明共有几排。（图7.29(2)）

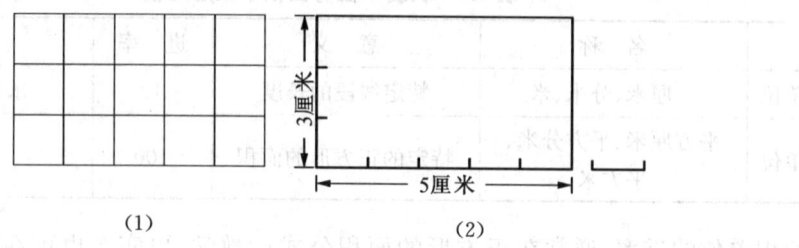

图 7.29

所以，这个长方形所含的平方厘米数，等于它的长和宽所含的厘米数的乘积。

从而归纳出：

长方形的面积＝长×宽

④ 问：如果一个长方形的长＝宽，那么这个长方形就是通常所说的什么图形？它的面积该怎样计算呢？推出：

正方形的面积＝边长×边长

整个过程如图7.30所示：

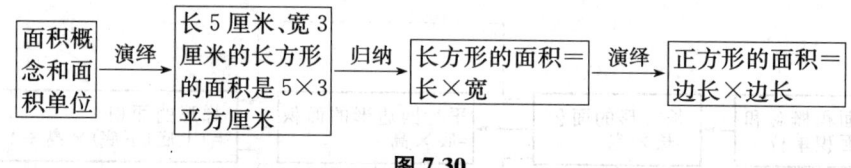

图 7.30

事实上，我们在这里是先就长与宽的量数都是整数的情形演绎；然后归纳，把公式推广到长或宽的量数中有分数或小数的情形。

案例 7.8 长方形面积的计算

【教材】苏教版义务教育教科书《数学》三（下）

【案例片段】

例举边长是整数厘米的长方形，研究如何求它们的面积。

师：信封里有几张纸片，它们是什么形状？

生1：都是长方形。

生2：也有一些是正方形。

师：用刻度尺量一量它们的边长，发现了什么？

生：这些长方形和正方形的边长都是整数厘米。

师：和长度单位"厘米"对应的面积单位是什么？（"平方厘米"）什么样的面积叫作"1平方厘米"？（边长是1厘米的正方形的面积叫作"1平方厘米"。）

师：各组分别求出各自的几个长方形的面积，并把结果填入教科书例1的表格中，然后交流求面积的方法。

生1：我把长方形全部分成了边长是1厘米的小方格，数一数：1，2，3，…，15，共分成了15个小方格，所以这个长方形的面积是15平方厘米。（图7.29(1)）

生2：我数方格数时是一行、一行地数的：5，10，15，所以这个长方形的面积是15平方厘米。

生3：一共分成了多少个小方格？还可以用乘法算：因为每行有5格，共有3行，所以共有5×3＝15格，即面积是15平方厘米。

师：这三位同学都是先将长方形分成平方厘米小方格，再统计平方厘米方格数，都是直接用面积单位来量长方形的面积，用的是"直接计量法"。

师：实际上，为了求长方形的面积，不一定要把它先分成平方厘米小方格。要知道一行有多少个小方格，共有几行，用刻度尺量一量长方形的长与宽各是多少厘米就行了。因为长是多少厘米，说明一行有多少格；宽是多少厘米，就说明共有几行（图7.29(2)）。据此，即可算出这个长方形的面积，这就是求面积的间接计量法。所谓"面积公式"就是用间接计量法求面积时需要用到的公式。

以上就长和宽的量数都是整数的情形证明了长方形的面积公式。可以证明：当长或宽的量数是分数或小数时，这个公式仍然是正确的。

由长方形的面积公式推出正方形的面积公式。（以下略）

2. 平行四边形面积计算的教学

① 复习平行四边形及其高和底等概念后，出示一个高3厘米、底6厘米的平行四边形，要求学生设法求它的面积。

② 对于准备用直接计量法求面积的学生，要帮助他们解决不满一格如何计数的问题。一种办法是：凡不满一格的，不论大小，一律按半格计算。另一种方法是：先将不完整的方格拼成完整的方格。

③ 启发引导：一个、一个地拼完整的方格太麻烦，我们能不能将左边的一部分整个切下来，把它拼到右边去，使不完整的方格都变成完整的方格？从而引导到教科书里的等积变换。

④ 清理学生的思路：我们是在学习了长方形的面积公式之后，来研究如何计算平行四边形的面积，如果能将平行四边形变成和它面积相等的长方形，那么，我们就能用长方形的面积公式来计算这个平行四边形的面积。

⑤ 让学生研究和提出等积变换的不同方案。教者小结：要沿着高来分割平行四边形。（图7.31）

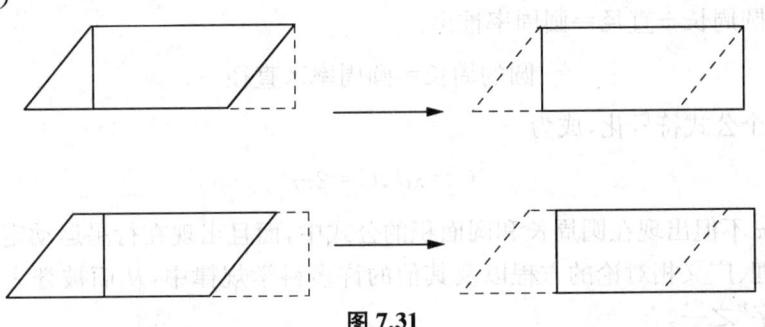

图7.31

3. 三角形和梯形面积计算的教学

① 在厘米方格的背景上出示几个三角形,让小学生用直接计量法(数方格的方法)求它们的面积。

② 要求学生不数方格求面积。研究:能不能把三角形转化成面积公式已经知道的图形?(长方形或平行四边形)引导学生用两个同样的(全等的)三角形纸板去拼。

③ 用同样的办法研究梯形。将两个全等的梯形拼成平行四边形。

事实上,一个三角形(或梯形)同样可以等积变换为平行四边形。(图7.32)

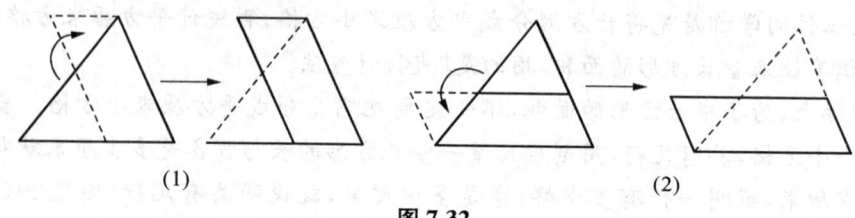

图 7.32

但"双拼"是一种有特色的办法,可以在一些其他的问题中(如计算一堆钢管的总数的问题中)应用。

为了充实数学思想方法的教学,在"梯形面积计算"的练习中,出现了求一堆钢管的总根数的问题。为计算总根数而列出的算式虽然与梯形面积公式有形式上的共同点,但后者绝不是前者的根据,把它们安排在一起,是因为它们都可以用"双拼"的办法转化为简单的乘法计算。

(三)圆周长和圆面积的教学

1. 圆周长的认识和计算的教学

① 在复习"多边形的周长"后,学习圆周长的概念:"围成圆的曲线的长度叫作圆的周长"。并且将两者概括为"平面封闭图形的周长就是指这个图形周围边界的长度"。

② 在定性研究和定量研究的过程中,可以将圆的周长与正方形的周长类比,提出猜想,并检验。如,根据"正方形的边长越大,它的周长也越大"推测并且最后认定:"圆的直径越大,它的周长也越大"。根据"正方形的周长是边长的4倍"猜测:"圆的周长也可能是直径的若干倍"。并且让学生设法进行某种实验操作。通过实验认识到:不论直径的大小如何,圆的周长总是直径的三倍多一些。在此基础上,可以告诉学生:数学家已经证明,这个倍数是一个固定不变的数,叫作圆周率,用希腊字母 π 表示。

③ 根据圆周长÷直径=圆周率推出:

$$\text{圆的周长} = \text{圆周率} \times \text{直径}$$

④ 将这个公式符号化,成为

$$C = \pi d, C = 2\pi r$$

圆周率 π 不但出现在圆周长和圆面积的公式中,而且出现在行星运动定律、量子力学的测不准原理、广义相对论的方程以及其他的许多科学规律中,从而被誉为"宇宙中最重要的六个数字"之一。

⑤ 介绍我国古代数学家在计算圆周率的近似值方面领先世界的卓越成就。

在做实验时,用刻度尺去量圆的周长和直径的方案,不但增加了做除法的麻烦,而且计算结果也难以一致,干扰了得出结论的归纳过程。不如直接用圆的直径做长度单位去量周长更为方便。

⑥ 在安排练习时,不但要有根据直径(或半径)计算圆周长的题目,也要有根据圆周长求直径(或半径)的题目,以及运用公式,进行推理,做出判断的题目。如,在图 7.33 中,大圆的周长与 3 个小圆的周长关系如何?

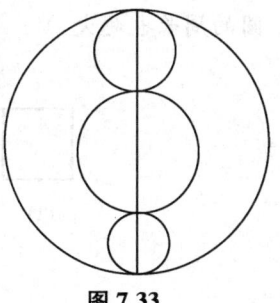

图 7.33

一个人沿着赤道绕地球走一圈,头顶和脚经过的路程是不是一样?相差多少?等等。

案例 7.9　圆的周长

【教材】苏教版义务教育教科书《数学》五(下)

【案例片段】

(一) 复习导入

师:我们学习过长方形和正方形的周长。什么是长方形或正方形的周长?(学生回答,教师小结确认,并且板书、图示)

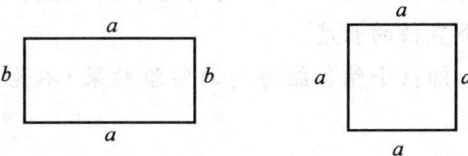

图 7.34

师:通常用什么公式计算长方形或正方形的周长?

$$C_{\text{长方形}} = 2 \cdot (a+b) \qquad C_{\text{正方形}} = 4a$$

师:正方形的周长公式 $C_{\text{正方形}} = 4a$ 告诉了我们哪些信息?

(1) 正方形的周长和边长有关;

(2) 正方形的周长等于边长的 4 倍。

下面我们根据已有的知识和经验来学习圆的周长。

(二) 明确圆周长的意义,研究决定圆周长的大小的因素

师:究竟什么是"圆的周长"呢?

生 1:如果这个圆是用铁丝弯成的,那么把它重新扳直后的长度就是这个圆的周长。

生 2:如果圆是一个车轮的轮廓,那么车轮滚动一周前进的路程就是这个圆的周长。

生 3:也可以用卷尺直接量出这个圆的周长。

师:(小结)围成圆的曲线的长度叫作"圆的周长"。

我们知道:正方形的周长和边长有关。边长越大,周长也越大,如图 7.35。那么,圆的周长和什么有关呢?(圆的周长和圆的直径或半径有关,如图 7.36。直径或半径越大,

圆的周长也越大。）

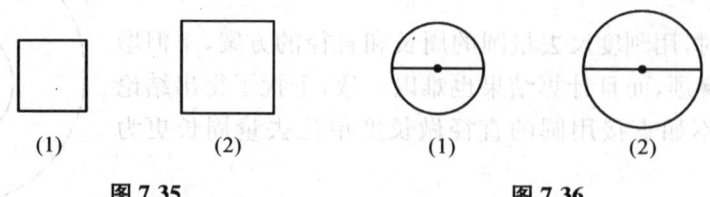

(1)   (2)   (1)   (2)

图 7.35   图 7.36

师：我们还知道：正方形的周长是边长的 4 倍。那么圆的周长是直径的多少倍呢？（暂不要求学生回答）

【点评】

在这里，问题是用类比的方法提出的。在提问前就假定"圆周长是直径长度的某个确定的倍数"，但这是需要证明的。数学家已经做过了这样的证明。这一点似乎不必向小学生挑明。

不过，在推导圆周长的公式之前，还是先明确"圆周长"的意义为宜。这是数学教学必须遵循的数学知识体系应有的序。

（三）用实验的方法研究圆周长是直径的多少倍

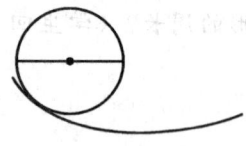

图 7.37

师：各组取出用于实验的、大小各异的木制圆盘（图 7.37）。先用纱带量出圆的周长；再将它和圆的直径直接比较，看看包含了多少个直径的长度。

师：（小结各组得到的实验结果）不论圆的大小，圆的周长都是直径的三倍多一些。

【点评】

关于推导圆周长公式的这个关键性实验，不少教科书要求用刻度尺分别量大小不同的几个圆的周长和直径，列成表。然后，用每一个圆的周长除以它的直径。最后得出结论：不论圆的大小，圆的周长总是直径的三倍多一些。事实上，为了得出这个结论，用刻度尺量圆周长和直径以及做除法都是多余的。将圆周长与直径直接比较要方便得多，实验的思路也清晰得多。而且免除了除得的商各不相同对认识"圆周长和直径的比是一个定值"产生的干扰。

（四）用论证的方法得出"圆的周长是直径的三倍多一些"

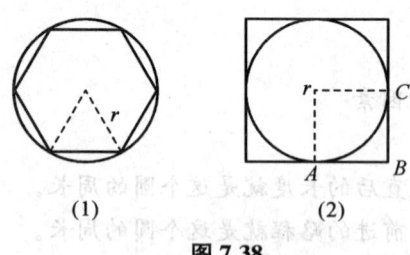

(1)   (2)

图 7.38

师：刚才我们用实验得出的结论也可以通过推理得到。如图 7.38(1)，在半径为 r 的圆内有一个内接正六边形。这个正六边形实际上是由六个边长为 r 的等边三角形拼成的。这个内接正六边形的周长等于什么呢？（等于 $6r$ 即 $3d$）

它和圆周长 C 比较，大小如何？（$C>3d$）

为什么？（可以根据"联结两点的线中线段最短"证明）

师：再看这个圆的外切正方形。（图 7.38(2)）

这个正方形的边长等于什么？（$2r$）周长等于什么？（$8r$，即 $4d$）

这个外切正方形的周长和圆周长的大小关系如何？（$C<4d$）

为什么？（根据生活中走路的实际经验，从 A 走到 B、再走到 C 所走的路比沿着 AC 弧走的路要长。）（图 7.38（2））根据图形观察得到的直觉可以得出同样的结论。

师：（小结）由 $C>3d$ 和 $C<4d$，即 $3d<C<4d$，可得"圆的周长是直径的三倍多一些"。

【点评】

"推理能力的发展应贯穿于整个数学学习过程中"（《课标（2011 年版）》第 6 页）。所以在教学中要抓住训练学生推理能力的每一个机会，尽可能对相关的生活经验，以及用实验、直觉或其他猜测的方法提出的猜想找到推理论证的办法，实现"直观几何、实验几何与论证几何的结合"。

（五）推导圆的周长公式

师：数学家的理论研究表明：任何圆的周长和直径的比都是一个固定的数值，这个数叫作"圆周率"，用希腊字母 π 表示，它是一个无限不循环小数。在通常的计算中，可以用 3.14 作为 π 的近似值。

师：由此，可以推得圆周长的计算公式如下：

$$\left.\begin{array}{l}\dfrac{C}{d}=\pi \Rightarrow C=\pi d \\ d=2r\end{array}\right\} \Rightarrow C=2\pi r$$

【讨论题】

1. 为什么说"推理能力的发展应贯穿于整个数学学习过程中"？
2. 在形体教学中怎样做才能达到这一要求？
3. 随着小学生年级的升高，在直观几何、实验几何与论证几何三方面内容中，哪一部分的分量应适当增加？

2. 圆面积计算的教学

推导圆的面积公式，需要实现曲和直、有限和无限、近似和精确的转化，从而体现对立统一、相互转化以及量变导致质变等辩证规律。在这个过程中，不但运用了变换的思想和方法，而且还运用了极限思想和极限方法。

① 将面积的概念用于圆："圆所占平面（部分）的大小叫作圆的面积。"进而提出圆面积的计算问题。

② 复习平行四边形面积公式的推导过程，让学生注意：在这个过程中，我们如何用割、拼的方法，把平行四边形变换成面积和它相等的长方形。

现在，我们能不能把圆转化成面积和它相等的、计算公式已经知道的某种图形呢？

③ 指导学生将圆纸片分成 16 等份（如图 7.39（1）），并且用这些小纸片去拼，看看能拼成什么图形（图 7.39（2））。

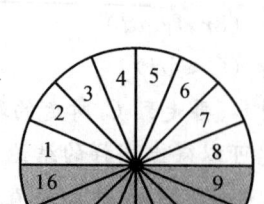

　　　　　　(1) 　　　　　　　　　　　　(2)

图 7.39

　　当学生确认拼得的是一个近似的平行四边形后,出示圆纸片被分成 32 等分后拼成的图形。让学生比较,引导他们发现:圆纸片分得越细,拼成的和圆等积的图形就越近于长方形。当学生依次观察和比较了几种有限分割的情况,并且注意到等分份数加倍时拼成的图形的变化趋势后,就可以引导学生想象等分的份数无限加倍时的"终极状态",从而经历一个直觉的极限过程。

　　④ 由于在上述过程中,平行四边形的底和高(长方形的长和宽)始终是 $\frac{C}{2}=\pi r$ 和 r,所以,和这个图形的面积相等的圆面积是

$$S=\pi r \cdot r = \pi r^2$$

　　⑤ 圆面积公式得出后,应把它同圆周长公式比较,以免混淆,并且注意它们之间的联系:

$$S=\frac{C}{2} \cdot r$$

　　⑥ 应用圆面积公式的练习应当是多种多样的,并且包括推理和计算等方面。除根据半径求面积外,还可以根据直径或圆周长求面积,并且可以在生产或生活的实际情境中出现这样的算题。

案例 7.10　圆的面积

【教材】苏教版义务教育教科书《数学》五(下)

【案例片段】

(一) 情境导入

(出示:一头羊被绳子拴着,在草地上悠闲地吃着青草。)

师:看这头吃草的羊,如果羊把能吃到的草全部吃掉,草地上将留下一个什么图形?(圆)(课件展示)假设这个圆的半径是 r,怎样计算这个圆的周长?($C=2\pi r$)

师:圆所围成的平面图形的大小叫作这个圆的面积。这就是我们今天要学习的内容。(板书课题和圆面积的定义。)

【点评】创设富于童趣的情境,导入新课,适应小学生的心理特征。

(二) 研究影响圆面积大小的因素

师:圆面积的大小与什么有关系呢?

生：圆面积的大小与半径有关。半径越大，圆的面积也越大。

师：圆的面积究竟与半径有什么样的关系呢？下面我们来研究两幅图。

图 7.40 中的正方形 $ABCD$ 是圆 O 的外切正方形，它的边长等于 $2r$。所以，这个大正方形的面积是多少呢？（$4r^2$）可是，圆 O 的面积小于正方形 $ABCD$ 的面积，因此，圆 O 的面积 $S<4r^2$。（板书）

再看，图 7.41 表示圆 O 内有一个内接正六边形 $ABCDEF$，它的 6 个顶点都在圆上。还有一个内接正十二边形 $AA'BB'\cdots FF'$，它的 12 个顶点也都在圆上。这个正十二边形由 12 个像三角形 AOA' 这样的等腰三角形组成，下面我们先来求每个等腰三角形的面积。计算面积时，把 $OA'=r$ 作为底，那么这个底上的高为 $\frac{1}{2}AB=\frac{r}{2}$，所以这个等腰三角形的面积为 $\frac{1}{2}\times r\times\frac{r}{2}=\frac{r^2}{4}$，从而求得这个正十二边形的面积为 $\frac{r^2}{4}\times 12=3r^2$。因为圆 O 的面积大于这个内接正十二边形的面积，即 $S>3r^2$，所以，$3r^2<S<4r^2$。

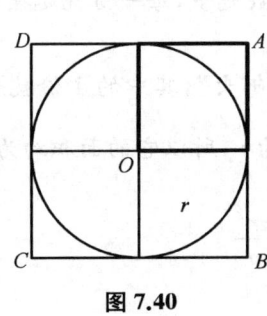

图 7.40

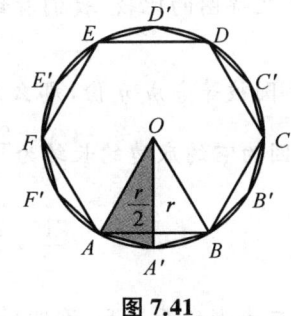

图 7.41

即半径为 r 的圆的面积比 r^2 的 4 倍少，比 r^2 的 3 倍多，多多少呢？下面我们继续研究。

【点评】对数量关系的探究，一般都是从分析相关的因素开始的，并且从定性研究逐步过渡到定量研究。

（三）从圆周长公式类比出圆面积公式

师：前面我们学习了圆的周长公式 $C=\pi d$，在得到这个公式之前，曾经看到 $3d<C<4d$。现在我们研究圆的面积时，又看到了 $3r^2<S<4r^2$。是不是我们也能得到公式 $S=\pi r^2$ 呢？下面的讨论将证实我们的猜测。

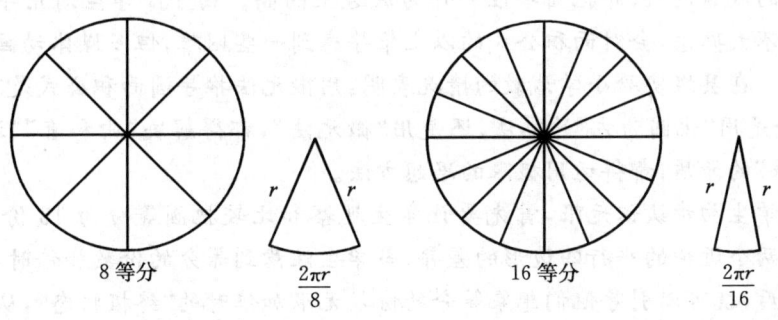

图 7.42　　　　　　图 7.43

师:(屏幕展示)图 7.42 中的圆被等分成 8 份,那么圆的面积和周长也分别被等分成 8 份,在其中的一份中,圆弧的长是多少?(圆周长的八分之一,即 $\frac{2\pi r}{8}$)

(课件陆续展示圆被分成 16 等份、32 等份,以及 n 等份的情况,图 7.43、7.44、7.45,让学生说出其中的一份所含圆弧的长。)

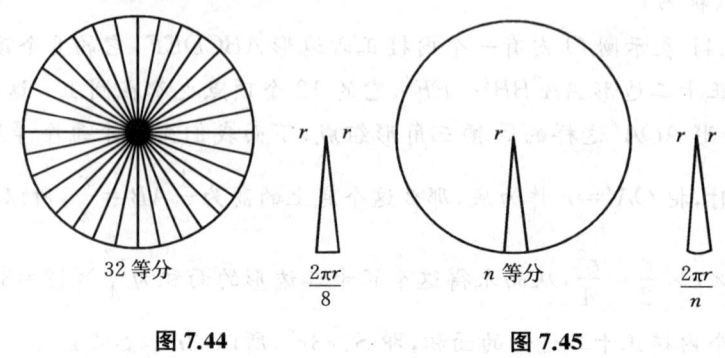

图 7.44　　　　　　　　图 7.45

师:通过以上几幅图的比较,我们看到:分的份数越多,每一份就越接近于一个等腰三角形。

师:假设这个圆被等分成 n 份,那么只要 n"足够大",其中的 1 份就越来越接近于一个等腰三角形。因为它的底边的长约为 $\frac{2\pi r}{n}$,高约为 r,所以它的面积约为

$$\frac{1}{2} \cdot \frac{2\pi r}{n} \cdot r = \frac{\pi r^2}{n}$$

所以 n 个小三角形的面积和,即圆的面积为

$$S = n \cdot \frac{\pi r^2}{n} = \pi r^2$$

【点评】

1. 这里所用的推导圆面积公式的方法,并不是小学数学中常用的"化圆为方"的方法,而是数学分析中常用的"微元法"。由于等分的份数"足够大",导致分得的每一份"充分地小",特别是它和等腰三角形的差异"更加地小",从而可以用极短的圆弧长 $\frac{2\pi r}{n}$ 作为等腰三角形的底边的长,而把圆半径 r 作为底边上的高。由于小学生对用字母表示数以及式的运算不太熟悉,会对面积公式的以上推导感到一些困难,但多媒体动画的运用减少了这一困难。在县级实验小学试教的情况表明:用微元法推导圆面积公式是可行的。

2. 不论是用"化圆为方"的办法,还是用"微元法",都得解决"曲和直""近似和精确""有限和无限"的矛盾,都得运用极限的思想方法。

要使小学生初步认识无限,首先要让学生观察和比较把圆等分为 16 份和等分为 32 份后拼成的两个近似的平行四边形的差异,当学生注意到等分的份数加倍时,拼成的图形的变化趋势后,就可以引导他们想象等分的份数无限加倍时的"终极状态",从而经历一个直觉的极限过程。

由于在"近似的平行四边形"逐渐变为"真正的长方形"的过程中,平行四边形的底和高始终是 $\frac{2\pi r}{2}$ 和 r,所以面积也始终是 $S=\pi r \cdot r=\pi r^2$。

3. 观察动画,不能完全代替学生的动手操作。上述"化圆为方"的过程,还是应该适当地让学生操作,并且通过演示、交流,引发想象。

4. 曲和直的矛盾,导致了近似与精确的矛盾。在有限次割拼的条件下,圆只能转化为一个近似的、面积已经会算的图形。但是当割拼的次数增加时,转化的精确程度也随之增加。当学生通过观察"有限分割",认识割拼次数增加时的变化趋势后,就可以想象无限分割时的终极状态。

【讨论题】

推导圆面积公式的两种方式。"化圆为方法"和"微元法"有什么相同点和不同点?

三、表面积和体(容)积的教学

(一) 表面积计算的教学

立体图形的表面积计算,要在掌握立体图形的特征的基础上教学。表面积的计算,实质上是计算一个组合图形的面积。由于它是一个物体的表面,所以计算这个组合图形的各个组成部分的面积时,所需要的数据,要从物体本身的数据中去找。

1. 长方体和正方体表面积计算的教学

① 教学长方体和正方体的表面积计算时,先要复习长方体和正方体的特征。

② 让学生将自己准备的长方体纸盒的某些棱剪开,再展平。研究得出的组合图形中,原长方体的每两个相对的面各在哪里?每一个长方形的长和宽分别是原长方体的长、宽、高中的哪两条线段?

③ 举出实际事例,说明有时我们需要计算长方体的 6 个面面积的和,进而给出长方体和正方体的表面积的定义。

④ 举例说明根据长方体的长、宽、高计算表面积的方法和列式的依据,并将较为简便的算式归纳成长方体表面积的计算公式。

⑤ 将长方体表面积的计算公式用于计算正方体的表面积,从而推出正方体表面积的计算公式。

计算表面积时,起初可以让学生看着模型或图形列式计算。以后要逐步离开模型或直观图,只根据给出的长、宽、高列式计算。

将表面积的计算公式用于解决实际问题时,应要求学生根据实际情况灵活处理。防止死记公式,生搬硬套。

2. 圆柱表面积计算的教学

① 教学圆柱的表面积,要从复习圆柱的侧面展开图开始。弄清侧面展开图的形状,以及它和圆柱的底面周长和高的关系,即可得出圆柱侧面积的计算公式。

② 学会计算圆柱的侧面面积后,再引导他们研究圆柱表面的组成,得出圆柱表面积的计算公式。

③ 用公式解决实际问题时,要注意根据具体情况,灵活处理。

(二) 体(容)积概念和体(容)积单位的教学

体积概念和体积单位是教学体积计算的基础。

1. 体积概念的教学

"体积"是小学生不易理解的概念之一,仅仅能背诵"物体所占空间的大小叫作物体的体积"还不能说明学生已经建立了体积概念。教学时可以按下列步骤进行:

① 通过类似下面的实验,使学生确认每个物体都占有一定的空间。

[实验1] 把一块石头放入有水的玻璃杯中。看杯中的水面会发生什么变化,并且思考为什么会发生这种变化。

[实验2] 将装满细沙的玻璃杯中的沙子倒出,在杯中放一木块,再把倒出的沙子装回杯中,直到把杯子装满。这时,出现了什么情况?为什么会这样?

[实验3] 将一长方体小木块压入橡皮泥中,再把木块从中小心取出。这时,你在橡皮泥上可以看到什么?它为什么会出现?

② 让学生从实验中认识:物体占有的空间,有大有小。

[实验4] 用两只同样的玻璃杯,里面都装满着色的水,一起放在一个大的玻璃器皿中。然后将两个大小不同的石块分别放入这两个杯里。让学生观察:哪个杯中溢出的水多。并且思考:为什么放入的石块大的,溢出的水就多呢?

③ 定义"体积":物体所占空间的大小叫作这个物体的体积。

2. 体积单位的教学

① 复习常用的长度单位(厘米、分米、米)和常用的面积单位(平方厘米、平方分米和平方米)。

② 定义体积单位:立方厘米、立方分米和立方米。让学生通过观察制作的体积单位的模型,对它们的实际大小获得明确的观念。例如,用两两垂直的三根1米长的木条,在墙角构成1立方米的空间,让学生观察1立方米的实际大小。

③ 让学生比较相应的长度单位、面积单位和体积单位,弄清它们之间的区别和联系。

④ 出示一些由单位正方体拼成的物体,让学生通过计数说出它们的体积。逐步熟悉体积的直接计量法,并且为推导长方体的体积公式做好准备。

⑤ 体积单位的进率通常在正方体的体积公式后教学。因为展示的正方体的棱长既是1分米,也是10厘米,所以根据正方体的体积公式,它的体积既是1立方分米,也是1 000立方厘米。因此,

$$1 立方分米 = 1\,000 立方厘米$$

实际上,体积单位定义后,即可根据定义推出它们之间的进率。

3. 容积和容积单位的教学

① 举例说明:容器能存放其他物体的体积,叫作容器的容积。

② 告诉学生:常用的容积单位有升和毫升。

$$1 升 = 1\,000 毫升$$

③ 让学生用量杯或量筒测定常用的一些容器的容积,辨认一些药品标签或包装盒上标注的容积。

④ 让学生知道容积单位和体积单位之间的关系:

1 升＝1 立方分米
1 毫升＝1 立方厘米

事实上,定义体积单位"立方分米"的原始依据是国际计量局中的"米原器";定义"升"的原始依据是"千克原器"。精确的计量表明:1 立方分米＝1.000 28 升。但对于一般的计算,按 1 立方分米＝1 升换算,已能达到所需要的精确度。

(三) 体积计算的教学

1. 长方体和正方体体积计算的教学

① 出示一个长、宽、高分别为 4 厘米、3 厘米和 2 厘米的长方体。要学生求它的体积。

② 引导学生想象:怎样把它切成棱长是 1 厘米的小正方体? 能切成多少个这样的小正方体? 或者组织操作:用棱长是 1 厘米的小正方体拼成一个这样的长方体。所用的小正方体有多少个?

③ 从正方体个数的各种计数方法中,引导学生发现:长是几厘米,一行就有几个小正方体;宽是几厘米,每层就有几行;高是几厘米,就有几层。从而看到:这个长方体的体积的立方厘米数等于长、宽、高的厘米数连乘的积。进而归纳出长方体的体积公式。

④ 根据正方体是特殊的长方体,推出正方体的体积公式。

2. 圆柱体积计算的教学

① 复习长方体的体积公式,提出求圆柱体积的问题。比较圆柱和长方体的相同点和不同点。让学生注意到:如果能把圆柱的底面圆变为长方形,那么圆柱也就变成了长方体。

② 复习推导圆面积公式时"化圆为方"的经历,演示将圆柱割拼为长方体的专用教具。于是学生不难理解和想象"化圆柱为长方体"的过程,并确信:可以根据

长方体的体积＝底面积×高

即 $V=Sh$,推出圆柱的体积公式:

$$V=\pi r^2 h$$

③ 引导学生比较长方体、正方体和圆柱的体积公式,找出其形式上的共同点。告诉学生:体积公式"$V=Sh$"事实上适用于任何一种"柱体"。

3. 圆锥体积计算的教学

① 复习圆柱的体积公式。

② 出示等底面积、等高的圆柱形容器和圆锥形容器,让学生比较它们的容积的大小,猜测容积大的是另一个容积的几倍。

③ 用实验检验。演示实验在课前要多做几次,以免临场出现过大的误差。分组实验要在关键性操作上给予指导,以便学生根据实验结果做出应有的结论。

④ 当学生明确等底面积等高的圆柱的体积是圆锥的 3 倍后,即可根据圆柱的体积公式推出圆锥的体积公式:

$$V = \frac{1}{3}Sh = \frac{1}{3}\pi r^2 h$$

⑤ 在体积计算的教学中,要注意联系实际,根据实际情况灵活运用公式。并且注意到:公式中的任何一个量都可以是所要求的未知数量,从而使公式成为方程。

思考与练习

1. 在小学数学课程中,要求小学生掌握其计量方法的有哪些几何量?
2. 如何进行几何量及其计量单位的概念教学?
3. 直接计量法和间接计量法的主要区别是什么?
4. 怎样推导圆的周长公式?
5. 怎样推导出长方形的面积公式?
6. 怎样在长方形的面积公式的基础上推导出其他一些图形的面积公式?

第四节 图形的运动的教学

《课标(2011 年版)》在课程内容中提道:"使学生感受和认识平移、旋转和轴对称,能在方格纸上将简单图形平移、旋转 90°或补全轴对称图形,并把它们用于图案的设计。"上述目标是在"图形的运动"的教学中实现的。通过这部分内容的学习,学生能更好地认识现实世界中大量的图形运动现象,以运动的观点认识图形、欣赏与设计图案。

一、轴对称图形的教学

小学数学中学习的"对称图形"主要指"轴对称图形",其教学要点包括:

(1) 教学轴对称图形,可以从一组美丽的剪纸或其他相关事例的图形中引入新课。让学生研究这组图形的共同特征:对折时两边能够完全重合。告诉学生:这就是"轴对称图形"。

(2) 对于轴对称图形的特征中所说的"对折""对折时两边能完全重合",如何对折?谁的两边?事实上,它们都涉及一条直线的存在。如果有一条这样的直线,当图形平面沿着这条直线对折时,直线两边的图形部分能够完全重合,那么这个图形就是"轴对称图形",这条直线叫作"对称轴"。

"剪纸"之所以一般都是轴对称图形,就是由于在剪之前,一般都要把纸对折。

(3) 接着,可以让学生判断以往学过的一些图形是不是轴对称图形?以及一些印刷体数字或电子线路中显示的数字、字母、汉字或数学符号是不是轴对称图形?为什么?为了说明某种图形是轴对称图形,可以用这种形状的纸片的对折来证实。不过,这种通过实验来证实的方法,应该逐步过渡为"思想实验",实质上也就是通过观察、思维和想象,来做出判断。此外在引导学生判断一些图形是不是轴对称图形时,要注意分清:这里是问这个图形本身是不是轴对称图形,还是问这个图形所表示的一类图形是不是轴对称图形。

(4) 当学生看到一个平行四边形而断定它不是轴对称图形时,教师应及时加以澄清:"应该这样说,这个平行四边形不是轴对称图形。这就表明:有些平行四边形不是轴对称图形。"那么,什么样的平行四边形不是轴对称图形,什么样的平行四边形是轴对称图形呢?(动画显示)当平行四边形中的锐角变成直角,或者邻边由不等变成相等时,它就成了轴对称图形。

(5) 让学生在方格纸上画轴对称图形,在钉子板上围出轴对称图形,以及找出一个轴对称图形的所有对称轴等练习,都有利于学生巩固轴对称图形的概念,加深对它的理解。

案例 7.11 轴对称图形

【教材】苏教版义务教育教科书《数学》三(上)

【案例片段】

(一) 情境导入

(播放小提琴协奏曲《梁祝化蝶》选段。让学生在优美的乐曲中观赏花草飞蝶。然后,出现蝴蝶的特写镜头:两翅合拢,再展开)

师:大家看这只蝴蝶,它的形状有一个明显的特点。这个特点是什么呢?

生1:两边完全一样。

生2:对折时,两边完全重合。

师:这两位学生的回答意思相同吗?请用你的两只小手为例想一想,哪一位同学的回答比较恰当。(……)

师:这种"对折时两边完全重合的"平面图形就是这节课的学习内容——轴对称图形。

【点评】"轴对称图形"是一个较为复杂的概念,对它的理解和掌握需要几个回合的教学活动。

(二) 明确"轴对称图形"的意义

师:"轴对称图形"究竟是一种什么样的平面图形?

"对折时两边完全重合"应该怎样理解?

"对折"究竟是如何折?

"两边"指的是谁的两边?

这些词语都牵涉到一条直线。在图形平面中,要有这样的一条直线,它把图形分成了两部分。当图形沿着这条直线对折时,直线两边的图形部分能够完全重合。这样的图形才是轴对称图形。

这样的直线就叫作这个轴对称图形的对称轴。

【点评】教者为了突破这个概念教学的难点,运用了启发性讲解,突出了一条直线的存在对于图形成为轴对称图形的决定性意义,以促进"轴对称图形"这个概念的形成。

(三) 研究图形的对称性

师:下面哪些图形是轴对称图形?

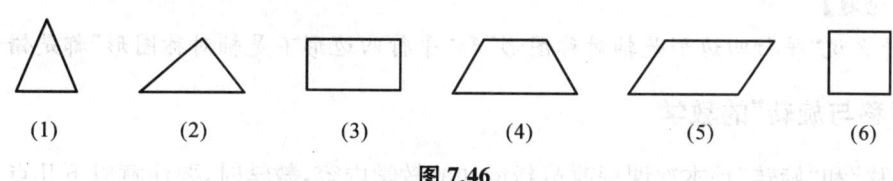

图 7.46

师生互动时,注意纠正学生表述中的不当之处。例如,当学生说"图(5)这个平行四边形不是轴对称图形"时,可予以肯定;当学生说"平行四边形不是轴对称图形"时,教师可以这样婉言纠正:"这个平行四边形虽然不是轴对称图形。可是当它的邻边变成垂直或相等时,它就成了轴对称图形。如图 7.47,因此正确的说法应该是:有些平行四边形是轴对称图形,有些平行四边形不是轴对称图形。"

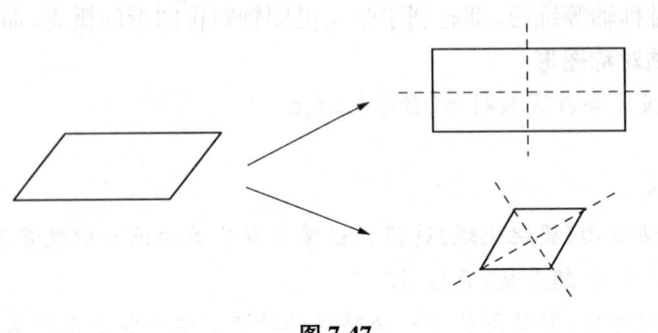

图 7.47

（四）研究生活中的轴对称图形（略）

（五）剪轴对称图形（略）

【点评】

1. 当学生观察具体图形,而仅仅就这个图形做出单称判断时,一般都可以做出正确的结论;但是当学生把它作为一类图形的代表,而对这类图形做出全称判断时,就可能发生错误。对于这类错误,教师要善于启发诱导,帮助学生改正错误。

在这里,既将平行四边形按非本质属性"邻边是否垂直"分为两种变式,又将它按"邻边是否相等"分为两种变式。通过变式的考察得出什么样的平行四边形是轴对称图形,什么样的平行四边形不是轴对称图形的正确结论。

2. 教学中既需要引导学生观察、操作、探究,又需要在难点处做必要的启发性讲解。

3. 轴对称图形的定义,具有较为复杂的结构:如果有一条这样的直线,当图形沿着这条直线对折时,直线两侧的图形能够完全重合,这个图形就叫作轴对称图形,这条直线叫作对称轴。

4. 要区分平面图形的轴对称和立体图形的平面对称。如立体图形"群山"和它们在湖面下的倒影关于平静的湖面成平面对称,而不是平面轴对称图形。

5. 教学中,要让学生弄清一些命题的等价性和可推性。如"等腰三角形是轴对称图形"可以推出"等腰三角形至少有 1 条对称轴",但推不出"等腰三角形只有一条对称轴"。

由"这个平行四边形不是轴对称图形"可以推出"有些平行四边形不是轴对称图形",但不能推出"(所有)平行四边形不是轴对称图形"。

【讨论题】

为什么说"平行四边形是轴对称图形"和"平行四边形不是轴对称图形"都是错误的?

二、"平移与旋转"的教学

"平移"和"旋转"是本次课程改革新增加的教学内容,教学时,要注意以下几点:

(1)"平移"和"旋转"是理论力学中刚体运动学的两个基本概念。如果物体在运动过程中,任何两点间的距离都不改变(因而整个物体的形状和大小也不会改变),这样的运动物体就叫作刚体。如果一个刚体在运动过程中,任何两点的位移都平行且相等,那么,这个刚体的运动叫作平移;如果刚体中任何一点的运动轨迹都是圆(或者是某个圆的一部分),并且各个圆的圆心都在同一条直线上,那么,这个刚体的运动叫作旋转,这条直线叫作旋转轴。小学数学教科书中所说的"平移"和"旋转"虽是指图形的运动,但其含义不能和理论力学中的规定矛盾,以保证教学内容的科学性和科学术语使用的规范性。

(2)在运用典型事例,抽象概括,引出"平移"和"旋转"这两个概念时,要特别注意所用事例的准确性和典型性。通常的门和铝合金窗可以分别作为旋转和平移的事例。将缆车、国旗、大型游戏机、列车作为平移或旋转的事例就显得过分牵强,不利于学生对这两个概念的初步认识。当学生举例不够准确时,教师要补充说明。如"平移",当学生举出火车的运动时,教者可以补充说明:只有当列车在平、直的轨道上运行时,它的运动才是平移,如果路面有高低起伏,或者火车在转弯,那么火车的运动就不是平移。即使火车的车厢在平移,火车的车轮的运动也不是平移。要使学生感受到:有些物体的运动可能既不是平移,也不是旋转,而是更为复杂的运动。防止学生误解:物体的运动只有平移和旋转两种,不是平移就是旋转,不是旋转就是平移。

(3)用语句描述方格图中所表示的平移,以及把指定的平移在方格图中描绘出来,都是有助于巩固平移概念的练习。此外,还可以补充一些诸如:平行四边形 $ABB'A'$ 的一部分($\triangle ABC$)向右平移 AA'(或 BB' 或 CC'),到达$\triangle A'B'C'$,而变换成长方形 $ACC'A'$(图7.48);梯形 $ABCD$ 的一部分($\triangle AOD$)绕点 O 旋转 $180°$,到达$\triangle A'OC$,而使梯形 $ABCD$ 变换成三角形 ABA'(图7.49)。这些图形变换在面积公式的推导过程中有着至关重要的作用。

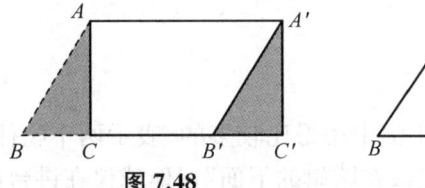
图 7.48

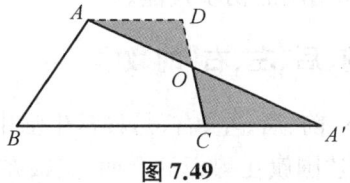
图 7.49

三、图案欣赏与设计的教学

图案欣赏与设计为学生用数学的眼光看世界提供了机会,也使学生进一步感受到数学的美和数学的价值。教学时要注意以下几点:

(1)图案欣赏与设计的教学是在学生认识了轴对称,以及平移、旋转等图形变换后进行的。但图案设计除运用平移、旋转和轴对称外,还可能用到旋转对称(包括中心对称)。如果一个图形绕某点 O 每旋转 $\dfrac{360°}{n}$(n 是整数,$n>1$),图形都和原来的位置完全重合,我们就把这个图形叫作 n-旋转对称图形,点 O 叫作 n-旋转对称中心。正 n 边形就是 n-旋转对称图形的例子。正 n 边形的中心就是 n-旋转对称中心。我国香港特别行政区的区徽就是 5-旋转对称图形。这个图案也可看作紫荆花的一瓣绕它的一个尖端分别旋转

72°,144°,216°和288°而产生的图形。当$n=2$时，n-旋转对称图形就是中学数学所说的"中心对称图形"。平行四边形就是一种中心对称图形。

（2）教学时，首先让学生欣赏一些图案，感受它们的美，研究它们是由什么图形经过什么样的图形变换而产生的。如奥运五环就是由一个圆环经过几次平移而得到的。

（3）图案的设计要有一个由简到繁的过程：先绘制给定图形经平移、旋转或对称得到的单个图形，再绘制由一系列单个图形组成的图案；先在方格纸上绘制，然后过渡到在空白的图纸上绘制；先按教师的指令制作，然后再由学生自行构思和设计。

（4）在图案设计的基础上，可以组织有兴趣的部分学生进一步学习剪纸，并把剪纸的操作和图形变换的学习结合起来。

思考与练习

1. 小学数学课程中的"图形的运动"包括哪些内容？
2. 怎样使学生获得轴对称图形的概念？将"轴对称图形的认识"分开在两年教学合适吗？
3. 怎样引导学生正确认识：平行四边形是不是轴对称图形？
4. 小学教科书中或在听课中出现的"平移"和"旋转"的例子，有哪些是不够准确的？

第五节　图形与位置的教学

"图形与位置"是课程标准规定的、包括在"图形与几何"这部分教学内容中的一个组成部分。通过"图形与位置"的教学，学生能够用"上、下、前、后、左、右"以及"东、南、西、北"等词语来描述物体的相对位置。理解用方向和距离或有序数对来确定物体位置的方法。掌握识图和制图的初步技能。

一、"上、下、前、后、左、右"的教学

（1）"上、下、前、后、左、右"是日常生活中用得比较多的、表示两个物体的位置关系的词语。如教室里"国旗在黑板的上面，黑板在国旗的下面"；"地球仪在讲台的上面，讲台在地球仪的下面"。这里的所谓"上、下"，实质上都是以地球的球心为标准的（离地心远，就是上面），而与位置比较的两个物体本身无关，也与说这句话的观察者本人无关。一般地说："如果A在B的上面，那么B就在A的下面。"并且，反过来说也是对的。

（2）用"前、后"表述两个物体的位置关系，情况就没有上面那样简单。当我们说"A在B的前面"或"A在B的后面"时，所谓"前面"或"后面"是以B为标准的；而说"B在A的前面"或"B在A的后面"时，又是以A为标准的。这两个标准可能一致，也可能不一致，要对不同的情况做具体分析。

（3）对此，我们可以安排这样的教学活动：每组推派男、女生各1人到讲台前面来，按教师的指令排队；其他同学观察、评价代表们的动作是否正确。

- 男生在女生的前面，女生在男生的后面；
- 女生在男生的前面，男生在女生的后面；

- 男生在女生的前面,女生也在男生的前面;
- 男生在女生的后面,女生也在男生的后面。

(4) 在用"前、后"表述位置关系时,有时,可能又以观察者为标准。如学生说的"黑板在地球仪的后面"是什么意思呢? 地球仪本身是无所谓前、后的。这里所说的"后面"实际上是以观察者为标准的。离我们较近的称为"前面",离我们较远的称为"后面"。

综合第3、4两点可见:由于"上、下"有地球作为客观的统一标准,所以"A 在 B 的上面"与"B 在 A 的下面"这两句话要么全是真判断,要么全是假判断。而"A 在 B 的前面"与"B 在 A 的后面"两句话只有当 A、B 本身无"前、后"可言,而是以离观察者的远、近作为标准时,才是同真或同假。如果 A、B 本身有"前、后"的确切含义,那么这两句话可能一句是真的、另一句是假的。

(5) "左、右"的教学与"前、后"类似,如果 B 本身有"左、右",那么当我们说"A 在 B 的左面"或"A 在 B 的右面"时,这里的"左、右"是以 B 为标准的。如果 B 本身无"左、右"可言,则这两句话里所说的"左、右"就是以观察者(即说这句话的人)为标准的。因此,当我们说"王芳在李明的左面"时,也许并不是"李明在王芳的右面",而是"李明也在王芳的左面",因为他们两人的"左、右"可能是一致的,也可能不一致。这取决于他们的面部是不是朝着同一个方向。

不但人有"左、右",动物以及由人驾驶的交通工具或工程机械也有"左、右",甚至玩具人或玩具动物也可以认为有"左、右"可言。因此,"左、右"的教学,甚至比"前、后"的教学难度更大。如果上述内容不通过具体的事例和活动有计划、有步骤地让学生弄清楚,那么学生在实际场合中运用这些词语表述两个物体的位置关系时,只能是"一片混乱"。结果,虽然老师说"举起你们的右手",学生一般都能正确地动作,但是当老师举起左手问学生"老师举起的是哪一只手"时,甚至多数学生会回答:"老师举起的是右手。"

(6) 所谓"上、下、左、右、前、后",实质上指的是从某个物体引出的两两垂直的三条直线上的六条射线的方向。如"李明的上面、下面、左面、右面、前面、后面"分别表示从李明引出的六条射线所指的方向。

(7) 由于"上、下"是以地球为标准定义的,所以只有在地球附近的空间("近地空间")说"上、下"才有意义。在一般的宇宙空间,说"上、下"是没有意义的。

(8) 教学时,要通过事例,由简到繁,逐步引导学生理解表示位置关系的上述词语的确切含意,并能正确地运用这些词语来描述近地空间里的两个事物的位置关系。

二、"东、南、西、北"的教学

(1) "东、南、西、北"是另四个在近地空间表述物体位置关系的词语,它们和"上、下"一样,都是以地球作为标准的。"上、下"是以到地球中心的远、近作为标准的,而"东、南、西、北"则是以地球表面某一点处的经线和纬线作为标准的。

(2) 辨别"东、南、西、北"是需要训练的;否则,即使成年人,仍然可能辨不清"东、南、西、北"。

教学时,可以问二年级小朋友:

"你听说过东、南、西、北吗? 你知道东面在哪里吗?"让学生回想起自己的生活经验:

早上,太阳是从东方升起的。

然后,让学生观察教科书里早上小明面向太阳站立的情景。让学生想象:这时小明的前面是东,后面是西,右面是南,左面是北。这幅图的实质是让小学生根据已有的"前、后、左、右"的知识以及"早上太阳从东方升起"来理解"东、南、西、北"。而康熙辞典与此相反,它是用"东、南、西、北"来解释"左、右":"坐北朝南,西为右"。它们都正确地表述了这些方向词语之间的联系。

(3)为了利用学生的行动思维,加深他们对"东、南、西、北"的认识,可以让全班学生面向东站立,说出左面、右面与后面各是什么方向,然后连续三次向右转,每次向右转之后,说明这时面对的是什么方向。

然后,全班面朝北,用右手依次指示东、西,并且说明南在哪里。让学生逐步弄清东、南、西、北四个方向之间的关系。

(4)学生在教室里弄清东、南、西、北后,可以让他们分别说出:教室的东面(南面、西面和北面)各有些什么?

(5)然后,可以向学生分别介绍:在多种特定的环境里如何辨别东、南、西、北。这不仅是对学生进行"图形与位置"的教学,而且也是一种实践与综合应用的课题。

(6)在进一步教学"东北、东南、西北、西南"时,要告诉学生:数学里所说的"东南",是指东方与南方这两个方向的正中间的那个方向;而日常生活里所说的"东南"就比较含糊,常常用来泛指东方与南方之间的任何一个方向。在数学课里,我们必须按照科学的严格规定来使用这些词语(对于"东北、西北、西南"可做类似的说明。)

所谓"四面、八方"的"四面",指的是"东、南、西、北";"八方"指的就是"东、南、西、北"以及"东北、西北、东南和西南"。

(7)适当的时候可以顺便告诉学生:"东北、西北、东南和西南"等说法都是根据我国汉语的表述习惯:西方与南方这两个方向的正中间的那个方向叫作"西南",而不叫"南西"。但英语恰恰和汉语相反,不叫"西南",而叫"南西"(Southwest)。

案例7.12 认识东、南、西、北

【教材】苏教版义务教育教科书《数学》二(下)

【案例片段】

(一)交流关于"东、南、西、北"已有的知识

师:小朋友们,你们已经知道了如何用"上、下""左、右""前、后"来表示物体的位置。今天,我们来学习"东、南、西、北"。(板书课题)

师:你们能分清东、南、西、北吗?

生1:初升的太阳是在东方,那个方向就是东面。

生2:指南针的红色针尖所指的是北方。

生3:冬天,成群的大雁都是向南飞。

生4:要知道北面在哪里还可以看天上的星星。

师:那是说北极星。找到了北极星,就能知道北方。

在晴朗的夜晚,我们在北方的星空可以看到7颗比较明亮的星,它们组成了一个类似于"汤匙"的图案,这就是"大熊星座"。北极星和大熊星座的"匙头"上的两颗星在一条直

线上。因此,通常我们总是先找大熊星座(民间称之为"北斗七星"),然后根据大熊星座里"匙头"上的那两颗星去找北极星。

【点评】通过交流已有的知识和经验,为学习新课做好准备。

(二) 在教室里辨认东、南、西、北

师:现在,你知道南面在哪里吗?东面、西面、北面呢?(生答)

说一说,教室的南面有什么?东面、西面、北面各有什么呢?

师:全体起立,先面向东,并且用右手指东。

转向南,再转向西,最后转向北。想一想:刚才你们都是怎样转的呢?(都是往右转)

【点评】通过操作巩固对东、南、西、北的认识。

(三) 在地图上辨认东、南、西、北

师:如果我们面朝北方,那么,背后是什么方向?(南)左边、右边呢?(分别是西和东)

绘制地图时,如果不专门标出正北方向,那就是"上北、下南、左西、右东"。

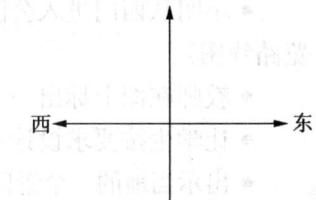

师:看江苏省的地图,用东、南、西、北填空:

扬州在镇江的_____面;

镇江在扬州的_____面;

无锡在苏州的_____面;

扬州在江都的_____面。

【点评】让学生明确如何在没有标出正北方向的地图上辨别方向。

(四) 巩固练习

(1) 指定二人上讲台,背靠背站好,并且按教师的指令操作:

师:先依次指东、指南、指西、指北,后依次指上、指下。大家都是指的同一个方向,说明:东、南、西、北和上、下对大家都是一致的。

再依次指左、指右、指前、指后。说明左、右、前、后是因人而异的。

(2) 小明从十字路口到下列地点去,该向哪个方向走?(根据教科书上所附的地图说明)

人民公园,百货大楼,新华书店。

(3) 如果面朝南,那么右边是什么方向?左边是什么方向?背后对着什么方向?

(4) 上午乘车由扬州去淮安,希望能晒到太阳,该坐在车厢的哪一边?如果是下午乘车,又该怎样?

【点评】

1. 教者首先组织学生交流有关"东、南、西、北"的已有的知识和经验,然后引导学生在教室里、在地图上,以及在室外现场辨认东、南、西、北,并通过形式多样的、内容丰富的练习,使学生学会运用这些方向词语来表述近地空间里的方向和物体间的位置关系。练习的活动性与多样性,保证了它的趣味性和有效性。

2. 为了表述物体的位置关系,"上、下"和"东、南、西、北"都是以地球为标准来定义的人类共同的概念,而"前、后""左、右"则因人而异。通过活动或对比练习,可以让小学生初步领会这一差异。

三、路线图的教学

(1) 路线图的教学是在学生认识了平面图,并能用"东、南、西、北"等词语表述物体的位置关系的基础上进行的(苏教版教科书二年级下册,人教版三年级下册)。教学时,首先要复习这些表示方向的词语,它们之间的相互关系,以及在绘制地图时所做的规定(上北、下南、左西、右东)。

(2) 新授开始,展示公园的平面图,让学生弄清公园里有哪些景点。然后,引导学生依次思考并回答下列问题。

• 从艺术广场到_____,向哪个方向走?还可以怎样走?(让学生用方向词语说明走的路线)。

• 小明从西门进入公园,向东走……(让学生根据教师表述的游览路线在地图上画游览路线图)。

• 教师在图上标出一条游览路线,让学生用方向词语叙述这条路线。

• 让学生按要求设计一条游览路线,并用方向词语表述。

• 出示当地的一个景区的平面图或本校附近的地图,让学生设计一条符合要求的路线。学生是否建立了正确的方向观念,要看他能否运用适当的方向词语造句,描述所设计的路线。

(3) 如何看懂公交车的路线图和站牌,并根据获得的信息和出行的目的地,选择合适的线路和方向,是城市生活中经常需要解决的问题。路线图的教学有助于小学生提高乘车出行的能力。

(4) 最后,可以简要介绍哈密顿周游世界问题,作为一项有意义的趣味数学题材。

四、物体位置确定的教学

(1) 物体在一个平面内的位置可以用两个数来确定,这是笛卡儿的坐标法的基本思想,也是实现数、形结合的纽带。让小学生明确这件事,并且在认识中强化,就为小学生以后学习解析几何积累了更多的感知和经验。

(2) 教学时,可以从学生熟悉的典型事例开始:怎样才能把学生在教室里的座位说清楚?当我们说"第几排、第几个"座位时,要明确:

• 说"第几排"是从哪一边数起的?是从左边的第一排数起、还是从右边的第一排数起?

• 说"第几个"是从哪一面数起的?是从每一排的前面数起、还是从后面数起?

• 想一想:"第3排第5个"和"第5排第3个"是指同一个座位吗?强调对于两个数的数组来说,序是头等重要的。

(3) 让学生举出生活中"用两个数来确定一个物体的位置"的事例。这时,要注意说明:有些数(如体育馆座位的分区)只是辅助性的,便于人们查找,对于确定物体的位置并没有决定性的意义。

五、观察物体的教学

(1) 人们从不同的位置(不同的方向)去观察同一个物体,看到的形状一般是不同的。

这个事实不仅早已为我们的生活经验所证实,也可以用照相机从不同的位置拍摄照片来证实。

(2) 教学"观察物体",可以首先以两人观察小轿车为例。引导学生想象:图中两人看到的,将是怎样的景象。进而用数码相机对玩具汽车当场拍摄,通过液晶投影仪在屏幕上显示。

(3) 教科书中的练习要求我们观察的玩具熊猫、大象和茶壶,也可代之以其他类似的物体。有关"观察物体"的练习,除是非题、连线题和选择题外,还可以设计一些操作题:

• 学生分四组坐在不同的位置上。他们所看到的物体的形状都展示在屏幕上,并且标上了图号。教师说出一个图号,看到的物体的形状是这幅图的学生就站起来。

• 在屏幕上展示从不同位置看到物体的形状,编上图号。教师站到某一个位置上,让学生判断,教师看到的物体是几号图。

• 教师宣布一名学生的姓名,并且指定另一名学生说出前者看到的物体的形状是几号图等等。

总之,使学生能根据观察的位置,想象他所看到的物体的形状;或者反之,根据观察者所看到的物体的形状,想象他观察物体时的位置。从而逐步建立起空间图形和它的多个视图之间的对应关系,为进一步认识立体图形奠定了基础。

(4) 为了由易到难、由简到繁地进行上述训练,可以利用同样大小的正方体拼成的组合体作为被观察的物体。

思考与练习

1. 小学数学课程中的"图形与位置"包括哪些具体的教学内容?
2. 表述物体的位置关系的词语"上、下""前、后""左、右"以及"东、南、西、北"分别是以什么作为标准的?怎样正确地使用这些表示位置关系的词语?

阅读材料

1. 几何学起源

几何学据说是起源于古埃及尼罗河泛滥后为整修土地而产生的测量法。几何学的外国语名称 Geometry 就是由 Geo(土地)和 metry(测量)组成的。在埃及产生的几何学传到希腊,逐步发展,成为一门理论的数学。欧几里得把至希腊时代为止所得到的数学知识集其大成,编成了十三卷的《几何原本》。《几何原本》的公理系统虽不完备,但仍然是现代几何学的先驱。19 世纪末,希尔伯特建立了严密的欧几里得几何的公理体系。(摘自:《中国大百科全书·数学》.中国大百科全书出版社,1988:341-342)

2. 圆的定义

(1)《墨经》(公元前 330 年前后)给圆下的定义是:"圆,一中同长也。"就是说:"说到圆,它有一个中心,从这个中心引到圆周上任何一点的距离都具有相同的长度。"根据《墨经》留传下来的非常零乱而残缺的版本,可以排除任何认为中国古代缺乏几何思想的猜测。(摘自:李约瑟著.《中国科技史》第三卷,数学.科学出版社,1978:211-212)

(2) 希尔伯特在《直观几何》一书中给圆下的定义是:"它是(平面)曲线,曲线上的各点与一已知点的距离相等。"(摘自:D.希尔伯特著.《直观几何》上册.人民教育出版社,1959:1)

(3) 中学数学将"圆"定义为:"平面内到定点的距离等于定长的点的集合。""圆是平面内的一种曲线。它包含了到某个定点的距离等于定长的所有的点,并且只有这样的点在这条曲线上。"

(摘自:蔡东彩,金成梁.数学辞典.陕西师范大学出版社,1996:274)

3. 圆周率

在欧几里得的《几何原本》中已提到圆周率是常数。中国古代早有"径一周三"的记载。1737 年欧拉用 π 表示圆周率。有关圆周率的最早的文字记载是公元前 1650 年左右在埃及产生的莱因德纸草书,其中取 $\pi = \left(\frac{4}{3}\right)^4 = 3.1605$。公元前 240 年,古希腊阿基米德从计算圆内接和外切正多边形的周长,得到 $3\frac{10}{71} < \pi < 3\frac{1}{7}$,并且取 π=3.14。三国时魏人刘徽在注《九章算术》时,提出与阿基米德的方法类似的"割圆术",从圆内接正六边形开始,使边数倍增,依次割圆,算到圆内接正 192 边形,得出 π=3.14。他还说:"割之弥细,所失弥少,割之又割,以至于不可割,则与圆合体而无所失矣。"充分反映了他的极限思想。南北朝时的祖冲之提出了 $3.1415926 < \pi < 3.1415927$,还提出了圆周率的"约率" $\pi = \frac{22}{7}$ 和密率 $\pi = \frac{355}{113}$。800 多年后(1427 年),阿拉伯的卡西才求出超过祖冲之的更精确的 π 的近似值。

1767 年,J.H.朗伯证明了圆周率 π 是一个无理数,因而不可能是一个有限小数或循环小数。1882 年,F. Von 林德曼证明了 π 是超越数,即不可能是任何一元有理系数多项式的根。从而证明了:化圆为方不可能用尺规作图做出。

1959 年,用计算机算出了 π 的 16 167 位近似值。1983 年算到了 π 的近似值的 800 多万位。

(摘自:中国大百科全书·数学.中国大百科全书出版社,1988:820-821)

参考文献

[1] [德]D.希尔伯特.直观几何(上册).北京:人民教育出版社,1959.
[2] 李约瑟.中国科学技术史(第三卷).北京:科学出版社,1978.
[3] 朱智贤,林崇德.思维发展心理学.北京:北京师范大学出版社,1986.
[4] 金成梁.逻辑与小学数学教学.北京:北京师范大学出版社,2001.
[5] 范良水等.华人如何学习数学.南京:江苏教育出版社,2005.
[6] 金成梁等.小学数学教学案例研究与基本训练.南京:南京大学出版社,2005.
[7] 李士锜等.小学数学教学案例研究.北京:高等教育出版社,2010.
[8] 张奠宙,巩子坤等.小学数学教材中的大道理——核心概念的理解与呈现.上海:上海教育出版社,2018.

第八章 统计与概率的教学

统计与概率和人们的日常生活、工作密切相关,生活已先于数学课程将统计与概率推到了学生的面前。在以信息和技术为基础的现代社会里,人们面临着更多的机会和选择,常常需要在不确定的情境中,根据大量无组织的数据,做出合理的决策,这是每个公民都应当具备的基本素质。随着社会的不断发展,统计与概率的思想方法将越来越重要,数据分析和随机思想将成为现代社会一种普遍适用的思维方式。

> **学习的基本要求**
> 1. 了解统计与概率的教学内容和教学要求;
> 2. 理解统计与概率的教学要点,能依托教材进行教学设计;
> 3. 掌握统计与概率的教学策略与方法,会分析研究有关教学案例。

第一节 统计与概率教学的意义、内容和要求

统计与概率主要研究现实生活中的数据和客观世界中的随机现象,它通过对数据的收集、整理、描述和分析以及对事件发生可能性的刻画,来帮助人们做出合理的推断和预测。

一、统计与概率教学的意义

(一)有利于发展学生的数据分析观念

在以信息和技术为基础的社会里,数据日益成为一种重要的信息。为了更好地理解世界,人们必须学会处理各种信息。收集、整理与分析信息的能力已经成为信息时代每一个公民的基本素养。在小学数学学习中学习一些数据收集和整理的知识,并对统计结果进行描述和分析,有利于学生体会数据在信息社会中的作用,促进学生逐步形成数据分析观念,并掌握一定的统计方法。数据分析观念的形成,是一个渐进的过程,让学生尽早接触统计与概率相关的事物与知识,在课堂教学中逐步领悟数据分析观念是统计与概率教学中核心概念的价值,渗透数学的基本思想,切实提高学生收集、整理和分析信息的能力,以适应信息社会对学生的要求。

(二)有助于渗透辩证唯物主义观点和科学方法论的启蒙教育

作为对客观世界中某些现象的有关数据的收集、整理和分析的过程,统计实际上是人

们对客观事物的定量刻画与把握,其结果通常是得到一些真实可靠的、一般能反映事物的真实面貌和发展趋势的数据,并使学生感受到数据的客观性和用数据来说明问题的公正性。因此,统计知识的教学过程又是一个引导学生实事求是地分析问题,并培养他们尊重客观事实的科学态度的育人过程,这个过程实际上也渗透了辩证唯物主义观点的启蒙教育。

作为研究客观世界中随机现象(不确定现象)的一门科学,概率论要对事件发生的可能性做出全面的描述和刻画。在概率论的学习中,学生要对某一事件发生的各种可能性做出全面的推断和预测,在推断和预测中感受事物发生变化的多样性和人们分析问题的全面性,这个过程有助于学生学习辩证地思考问题和全面地分析事件的发生、发展过程,使他们从中受到科学的世界观与方法论的启蒙教育。

(三) 有利于发展学生解决问题的能力

统计与概率同人们的日常生产、生活紧密相连,其中的大部分问题都来源于生产、生活实际,因此,学习统计与概率,实际上就是在学习解决生产、生活中的实际问题。在这个解决问题的过程中,学生除了要运用统计与概率的有关知识外,还要综合运用到计算、推理,以及整数、分数、比值等知识,这样不仅有利于学生对所学知识的理解、融合、巩固,培养学生灵活运用知识的能力,还可以增强学生的数学应用意识和运用所学知识解决问题的能力。

(四) 有助于培养学生对数学的积极情感

对学生来说,统计与概率这一领域的内容充满了趣味和吸引力,动手收集与呈现数据是一个活动性很强并且充满挑战和乐趣的过程,做统计与概率游戏本身就是对思维的一种挑战,也是一个非常有趣的过程。这有助于培养学生学习数学的积极情感。

总之,统计与概率的思想方法是学生未来生活与工作所必需的,是进一步学习所不可缺少的,也有助于培养他们以数据分析观念和随机观念来理解世界,形成正确的世界观与方法论。

二、统计与概率教学的内容和要求

(一) 历次小学数学教学大纲(标准)中统计初步知识的教学要求

1950 年的《小学算术课程暂行标准(草案)》曾提出"常用统计表的认识和作法""简单统计图的认识和画法"的要求。1952 年的《小学算术教学大纲(草案)》是根据苏联小学算术教学大纲编译的,其中没有统计初步知识的要求。1956 年颁布的《小学算术教学大纲(修订草案)》中,将简单统计图表与简单簿记并列,目的是"使儿童获得一些实际应用的知识和技能,并且可以为将来参加劳动生产做一些准备"。1963 年颁布的《全日制小学算术教学大纲(草案)》中再次提出,并进一步明确了教学要求。1978 年颁布的《小学数学教学大纲(试行草案)》提出的教学要求是:"掌握统计的一些初步知识,能够绘制简单的统计图表。"到 1986 年,《全日制小学数学教学大纲》对统计初步知识的教学要求是:"掌握统计的一些初步知识,初步学会数据整理,能够绘制简单的单式和复式统计表,条形、折线和扇形统计图。"这个要求比较明确,层次也比较清楚,但是制作统计图表的要求偏高。1992 年颁布的《九年义务教育全日制小学数学教学大纲(试用)》明确提出:"要结合有关内容,使学生了解一些简单的统计思想和方法,逐步看懂简单的统计图表,对于绘制统计图表的要求不宜过高。"2001年颁布的《课标(实验稿)》在小学阶段大大加强了统计的教学,新增了概率内容,把"统计与概率"作为数学课程内容的四个学习领域之一,并把"统计观念"作为数学课程的重要目标。《课标(2011年版)》根据课程改革的实施情况对统计与概率的内容进行了部分调整,凸显了"数据分析观念"在统计与概率中的核心地位,通过对随机性数据的分析来体会随机思想,以适应时代发展的要求。

(二)《课标(2011年版)》统计与概率教学的总体目标

根据社会发展的需要,《课标(实验稿)》已将"统计与概率"作为义务教育阶段数学课程的四个学习领域之一,并且从第一学段起就安排了有关学习内容。《课标(2011年版)》提出小学阶段学习统计与概率的总体目标主要是:经历在实际问题中收集和处理数据、利用数据分析问题、获取信息的过程,掌握统计与概率的基础知识和基本技能;体会统计方法的意义,发展数据分析观念,感受随机现象;初步培养学生用随机的观点来理解现实世界,提高解决问题的能力。

作为培养学生数学素养的十个核心词之一,"数据分析观念"是义务教育阶段数学课程的重要目标之一,其主要表现在:了解在现实生活中有许多问题应当先做调查研究,收集数据,通过分析做出判断,体会数据中蕴涵着信息;了解对于同样的数据可以有多种分析的方法,需要根据问题的背景选择合适的方法;通过数据分析体验随机性,一方面对于同样的事情每次收集到的数据可能不同,另一方面只要有足够的数据就可能从中发现规律。其中,数据分析是统计的核心。数据分析观念的要点有三个:第一,经历数据分析的过程,体会数据中蕴涵着信息;第二,掌握数据分析的基本方法,根据问题的背景选择合适的方法;第三,通过数据分析,感受数据的随机性。

(三)《课标(2011年版)》统计与概率教学的内容和要求

统计与概率在第一、二学段的学习内容分别称为"数据统计活动初步""简单数据统计过程"和"随机现象发生的可能性"。具体学习内容和要求见表8.1:

表8.1 统计与概率学习内容和要求

学段	内容	学段目标	具体要求
第一学段	数据统计活动初步	经历简单的数据收集、整理、分析的过程,了解简单的数据处理方法。能对调查过程中获得的简单数据进行归类,体验数据中蕴涵着信息。	(1)能根据给定的标准或者自己选定的标准,对事物或数据进行分类,感受分类与分类标准的关系。 (2)经历简单的数据收集和整理过程,了解调查、测量等收集数据的简单方法,并能用自己的方式(文字、图画、表格等)呈现整理数据的结果。 (3)通过对数据的简单分析,体会运用数据进行表达与交流的作用,感受数据蕴涵信息。

续表

学段	内容	学段目标	具体要求
第二学段	简单数据统计过程	经历数据的收集、整理和分析的过程,掌握一些简单的数据处理技能;进一步认识到数据中蕴涵着信息,发展数据分析观念。	(1) 经历简单的收集、整理、描述和分析数据的过程(可使用计算器)。 (2) 会根据实际问题设计简单的调查表,能选择适当的方法(如调查、试验、测量)收集数据。 (3) 认识条形统计图、扇形统计图、折线统计图;能用条形统计图、折线统计图直观且有效地表示数据。 (4) 体会平均数的作用,能计算平均数,能用自己的语言解释其实际意义。 (5) 能从报纸、杂志、电视等媒体中,有意识地获得一些数据信息,并能读懂简单的统计图表。 (6) 能解释统计结果,根据结果做出简单的判断和预测,并能进行交流。
	随机现象发生的可能性	体验随机事件和事件发生的等可能性;通过实例感受简单的随机现象。	(1) 在具体情境中,通过实例感受简单的随机现象;能列出简单的随机现象中所有可能发生的结果。 (2) 通过试验、游戏等活动,感受随机现象结果发生的可能性是有大小的,能对一些简单的随机现象发生的可能性大小做出定性描述,并能进行交流。

与《课标(实验稿)》、2000 年《修订版大纲》相比较,《课标(2011 年版)》中统计与概率部分的学习内容有明显变化,具体表现在:

1. 加强数据随机性的体会

《课标(实验稿)》已经将有关概率的知识下放到小学阶段。概率是处理随机现象的一门科学。随机现象是指在相同的条件下,重复同样的实验所得的结果是不确定,以至于在实验前无法预测。在《课标(2011 年版)》中,希望学生通过数据分析来体会随机思想,进一步了解现实世界中的随机现象,能在不确定的情境中做出合理的判断,让学生感悟到:对于实际问题往往需要具体问题具体分析,而不能单纯地套用书本上学到的知识。

在"体会数据随机性"的教学设计中,经常通过摸球、掷硬币等游戏来切入。不过,有的课堂教学是通过定义的方式教学随机性。比如,对于掷一枚均匀的硬币,先得到出现正面或反面的概率是 $\frac{1}{2}$,然后让学生通过反复掷硬币去验证这个结果,事实上,学生可能做很多实验也得不到这个结果,反而会更加糊涂。其实在具体的操作过程中,只要"逆过来"通过数据进行推断,便能达到实验目的,体会数据随机性:同样是掷一枚硬币,先让学生多次掷硬币,记录下出现正面的次数,然后计算出现正面的频率,用频率估算一下出现正面的可能性有多大,如果这个可能性接近 $\frac{1}{2}$,就推断这个硬币大概是均匀的,做到具体问题具体分析。当然,还可以通过创设恰当的课外统计活动,获得数据,进行分析、处理,更好地培养学生的随机观念。例如,上学时间(苏教版义务教育教科书《数学》三(下)第 102

页),提出问题:你每天上学途中大约要用多长时间?连续几天,让学生自己记录每天从家出发时间是几点几分,到校时间是几点几分,进而知道每天上学所需要的时间,受速度、红绿灯等因素影响,学生每天上学途中需要的时间可能是不一样的,会有几分钟的相差,这样让学生从现实生活中感悟到数据的随机性;但记录的数据较多时,可以从中发现规律,也就是上学所需时间具有相对稳定性,能知道"大概"需要多少时间。

2. 强调数据分析观念

《课标(实验稿)》已经将统计知识学习低龄化,在第一学段就要学习统计知识。《课标(2011年版)》更强调数据分析观念,提出:"经历简单的数据收集和整理过程,了解调查、测量等收集数据的简单方法,并能用自己的方式(文字、图画、表格等)呈现整理数据的结果。"其中最大的变化是鼓励学生运用自己的方式呈现整理数据的结果,让学生感悟可以从数据中获得一些信息。

《课标(实验稿)》也已经要求学生经历简单数据统计过程。《课标(2011年版)》更加注重通过数据分析提取信息进行交流,在第一学段中提出了"通过对数据的简单分析,体会运用数据进行表达与交流的作用,感受数据蕴涵信息"。在第二学段中,又提出了"经历简单的收集、整理、描述和分析数据的过程(可使用计算器)","会根据实际问题设计简单的调查表,能选择适当的方法(如调查、试验、测量)收集数据","能解释统计结果,根据结果做出简单的判断和预测,并能进行交流"等目标。从这些目标中,可以看到,《课标(2011年版)》把经历收集、整理、描述和分析数据的活动过程作为统计学习的主要任务,在亲身经历的过程中更注重培养学生的数据分析观念。数据分析观念是统计的核心。无论是在日常生活还是社会活动中,人们会借助于大量数据做出合理判断,进行相关决策。强化"用数据说话的意识",培养"用数据说话的能力",是一个循序渐进的过程,对于小学生来说,基于解决问题的需要开展调查、收集数据,并通过对数据的整理和分析做出结论,是逐步形成和建立数据分析观念的关键环节,有利于后续学习。

3. 强化实际意义的理解

学生学习统计知识具有如下特点:借助日常生活中的事例学习统计知识,在经历收集、整理、描述简单数据的过程中学习统计概念。《课标(2011年版)》强调通过选择现实情境中的数据,鼓励学生用自己的方式来描述数据,在数据的描述过程中,结合各种统计图的特点,让学生根据实际问题选择合适的统计图来描述数据,鼓励学生读懂媒体中的一些统计图表,从而更好地理解统计的概念和原理的实际意义,着重解决一些实际问题,使学生认识到统计与概率在日常生产、生活、社会及各学科领域中有着广泛的应用。当学生努力从统计图表中获取尽可能多的有用信息时,会从不同的角度挖掘出更多隐含的信息,将数据分析的过程演化为一个开放性的思维过程,更好地结合具体情境做出决策。

4. 统计与概率要求降低

与《课标(实验稿)》相比,《课标(2011年版)》中统计与概率部分的学习要求有所降低。

统计部分的内容,在第一学段中删除了"条形统计图,一格代表一个单位的条形统计图"以及"平均数",不要求学生学习"正规"的统计图;删除了"知道可以从报纸、杂志、电视等媒体中获取数据信息"(相关要求都放到第二学段);在第二学段中只要求学生知道平均数的意义,删除了"中位数""众数"的概念(这些内容放在第三学段);删除了"体会数据可能产生的误导"等内容。

概率的要求也有所降低,在第一学段中删除了"不确定现象"部分,相关要求放在第二学段;在第二学段中,降低了"可能性"部分的要求,只要求学生体会随机现象,并对随机现象发生的可能性大小做出定性描述,明确指出所涉及的随机现象都基于简单随机事件,所有可能发生的结果是有限的,每个结果发生的可能性是相同的。

《课标(2011年版)》做出这样的调整,是在《课标(实验稿)》进行多年教学实践的基础上进行的,减轻了小学生的一些学习负担,避免了一些知识的重复教学,使教学体系更趋完善。

思考与练习

1. 简述在小学阶段教学统计与概率的意义。
2. 小学阶段统计与概率教学的总体目标是什么?
3. 数据分析观念的具体表现主要有哪些?
4. 与《课标(实验稿)》相比,《课标(2011年版)》中统计与概率部分的教学内容和要求有哪些主要变化?

第二节 统计的教学

一、数据统计活动初步的教学

第一学段数据统计活动初步的教学中要力求通过具体的操作活动和现实生活中的例子,使学生对统计活动有所体验。教学中应注意以下几点:

(一)能根据给定的标准或者自己选定的标准,对事物或数据进行分类,感受分类与分类标准的关系

在日常生活、生产和科学研究中,人们经常需要有目的地调查和分析一些问题,这就需要收集资料。这些资料的主要内容是有关事物的数量和关系。但是,这些数量和关系往往是杂乱无章的,如果不加以整理,则很难看出其特征与规律,也说明不了什么问题。所以对数据进行分类整理是统计的一项基本工作。

对现实生活中的一类物体,可以根据不同的标准进行比较,分辨出异同,并按一定的顺序排列。分类则是在比较、排列的基础上,进一步划分概念的外延。这些都是统计思想的萌芽,对入学初期的学生渗透一些这样的思想,既可以为以后学习统计知识打下基础,又能培养学生的分类能力。

1. 让学生对熟悉的物体进行比较、排列和分类

由于低年级学生生活经验较少,活动的范围有限,因此在开展比较、排列和分类的活动时,要借助于学生熟悉的生活实例,引导学生参加比较、排列、分类活动。例如:整理文具和学具,让学生感到实际生活中往往要把一些物体按照某种标准分类,并初步学习整理

物品的方法。教学前,可以让学生在课桌上准备一些文具和学具。教学时,先让学生说说课桌上有些什么,再引导学生讨论应该怎样整理,这些物品应放在文具盒里还是放在学具盒里,使学生悟出这些物品按照用途可以分成文具和学具两类。

2. 物体的分类要按照一定的标准

按照不同的标准分类,结果是不同的。教学时,要让学生体会到分类活动的结果在同一标准下的一致性,以及不同标准下的多样性。例如:出示各种颜色的蔬菜与水果的图片,让学生进行分类。学生可以按照它们的不同颜色来分;也可以按蔬菜、水果两类来分。如果学生有别的分法,只要说的有道理,也应该肯定。在这样的分类活动中,学生就能体验到不同标准下分类的多样性。

(二) 经历简单的数据收集和整理过程,了解调查、测量等收集数据的简单方法,并能用自己的方式(文字、图画、表格等)呈现整理数据的结果

统计包含对数据进行收集、整理、描述和分析等几个环节。学习统计,很重要的一点是帮助学生经历数据收集的过程,根据问题的需要选择适当的收集数据的方法。

常用的收集数据的方法包括计数、测量、实验等。计数的方法很容易理解,但当数据较大时,靠排队、举手或分类后逐一数数的方法既麻烦又容易出错。这时教师可以引导学生总结一些计数法,比如画"正"字的方法。

教学中要引导学生选择适当的方法收集数据。例如:调查一下你跑步后脉搏跳动的次数增加了多少,并将测得的数据记录下来。学生可以通过实验,先把跑步前每分钟的脉搏数统计一下,然后再进行 30 米或 50 米的跑步,并记录跑步后的 3 分钟内脉搏的次数,最后将测得的数据记录下来。再如:要调查某个路口某一时段汽车的流通量。可以引导学生用计数的方法来收集数据,即让学生通过观察某一时段每一分钟汽车的流通量,并且记录下来。

重视统计过程的体验是课程标准的重要指导思想,是统计学习的首要目标。但是,本学段的学生很难理解统计的全过程。为此,教学时要有意识地设计一些统计活动,让学生在具体情境中体验统计的过程。把数据的收集、整理、描述和分析的过程与他们的日常生活相联系,以便他们对数据进行分析和解释,加深对数据的理解和判断。

案例 8.1 数据的收集和整理(片段)
【教材】苏教版义务教育教科书《数学》二(下)
【教学目标】
1. 学会用简单的方法收集和整理数据,初步体验数据的收集、整理、描述和分析的过程。
2. 能在具体情境中提高参与统计活动的兴趣。
【教学过程】
师:班级要组织野炊活动,买些什么水果好呢?
教师鼓励学生根据个人的喜好踊跃发言,引导学生发现:为了回答这个问题,就需要调查大家喜欢吃什么水果,才能决定买哪些水果,数量是多少比较合适;进而考虑具体统计方法,让学生用自己喜欢的方法收集数据,从而解决老师提出的问题。

【点评】在第一学段的学习中,根据学生的年龄特点,在熟悉的生活情境中,选择学生感兴趣的话题,吸引了学生的注意力,激发了学生的学习兴趣,使学生从感性的角度理解统计。

师:根据大家刚才的发言,我在黑板上记录了大家喜欢的水果名称,可是每样水果究竟要买多少呢?

生:要根据喜欢这种水果的人数确定购买的数量。

师:如果每人只能选一样水果,你会用什么方法统计出喜欢各种水果的人数?

生1:我想通过举手的方法,数一数喜欢每种水果的人数。

生2:我想请大家在喜欢的水果下面画钩,再数一数有多少个钩。

生3:我想用写"正"字的方法,统计出喜欢各种水果的人数。

生4:我想请大家把自己喜欢吃的水果用图片贴在黑板上,相同的图片贴成一排,然后数一数。

……

【点评】教师引导学生用不同的方法亲自经历收集、整理数据的过程,通过学生的主动参与、主动思考,重视了学生的体验活动。

出示统计表,学生说数据,教师填上喜欢各种水果的人数。

师:从表中你能了解到哪些问题?

生1:喜欢每种水果的各有多少人?

生2:喜欢哪种水果的人最多(少)?

生3:喜欢吃水果甲的比喜欢吃水果乙的多(少)多少人?

最后根据统计结果,决定买哪些水果。通过以上的实际问题,使学生对数据的收集、整理、描述和分析过程有所体验。

【点评】教师呈现数据整理的结果,并引导学生根据收集到的信息提出问题和解决问题。

本片段是结合苏教版义务教育教科书《数学》二(下)第95页"想想做做"进行的设计。教师从学生熟悉的事例出发,引导学生开展统计活动,让学生积极参与、合作交流,使学生经历简单的数据统计的过程,获得对数据的收集、整理、描述、分析的体验,体会到统计的必要性,培养学生初步的统计意识,体现了数学来源于生活,又应用于生活。

(三)通过对数据的简单分析,体会运用数据进行表达与交流的作用,感受数据蕴涵信息

现实生活中的许多问题,可以并且需要数据来描述和刻画。在经历数据的收集、整理后,要通过分析做出判断,体会数据中蕴涵的信息。也就是要让学生自己体会到能从数据中提取一些需要的信息,做出相应的决策。在教学活动中,要创设有效的数据分析活动,考虑到不同学段学生的认知规律和心理特征,创设现实的、生动活泼的、丰富多彩的数据分析活动,让学生经历真实数据统计分析的全过程后,了解对于同样的数据,可以有多种分析方法,可以进行不同的尝试、发现。

案例8.2 对全班同学的身高进行调查分析[①](片段)

【教学目标】

1. 学会整理数据,经历数据的收集、整理、描述和分析的过程。
2. 体会数据中蕴涵的不同信息。

【教学过程】

呈现学生的身高记录单:

第1小组　116　128　124　135　128　141
第2小组　129　130　134　127　134　138
第3小组　138　142　119　123　127　146
第4小组　119　137　136　138　150　152
第5小组　125　120　131　143　135　148
第6小组　138　132　147　139　148　139

师:上面的数据比较零乱,怎样根据这些数据,清楚地知道学生身高的分布状况?

生:将数据分段整理。

师:仔细观察数据的范围,可以怎样分段?

生:每10 cm一组,将身高分成5段:110—119 cm,120—129 cm,130—139 cm,140—149 cm,150—159 cm。

师:你准备用什么方法统计每段的人数?

生1:我直接数出每段之间的人数。

生2:我将每个数据段中的数据做不同的记号,例如110—119 cm之间的数据,采用打钩的方法,120—129 cm之间的数据画圈……最后数一数每个记号的总数,就知道每段的人数。

生3:我顺次读出每一个数据,用画"正"字的方法将它们填在每个相应的数据段。

【点评】指导学生将全班同学的身高进行汇总,让学生学会用不同的方法整理数据,形成必要的统计技能。

师:从上面的数据中你可以得到哪些信息?

生1:我知道最高的同学身高(最大值)。

生2:我知道最矮的同学身高(最小值)。

生3:我知道最高的同学和最矮的同学身高相差多少(极差)。

生4:从汇总的数据中我发现了大部分同学的身高(众数)。

……

【点评】

1. 在讨论过程中,括号中的有些名词并不需要出现,但是希望学生体会数据所代表的意义。在整理中,可以让学生尝试创造灵活的方法。例如,寻找最高,可以直接比较寻找,当学生人数比较多时,也可以分组寻找组内最高,然后在每组的最高中寻找最高。让学生知道对同样的数据,可以从不同的角度加以分析,体会数据中蕴涵着不同的信息。

---

① 肖川.义务教育数学课程标准(2011年版)解读[M].武汉:湖北教育出版社,2012:217.

2. 学校一般每年都要测量学生的身高，这为学习统计提供了很好的数据资源，因此这个问题可以贯穿第一学段和第二学段，根据不同学段的学生特点，要求可以有所不同。在第一学段，结合苏教版义务教育教科书《数学》三（下）第98页例2，通过实际调查和简单测量等活动，积累收集、整理和分析数据的经验，主要让学生感悟可以从数据中得到一些信息。在第二学段，结合苏教版义务教育教科书《数学》四（上）第42页例2的相关内容进行进一步的教学：由购买服装考虑到大小型号，进而需要收集学生身高的数据进行统计，做出恰当的决策。根据以前累积的身高数据，可以有进一步的分析整理：例如制作统计表、条形统计图、扇形统计图及折线统计图，分别了解不同高度段的学生数及他们占全班学生的比例，了解几年来的学生身高变化情况，预测未来身高变化趋势。

二、简单数据统计过程的教学

第二学段简单数据统计过程的教学应注重所学内容与现实生活的联系，使学生有意识地经历简单的数据统计过程，根据数据做出简单的判断与预测，并进行交流，应避免单纯的统计量的计算。

（一）经历简单的收集、整理、描述和分析数据的过程（可使用计算器）

在第一学段中，学生对数据的收集、整理、描述和分析过程有所体验，本学段将进一步学习这些方法。如果说第一学段学习这些方法是在教师引导下有所体验，那么，本学段则主要是让每个学生独立操作，从中学会简单地收集、整理、描述和分析数据的方法。

随着学生的逐渐成熟，学生所能理解和提出的问题会更加复杂，所涉及的数字也会越来越大。应当鼓励学生尽可能使用计算器解决统计学习中与计算有关的问题。这不仅有利于突出统计这一领域的教学重点，避免以计算教学代替统计学习，而且也促进了数学与现代信息技术的结合，使学生的学习方式与他们未来走入社会所需要的思维和工作方式一致。

（二）会根据实际问题设计简单的调查表，能选择适当的方法（如调查、试验、测量）收集数据

调查是收集数据的一种有效方式。通过调查，学生可以获得有价值的原始材料，它是整理分析数据信息得出结论的依据。调查在人们的生活中有着广泛的应用，学生从小学习调查的方法，将为他们今后从事科学研究打下扎实的基础。

设计调查表是调查的前提，一个调查表的好坏，将影响到调查材料的价值。设计简单的调查表是规范地收集数据的一种方法。调查表的内容大致包括：针对提出的问题要调查哪些数据，调查的方法是什么，如何记录数据。例如：要了解某班学生双休日时间的安排，具体调查的问题就可以包括学生做作业的时间、看电视的时间、和同伴玩的时间以及家长带出去的时间等。调查的方法可以采取逐一填写调查表的方法。通过这些问题的调查，从中得出某班学生双休日时间安排的基本情况。

小学生调查或研究的问题主要有：

（1）个人喜好方面的问题。例如：喜爱的玩具、小动物；爱吃的水果、蔬菜；喜爱的运动、球类；喜欢的兴趣小组。

(2) 大家都关心的主题。例如：奥运会各国金牌数；濒临灭绝的物种及数量；人的身高、体重、臂长等；气温、雨量记录。

(3) 一些研究专题。例如：在学校餐厅里消费的一次性筷子或餐盒数量；在家看电视的时间对视力与学习的影响等。

（三）认识条形统计图、扇形统计图、折线统计图；能用条形统计图、折线统计图直观且有效地表示数据

条形统计图、扇形统计图和折线统计图都是描述数据信息的一种直观、有效的形式。由于这三种统计图形式不同，因此它们的作用也不同。条形统计图能清楚地表示出每个项目的具体数目；折线统计图能清楚地反映事物的变化情况，可用于预测事物的发展趋势；扇形统计图能够较好地反映整体和它的各个部分之间的关系，能清楚地表示出各部分在总体中所占的百分比。三种统计图的特点与作用如表 8.2：

表 8.2 三种统计图的特点与作用

	条形统计图	折线统计图	扇形统计图
特点	用一个长度单位表示一定的数量。		用整个圆面积表示总数，用圆内的扇形面积表示各部分占总数的百分数。
	用直条的长短表示数量的多少。	用折线的起伏表示数量的增减变化。	
作用	能明显地反映几个并列的数量的多少，便于相互比较。	能明显地反映数量的增减变化，也能表示出数量的多少。	能清楚地反映部分与总数、部分与部分之间的数量关系。

小学阶段的条形统计图和折线统计图还有"单式"与"复式"之分，表示单变量统计数据的就是单式统计图，表示多变量统计数据的是复式统计图。

统计图的教学，一般是在学生获得了统计表的知识的基础上进行的。先教条形图，后教折线图，再教扇形图。教学条形图和折线图时，又都是先教单式，后教复式。

1. 条形统计图的教学

在第一学段，统计结果以学生自己喜爱的方式呈现，如文字、象形统计图和在方格里涂色等形式。随着年级的升高，统计结果由象形统计图逐步过渡到条形统计图，但不要求学生独立绘制条形统计图，只要求学生在方格纸中，在给出横坐标、纵坐标、项目、单位的半成品图中画出相应的条形。在第二学段，一格可以代表一个单位；一格也可以代表多个单位。初学时，学生对如何根据具体情况选取一格表示多少数量困难较大，教师应引导学生进行讨论。

教复式统计图时，要在单式统计图的基础上，通过对比、研究，讨论制作的方法，着重讲解画复式条形图时怎样确定每一组直条的位置。

2. 折线统计图的教学

教学折线统计图时，可以结合给出的问题，在条形统计图的教学后进行。

例如，小红出生时的体重为 3.8 kg，半年中她的体重变化如下表：

月　龄	1	2	3	4	5	6
体重(kg)	5	6.1	7	7.7	8.4	9

用条形统计图可以表示为图 8.1：

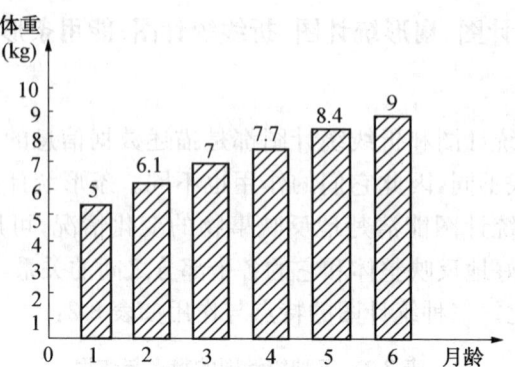

图 8.1　小红半年中体重条形统计图

因为体重是逐渐变化的，为了便于估计其间某一时候（如四个半月）小红的体重，或预测近期未来（如七个月）小红的体重，可以画成折线统计图，如图 8.2：

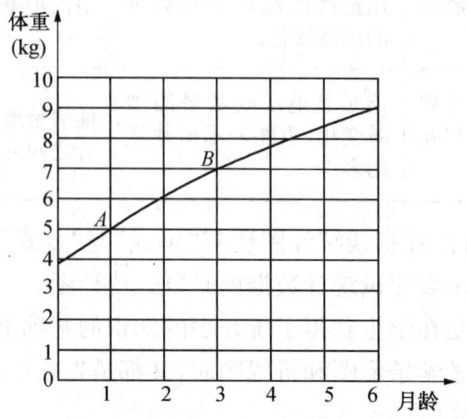

图 8.2　小红半年中体重折线统计图

通过比较使学生看到，条形统计图和折线统计图都是用某个长度单位表示一定的数量。区别在于：条形图是依量定"线"（直条顶端的线段），再作直条，重在比较各数量的大小；折线图是依量定"点"，再连线段，重在反映数量的增减变化情况。

教学时，教师要使学生体会条形统计图与折线统计图的作用，要求学生能够根据不同的需要，选择合适的统计图来表示数据。

3. 扇形统计图的教学

扇形统计图是用一个圆的面积表示总数（当作 100%），用圆内的扇形面积表示各部分占总数的百分数。这种统计图能清楚地表示出各部分与总数之间的数量关系。扇形统计图只要求学生认识，不要求学生绘制，这是和条形统计图、折线统计图的教学要求有所区别的。

(四)体会平均数的作用,能计算平均数,能用自己的语言解释其实际意义

在统计中,平均数常用于表示一组数据的一般水平,它是描述数据集中程度的一个统计量。既可以用它来反映一组数据的一般水平和平均水平,也可以用它进行几组数据的比较,以看出组与组之间的差别。用平均数表示一组数据的情况比较直观、简明,所以在日常生活中经常用到,如平均速度、平均身高、平均成绩等。教学中,要注意通过实例,理解平均数的意义。对于平均数这个概念,重要的不仅是它的定义和作为代数公式的运算程序,更重要的是它所包含的统计意义。所以,要通过丰富的实例,让学生体会它的实际意义。例如:小明所在班级的学生平均身高是 1.4 米,小强所在班级的平均身高是 1.5 米,小明一定比小强矮吗?学生要回答这个问题,首先需要理解"平均身高 1.4 米"和"平均身高 1.5 米"的意义,其次要想象小明、小强身高的情况。学生从这些实例中,理解平均数的概念。

(五)能从报纸、杂志、电视、互联网等媒体中,有意识地获得一些数据信息

在日常生活中,报刊、电视、互联网等媒体是获取数据信息的重要途径,也是做出某种判断的基础。因此,学会从报刊、电视、互联网等媒体中获得数据信息的方法,将是学生终身学习的基本能力。要让学生知道到哪里去找数据信息,学会找数据信息的方法,提高学生获取数据信息的能力,并从中得到有价值的结论。

学生有意识地收集数据信息能力是在实活动的过程中逐步形成的。从学生熟悉的生活环境或童话世界出发,模拟场景,扮演角色,提出有关的数学问题,激发学生的学习兴趣,寻求解决问题的方法,引导学生掌握数据信息收集的方法,增强他们数据信息收集的意识,提高他们提出问题和研究问题的能力。

(六)能解释统计结果,根据结果做出简单的判断和预测,并能进行交流

能解释统计结果,并能根据统计结果做出简单的判断和预测,这是统计对决策另外一个方面的作用。开展收集数据、整理数据、得出数据结果的活动,目的是分析数据并从中做出判断和预测。

1. 解释统计结果的内容应是学生熟悉的

如果学生比较熟悉统计结果,那么他们就有兴趣去解释。如果要学生对不熟悉的事物进行解释,那么他们就不容易解释清楚。例如:某班 45 名学生中,有 25 人喜欢观看足球比赛,10 人喜欢观看排球比赛,5 人喜欢观看乒乓球比赛,其余 5 个喜欢看其他运动。从这些统计的数据结果分析,这个班级的大多数学生比较喜欢观看足球比赛,从中可以判断和预测在这个群体中,足球将有较大的市场。由于这一内容学生比较熟悉,所以在进行解释时,学生容易积极投入。

2. 注重学生间的交流活动

对学生来说,由于个体的特征以及家庭背景不同,他们在解释结果时,其角度也会不

同,对此,要多组织学生进行交流。交流的形式可以是同桌交流、小组间的交流以及全班交流,交流的目的是拓展学生思考的角度及提高他们的语言表达能力。

思考与练习

1. 平均数的主要作用有哪些？平均数教学要注意哪些问题？
2. 简要叙述条形统计图、折线统计图和扇形统计图的特点与作用,并举例说明如何根据需要选择合适类型的统计图。
3. 怎样组织学生参与统计的全过程？结合某一内容,说一说你将如何组织这项数学活动。
4. 简要叙述如何培养学生的数据分析观念。

第三节 概率的教学

经过十多年的教学实践,《课标(2011年版)》把概率内容调整到第二学段开始学习,安排了概率内容中的随机现象发生的可能性的知识。教学中应注重所学内容与现实生活的密切联系,注重在具体情境中对可能性的体验。

一、在具体情境中,通过实例感受简单的随机现象;能列出简单的随机现象中所有可能发生的结果

(一) 初步体验有些事件的发生是确定的,有些则是不确定的

要通过实际例子让学生体会客观世界不但存在着确定事件,也存在着不确定事件。

1. 在活动的过程中得到体验

在课堂教学中做一些游戏对学生会有很大吸引力。例如:让每个小朋友准备一些不同的硬币,然后,猜一猜硬币掷在课桌上,它是正面朝上还是反面朝上,在学生猜的过程中,安排学生做掷硬币的游戏。让学生体验到硬币的正面有朝上的可能性,也有朝下的可能性。再如:袋子里放一些红球和白球,让学生任意摸一个,摸出的是什么颜色的球？可能摸出黑球吗？学生发现,摸出的球可能是红球和白球,但不可能是黑球。然后再拿出一个袋子,里面装的都是红球,让学生任意摸一个,学生发现摸出来的一定是红球。

2. 在讨论的过程中分析现象

经过上述活动,学生初步体验到有些事件的发生是确定的,有些事件的发生是不确定的。在此基础上,让学生联系实际,说一说:什么事情一定发生？什么事情不可能发生？什么事情可能发生？让学生在讨论的过程中,深化他们的初步体验。对于"太阳每天早晨从东方升起""汽车在天上行驶""明天下雨"等事件,能用"一定""不可能""可能"等词语描述和表达。

3. 让学生体验事件发生的可能性与个人愿望无关

教师要有意识地寻找一些带有感情色彩的事件,例如:2024年奥运会中国男子足球队赢得冠军。让学生来判断其发生的可能性,让学生体会到对于某一客观事件来说,其发生的可能性与个人的愿望无关。

(二) 能够列出简单试验所有可能发生的结果

记录简单试验的结果,是分析事件发生可能性的依据。学生通过记录,既能从中体验到不确定的现象,又能为简单分析提供依据。在做试验的过程中,要让学生懂得试验的操作方法,并学会记录。

1. 指导试验的操作过程

虽然学生所做的试验是极其简单的,但在操作过程中,仍有一定的步骤。例如:如果盒子里有 5 个颜色不同的小球,每次摸一只小球,每次摸出小球的颜色有哪些可能? 对于这一活动,首先,要告诉学生摸球的规则,一个小朋友摸球后,另一个小朋友才能接着摸;其次,要指导学生会放球,当一个小朋友摸出小球看见了颜色后,应把小球放回原处。以上这些操作虽然十分简单,但还是要在教师的指导下,才能规范地进行。

2. 要列出简单试验所有可能发生的结果

摸球活动中,要列出试验所有可能的结果。如果摸球的次数比较少,就会遗漏可能发生的结果。要帮助学生确认:袋子里的每一个球都可能被摸到。

案例 8.3 摸牌游戏(片段)

【教学目标】

1. 通过摸牌游戏使学生感受简单事件的随机性。
2. 能够列出简单试验的所有可能发生的结果。

【教学片段】

课前让每桌同学准备好四张扑克牌,两张红桃 4,一张黑桃 4,一张方块 4。将四张牌混在一起,背面朝上放在桌子上。同桌两人合作,同学甲任选一张,同学乙猜测可能摸出什么牌,再验证猜测的结果与摸出的结果是否相同。

接着,每次摸出两张牌,记录结果,将牌放回后重复试验。在全班统计不同的结果。

【点评】这个游戏的目的是使学生感受简单事件的随机性。每张牌被摸出的可能性是一样大的。因为牌是任意选取的,事先无法确定哪张牌一定被选取,所以同学乙的猜测与同学甲摸出的结果可能相同,也可能不同,这是因为每张牌被摸出具有随机性。在活动过程中,教师可以问问猜对结果的同桌,也许有同学会发现,如果每次猜测摸出的牌是红桃 4,猜中的可能性会大些,希望学生在实际操作中理解摸到红桃 4 的可能性大些。在同时摸出两张牌时,要能列出简单事件所有可能发生的结果:红桃 4、红桃 4,红桃 4、黑桃 4,红桃 4、方块 4,黑桃 4、方块 4。在全班范围内进行统计,是为了保证摸牌的次数足够多,在不确定的基础上,体会规律性,使得摸牌的结果不会出现遗漏。

二、通过试验、游戏等活动,感受随机现象结果发生的可能性是有大小的,能对一些简单的随机现象发生的可能性大小做出定性描述,并能进行交流

(一) 知道事件发生的可能性是有大小的

摸球游戏中,如果某种颜色的球数量多一些,那么摸出这一颜色球的可能性就大一些。这些道理不能由教师直接告诉学生,需要学生在活动过程中,通过对比逐步悟出其中

的道理。

1. 在对比活动中悟出道理

例如:教师可以设计这样的对比活动:盒子里有 2 个红球和 2 个黑球,请学生连续摸 10 次,看一看摸到红球的次数与摸到黑球的次数是不是差不多;然后,使盒子内有 1 个红球和 3 个黑球,再请学生连续摸 10 次,看一看摸到红球的次数是不是比摸到黑球的次数少得多。有些组,则可让他们摸装了 3 个红球和 1 个黑球的盒子。经过一系列的活动,使学生探索并体会到事件发生的可能性是有大小的。由于可能性的大小对于小学生来说,暂不要求定量把握,只要求定性地初步了解,所以对于频率(次数)大小的比较,用"差不多""少(多)得多"就可以了。

2. 从活动记录中悟出道理

对于上述的活动,除了让学生积极参与外,还要求他们把活动的过程记录下来。这样,既可以从记录的数据中悟出一些道理,便于发现规律;同时,也有利于学生复习巩固记录的方法。

(二) 对一些简单事件发生的可能性做出描述

可以让学生用语言来表述自己对一些简单事件发生的可能性的感受,诸如"一定""很可能""偶尔""不可能""可能"等,并不要求学生求出可能性的大小。

1. 在活动中描述不确定的现象

例如:在上述摸球活动中,如果盒子内有 8 个白球,2 个黄球,那么"摸出的球中很可能是白球";如果盒子内的 10 个球都是白球,那么"摸出的球一定是白球而不可能是黑球"。学生一边操作,一边观察,一边描述,就能体会到描述词语的实际意义。

2. 在比较中深刻理解词语意义

例如:盒子内有 1 个白球和 9 个黄球。学生将 1 次摸球描述成"不太可能是白球",而不把它描述成"可能是白球"。当盒子内有 4 个白球和 6 个黄球时,在摸球中,学生又该如何描述?经过操作过程的比较,学生对描述的词语可以理解得更深刻。

3. 在活动中让学生体会事件的随机性

例如:盒子内有 1 个白球和 9 个黄球。摸 1 次球,虽然"很可能是黄球""不太可能(偶尔)是白球"。但是,在摸之前,并不知道摸出的球就一定是黄球,而不是白球。同时,摸出来之后,有可能恰恰就是白球,而不是黄球。要让学生体会事件发生的随机性。

案例 8.4 摸球游戏(片段)

【教学目标】

1. 通过摸球游戏使学生体会不确定性。
2. 通过数据进行简单推断。

【教学片段】

教师课前准备好一个不透明袋子,里面装一些黄色和白色乒乓球。教师让学生猜猜袋子里装的是什么。学生观察后猜测装的是球。教师让学生自己摸一摸来猜测袋子里装的是什么颜色的球。

请十个同学分别摸袋子里的球。每个同学从袋子里摸出一个球后再放回。前八个同学摸出的都是白球,于是大家兴致盎然地猜测:袋子里面装的是白球!可是第九个同学摸出了一个黄球。

师:现在大家能断定袋子里面装的是什么颜色的球吗?

生:有白球也有黄球。

师:第十个同学会摸出什么颜色的球呢?

生:我猜摸到白球!

师:是吗?请第十个同学试一试。

(大家迫不及待地等着第十个同学摸球,结果第十个同学摸出的还是黄球。)

师:通过这个摸球游戏,你发现了什么?

生1:袋子里有白球有黄球,摸出一个球,可能是白球,也可能是黄球。

生2:摸了十次,有八次是白球,我猜袋子里白球多些。

师:袋子里究竟有多少白球多少黄球呢?让我们打开袋子看一看,揭开谜底!

(教师打开袋子让大家观察:一共10个球,9个白球,1个黄球。)

【点评】这个实验的目的是使学生体会不确定性,即事先无法确定实验的结果。虽然前八位同学摸出的都是白球,就有学生断定袋子里装的是白球,这种想法是合理的,但是通过第九位同学摸出黄球后,立即修改了结论。至于猜测第十位同学会摸出什么颜色的球,则进一步让学生体会到不确定性。通过对十次数据的分析,有利于学生做出合理的推测与判断。

思考与练习

1. 怎样引导学生体验事件发生的不确定性?结合一个有关内容写一个教学片段。
2. 观摩"随机现象发生的可能性"的优秀课例,分析其教学的成功之处。
3. 任选一节"统计与概率"的教学内容,设计教案并做模拟教学。

阅读材料

"频率"与"概率"

【频率】重复试验是认识事物规律性的重要途径。要研究随机现象的统计规律性,可以通过大量的试验来考察。如果进行了 n 次试验,某事件 A 在 n 次试验中发生的次数为 $u_n(A)$,通常称 $f_n(A) = \dfrac{u_n(A)}{n}$ 为事件 A 在 n 次试验中出现的频率。频率在某种程度上能够反映出事件 A 发生的可能性究竟有多大。

为揭示频率更深刻的性质,考察下面的记录。

历史上,许多学者进行过掷硬币的试验,记 $A=$ "掷一枚硬币结果正面向上",下面的表是一些文献记录的试验结果。

试验者	n	$u_n(A)$	$f_n(A)$
德·摩根	2 048	1 061	0.518 1

续表

试验者	n	$u_n(A)$	$f_n(A)$
布丰	4 040	2 048	0.506 9
皮尔逊	12 000	6 019	0.501 6
皮尔逊	24 000	12 012	0.500 5
罗曼诺夫斯基	80 640	39 699	0.492 3
费勒	10 000	4 979	0.497 9
维尼	30 000	14 994	0.499 8

由上表可以看出,频率呈现出稳定性。这种频率的稳定性是客观存在的,不管谁进行试验,只要条件相同,结果都一样,不会因人而异。这表明在大量重复试验下,许多随机事件具有统计规律性,并且能在数量上反映出来。

【概率】既然 $f_n(A)$ 能在一定程度上反映出 A 发生的可能性大小,而随着试验次数 n 的增加, $f_n(A)$ 又将稳定于某一常数,因此这个常数自然可以作为事件 A 发生可能性大小的数值表征,即概率。

在一定条件下重复进行试验,如果随着试验次数 n 的增加,事件 A 在 n 次试验中出现的频率 $f_n(A)$ 稳定于某一数值 p(或稳定地在某一数值 p 附近摆动),则称该数值 p 为事件 A 在一定条件下发生的概率,记作 $P(A)=p$。

需要注意的是:

(1) 上述定义称为概率的统计定义,它是以统计试验数据为基础的,由它所确定的概率称为统计概率。根据这个定义,可以说"概率是频率的稳定中心",但不能说"概率是频率的极限"。

(2) 统计概率反映了大量随机现象的数量规律性,对个别事件来说,只能表明它发生的可能性的大小,而不能机械地套用。

(3) 由概率的统计定义可知,当试验次数 n 充分大时,可以将频率 $f_n(A)$ 作为概率 $P(A)$ 的近似值。在许多实际问题中,都是这样处理的。如通常的百分率(出生率、死亡率、次品率、中奖率、升学率等)在概率论中均可理解为概率。

(4) 概率的统计定义在数学上是不严密的。因为其依据的是重复试验次数很多时频率呈现出的稳定性。① 试验次数究竟要多到怎样的程度才算"很多",定义中没有说明;② 定义中的"摆动"又如何理解,也没有说明;③ 定义中的"p"又如何确定,不同的人可能会确定不同的值。这样,一个事件将有多个概率。所以,现代概率论中的概率概念采用的是严密的公理化定义。

(摘自:金成梁.小学数学疑难问题研究.江苏教育出版社,2010:156-157)

参考文献

[1] 中华人民共和国教育部.义务教育数学课程标准(2011年版).北京:北京师范大

学出版社,2012:217.

[2] 肖川.义务教育数学课程标准(2011年版)解读.武汉:湖北教育出版社,2012.

[3] 杨豫晖.义务教育数学课程标准(2011年版)案例式解读小学数学.北京:教育科学出版社,2012.

[4] 吴正宪等.小学数学教学基本概念解读.北京:教育科学出版社,2014.

[5] 李士锜等.小学数学教学案例研究.北京:高等教育出版社,2010.

[6] 马云鹏.小学数学教学论(第四版).北京:人民教育出版社,2013.

[7] 课程教材研究所.小学数学教学与研究.北京:人民教育出版社,2012.

[8] 杨庆余.小学数学课程与教学.北京:中国人民大学出版社,2010.

第九章 综合与实践的教学

《课标(2011年版)》在"数与代数""图形与几何""统计与概率"这些知识性领域之外,设置了"综合与实践"领域,是本次课程改革的一个特色。"综合与实践"是指以问题为载体,以学生自主参与为主的学习活动领域。它给学生提供了学习数学、理解数学、应用数学的机会。理解这一领域的教育价值,掌握该课程领域的目标、内容、特点与学习形式等,并进行合理设计和有效实施非常重要。

> **学习的基本要求**
> 1. 了解小学数学中设置"综合与实践"活动领域的意义;
> 2. 理解小学数学"综合与实践"的总目标和学段目标,并对其进行具体分析;
> 3. 掌握小学数学"综合与实践"的学习内容和学习形式;
> 4. 会正确分析教材,合理设计"综合与实践"活动,并能实施;
> 5. 能正确评价小学数学"综合与实践"活动。

第一节 综合与实践教学的价值和目标

一、注重综合与实践是国际数学课程改革的共识

近年来,数学教育的观念、内容和方法发生着深刻的变化,强调数学综合应用,培养学生的实践能力得到国际数学教育界的普遍认同。人们认为:学校数学具有现实的性质,它来自现实的生产、生活,再运用到生产、生活中去;学生通过熟悉的现实生活和已有的数学经验,逐步发现和得出数学结论。这种数学课程的应用性和实践性已成为国际数学课程改革的一大趋势。例如:

美国数学教师协会(NCTM)2000年的数学课程标准中提出的学习原则是:"数学教学项目应该使所有学生能够理解和应用数学。"2010年6月2日全美州长协会最佳实践中心和州首席教育官员理事会共同颁布的首部《美国州共同核心数学标准》的主体部分是由数学过程标准和数学内容标准组成,其中的过程标准是与内容标准相对应的实践标准,共有八条(见本书第一章)。该标准强调所有学生都必须发展数学实践能力,如问题解决、建立关联、理解数学思想的多种表征,特别提出了数学建模的思想。可见,强调数学实践是美国数学教学的特点之一。

俄罗斯小学数学教育标准对小学毕业生的数学教学要求分为三个部分:知道/理解;会;把所学的知识与技能应用于实践活动和日常生活中。可见,俄罗斯注意培养学生在日

常生活中顺利地运用数学的能力,并将密切联系生活实际作为课程教材改革的一项主要内容。

日本2017年新修订的小学数学《学习指导要领》于2018年实施,除将小学数学的学习内容分为数与计算、测量、图形、变化与关系、数据的活用五个领域外,还增设了"数学活动"领域,并贯穿在各个年级。通过"数学活动",让学生感受数量和图形的含义,提高判断力、思考力和表达力;将数学学习内容与日常生活、其他学科相联系,让学生体会数学的有用性,感受数学活动的乐趣和意义;使学生理解数学方法和学习运用数学思维进行思考并解决问题,培养学生的创造性和将所学知识应用于实际的能力。

澳大利亚在2010年之前没有全国统一的课程标准,课程标准由各州自行制定。2011年3月颁布了第一个全国统一的数学课程标准,强调数学理解的精确程度、数学应用的熟练程度、逻辑推理的严谨性、分析思考的过程性,以及问题解决的技能,有利于学生应用数学策略做出明智的决定,并高效地解决数学问题,从而应对相似甚至是陌生环境中的数学问题。[①]

由此可见,发达国家当前进行的小学数学教学改革都把培养学生的综合应用能力、实践能力作为课程的重要目标和内容。

二、综合与实践的教育价值

在我国,长期以来小学数学课程比较注重学科知识体系,几何、代数都是按照各自的学科体系展开的,数学教学的主要形式是讲授式,教师讲解概念、方法,例题示范,学生模仿练习,作业巩固,复习提升。这种"先教后学"的教学模式,教师比较熟悉,也创造出了许多有效的经验,但这毕竟不是唯一的教学模式。学生自主学习、独立思考、合作探究,增强问题意识,提高解决实际问题的机会和能力,是创新人才素质的核心所在。让学生经历探索发现、大胆质疑、调查研究、实验论证、运用工具、交流汇报,让学生认识到数学有用,并进而想用、会用,这对于学生今后的发展非常重要。因此,本次课程改革把实践应用数学提升到一定高度,并专门设置了"综合与实践"学习领域。它的教育价值体现在:

(一)加强数学与生活实践的联系

(德)埃德蒙德·胡塞尔对我们存在于其中的世界做了"生活世界"与"科学世界"的划分。在他看来,生活世界是一个前科学的、预先被给予的世界;是一个直观的、奠基性的世界;是富有意义、富有价值、本真存在的世界。而科学世界是人们依据经验、规范、条例而形成的一种理性世界。生活世界是科学世界的根基,科学世界产生于生活世界。因而他提出"返回生活世界"的口号。"综合与实践"的素材取之于生活实际,可以使学生体会到数学与现实世界的联系。例如,教学"轴对称图形"时,教师可以让学生观察各种树叶的形状、建筑物的结构、广告牌的画面等,让学生体会到人们生活的环境中有许多物体的形状是轴对称图形。学生数学学习的基础是生活经验,教学中要加强数学学习和生活实际的联系,让学生有运用数学知识解决现实生活问题或处理其他学科提出的问题的机会,有对

---

① 曹一鸣.十三国数学课程标准评介(小学、初中卷)[M].北京:北京师范大学出版社,2012:4.

数学内部的规律进行探索研究的机会,让学生体会数学和实际的联系,形成数学应用的意识。

(二) 改变数学学习方式,积累基本活动经验

《课标(2011年版)》指出:"教学活动是师生积极参加、交往互动、共同发展的过程。认真听讲、积极思考、动手实践、自主探索、合作交流等,都是学习数学的重要方式。学生是学习的主体,教师是学习的组织者、引导者与合作者。"因此,数学课堂不再简单地作为学生"接受"知识的地方,而成为学生探索与交流数学、构建自己有效的数学理解的场所。"综合与实践"可以使学生从已有的经验出发,在教师帮助下自己动手、动脑做数学,逐步发展对数学概念的理解和问题解决的能力。比如,外出旅游时会遇到哪些具体问题?这些问题应采用怎样的策略去解决?基本活动经验是在"做数学"的过程中形成的,是不断经历、体验各种数学活动的结果。教学中可以多一些提出问题,多一些探索、思考。综合与实践活动是学生积累活动经验的载体,可以采取调查访问、操作实验、自主探索、大胆猜测、合作交流、课题研究等多种学习方式,让学生真正成为学习活动的主人。

(三) 感受数学模型思想的运用,体会数学的应用价值

"综合与实践"的目的就在于让学生体会数学知识之间、数学与其他学科之间、数学与生活之间的联系,体会数学的应用与价值,掌握解决问题的基本方法,发展解决问题的能力。模型思想是基本的数学思想,它的本质是使学生体会和理解数学与外部世界的联系,通过建立和求解数学模型达到解决问题的目的。这个过程包括:从现实生活和具体情境中抽象出数学问题,用数学符号、图形、方程、不等式、函数等表示数量、数量关系等,探索数学规律,解决实际问题。数学发展到今天,已突破传统的应用范围,渗透到人类活动的各个领域,各门学科都呈现"数学化"趋势,这种数学化趋势最主要的特征是数学模型的运用。

(四) 促进学生实践能力、创新能力的发展

20世纪70年代以来,联合国教科文组织所发表的一系列报告、文件都把教育回归生活世界、培养社会实践能力作为强调的重点之一。培养小学生的创新思维、创新意识和实践能力是一项迫切的任务,以计算技能和解决常规问题为重点的小学数学教育已经不能满足时代发展的需要了,小学数学的教育目标应包括培养学生高层次的数学思考能力、创新精神和解决实际问题的能力。

"综合与实践"的教学,重在实践、重在综合。重在实践是指在活动中,注重学生自主参与、全过程参与,重视学生积极动脑、动手、动口;重在综合是指在活动中,注重数学各领域之间、数学与其他学科、数学与生活实际的联系。在"综合与实践"中,学生有更多发现和提出问题的机会,给学生留有的独立思考、归纳猜想、解决问题的空间更大。例如,让学生测量一些圆的周长与直径,并让学生求出周长与直径的比,经过测量、计算、比较、猜测等一系列活动得出圆周率;让学生根据不同的情况,讨论怎样打电话省钱等。学生通过生活经验数学化,数学知识实践化的过程,发展创新思维,提高实践能力,体会数学的实际价值。

三、综合与实践的课程目标

"综合与实践"被设置成与"数与代数""图形与几何""统计与概率"三个知识技能领域并列,并不是在其之外增加新的知识,而是强调数学知识的整体性、现实性和应用性。

《课标(2011年版)》在概述总目标之后,从四个方面对总目标进行了具体阐述。有关"综合与实践"的要求表现在:

● 参与综合与实践活动,积累综合运用数学知识、技能和方法等解决简单问题的数学活动经验。

● 在综合实践活动中,发展合情推理和演绎推理能力,清晰地表达自己的想法。

● 初步学会从数学的角度发现问题和提出问题,综合运用数学知识解决简单的实际问题,增强应用意识,提高实践能力。

● 获得分析问题和解决问题的一些基本方法,体验解决问题方法的多样性,发展创新意识。

● 学会与他人合作交流,积极参与数学活动,对数学有好奇心和求知欲。

● 在数学学习过程中,体验获得成功的乐趣,锻炼克服困难的意志,建立自信心。

● 体会数学的特点,了解数学的价值。

上述目标要求主要表现在三个方面:通过"综合与实践",学生能加深对其他三个学习领域内容的理解,获得数学基本思想方法和基本活动经验;发展推理能力(包括合情推理、演绎推理)和问题解决能力;形成参与数学活动的积极情感。

《课标(2011年版)》还分学段提出了"综合与实践"的目标。现将前两个学段的课程目标整理列表如下:

表9.1 第一、二学段"综合与实践"的课程目标

	第一学段(1—3年级)	第二学段(4—6年级)
分段目标	● 在观察、操作活动中,能提出一些简单的猜想。 ● 能在教师的指导下,从日常生活中发现和提出简单的数学问题,并尝试解决。 ● 了解分析问题和解决问题的一些基本方法,知道同一个问题可以有不同的解决方法。 ● 体验与他人合作交流解决问题的过程。 ● 尝试回顾解决问题的过程。 ● 对身边与数学有关的事物有好奇心,能参与数学活动。 ● 在他人帮助下,感受数学活动中的成功,能尝试克服困难。 ● 了解数学可以描述生活中的一些现象,感受数学与生活有密切联系。	● 在观察、实验、猜想、验证等活动中,发展合情推理能力,能进行有条理的思考,能比较清楚地表达自己的思考过程与结果。 ● 尝试从日常生活中发现并提出简单的数学问题,并运用一些知识加以解决。 ● 能探索分析和解决简单问题的有效方法,了解解决问题方法的多样性。 ● 经历与他人合作交流解决问题的过程,尝试解释自己的思考过程。 ● 能回顾解决问题的过程,初步判断结果的合理性。 ● 愿意了解社会生活中与数学相关的信息,主动参与数学学习活动。 ● 在他人的鼓励和引导下,体验克服困难、解决问题的过程,相信自己能够学好数学。 ● 在运用数学知识和方法解决问题的过程中,认识数学的价值。

上述课程目标具有一定的整体性和层次性,体现了该领域的教学内容由易到难、由简单到复杂,反映了对学生综合运用知识水平、思维能力、自主性发挥等方面的要求也越来越高。教学中,不同的主题有不同的教学目标,有时针对同一主题,对不同年级的学生应该提出不同的要求。

比如,对于"节约用水"这一实践活动。

对三年级学生来说,教师可以更多地参与和指导。如提供调查表,指导学生如何向家长询问,如何填表。讨论交流时,问题要简单一些,可以由教师提出或师生共同提出,诸如:先请几个同学介绍家里上个月份的用水量;列一个表格表明本小组同学家庭上个月份的用水量;谁家用水量最多,谁家最少;为了节约用水我们可以做些什么。目标要求相对低一些。

对于五、六年级的同学,教师可以适当放手。让学生利用网络查找有关水资源的情况,"世界水日"的由来;围绕主题自行设计调查表,并进行调查;由本班同学家庭的用水情况推算全校同学家庭的用水情况,并进而估计一座城市一个月、一年的用水量;这些数据给我们带来哪些启示;等等。目标要求相对低年级来说要高一些,学生自主活动的空间也要大得多。

"综合与实践"是本次课程改革的特色之一,它将使教材编写和课堂教学更加联系学生的生活实际,促使学生进行自主探索、合作交流,并学会综合运用所学知识解决实际问题,这对培养学生的创新意识和实践能力具有较强的促进作用,同时使新的数学课程具有一定的弹性和开放性。"综合与实践"课程目标如何进一步具体化,具有更强的操作性?课程目标如何更好地引领课程内容的开发与实施?如何更加客观、准确地衡量学生"综合与实践"的学习水平?还有待进一步探讨。

思考与练习

1. 小学数学为什么要设置"综合与实践"这一学习领域?
2. 小学数学"综合与实践"的总目标是什么?
3. 为什么说,"综合与实践"活动有利于学生获得基本活动经验?

第二节 综合与实践的内容与形式

一、综合与实践的课程内容

(一)综合与实践活动内容涉及的领域

小学数学"综合与实践"要与"数与代数""图形与几何""统计与概率"相结合,要适合小学生的年龄特征。"综合与实践"活动的内容要来自学生的生活世界,但又不能是泛化的综合实践,必须与数学学科相联系,体现数学的本质,起到加深理解和合理应用数学知识与方法的目的。"综合与实践"活动的问题可以来自学生的个人成长、家庭生活、学校生活和社会生活等领域。

（1）个人成长。小学阶段学生个人成长过程中会碰到许多问题，可以从数学的角度进行分析研究。如，我的身高、我的体重、我的睡眠、我的一日三餐等，都可以作为实践活动的问题。研究过程中可以通过观察、测量、记录、查找资料等方法进行分析。

（2）家庭生活。学生是家庭中的一员，可以引导学生多观察、多思考、多与父母交流，获得有关信息，并从数学的角度分析问题、解决问题。如，家庭生活用品的支出、水电的用量、家庭旅游活动的设计等。

（3）学校生活。学校生活丰富多彩，细心观察都能感受到数学在学校生活中的应用。如，上学时间——体会到数据的随机性和规律性；学校的平面图——方向与位置的巩固运用；班级旅游计划——数学知识得到综合运用，并可以增强学生的理财意识和安全意识；图案的设计——平移、旋转、对称等知识的运用，数学美的感染；圆周率的演变、哥德巴赫猜想——数学文化的熏陶，数学情感的激发。

（4）社会生活。社会生活的各个领域都离不开数学，许多问题都需要综合运用数学知识和方法来解决。如，交通问题——如何根据十字路口各方向通行的车辆数，设计各路口红绿灯时间长短比较合理；储蓄计算——不同定期储蓄利率对储蓄人的收益影响。

活动内容的选择要符合学生的年龄特点，基于学生的现实生活和直接经验。一般说来，由于小学低年级学生掌握的数学知识比较少，接触社会的范围也比较窄，宜采用模拟现实活动与数学游戏相结合的内容与形式；中年级应适当注重探索解决简单的实际问题；到了高年级应加强知识的综合应用，让学生通过与人合作综合运用所学知识解决实际问题。由于"综合与实践"活动的内容具有较大的弹性和开放性，除教材做了安排外，教师也可以根据学生实际、学校实际和区域实际进行设计，创造性地使用教材，以满足学生个性发展的需要。

（二）综合与实践活动内容的特点

"综合与实践"贯穿于整个教学过程。《课标（2011年版）》特别指出，"综合与实践"活动每学期不少于一次，可以在课堂上完成，也可以课内外相结合，并且提倡把这种教学形式体现在日常教学活动中。同时，对"综合与实践"的课程内容提出了以下要求：

表9.2　第一、二学段"综合与实践"的课程内容

	第一学段（1—3年级）	第二学段（4—6年级）
课程内容	● 通过实践活动，感受数学在日常生活中的作用，体验能够运用所学的知识和方法解决简单问题，获得初步的数学活动经验。 ● 在实践活动中，了解要解决的问题和解决问题的办法。 ● 经历实践操作的过程，进一步理解所学的内容。	● 经历有目的、有设计、有步骤、有合作的实践活动。 ● 结合实际情境，体验发现和提出问题、分析和解决问题的过程。 ● 在给定目标下，感受针对具体问题提出设计思路、制订简单的方案解决问题的过程。 ● 通过应用和反思，进一步理解所用知识和方法，了解所学知识之间的联系，获得数学活动经验。

根据"综合与实践"课程内容涉及的领域和要求，可以看出，"综合与实践"的课程内容应具有综合性、操作性、现实性和探索性等特点。

(1) 综合性。近年来，数学教学改革的一个值得注意的特点是，不仅要从现实生活题材中引入数学，而且要注意数学与其他学科的联系，打破传统格局和学科限制。"综合与实践"一方面要综合运用数学知识，即把数学学科内的不同知识、不同学科内的相关知识综合起来，解决实际问题。问题情境要开阔，不是其他学习领域知识的简单重复。例如，"生日快乐"实践活动，通过综合运用"年月日"和"统计"的知识，猜一猜学生的生日，比一比哪个月出生的人数最多，哪个月出生的人数最少，不同季度出生的人数相差多少。另一方面，要综合运用数学方法。例如，在认识计量单位"厘米""米"之后，组织"量一量"实践活动，确定用什么样的尺量，如何量得准确，让学生尝试用不同的测量方法进行测量，从而解决生活实际中的问题。方法的综合性应体现在解决问题的过程中，鼓励学生用不同的方法解决问题。

(2) 操作性。"综合与实践"活动要让学生"动起来"，这就离不开操作活动。实践活动包括学生在建立数学概念理解数学知识的过程中，学生所进行的动手、动脑、动口等一切的操作活动。对学生来说，他们所面对的是人类积淀和锤炼的间接经验，将知识完整地传授给学生，让学生快捷地懂得这些成果，也许是一条捷径，但若让学生在操作过程中经历探索的"弯岔""曲折"和纠纷的过程，将更有利于提高学生学习的兴趣，获取知识，启迪思维，提高解决问题的能力。

(3) 现实性。开展"综合与实践"活动，要根据学生的年龄特点和心智发展水平，注意数学与现实生活的密切联系，促进学生树立正确的数学观。例如，收集生活中常见的数（如几个人、几棵树、几支笔），列举与数有关的事物（如车票、楼层、时钟），解释生活中有关数学的现象等。通过一系列活动，使学生认识数的现实意义，认识到事物的状态可以用数去刻画，体会数学与现实世界有着密切的联系。

(4) 探索性。"综合与实践"本质上是一种解决问题的活动。在解决问题的过程中，需要学生独立思考，自主探索。教学中，首先要有一个比较大的问题，这个问题对于学生来说应该具有探索的余地和思考的空间，教师应该充分尊重学生的自主性。让学生经历一个收集信息、处理信息和得出结论的过程，让学生在此过程中学会一些探索的方法。

从活动周期的长短来看，"综合与实践"有短期和长期之分。短期的活动一般用1—2课时或一课时中的部分时间来完成，其主要目标是知识的获取和整合。比如，模拟购物活动、制作长方体（正方体、圆柱、圆锥等）模型、剪纸活动等。长期活动一般用一个星期或更多的时间来完成，其主要目标是扩展和提炼知识。比如，调查了解家庭使用塑料方便袋情况，由部分学生家里的使用情况，推测一所学校的学生家庭、一座城市的市民家庭每天、每年使用塑料方便袋情况，它对人们生活环境、土壤改良带来哪些危害，我们应该采取哪些措施。又如，用数学的方法研究本地发展公共交通与限制载人摩托问题；编制一个数表，使得人们只需要测量圆锥的高度（或底面的周长）便可简便地估计小麦、玉米或黄沙的体积（或重量）等。

案例9.1：上学时间——让学生记录自己在一个星期内每天上学途中所需要的时间，并从这些数据中发现有用的信息。[①]

【适用年级】二、三年级。

【说明】通过记录每天上学途中所需要的时间，使学生知道在现实生活中，有许多问

[①] 中华人民共和国教育部.义务教育数学课程标准(2011年版)[S].北京:北京师范大学出版社,2012:85-86.

题可以先调查数据,再分析得出结论。同时,使学生感悟到数据是有随机性的,但当数据较多时往往具有某种稳定性,并从中获得有用的信息。

【内容设计】

(一)启发学生先设计调查方案,指导学生如何测量时间并做记录。如事先调整家里钟表的时间,使其和学校一致,或自带钟表上学;在调查期间需要保证每天上学途中的行为尽量一致;作为参照,也可记录放学回家的时间。在此过程中,培养学生认真做事的习惯。

(二)组织学生展示数据,鼓励学生从中发现信息。学生得到的信息可以是多方面的:虽然每天上学途中需要的时间可能不一样,但通过一个星期的调查可以知道"大概"需要多少时间;可以知道上学途中所需的最长时间和最短时间等。

(三)组织学生进行交流,比较自己与他人的调查结果,从而获得更多信息:大多数同学上学途中所需要的时间,同学中最长的和最短的时间;可以将时间分段,统计每个时间段的学生人数,得到表格或者统计图。在此过程中,鼓励学生体会分析调查结果及得到结论的乐趣。

【点评】这是一个反映学校生活的实践活动,是学生每天都在经历的事件,具有现实性。或许小学生一开始并没有意识到它与数学直接相关,但经设计就成了一个数学问题,这让学生真切感受到数学与我们的生活息息相关。对于二、三年级学生来说,由于年龄小,方案的设计可以在师生讨论的基础上完成。调查的方法多种多样,鼓励学生利用合适的方法进行,并力求操作简便、数据准确。调查获得的数据中蕴藏着怎样的信息?如何整理这些信息?这些信息有怎样的用途?我们可以做出哪些判断?等等。这些问题具有一定的开放性和探索性。恰当解决这些问题对学生来说也具有挑战性。

二、综合与实践常见的学习形式

"综合与实践"的学习方法与形式灵活多样。近年来,国内、外研究人员和教师探索出了一些有价值的学习形式,这些形式的共同特点是让学生充分发挥自主性,成为学习活动的主人,教师是学习活动中的组织者、引导者、合作者。具体包括:

(一)数学测量

数学测量是指学生在教师指导下,运用所学知识和方法,利用简易量具(如三角板、量角器、量筒、时钟等),对事物的长度、面积、体(容)积、角度、质量、时间、温度等属性进行度量的过程。量是客观事物所具有的能区别大小的属性。比如,事物的大小、多少、长短、高低、轻重、快慢等。每一种具体的量都可以被测量。通过测量可以帮助学生认识测量工具,掌握测量方法,增强应用数学的意识和实践操作的能力。

在测量中,需要把一个量与另一个作为标准的同类量进行比较,这个比较的过程叫作计量。计量可以分为直接计量和间接计量。把要计量的量直接同计量单位进行比较而得出量数的方法叫作直接计量。例如:用刻度尺量一量一本书的长与宽;量一量同学的身高;用一平方厘米的小方块摆一摆,数一数一张 16 开纸的面积是多少等。先计量有关的量,然后通过计算得到所需的计量结果,这种计量方法叫作间接计量。例如:先量得长方形的长和宽,再算出长方形的面积,这种求面积的方法就是间接计量法。

计量时,如果对计量结果的精确度要求较高,那么就要使用计量工具,如量角器、米尺、台秤等进行测量。如果对计量结果的精确度要求不高,也可以不用计量工具,如用步测或目测的方法来测距,估一估黑板面积的大小、大楼的高度等。

(二) 数学调查

数学调查是指学生在教师指导下,从学习生活和社会生活中选择和确定调查专题,收集、分析信息并做出决策的学习活动。

例如:某小学六年级3名学生发现学校多媒体教室的柜式空调冷凝水,一天下来竟可以接满两大桶,这引起了他们的兴趣。经测量一台家用空调4小时滴出了冷凝水1.6升,全班同学中41个家庭有空调,4小时大约有65.6升水流掉。全市210万个家庭,假如只按100万个家庭有空调且开4小时计算,就会流出1 600吨冷凝水;再假设一年使用100天,每天使用4小时,空调流水竟达16万吨,这些水可以让1 000个三口之家使用一年。若再加上机关、学校、商店、宾馆、工厂等由空调流出来的冷凝水,那该是个多么惊人的数字啊。

孩子们分别用自来水和经太阳晒过的冷凝水来浇花,经过5天的对照,植物生长的情况没有看出太大的差别,经请教环保专业人员,得到的答复是,空调冷凝水与自来水的唯一区别是前者未经过净化处理,人不能直接喝,但浇花、养鱼都行。这么说,冷凝水还真大有用途。

这3名小学生呼吁:设法把空调的排水管引入阳台或室内,把冷凝水收集起来加以利用。孩子们也希望大人能早日研制出可以回收冷凝水的空调,为节约水资源做出贡献。

数学调查首先要确定专题,调查的专题一般来自日常生活和生产实际,可以由教师提出,也可以由学生提出。根据调查的专题再组成协作小组,通过制订计划、落实分工、开展调查研究,最后形成结论并撰写报告。

(三) 数学制作

数学制作主要指利用材料进行几何模型的制作,数学教具、学具的制作,数学玩具的制作等。数学制作对于学生领会数学对象的生动形象、空间特征非常有效,通过数学制作活动,可以激发学生学习数学的兴趣,强化学生对数学知识的感性认识,提高学生的空间想象能力和动手能力,促进学生抽象思维能力的发展。

例如,制作七巧板或包装盒时,先要设计,通常还要根据要求进行适当的计算,画出相应的平面展开图形,再进行剪裁。

又如,要将12个1立方分米的正方体放入一个长方体包装盒,如何设计包装盒省料?
要使包装盒省料,也就是要使包装盒的表面积最小。经分析可以看出,不同的包装盒有:$1×1×12,1×2×6,1×3×4,2×2×3$。分别计算出这些不同的包装方式的表面积:

$(1×1+1×12+12×1)×2=50$(平方分米);

$(1×2+2×6+6×1)×2=40$(平方分米);

$(1×3+3×4+4×1)×2=38$(平方分米);

(2×2+2×3+3×2)×2=32(平方分米)。

比较发现,第四种方案表面积最小。并且容易看出,体积一定时,包装盒的形状越接近于正方体,它的表面积就越小。

(四) 数学游戏

寓数学问题于游戏之中,让学生在做游戏的过程中学习数学知识,理解数学的思想和方法,符合儿童的心理特点。学生参加数学游戏的过程实际上是学数学、用数学的实践过程,因此数学游戏必须具备两个特点:一是要有趣味性和娱乐性,能调动学生参与的积极性;二是要蕴含数学的原理和方法,为学习数学知识,解决数学问题服务。数学游戏包括:猜数、拼图、抢答、数学接力赛等。例如:两个同学一组可做下面的猜数游戏:

甲:我想了一个两位数,你猜是多少?
乙:这个数比 50 大吗?
甲:对。
乙:这个数比 70 小吗?
甲:对。
乙:这个数比 60 小吗?
甲:错。
乙:这个数比 65 小吗?
……

这个游戏不仅可以使学生体会数的大小,而且还能使学生学会解决问题的策略。上述游戏蕴含着朴素的"区间套"逐步逼近的数学思想。

(五) 数学实验

数学实验是指学生在教师指导下以数学学习为目的,运用小学数学的知识、思想和方法,以及实验器材,通过某一事物或现象发生、发展或变化,验证或探索数学规律的活动过程。数学实验具有以下基本特征:一是重复性,即同一实验在相同条件下可以重复进行,反复观察,这有利于学生对数学知识和实验的理解与掌握,有利于体现教育的个别化;二是可以实现定性研究和定量研究,通过数学实验不仅能观察现象产生的全过程,进行定性研究,还能测量有关数据,计算各种参数之间的数量关系,进行定量研究。

数学实验可以分为验证性实验和探索性实验。验证性实验是指验证别人公布的结论是否正确,或在学习过程中通过对已有结论的验证而加深对数学的理解;探索性实验是指以解决数学问题为目标,寻求事物的内在规律。它们的区别在于:验证性实验时实验者已经知道实验结果;探索性实验时实验者对其结果并不知道,还有待发现。但两者之间又有联系,进行探索性实验时,往往需要先进行猜想,然后再对猜想进行验证。例如:

(1) 验证圆周率 π 的数值,可以用直径大小不同的圆片在有刻度的直尺上滚动,计算周长与直径的比,看它是不是一个确定的数。

(2) 验证等底等高的圆柱和圆锥的体积之间的关系,可以在圆锥形容器中盛满细沙或水,倒入圆柱形容器,边倒边观察,发现连续倒了三次恰好倒满。

(3) 探索用12个相同的单位正方体可以搭建成哪些形状的长方体？它们表面积的大小有怎样的规律？

(六) 数学建模

所谓"数学建模"，是指将实际问题，经过抽象、简化，明确变量和参数，并依据某种"规律"建立变量和参数间的一个明确的数学关系（即数学模型），然后求解该数学问题，并对此结果进行解释和验证。若通过，则可投入使用；否则将返回去，重新对问题的假设进行改进。其过程大致可用图9.1表示：

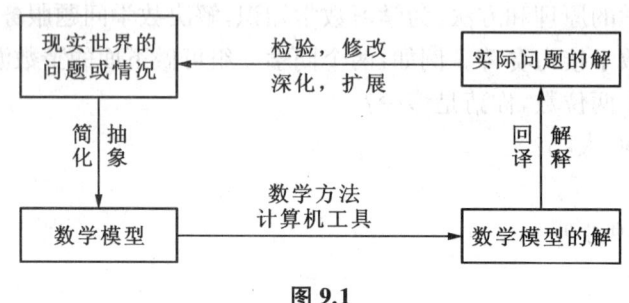

图 9.1

由此可见，"数学模型"有两个特点：一是经过抽象、简化，舍去对象的一些非本质属性以后所形成的一种纯数学关系结构；二是这种结构是借助数学符号来表示的，并能进行数学推演。数学中概念、公式、法则、数量关系、图形、算式等都是数学模型。可以说，凡有数学及其应用就有数学建模。数学建模思想被认为是数学的基本思想。

数学建模的过程，是实践—理论—实践的过程，是理论与实践有机结合。通过数学建模的教学，不仅使学生更好地掌握数学基础知识，学会数学的思想、方法、语言，也是为了学生树立正确的数学观，增强应用数学的意识，全面认识数学及其与科学、技术、社会的关系，提高分析问题和解决问题的能力。

数学建模是解决实际问题的过程，是学生体会和理解数学与外部世界联系的基本途径。在这一个过程中，建立数学模型是最关键、最重要的环节，也是学生的困难所在。它需要运用数学的语言和工具，对部分现实世界的信息（现象、数据等）加以简化、抽象、翻译、归纳。教学中，要使学生初步学会建立数学模型的方法，提高学生应用数学知识解决实际问题的能力。一般要注意以下几点：

(1) 审题。建立数学模型，首先要认真审题。实际问题一般都有杂乱的信息，冗长的表述，涉及的名词、概念较多，因此要耐心细致地读题，深刻分析实际问题的背景，明确建模的目的；弄清问题中的主要已知事项，尽量掌握建模对象的各种信息；挖掘实际问题的内在规律，明确所求结论和对它的限制条件。

(2) 简化。根据实际问题的特征和建模的目的，对问题进行必要的简化，以便抓住主要因素，抛弃次要因素，根据数量关系，联系数学知识和方法，用精确的语言做出假设。

(3) 抽象。将已知条件与所求问题联系起来，恰当引入参变量或适当建立坐标系，将文字语言翻译成数学语言，将数量关系用数学式子、图形或表格等形式表达出来，从而建立数学模型。

例如:建筑学规定,民用住宅的窗户面积必须小于地板面积,但按采光标准,窗户面积与地板面积的比应不小于 10%,并且这个比越大,住宅的采光条件越好,问同时增加相等的窗户面积和地板面积,住宅的采光条件是变好了,还是变坏了?

分析:这是一个优化问题。欲知住宅的采光条件是变好还是变坏,就要看同时增加相等的窗户面积和地板面积后,窗户面积与地板面积的比是变大还是变小。设原来的窗户面积和地板面积分别为 a、b(平方单位),同时增加的面积为 m(平方单位),则原题转化为在约束条件 $a < b \leqslant 10a, m > 0$ 下,比较 $\frac{a+m}{b+m}$ 与 $\frac{a}{b}$ 的大小。

也就是说,当 $10\% \leqslant \frac{a}{b} < 1, m > 0$ 时,判断 $\frac{a+m}{b+m}$ 与 $\frac{a}{b}$ 谁大谁小。由分数的大小比较不难得到 $\frac{a+m}{b+m} > \frac{a}{b}$,所以采光条件变好了。

(七) 小课题研究

小课题英文称为"project",对小学生来说面对的是一个比较大的问题,有一定的综合性,以及探索余地和思考空间。学生对完成小课题一般会有浓厚的兴趣。小课题研究应当成为改善学生学习方式的一个重要方面。组织小课题研究需要注意以下几点:

(1) 要有好的问题。这个问题对学生来说,必须建立在已有的知识经验的基础之上,既要有趣味性,又要有一定的社会意义。例如:"如何合理使用公用电话卡";"怎样存钱";"生活用垃圾袋带来的白色污染"等。

(2) 注重引导学生进行探索,发挥学生学习的自主性。

(3) 组织学生合作交流。在研究过程中既各司其职,又相互协作,共同完成。

(4) 对小课题研究的评价要针对小组、注重过程。

(八) 动手做(hands on)活动

美国的小学数学学科和理科教学中广泛使用这一方法。它的特点在于:第一,强调从学生周围生活中取材,让学生动手实践;第二,强调学生主动学习;第三,它不仅强调知识学习,而且强调学习方法、思维方法、学习态度的培养;第四,要有足够的时间让学生进行探索和交流。它的基本过程是:提出问题——动手做实验——观察记录——解释讨论——得出结论——表达陈述。强调学生亲自动手实验和思考,并为理解实验结果而进行讨论。教师要引导学生活动,而不是代替他们去做。

案例 9.2 质数与合数(一位美国教师的课堂教学片段)

(一) 提出问题

教师提问:有两个小正方形,可以拼成几种列阵?学生摆一摆、拼一拼,容易说出有两种。(一行两列——横向、两行一列——竖向)

教师再问,有 4 个小正方形,可以拼成几种列阵?请学生拼一拼,再到黑板上画一画。

(二) 实验观察

教师提出要求,请学生两人一组,在方格纸上画出 1—20 每一个数的列阵。数一数分别有几种？（教师给学生提供有方格的纸，学生动手画。）

（三）交流展示

各小组汇报交流。

1能画出几种列阵？（1种）

2能画出几种列阵？（2种，一横一竖）

3能画出几种列阵？（2种，一横一竖）

4能画出几种列阵？（3种）

……

直到20。

这些数排成的列阵可以分几类不同情况？

除了1，其他的数至少有2种列阵；

有的只有两种列阵(一横一竖)；

有的有两种以上的列阵(除了一横一竖外，还有其他)。

（四）陈述结论

最后，总结得出：只有两种列阵的数是质数；有两种以上列阵的数是合数；1既不是质数也不是合数。

【点评】美国的课堂强调直观，强调在操作中探究规律、理解概念，这与我们传统的教学方式有所不同。我们的课堂更多地重视理性分析，重视概念提出的逻辑严密性。一些抽象的概念如何与生活实际相联系，如何让它变得容易理解和更有趣味性，美国教师的动手做数学值得我们借鉴。值得注意的是，通过直观获得的知识往往是比较具体的，学生对问题的认识也只能停留在直观水平上，要上升到对普遍规律的认识还需要抽象、概括，由个别的、特殊的推向一般，否则就失去了数学对于培养学生理性思维的独特作用。

小学数学综合与实践的形式多种多样，实践中人们还会创造出新的、合理的活动形式，以培养学生的创新意识和实践能力。

思考与练习

1. 小学数学"综合与实践"的课程内容可以涉及哪些领域？选择内容时有哪些要求？
2. 如何体现"综合与实践"活动的综合性、实践性、现实性和探索性？
3. 小学数学"综合与实践"的学习形式有哪些？并举例说明。
4. 数学实验可以分为哪几种类型？分别举例说明。
5. 何谓"数学建模"？试简述其一般过程。
6. 分析研究某一版本的小学数学教材，其"综合与实践"领域的内容是如何编排的？

第三节　综合与实践的实施和评价

"综合与实践"活动要求综合运用"数与代数""图形与几何""统计与概率"的知识和方法解决问题，并且提倡把这种教学形式体现在日常教学活动中。由此看来，小学数学中"综合与实践"大体上可以分为两类：一类是包含在"数与代数""图形与几何""统计与概率"等领域教学中的综合实践活动;一类是以独立主题形式设置的以解决实际问题为目的的综合实践活动。前者在相应领域的教学中研究,这里主要讨论后者。

一、综合与实践活动的主要环节

小学数学中综合与实践活动课,作为一种课型有其自身的特点,教师应根据不同学段学生的年龄特征、认知水平和学段目标组织教学,其教学过程一般有以下几个主要环节。

(一) 创设情境,提供背景

这可以看作活动的准备阶段。教师要了解学生的生活经验,研究学生已有的知识基础和技能掌握的情况,通过创设情境,唤起学生的主体意识。小学生年龄小,活动的环境、背景、材料一般由教师准备;活动方案可由师生共同制定,让学生明白做什么和应该怎样做;就所研究的课题由教师指导学生合理分组,教给学生合作的方法,防止出现小组内的"单干户"。

案例 9.3 掷一掷

【教材】人教版义务教育教科书《数学》五(上)

【说明】本实践活动是在学完"可能性"之后,以掷骰子的游戏形式探讨可能性大小。教材在提供丰富活动素材的同时,加强了问题情境的创设,如"它们的和可能有哪些呢?""怎么又是老师赢?""从图中你发现了什么?"通过这些富有情趣、富有启发性的问题,让学生经历将生活问题数学化的过程,激发学生探究知识的积极性,培养学生的逻辑思维能力。教材在呈现教学内容和过程时,不但体现了知识的形成过程,而且给学生充分的自主探索和交流空间,让学生综合运用所学知识去解决问题。

【过程】同学们喜欢听故事,那老师给大家讲一个阿凡提智斗巴依老爷的故事。地主巴依老爷十分狡猾奸诈,经常欺压百姓。有一天,巴依老爷借口物价上涨,想要再次提高穷人的田租,这次如果让他得逞,穷人的日子就更不好过了。大家一致推举聪明的阿凡提代表穷人与巴依老爷谈判。阿凡提对巴依老爷说:我们就用最简单的方法——掷骰子比胜负,这儿有两个骰子,我们每人掷10次,将每次的两个骰子朝上的数相加得到的和分为两组,一组是5、6、7、8、9,另一组是2、3、4、10、11、12。掷出来的和在哪一组里,就算哪一组赢一次,掷完后,看谁赢的次数多,谁就获胜。您是老爷,您先选一组吧。巴依老爷心想,第一组的和有5种,第二组的和有6种,肯定第二组赢的次数多。于是,巴依老爷立马就选择了第二组。同学们,你们认为谁胜的可能性大呢? 为什么?

【点评】以故事的形式设置悬念,引出问题,让枯燥的数学知识趣味化,调动了学生学习的积极性,激发了学生探索问题的欲望,也让学生感受数学与生活的联系。

(二) 发现问题,提出问题

问题是数学的心脏。注重激发学生的问题意识,是培养学生创新能力的需要。《课标(2011年版)》在"分析问题和解决问题"的基础上增加了培养学生"发现问题和提出问题"能力的要求,这也是改革学生学习方式的重要一环。问题由学生始,才能激发学生的主体意识,培养学生用数学眼光观察世界,用数学思维思考世界,用数学语言表达世界,才能使学生摆脱过去学习中的依赖和模仿,使学生的数学学习过程真正是一个生动活泼的、主动的和富有个性的过程。

从问题产生的思维深度,提出问题能力的水平可以分为三个层次:事实性水平、联系性水平、探究性水平。数学问题提出的事实性水平是指:就某一情境或内容的事实(现象)或知识提出问题,通常表现为"是什么?""什么样?"等解释性的问题。联系性水平是指:就某一情境或内容与已有知识(经验)相矛盾或不相一致,或辨别、提取情境中相关要素及联系而产生的问题,通常表现为"为什么是这样?""与某熟知的规律(现象)有什么联系和区别?"探究性水平是指:对观察的事实与现象进行变形、拓展、延伸等而产生的问题,通常表现为寻找现象背后的数学本质,特殊问题一般化,具体问题形式化,形成更为抽象性、概括性、普适性的问题。①

例如,老师向学生提供了以下情境:

灯塔顶上有照明灯,照明灯可以在夜晚帮助海船靠近海岸时寻找航线。照明灯以规律的固定模式发射亮光,每盏照明灯有自己的发光模式。在下面的图中你可以看到一盏照明灯发射亮光的模式,闪光随着黑暗周期交替。②

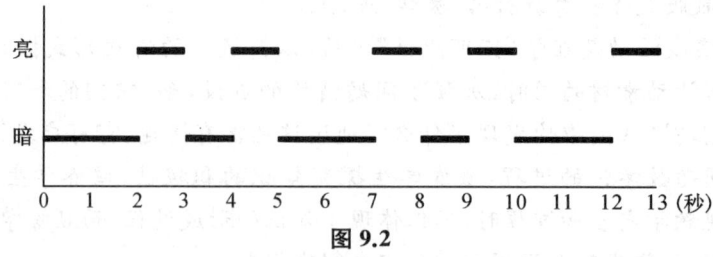

图 9.2

事实性水平问题,如:该灯前 2 秒亮吗? 第 3、4、5 秒灯亮吗? 前 5 秒中灯亮了几次、暗了几次? 前 5 秒中灯亮了几秒、暗了几秒? 第 8、9、10 秒灯亮吗? 这些问题来自对图中现象观察的直接描述,是对事实呈现的另一种方式。

联系性水平问题,如:该灯第 14、15 秒亮吗? 为什么? 继续下去该灯哪些时间连续暗 2 秒? 第 99、100 秒灯是亮着还是暗着? 1 分钟内发射亮光的时间有多少秒? 这些问题超越了图中直接显示的信息,需要依照初始条件,联系相关要素做出简单的想象、推测。

探究性水平问题,如:画一个每分钟发射 30 秒亮光的灯塔的闪光模式,并且周期是 6 秒。这个问题需要建立在个体已经获得情境图所反映的灯塔发光模式存在什么样规律的基础上才能提出,需要调动已有的知识经验,并把给定的多种信息联系起来。由于周期为 6 秒的发光方式有多样性,用图形表达时就有不同的模式,所以这样的问题不仅具有探究性,而且具有开放性和建构性。

(三) 探索研究,解决问题

实践活动的过程中,需要每一个学生的独立思考,同时离不开合作交流,在师生、生

---

① 刘久成.提出问题:因素·层次·策略[J].数学通报,2012(4).
② 綦春霞.国际数学素养测评及其对中国的启示[J].人民教育,2009(9).

生,小组与小组,小组与大组等的交流中,学生对知识或活动内容的理解更丰富,更全面。所以在合作交流中要让学生想说、敢说、乐说,畅所欲言。在交流的过程中,学生的思想在撞击、知识在整合,在相互启发的过程中,思维会实现质的飞跃。学生合作过程中还要照顾到所有学生,及时帮助鼓励学生克服困难,自主地、力所能及地得出结果,获得数学活动经验。

例如,教学"周长是多少"(苏教版义务教育教科书《数学》三年级上册)这一实践活动时,让学生通过拼一拼、比一比、画一画、量一量等形式,对周长有进一步的认识,在动手操作中初步体会图形转化的方法,培养思维的灵活性,积累解决问题的策略,感受数学的力量,体会数学的价值。

又如,教学"化分数为有限小数"时,教师提供一些分数:有些可以化为有限小数,有些不可以化为有限小数,让学生分组研究,再全班讨论交流。为了便于学生研究,教师可以提供"你的探索表":

你的探索表

1. 将分数 $\frac{1}{2}, \frac{1}{3}, \cdots, \frac{1}{10}$ 化为小数,看看哪些分数可以化为有限小数?哪些分数不可以化为有限小数?并把它们分为两组。
2. 将这些分数的分母分解质因数,再观察观察,一个分数能否化为有限小数与什么有关?
3. 提出你们的结论,并说说理由。

(四) 评价激励,收获成果

对个人或小组活动形成的初步成果,进行分析、总结和评价,使学生运用知识、解决问题,并获得情感体验。

例如,对问题:"用 50 厘米长的细绳围成一个边长为整厘米数的长方形,怎样才能使面积达到最大?"

教师可以通过设计以下问题评价学生:

(1) 找出几个满足条件的长方形,并有顺序地记录长方形的长、宽和面积;
(2) 观察记录结果,探索长方形长和宽的变化引起的面积变化有怎样的规律;
(3) 列举所有可能的情况,验证猜测;
(4) 进一步提出一般问题,如果不限制长方形的长、宽是整厘米数,所围成长方形的最大面积是多少?

对于刚学了长方形周长和面积的学生来说,能完成(1)(2)提出的猜想就已经达到了基本要求;对于完成(3)(4)则应给予进一步的肯定。

二、综合与实践活动应注意的问题

(一) 活动的内容要贴近学生实际,起点要低

研究的问题要符合学生年龄特征、知识水平,要基于学生的现实生活和直接经验;要有效利用近期所学的知识,把数学活动与近期所学的数学知识联系起来,既能巩固、深化知识，又可以使学生学到一些解决问题的策略，体会到数学的实际价值；要体现学校和本地区的实际情况，符合开展活动所需的物质条件，由于城市与农村，经济发达地区与落后地区的学校的学生生活环境不同，教育资源有明显差异，在选择活动内容时应因地制宜，防止脱离实际。起点低可以使发展水平不同的学生都能参与进来，都能在活动中找到自己的角色。

（二）活动要有一定的开放性，给学生留有一定的探究空间

综合实践活动强调富有个性的学习，关注学生在这一过程中获得的丰富多彩的学习体验和个性化的创造性表现。其课程内容面向学生的整个生活世界，具有开放性；时间要根据内容的需要，可以是一节课，也可以将时间安排为几天、一周或几周；空间不一定局限在教室，可以将活动的范围扩展到校园、家庭、社区……具有开放性；活动的目标不只是在知识技能方面，更注重在能力发展和情感态度方面，有显性的，也有隐性的，具有开放性；活动的方式方法也是开放的，孩子们可以在家里或社区调查数据，上网搜索资料，可以实验、计算，可以画，可以写，可以宣传，可以设计，可以在活动中不断生成，虽然有设计者的意图，却没有固定的程序和现成的材料。

（三）注重学生参与过程和在活动中的体验

综合实践活动的真正主体是学生，教师应该关注学生实践了没有，经历了没有；学生在活动过程中发现了什么问题，他们又是如何想方设法解决问题的；学生在实践中获得了何种体验，是怎样与他人交往和合作的；学生在活动过程中应用能力、创造能力是否得到了发展。课堂上我们必须千方百计地为学生创设各种有利于实践、体验的环境，及时了解学生开展研究活动时遇到的困难，会提出哪些问题，需要怎样的帮助等。例如："我长高了"的实践活动，主要是让学生了解和掌握测量的一些方法，可以先让学生尝试着去测量，遇到困难后老师给予指导、纠正错误，然后学生再独立地去进行测量。这样学生掌握的方法并不是教师强加给学生的，而是在实践活动中学生亲身经历、自我体验得到的。

（四）数学活动要能体现数学的本质，有助于提高学生的数学素养

综合与实践活动，首先应要求学生从日常生活中"看到"一些数学现象，从数学的角度发现、提出问题；其次应要求学生运用数学的知识和方法去分析、解决简单的实际问题。数学综合与实践不是泛化的综合与实践，在与生产实际、生活实际，以及与其他学科的联系中要突出数学的本质。比如，我们在让学生感受1 000 000颗黄豆有多重时，重要的不是黄豆的重量，而是让学生感受1 000 000这样的大数是怎样构成的。又如，测量一片树叶的面积，重要的不是测量出树叶面积的多少，而是在活动中让学生感受估计不规则图形面积的方法，如果提出尽可能精确的要求，还会促进学生的灵活思维和方法的合理优化。

（五）在数学活动中合作交流、获得经验和情感体验

教学要确立学生的主体地位，首先，要从学生的内在需求入手，了解学生对什么样的

问题感兴趣,对什么样的问题存在疑惑,想去探究;其次,将探究的目标建立在学生的需求上,让他们真正成为学习的主人。民主宽松的学习环境,平等愉悦的学习氛围,有利于激发学生的学习兴趣,调动学生学习的积极性和主动性。新课程强调"主动参与,乐于探究,合作交流",在一定条件下,组织学生进行小组或全班合作交流,可以让学生在小组或班集体内充分展示自己的思维方法和过程,满足学生自我表现的欲望,实现自我价值;可以通过广泛参与,使教学资源得到进一步的挖掘和整合,通过师生之间、生生之间的动态信息交流,实现师生互动,达到思维碰撞、情感交融、成果增殖。

三、综合与实践活动的评价

评价的主要目的是了解学生的学习过程和结果,激励学生学习数学,帮助教师总结经验教训、改进教学工作。《课标(2011年版)》指出:"评价不仅要关注学生的学习结果,更要关注学生在学习过程中的发展和变化。应采用多样化的评价方式,恰当呈现并合理利用评价结果,发挥评价的激励作用,保护学生的自尊心和自信心。"因此,综合与实践活动评价应注意以下几点:

(一) 注重过程

综合与实践活动评价,应更多地关注学生的学习过程。这个过程包括考查学生是否积极主动地参与数学学习活动;是否乐意与同伴进行合作交流;是否用不同的方法操作和探索。例如:用"七巧板拼图"。试拼出下面的图形,再用七巧板拼出你自己喜欢的图形。

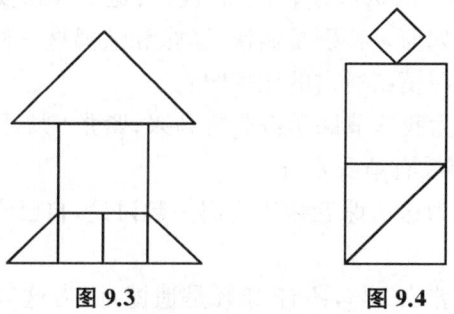

图9.3　　　　图9.4

学生动手拼出自己喜欢的图形,不仅能发挥学生的空间想象力,而且在活动中学生可以获得积极的情感体验。评价时,要注意学生的感受,注意学生的思维活动、审美情感和解决问题的策略。

(二) 定性为主

《课标(2011年版)》指出:"对学生学习过程进行评价时,采取灵活多样的方法,定性与定量相结合,以定性评价为主。"定性描述通常以评语的形式给出,主要关注学生已经掌握了什么,获得了哪些进步,具备了哪些能力。例如:"你观察很细心,能用数学的眼光看待生活中的事,语言表述流畅,小论文写得也很有条理。"又如:"你能积极主动地参与数学学习活动,敢于发表自己的意见,对几何知识感受更加丰富,继续努力!"这样评价有利于学生获得成功的体验,树立学习数学的信心,提高学习兴趣,促进学生不断发展。

(三) 方法多样

不同的评价方式都有其长处与不足,教学中要注意运用多种评价方式,使评价更加客观公正。综合与实践活动评价方式包括:教师对学生评价、学生之间相互评价和学生自我评价;既可以用操作、表述、活动报告、成果展示等方式,也可以用观察、访谈、建立成长记录袋等方式,一般不进行书面考试。因此,在评判学生学期学业成绩时,除进行笔试外应留有一定分值用于"综合与实践"的考查。

(四) 关注情感

评价的主要目的之一在于激励学生的学习热情,促进学生的全面发展。因此,在评价过程中,要用发展的观点去评价学生,对实践过程中的任何一点进步都应予以肯定。例如,对于"用长方形、正方形、三角形或圆拼图案"这样一个实践活动,评价的结果可分三个层次:第一个层次,能拼出最常见的图案;第二个层次,能拼出多个图案;第三个层次,能拼出有新意、美感、充分利用几何特征的图案。对每一个层次的学生都应予以鼓励,使得所有学生都有成就感,也明确了努力方向。

综合与实践活动评价要了解活动过程中学生情感态度的变化,产生良好的情感价值导向,要依据课程目标要求,采用适当的方法进行,有利于个性的彰显和情感的激励。

例如,一位老师在教学"认识百分数"以后提出:这节课快要结束了,老师想了解一下同学们这节课的学习情绪如何。特别是愉快、紧张和遗憾这三种情绪,你能用百分数来告诉大家你这节课的各种学习情绪所占的比率吗?

生1:愉快占90%,因为我这节课学得非常高兴;紧张5%,因为有许多老师听课;遗憾占5%,因为老师有几次都没有请我发言。

生2:愉快占90%,因为这节课老师让我们一起讨论,自己学习,我很愉快;紧张、遗憾各占5%。

生3:愉快占50%,紧张占5%,还有45%是遗憾,因为这节课的知识实在太有趣了,我想再学下去,可马上就要下课了,我很遗憾。

这不仅是对本堂课学习效果的反馈,更是让学生对学习情绪的体验和反思,设计精巧,值得借鉴。

案例9.4　种子的发芽率

【适用年级】六年级

【说明】本活动可在学生学习了百分数的应用之后进行,由此可以加深对所学知识的理解,体会数学在生产、生活实际中的应用。研究的方法主要是实验法和统计分析法,有助于培养学生实事求是的科学态度和实际操作能力。

【教学目标】

1. 进一步理解种子发芽率的意义,巩固百分数的计算和应用。
2. 在实践中培养学生的科学态度和解决实际问题的能力。

【教学过程】
(一)课前准备,明确要求

课前,教师发给学生"种子发芽率统计表",要求学生从书中或上网查找有关种子发芽率的资料,然后分组对种子进行发芽试验,统计并计算出发芽率,填在表格中。同时要求学生做好试验过程的简单记录,并将试验结果写成试验报告。对于同一种子,如能采用不同的方法试验更好。

【点评】本课的教学必须有一个准备过程,只有当所有学生都投入到前期的实验中,课堂上的讨论交流才有了现实基础。采用不同的方法试验是供有兴趣同学使用的策略,体现了弹性要求。

(二)汇报交流,获得结果

师:农业科技人员需要研究种子的发芽率。农民伯伯为了合理播种,提高农业收成,也需要知道种子的发芽率。

哪位同学告诉大家,什么是种子发芽率?

生:种子发芽率是指发芽的种子数占试验种子数的百分数。

师:怎样求种子发芽率?(生答)

师:课前,要求同学们查找资料,并进行种子的发芽率试验,下面请同学们汇报试验结果。(根据学生汇报完成下面表格)

种子名称	发芽种子数(粒)	试验种子数(粒)	种子发芽率
小 麦	93	100	93%
玉 米	170	200	85%
稻 谷	78	100	78%
黄 豆	142	150	94.7%
小 麦	42	50	84%

师:哪个组愿意展示试验过程的简单记录?(学生展示试验过程记录单)

师:有哪位同学用不同的方法,对同一种种子进行过试验?

生1:我选了两批黄豆,每批都是100粒,第一批用冷水浸泡3小时,捞出后放在阴暗潮湿的地方,4天后出芽的有84粒,发芽率为84%;另一批用冷水浸泡5小时,捞出后放在阳台上晒太阳,2天后有95粒种子发芽,发芽率为95%。

师:这种现象说明了什么呢?你们能发现种子发芽率和什么条件有关吗?

生1:种子的发芽率与种子浸泡的时间有关。奶奶告诉我,如果浸泡的时间太短,比如1小时,发芽率较低;如果浸泡时间太长,比如1天,发芽率也低。所以种子浸泡时间应适当。

生2:我从书上查到,种子发芽率和温度有关,温度高一点,发芽较快,发芽率也较高。

生3:卖黄豆的阿姨告诉我,种子发芽率和种子本身质量有关,子粒饱满、外表光滑的黄豆发芽率高。

生4:通过网上查找资料,我了解到2%浓度的双氧水对西瓜种子发芽率有明显的提高作用,因为双氧水能腐蚀厚而硬的西瓜子的皮。

(三)评价体验,激励情感

师:看来同学们课前做了充分的准备,调查了解,查阅资料,认真试验。通过这些活动,你们有什么感受?

生1:通过这次试验,我懂得了数学知识的作用真多,我们的生活离不开数学。

生2:要科学种田,就必须掌握数学知识。

生3:通过发芽率的实验与计算,我学会了上网学习。

生4:通过这次活动,我真正体会到了"谁知盘中餐,粒粒皆辛苦"的含义。

师:是啊!通过这次活动,同学们不仅学到了知识,而且从学习知识的过程中体会到农民伯伯的辛劳和对不法商贩的痛恨。我们试验种子发芽率就是要根据种子发芽率计算出农作物播种时种子的用量。

【点评】种子发芽率试验是一个科学探究的过程,这样的活动,不仅使学生学到了科学实验的方法,更重要的是培养了学生崇尚科学的精神。调查了解、查找资料,锻炼了学生的实践能力,同时也有利于培养学生尊重劳动,爱惜粮食,减少浪费的良好习惯。

(四)问题拓展,课外延伸

师:老师收集了一组数据,每公顷土地需黄豆种子60千克,每公顷土地可收2 400千克,请同学们计算一下,1千克黄豆种子的产量是多少?

学生用不同方法计算得出,1千克黄豆种子的产量大约是40千克,即黄豆种子和产量的比大约是1∶40。

师:课后请同学们通过查找、计算、询问,得出其他种子和产量的比。

【总评】六年级学生已经有了一定的实践能力,他们在与家长沟通、阅读资料、上网查询、动手操作等方面已经有了一定的活动经验。本活动给学生以较多的课外实践探索的空间应该是可行的。概括起来,整个活动过程体现了以下特点:

1. 联系实际,内外结合。计算种子的发芽率,既是对所学学科知识的应用,也帮助学生认识到数学与生活、生产实践的联系。在实践活动中,有的学生咨询家长,通过对浸泡时间和温度的控制,总结出影响种子发芽率的因素;有的学生通过网上查找资料,了解到用2%的双氧水对西瓜的种皮有腐蚀作用……活动中,学生们充分利用校外学习资源,使知识学习、增长才干不局限在课堂,向社会延伸。课内外相互结合,不拘一格的探索过程,调动学生运用富有个性的知识经验、灵感和兴趣等参与活动,使活动过程呈现丰富性、多样性、创造性的特点。

2. 整合学科,综合应用。加强数学与各学科和生活的联系,是开展"综合与实践"活动的重要目标。本课中种子发芽试验整合了科学课的种子发芽的条件、影响发芽率的因素、试验的操作过程,整合了信息技术课的网上信息查找、筛选、应用等知识,整合了语文课的试验记录、试验报告的写作等。整个活动过程不是各科知识的叠加,而是学生通过动手操作进行观察、探索、思考、归纳的过程,是综合应用各科知识的体现,是思维碰撞、智慧升华的结果。

3. 注重培养学生科学探究的品质和良好的情感态度。种子发芽率的试验,是一种科学实验,从小培养学生科学的态度,掌握科学的方法,养成科学的思维品质,是素质教育的目的所在。育人的过程不是教师喋喋不休的说教,而是学生心灵深处的震撼。学生通过计算种子与产量的关系,体验了数学知识与农业生产的紧密联系,激发了学习数学、应用数学的热情。由于种子发芽率试验时间较长,不确定因素较多,学生在亲历过程中体验了等待中的期盼、受阻后的苦闷、成功时的欣慰,从而催生出不畏失败、越挫越坚的高尚品质,完满地体现了新课标所倡导的"三维目标"的和谐发展。

思考与练习

1. 小学数学"综合与实践"活动有哪些主要环节?
2. 小学数学"综合与实践"活动应注意哪些问题?
3. 如何评价小学数学"综合与实践"活动?
4. 设计一份"综合与实践"活动案例,并分析其特点。
5. 下面是一个"综合与实践"活动的教学片段,试分析之。

【课题】表面积的变化(六年级)

【教学过程】(片段)

师:把6个体积是1立方厘米的正方体,拼一拼,可以拼成哪些不同的长方体?它们的表面积、体积一样吗?你发现了什么规律?

学生操作,展示拼法,并将结果填入表中。

拼法	长(cm)	宽(cm)	高(cm)	减少的正方形个数	减少的面积(cm^2)	表面积(cm^2)	体积(cm^3)
1	6	1	1	10	10	26	6
2	3	2	1	14	14	22	6

引导观察,发现规律,提出猜想:如果用若干个小正方体拼成长方体,那么长方体的体积一定,而长、宽、高越接近,表面积就越小。

师:这位同学的猜想正确吗?用8、12或其他个数的小正方体再拼一拼、算一算。

学生分组试验,展示不同拼法,汇报计算结果。

师:有没有出现与上述猜想不一致的情况?都符合上述猜想。

师:看来这个猜想是正确的,以后我们还会从理论上证明它确实是一个正确的结论。

> **阅读材料**

1. 中小学综合实践活动课程目标

《中小学综合实践活动课程指导纲要》中提出的课程总目标是:学生能从个体生活、社会生活及与大自然的接触中获得丰富的实践经验,形成并逐步提升对自然、社会和自我之内在联系的整体认识,具有价值体认、责任担当、问题解决、创意物化等方面的意识和能力。小学阶段的具体目标包括:

(1) 价值体认:通过亲历、参与少先队活动、场馆活动和主题教育活动,参观爱国主义教育基地等,获得有积极意义的价值体验。理解并遵守公共空间的基本行为规范,初步形成集体思想、组织观念,培养对中国共产党的朴素感情,为自己是中国人感到自豪。

（2）责任担当：围绕日常生活开展服务活动，能处理生活中的基本事务，初步养成自理能力、自立精神、热爱生活的态度，具有积极参与学校和社区生活的意愿。

（3）问题解决：能在教师的引导下，结合学校、家庭生活中的现象，发现并提出自己感兴趣的问题。能将问题转化为研究小课题，体验课题研究的过程与方法，提出自己的想法，形成对问题的初步解释。

（4）创意物化：通过动手操作实践，初步掌握手工设计与制作的基本技能；学会运用信息技术，设计并制作有一定创意的数字作品。运用常见、简单的信息技术解决实际问题，服务于学习和生活。

（摘自：教育部2017年9月颁发的《中小学综合实践活动课程指导纲要》）

2. 学习方式的三分法

（1）书本中学习：指读书、课外阅读、自习、听老师授课等。主要优点在于学生能够较系统地学习基本学科的基础知识；主要不足在于学习脱离实践和科研过程，不利于培养学生各种素质和能力。

（2）实践中学习：即学习与实践相结合，在学习中引入实践过程，让学生在实践过程中学习各种知识，积累有用经验，提高各种素质和能力。主要优点在于学生能够在实践中学习较实际的知识，提高实际素质和能力；主要不足在于学生基本知识的系统学习往往得不到保证。

（3）研究中学习：指学生在研究、发现、发明、创造实践中的学习，是一种在学习中引入研究过程及方法的学习。主要优点在于学生能够在科学研究过程中较深入地全面学习有关科学知识，提高研究、发明、创造的能力，同时全面提高多侧面的技能；主要不足在于基本知识的学习往往得不到保证。

（摘自：崔相录.研究中学习（下）.国际文化出版公司，教育科学出版社，2002：52－59）

参考文献

[1] 中华人民共和国教育部.义务教育数学课程标准（2011年版）.北京：北京师范大学出版社，2012.

[2] 教育部基础教育课程教材专家工作委员会.义务教育数学课程标准（2011年版）解读.北京：北京师范大学出版社，2012.

[3] 张奠宙，宋乃庆.小学数学教育概论.北京：高等教育出版社，2008.

[4] 李士锜等.小学数学教学案例研究.北京：高等教育出版社，2010.

[5] 郑毓信.国际视角下的小学数学教育.北京：人民教育出版社，2005.

[6] 曹一鸣.十三国数学课程标准评介（小学、初中卷）.北京：北京师范大学出版社，2012.

[7] 金成梁.小学数学课程与教学论.南京：南京大学出版社，2005.

[8] 顾明远，孟繁华.国际教育新理念.海口：海南出版社，2006.

[9] 刘久成，徐建星.中外小学数学课程标准比较研究.宁夏：甘肃教育出版社，2017.

第十章　小学数学学习评价

小学数学学习评价是小学数学教学的重要组成部分，它贯穿于整个教学活动之中。客观真实的学习评价是提高小学数学教学质量必不可少的一项工作。研究和探讨小学数学学习评价，必须了解学习评价的基本理论、基本方法和基本策略，诸如什么是学习评价，为什么要进行学习评价，如何进行学习评价等等。本章将基于数学学习评价的含义与基本理念，主要就小学数学学习评价的基本功能、方法与手段以及实施策略等做出简述。

> **学习的基本要求**
> 1. 了解学习评价的概念与基本理念；
> 2. 理解小学数学学习评价的基本功能；
> 3. 掌握小学数学学习评价的方法与手段；
> 4. 掌握小学数学学习评价的实施策略。

第一节　小学数学学习评价的内涵及基本理念

一、学习评价的内涵

明确学习评价的概念，是学习评价研究的最基础的理论问题之一。因此，有必要对本章涉及的核心概念做出明确的辨析。

（一）评价的含义

"评价"一词早在 900 多年前我国的北宋时期就已出现。《宋史·戚同文传》中就有"市物不评价，市人知而不欺"的记载。这里的"评价"是讨价还价、评论货物的价格。我国 1990 年出版的《辞海》对"评价"一词的解释是："评价，评论货物的价格……今亦泛指衡量人物或事物的价值。"评价就是评定价值的简称，意味着对某一事物的价值给予一般的衡量。

因此，可将评价的含义概括为阐释、衡量人或事的作用与价值，泛指人们根据自己的需要和见解，对人或事所客观具有的价值（正面或反面、积极或消极）判断与衡量，其实质是促进人或事的改善与发展，它是人的行为自觉性、反思性的体现，也是人类的一种认识活动。

（二）学习评价的含义

学习评价就是指评价者依据教育教学目的，对学生所从事的学习活动（不仅仅是学习结果）进行价值判断的过程。

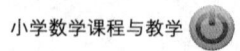

在学习评价中，不同层次的价值主体的不同需要与学习活动的现实状况，构成了丰富的价值事实和多元而又相对统一的评价标准，而多元的评价主体与丰富的价值事实之间，则构成了多样的学习评价活动。

（三）小学数学学习评价的含义

小学数学学习评价是在小学数学课程实施之后对学生所实现的预期目标的程度进行测评、鉴定，并做出价值判断与衡量的过程。

上述定义，实质表明小学数学学习评价是以小学生的数学学习活动为对象，采取一切可行的技术和方法，广泛地收集学生在数学学习过程中所反映出的各种有意义的信息、资料，并根据一定的目标要求对学生的数学学习活动的过程与结果进行定量分析与定性评估，分析与确定目标的实现程度，做出价值判断的过程。

二、学习评价的基本理念

数学学习评价的理念受数学课程基本理念的制约，有什么样的课程理念就有什么样的学习评价理念。当前基础教育数学课程改革，特别强调要改变课程过于注重知识传授的倾向，强调形成学生积极主动的学习态度，使获得基础知识和基本技能的过程同时成为学会学习和形成正确价值观的过程。根据《课标（2011年版）》的要求，小学数学学习评价既要关注学生学习的结果，也要重视学习的过程；既要关注学生数学学习的水平，也要重视学生在数学活动中所表现出来的情感与态度，帮助学生认识自我、建立信心。也就是说，数学学习评价是数学学习过程和数学学习结果的综合评价。

在具体的数学学习评价体系中，应该体现如下几个基本理念：

（一）评价目标多元化

注重学生综合素质的考查，不仅关注学生的数学学习成绩，更要关注学生创新精神和实践能力的发展以及良好的心理素质、学习兴趣与积极的情感体验等方面的发展；不仅考查"认知"或"概念"等认知层面，同时要关注对"表现"等行为层面的考查；要采用先进的评价手段和多种评价方法以对学生在数学学习过程中所表现出来的知识技能、数学思考、问题解决及情感态度等进行全面的检测和了解。

（二）评价过程动态化

不仅关注结果，也要注意学生成长发展的过程，有机地将总结性评价与形成性评价结合起来；给予多次评价机会，其目的在于促进评价对象的转变与发展；鼓励将评价贯穿于数学教育教学行为之中，使评价实施日常化、通俗化、动态化。

（三）评价主体多样化

改变单一评价主体为自评、互评、教师评、家长评和社会评等多元化评价主体，使评价成为教师、管理者、学生、家长共同积极参与的交互活动。

思考与练习
1. 什么是数学学习评价？
2. 数学学习评价体系的建立应体现哪些基本理念？

第二节 小学数学学习评价的基本功能

从哲学和科学的角度来考察，功能或性能、职能，指的是一个事物系统所具备的对周围其他事物发生作用的能力或根本属性。学习评价的功能，就是指学习评价自身具有何种作用的问题。学习评价的这种作用，一方面是由其本质属性决定的；另一方面又必须在与事物的相联系中才能表现出来。

小学数学学习评价的功能是多重的，而且在不同的条件下或有不同的需求时，它可以偏重于发挥其中的某些功能而忽略另一些功能。小学数学学习评价主要有导向、诊断、激励、改进、管理等功能。

一、导向功能

导向功能主要是指评价本身所具有的引导评价对象朝着理想目标前进的功效与能力。

用不同的数学评价标准对学生的数学学习进行评价，会导致学校对数学教学和学生的数学学习进行不同的管理。因此，评价的导向功能实际上是由评价的标准所决定的。当前，小学数学学习评价应该以《课标（2011年版）》为依据，制定包括知识技能、数学思考、问题解决、情感态度等方面的小学数学学习评价标准，使其发挥符合基础教育改革方向的导向作用，从而正确引导教学实践，促进小学生数学学习目标的实现。

二、诊断功能

诊断功能主要是指评价在小学数学学习上对学生的学力状况做出价值判断。

教师了解学生是确保教学有效的必要条件，这种了解是提出现实的学习目标，使用合适的教学方法去帮助学生达到既定目标的基础。通过在学期、学年或新课程开始教学之前的数学测验与谈话，教师可以了解学生在某阶段中知识、技能和能力（尤其是数学思考和问题解决的能力）已达到的水平和存在的问题；通过问卷调查、访谈等形式，可以了解学生数学学习中存在的弊端与差异，了解学生对数学学习的情感与态度，为改进和提高下一阶段的学习内容提供依据，并据此确定具体的教学措施，以利于设计合适的数学教学目标，以便有针对性地改变学生学习的策略与方法，促进学生的发展。

三、激励功能

激励功能主要是指评价在小学数学学习上所起到的激发内驱力的作用。

心理学研究表明，需要是激发人的意志活动的基本因素，科学的学习评价，反映了学生的基本需要，因而能极大地调动学生的学习积极性。肯定的评价会对学生的学习起鼓励作用，通过肯定评价，学生学习上的进步获得教师和家长的承认，心理上获得满足，从而会提高其学习的积极性。否定的评价往往会使学生产生焦虑，但心理学家认为："当紧张和焦虑的程度处于中等水平时，学习进展最快。"因此，小学数学学习评价若能使学生保持这种"适度的紧张"，则对学生的数学学习会有很好的激励作用，通过评价可以不断激励学生向更高的目标努力。

四、改进功能

改进功能主要是指评价在小学数学学习上所起到的调节和控制作用。

在小学数学学习评价过程中，评价者按预先设定的评价目标，通过评价，从不同渠道获得关于学生学习的各种反馈信息，分析和研究这些反馈信息，以发现学生学习和教学中存在的问题，通过对学习活动中价值关系的判断的把握，有针对性地采取相应的措施，调节教与学的双边活动，从而有效地改造价值客体，使之更加符合价值主体的需要，促使学生确定今后的努力方向，调整自己的学习活动，尽快达到学习目标要求。

五、管理功能

管理功能主要是指评价在小学数学学习上能起到实现教学的质量管理的作用。

学习评价有助于找到教学过程中的薄弱环节，有助于检查教师的教学目标、教学大纲（课程标准）的实现程度，有助于掌握学生的学习态度、学习风格等，能够为教师和领导做出提高教学质量的决策、改进教学质量的管理和有效控制教学质量的措施提供依据，从而有助于实现教学的质量管理，提高教学的管理水平。

最后，有必要指出的是，在实施小学数学学习评价时，各种功能总是综合地起作用的，不能把它们截然分开。此外，也应该注意到各种功能都有两重性，只有良好的评价，才会产生积极的效果；反之，就会带来消极的影响。评价的作用也不能过分夸大，因为学生学习的进步和优异成绩的获得产生于合理组织的教学，而不仅仅产生于测试和评价。

思考与练习

1. 小学数学学习评价有哪些基本功能？
2. 简述小学数学学习评价的诊断功能。
3. 简述小学数学学习评价的改进功能。

第三节　小学数学学习评价的方法与手段

教育评价方法是人们为了认识教育活动的价值，以教育活动的某一要素或全部活动为对象，做出价值判断所采取的活动方式、程序和手段的总称。不同的目的、对象、活动的各环节、程序的各步骤都有相应的方式。

小学数学学习评价包含一系列的步骤和方法，它有明确的目标和评价指标，评价时，评价者将实际状态与预定目标进行比较后方做出价值判断。在实施的过程中，要采取多种多样的技术和方法，收集、分析和处理有关信息，以保证评价的真实性和准确性。

根据评价的实施方式与操作载体，可以把小学数学学习评价的方法与手段大致分为四种类型：数学测验、表现性评价、交流式评价、自我评价。

一、数学测验

数学测验是数学教师最为熟悉的一种传统评价方式,这是人们迄今创造的测量人的知识、能力诸种方法中比较客观、准确、效率较高的一种方法,也是用来收集、评价资料的最常用的一种方法,是评价小学生数学学习成绩的主要手段。

(一) 数学测验的题型

依据不同分类标准,可将习题分成不同类型。在小学数学教学中,通常有下面两种分类办法:

1. 根据习题构成要素分类

根据戴再平教授提出的数学习题理论,数学习题是一个系统:$\{Y,O,P,Z\}$。其中,系统的各要素分别是:Y 表示习题的条件;O 表示解题的依据;P 表示解题的方法;Z 表示习题的结论。

根据这一理论,分析四个要素中已知要素的多少,可将小学数学题分为如下几种类型:

(1) 标准性题

即四个要素全部为已知的题。

例如,$\frac{15}{96}=\frac{5}{32}$ 成立吗? 如成立,请说明理由。

在这个问题中,Y:算式;O:分数基本性质;P:除法计算方法;Z:计算结果相等。这四个要素都是已知的,因此是标准性题。

(2) 训练性题

即四个要素只有一个是学生所不知道的,而其余三个要素都是学生已经知道的题。

如将上述题目改为:在( )中填上适当的数使等式成立:$\frac{15}{96}=\frac{()}{32}$。这样,$Y$、$O$、$P$ 是已知的,而 Z 是未知的,因此是一道训练性题。

(3) 探索性题

即四个要素中有两个是学生所不知道的,而其余两个则为已知的题。

如将上述题目进一步改为:在( )中填上适当的数使等式成立:$\frac{15}{96}=\frac{()}{()}$。则 Y、P 是已知的,O、Z 是未知的,因此这是一道探索性题。

(4) 问题性题

即四个要素中仅有一个是学生已知的。

如将上述题目改为:根据给定的数 96 和 15,你能得到什么结论? 这样的题,只有 Y 是已知的,其余的要素 O、P、Z 是不知道的,因此它是一道问题性题。

标准性题和训练性题,由于不存在未知要素或者仅有一个未知要素,通常具有定向的解题方法,所以我们称之为封闭性题,现行小学数学教材中的题绝大多数是此类型的题;探索性题和问题性题,由于未知要素较多,通常不具有定向的解题方法,所以我们称之为开放性题,这是目前小学数学教材中比较缺乏的一类型题。

2. 根据习题评分误差分类

结合问题呈现的形式、学生反应的方式,根据习题评分过程中是否会出现理论性误差,数学测验所采用的题目形式可以分为客观题与主观题。从理论上讲,如果对习题评分能够做到无误差,这样的习题就属于客观题;否则,就属于主观题。

(1) 客观题

客观题又可以分为两类:一类是选择—反应式题目,是要求学生从提供的备选答案中选出正确的或最佳的答案,主要包括:是非题、匹配题与选择题;另一类称为建构—反应式题目,也就是我们所熟悉的填空题,即要求学生对一个问题或一个不完整的陈述做出一个词、一个短语或一个句子的回答。

客观题的共同特征是:结构严谨,事先规定了学生反应的类型。

为了获得正确的答案,学生就必须具备该题目要测查的特定知识或技能。他们没有重新定义问题或用自己的语言组织并呈现答案的自由,而是必须从备选答案中选出一个正确答案,或者提供正确的数字或符号。这种问题使得快捷、简单并且准确的客观评分成为可能。这类题基本上都属于封闭题,其不足是不适合于测量阐明问题解决方法的能力,以及选择组织并整合观点的能力。

下面有必要对几种常见的客观性题型的优缺点做出比较。

表 10.1　几种常见客观题的优缺点

题型	优点	缺点
是非题	题目简短,编制容易。包含信息量大,适合考查比较广泛的内容。	偏重于对知识的死记硬背,猜测的机会较大。
匹配题	编题评分简单,是考查事物关系的理想方法。减少了猜测成分。	侧重于细节性知识,强调记忆。
选择题	适合知识、应用水平的测量,书写量小,评分高度客观。减少了猜测成分。	编制题目费时。
填空题	可以涵盖更多的内容,猜测的成分很小。	缺少对较复杂行为的测试,比较难以计分。

(2) 主观题

主观题主要有如下基本特征:问题的答案需要学生自己提供,而且正确答案可以用多种方式表述,评价者必须凭借主观经验做出判断。

在小学数学教学与评价中,主观题主要包括:计算题、应用题、作图题等。这些试题通过对学生解题过程的分析,来了解学生对知识的理解与技能的掌握情况。

根据问题结构特征,主观题又可以分为封闭题与开放题。

① 封闭题是指具有完备的条件和固定的答案的问题。我们所熟悉的计算题、传统应用题等都是封闭题。封闭题定向性强,有利于在不同条件下重复思维操作,是评价特定技能和知识理解的有效形式。

② 开放题是指探究目标的正确答案个数不确定的问题。这里的探究目标可以是:问

题中数学命题的条件部分;问题中数学命题的结论部分;探索解决问题逻辑通道的策略与方法;数学对象的设计与描述。

开放题的关注点不在于得到问题的答案本身,而在于考查学生对问题整体结构的把握,能够通过给出反例、得到特殊的结论、补足需要的(或删除多余的)条件等方式,获得问题的正确解答。它特别适用于考查学生的高层次思维技能及解决问题的能力。

(二) 数学测验的类型

要正确地、科学地对小学生数学学习进行评价,除了有明确的评价标准及良好的评价方法外,还必须有丰富的评价资料,通常用测验、谈话、问卷、观察等方法去收集评价资料。测验应用的范围很广,按照不同的标准可以分成不同的类型。这里所述及的数学测验主要是指纸笔测验。下面是几种常用的数学测验分类:

1. 按照测验参照标准分类

(1) 常模参照测验

常模参照测验为常模参照评价而进行。这种测验以常模为参照标准来解释测验分数,其目的是确定学生在数学知识和能力上的个别差异,从而确定每个学生在团体中的相对位置,用来作为在学生中分类、编班、编组的依据。

如选拔性考试(数学竞赛等)就属于常模参照测验。

(2) 目标参照测验

目标参照测验为目标参照评价而进行。这种测验以数学教学目标为参照标准来解释测验的分数,测验的试题必须能全面反映数学教学目标。测验的目的是探明某个阶段的数学教学目标是否达到,为组织以后的数学教学提供依据。

如平时测验、单元测验、毕业会考等都属于目标参照测验。

常模参照测验和目标参照测验的性质尽管不同,但两种测验之间还有一定的联系。在常模参照测验中把个别学生的数学学习成绩与数学教学目标做比较,可确定该生离《课标(2011年版)》规定的教学目标大致有多远。在目标参照测验中也可通过计算平均数来建立常模,确定学生的个别差异。因此,这两种测验既有区别,又有联系。

2. 按照测验作用不同分类

(1) 诊断性测验

诊断性测验为诊断性评价而进行。它的价值在于"前反馈作用",可使教师主动按学生的数学学习实际去组织教学。

如新学期、新学年开始时的摸底测验,平时为诊断学生在学习上存在的问题、研究解决办法的测验都是诊断性测验。

(2) 形成性测验

形成性测验为形成性评价而进行。这种测验的目的主要是使数学教学过程中学生的数学学习情况及时得到反馈,以便改进数学教学。

例如,平时测验、单元测验都是形成性测验。

(3) 总结性测验

总结性测验为总结性评价而进行。这种测验的目的主要是对数学学科经过一个阶段数学学习后所取得的成绩做出总结性评价。

如期末考试、毕业考试等都是总结性测验。

3. 按照测验编制来源分类

（1）标准化测验

标准化测验是指按照系统的科学程序设计和实施、具有统一标准并对误差做出了严格控制的测验。

这种测验通常有下面几项要求：

① 数学试卷编制的标准化。试卷应由专家通过一定的程序编写，有较高的有效性和稳定性，并具有多套等值复本，以便按需使用。

② 数学测验过程标准化。测验的实施要有严格的要求。考场的设置、考试的时限、考试的环境、监考人员的素质等都要有一定的标准，避免各种客观因素对数学测验的影响。

③ 评分标准化。评分必须按统一的评分标准给分。

④ 分数解释标准化。

标准化测验尽管有比较科学、客观、准确的优点，但也应该看到它的缺点与使用上的局限性。高层次的学习能力、态度、兴趣与习惯等教学目标难以编入试题之中，特别是缺少论文式试题，难以测定学生思维的灵活性、创造性。数学计算题不易测定学生的计算能力，是非题和选择题的答案又有一定的偶然性。由于这些缺点的存在，国内外对标准化测验的看法不尽一致。

（2）教师自编测验

教师自编测验是指教师根据自己在各个阶段教学的需要而自行设计和编制的测验。这种测验编制和实施方便灵活，但没有标准化测验那样严格。

4. 按照测验评分误差分类

（1）客观型测验

客观型测验是指能够获得一致性评分的测验，这种测验由任何人或机器评分，其结果总是一致或接近一致的。也就是说，这种测验在进行评分时，从理论上讲，一般能做到评分零误差。

在小学数学测验中，客观型试题已经越来越受到人们的重视，并得到了广泛的应用。常见的题型有是非题、匹配题、选择题、填空题等。这些试题作答方式简单，题量大，评分客观、省时，便于采用机器评分和统计。不足之处是教师难以看出学生思考问题的过程，难以考查学生的思维品质和数学表达能力。是非题和选择题存在着较大的凭猜测得分的机会，而且选择题编制比较困难。

（2）主观型测验

主观型测验是指难以获得一致性评分的测验。这种测验在进行评分时，从理论上讲，任何人都很难做到评分无误差。

小学数学测验中常用的主观型测验题有问答题和应用题等。主观型测验可以考核学生较高层次的能力，如分析概括能力、推理能力、因果关系的叙述能力、知识的运用能力等。然而主观型测验也有明显的缺点，那就是评分不客观。主观型测验的评分通常受被试者的字迹、语言、答题技巧及评分者的各种主观倾向和情绪状况等因素的影响,费时又费力,标准难以统一。此外,由于题量不多,内容覆盖面较小,影响测验的有效性。

(三) 数学测验的优劣

数学测验的优点:可以进行大范围的实施,有利于提高测验的效率;便于完整记录学生在题目作答中的反应;便于实施且容易实现评价过程的规范化和标准化,从而提高评价的信度和效度;便于对测验中答题信息的分析研究。

数学测验的缺点:教师不能对学生的回答或观点做及时而深入的询问;所测量的目标仅局限于认知领域,对于情感方面的目标则难以测量;特别是那些过分注重客观题的纸笔测验,往往只涉及课程内容中有明确界定的掌握性结果,而对那些高级心智技能则重视不够。

二、表现性评价

表现性评价有助于收集学生多方面的信息,保证评价的全面性和科学性,一定程度上弥补了数学测验中存在的问题与不足。

有些学生在数学测验中因焦虑而不能正常发挥出其数学能力;有些学生的思维趋向深思型,在规定的时间里不能顺利完成答题;有些学生擅长动手实验操作等。这些情况,仅凭数学测验不能全面反映学生的数学学习水平与数学能力,这就需要通过调查实验、数学日记、档案记录袋等形式记录下学生的表现,以便从总体上考察学生的发展水平。

1. 表现性评价的含义

表现性评价是通过实际任务来表现知识和技能成就的评价方式,是一种教师评价与学生自我评价相结合、评价的内容和过程融为一体的定性评价方式,它能够反映出学生发展与进步的历程,增加他们学好数学的信心。

表现性评价又称基于表现的评价、真实性评价、操作性评价、另类评价等。尽管名称不同,但其实质是一样的。即评价题目不是标准化测验的多项选择题,而是更接近于现实生活的任务、通过学生在完成一系列任务中的表现来确定其能力水平的评定形式。

2. 表现性评价的特点

表现性评价有如下主要特点:既可以是一种课堂活动,又可以是一种测验形式;是对学习的直接测量;既测量学习结果,又评价学习过程;可以嵌入在课堂活动中;能评价社会技能,如合作能力、分享和商讨等。

3. 表现性评价的方式

表现性评价既可以是书面形式的,也可以是口头形式的,或者是一些直接的实际活动,如调查活动、实验探究等。一般有调查实验、数学日记、记录袋、课堂观察、数学专题作业等方式。

(1) 调查实验

调查实验提供了用于表现性评价的各种动手操作活动的形式,通过学生的调查实验,可以加强学生对数学内部的整体把握,促进学生加强数学与外部的联系。

比如,描述某一商品一段时间内销售情况的(函数)关系的研究性学习活动等,这样的调查和实验的评价任务,为我们提供了考查学生提出假设、分析处理数据以及推断的能力的依据。

(2) 数学日记

数学日记提供了学生对自己所学的数学知识和方法进行总结、反思的一种自我评价方式,通过引导学生毫无顾忌地把自己的感受、困难之处、感兴趣之处等实际情况写出来,既发展了学生反省认知能力,又提供了评价学生真实学习情况的第一手资料。

(3) 档案袋

档案袋又称成长记录袋,是指将反映学生学习进步的重要资料记录保存下来,归建成档,可为学生的发展成长过程提供一个很好的形成性评价。

记录的资料可以不拘一格,如最满意的作业、最有意义的探究活动成果、印象最深刻的问题、解决问题的反思记录、阅读数学读物的体会、数学小论文等。

(4) 课堂观察

表现性评价的特征之一,就是通过直接观察学生在任务中的表现来做出价值判断。

数学课堂自然是实施表现性评价的最佳地点。当教师在课堂上有意识地观察学生在各种学习活动中的表现时,就会直接看到学生最真实的表现,就会对学生的数学学习兴趣、学习态度、学习意志力,以及学生发现问题、解决问题的能力等这些不容易量化的发展目标获得丰富的评价信息。

因此,课堂观察就是一种表现性评价方式。尤其是新一轮课程改革积极倡导数学要采用动手实践、自主探索和合作交流的学习方式,就使得课堂观察更成为一种重要的数学学习评价方式。

(5) 数学专题作业

所谓数学专题作业,不是以学习和掌握系统的科学知识为目的,而是以解决实际问题为目的,以培养和考查学生综合运用知识解决问题的能力、创新精神和实践能力为目的。

数学专题作业具有应用性、探索性、开放性等特征。学生要解决或完成它不仅要经历收集数据、寻找资料、观察实例、测量实物、发现模式、绘制图表、进行书面或口头报告等几个过程,通常还需要由几个学生作为一组共同参与、合作来完成整个解决问题的过程。这些作业既可以是基于数学内部知识的,如对数学规律或模式的探索等,也可以是应用性的或跨学科的,但在其中需要使用数学知识和技能。

总之,表现性评价是一种定性的过程性评价,其主要目的是激励学生的学习自信心与数学学习兴趣。上述几种评价方式是在课堂改革实验过程中进行评价改革的尝试,每位教师可以根据自己的实际情况,设计出合适的表现性评价方式。

三、交流式评价

1. 交流式评价的含义

交流式评价,主要指通过直接和学生交谈而获取关于学生学习状况的有用信息的一种方法。

在数学教学中,教师经常会通过提问,听取回答来判断学生的学习效果;或者组织讨论,以得到学生理解有关概念的信息。

2. 交流式评价的形式

交流式评价主要包括如下几个具体形式:

(1) 课堂提问

课堂提问是教师了解学生学习情况的一种主要手段。在数学课堂上,教师经常会把学生叫起来回答问题或让学生提出问题,并根据学生的回答或所提问题来估计学生对有关问题的理解或掌握程度。课堂提问的实质是出声的思考,即要求学生说出自己的思想、行动和情感,这对于以思维活动为主的数学学习来说,是一种比较有效的评价方式。

课堂提问方式的有效性受到诸多因素的制约,如所提问题的方式、质量、提问的情境,以及学生的性格特征等。因为言语表达本身是一件不容易的事,当一个人把知道的东西用言语表达出来时,由于有不熟悉的词汇、害怕说话或存在言语问题,就会影响其对真实思维的准确表达,从而用这种方式评价数学学习就可能会出现一些问题。

(2) 访谈

访谈,就是评价者通过与评价对象面对面地口头交流的方式获取评价信息。在数学教学中,教师可以通过集体访谈来获取评价信息,讨论学生已经掌握的知识和还没能学会的知识,也可以通过个别访谈了解个别学生的思想。

师生之间真诚地交流学生的学业水平,探讨学生已经掌握的知识、特殊的具体需要、兴趣和愿望,以及其他与学业相关的话题,不仅可以获得学生在情感、态度、价值观、行为规范等方面的信息,也有利于创造一个有效的数学学习环境。

(3) 课堂讨论

讨论是教师或学生发起的一种团体互动,对要求掌握的材料进行全方位的探讨,教师听取学生的讨论,评估学生的表现,并推断单个学生或一个小组的学习成绩和水平。显然,课堂讨论既能促进学生的学习,也可以提高学生应用已有知识的能力。

(4) 口头测验

口头测验,简称"口试",是一种古老的考试方法。尽管在 20 世纪,由于对客观性评价的追求而失去了口试的传统,但在实际教学中这种评价方式还能发挥作用。相对笔试而言,口试更加能展示学生的思维过程,通过对学生思考、分析、解答问题以及真实操作过程的观察,不仅可以评价学生对知识技能的掌握运用情况,而且还可以全面了解学生的真实数学思考过程,解决问题的方法以及使用数学语言有条理地表达自己思考过程的能力。

由上可知,交流式评价是一种很灵活的评价方式。如果交流的重点突出,倾听积极,又慎重地得出结论,那么与学生的交流或学生之间的交流就是评价学生数学学习表现的有效和可信的方式。

四、自我评价

树立现代的评价观,使评价从外部的转化到内在的、从形式的转向实质的、从被动的转向主动的,是当前教育评价亟待解决的问题,而学生的自我评价就是解决这一问题的突破口。

自我评价的理论基础是教学论和学习论,学生只有真正地掌握自己,驾驭自己,才能提高自己。B.S.布鲁姆的掌握学习理论就是调动内因、主动索取的理论,掌握学习必须掌握自己。而掌握自己的主要标志是能否正确地评价自己,因此,自我评价在教育评价中,应提到应有的位置。

自我评价的方法很多,但不管哪一种方法,都必须要简便易行并适合学生的年龄特征。实践证明,建立"学生评价卡"是一种较为有效可行的自我评价方法。

"学生评价卡"是靠内在因素的作用,是学生自身为了实现自我评价而设立的一种形式,由学生本人使用和保存,不作为他人评价、教师鉴定、家长检查的依据,学生有权不允许别人查看。为了帮助学生建立"学生评价卡",教师可以提出"建卡"的要求。

建立"学生评价卡"应注意如下几方面要求:

第一,在内容与形式上能简明准确地反映学生学习某一个系统知识的学习情况。

第二,用填表或画图的形式反映学生每次提问、测验、考试取得的原始分数,并注明每次测验的班级平均分和学生本人在班级的相对名次。

第三,学生定期检查自己学习情况的变化,是呈上升趋势,还是保持稳定状态。

第四,能体现学生自己的预定目标。

下面是"三角形的认识"和这个小单元的"小学生数学学习成绩评价卡",通过这些栏目的内容反映出评价因素和量化表示。当然,还可以设计其他的评价卡。

表10.2 小学生数学学习成绩评价卡

编号_____   制表人_____

内容	项目		三角形的认识			
			概念	性质	判断	综合应用
	学习目标					
日常学分	发言答对次数					
	作业正确题数					
	小测验分数	1				
		2				
单元测试	班平均分					
	个人分数					
	存在问题					
学习过程	数学学习情感态度(定性描述)					
	与他人合作交流情况(定性描述)					
补救措施	预测目标					
	再次达标措施					

思考与练习

1. 比较几种常见的客观性题型的优缺点。
2. 小学数学测验有哪几种类型?各类测验有什么功能?
3. 表现性评价的方式有哪几种?
4. 交流式评价的形式有哪几种?
5. 自选某个小单元,并以此为例设计小学生数学学习成绩评价卡。

第四节 小学数学学习评价的实施策略

一、数学作业评价的实施策略

数学作业是数学课堂教学的延续,它超越了课堂学习的限制。数学作业给学生提供了提炼和扩展知识的机会,是教师督促检查学生学习的重要途径,也是评价学生数学学习的最有力、最灵活且效率最高的工具。

(一)数学作业评价的两个问题

1. 作业的布置

布置作业是数学教学的重要环节。通过作业教师可以收集学生的典型错误、优秀解法,为评价学生的学习状况提供机会,但在实际教学过程中,关于作业的布置,存在如下问题。

(1) 作业内容的统一化

在实际教学中,教师往往习惯于规定统一的作业内容。这种整体划一的作业布置,给不同层次的学生造成的课业负担是不同的,因为学生在整个课堂学习过程中掌握知识的情况千差万别,有的需要进一步理解,有的需要巩固记忆,有的则需要拓宽视野。作为课堂教学的补充,统一作业不能针对不同学生的学习基础和要求安排不同的练习。另外,统一作业使学生的主体作用难以发挥,甚至会导致学生抄袭作业的现象。

(2) 作业形式的单一化

受应试教育和考试指挥棒的影响,小学数学作业的布置往往仍带有较浓厚的应试色彩,较多强调标准答案的封闭型问题,每一个问题都要求学生在规定时间内独立完成,这种单调的作业形式不仅仅在发展学生思维、提高学生数学素质方面有较大的局限性,而且很容易使学生感到乏味。

(3) 作业布置的随意化

目前,题海战术仍被绝大多数教师青睐,试图通过大量的作业"量变"带来成绩"质变"。不少小学数学教师布置作业时除本着面面俱到、多多益善的原则外,在习题的选取上带有较大的随意性,这种作业布置方式忽视了对习题的精心设计,很容易扼杀学生对数学作业的热情和对数学的热爱。

2. 作业的批改

作业的批改,是数学作业评价中必须关注的又一重要环节。在实际教学中,学校通

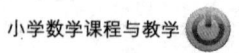

常要对教师批改作业提出明确的要求,并会定期检查。但是从其应该发挥的作用来看,这种学生交、教师判的作业批改方式,不仅没有起到应有的作用,反而出现了种种不良影响。

(1) 作业批改费时较多

据调查,小学数学教师每天批改作业多数采取面批形式,同时还要记录批改作业中的有关资料。这样,教师一下课,就忙于批改作业,除去学校的其他活动,真正用于钻研教材、备课,研究教法的时间会很少。由于备课不充分,对学生了解不深不透,教学效果就会不理想,反映在学生作业中为错误不断,反过来加重了批改作业的负担。

(2) 作业批改流于形式

由于数学作业以封闭问题为主,教师在作业批改中只需要根据结果就可以判断学生作业的正确与否,从而批改作业也就是简单地打个"√"或"×"的工作,再加上学校对教师批改作业的严格规定造成了教师的工作负担太重,因此,教师只能疲于应付,很少对数学作业的布置与批改给予足够重视。不仅如此,对学生来说,由于把作业看成是完成任务,常常抱着做完了事的态度,对教师批改后的作业也只是看评语或成绩了事,再加上学生中存在抄袭现象,实际上作业批改对学生的帮助作用也就微乎其微。

(二) 数学作业评价的基本策略

1. 有选择地布置作业

关于作业布置方面的诸多问题,其实可以归结为一点,那就是作业的布置缺乏弹性或选择性。尽管整齐划一的作业有助于教师实施统一管理,也使得随后的作业批改相当简单,但却是以牺牲学生的兴趣与个性发展为代价,并不能有效了解学生的真实学习状况。

(1) 有层次地编排作业

有选择性地布置作业的首要目标,就是要做到作业设计的层次化,即教师要根据教学目标的类型与认知水平,分类设计作业。如帮助理解的,巩固记忆的,提炼概括的,迁移转换的,发散思维的;从基础知识、基本技能,到数学思考技能、问题解决能力,全面考虑。在分类设计的基础上注意面向学生全体,把每类作业按难易程度设计出几个不同的档次,注意运用题组进行变式训练,做到作业梯度与学生层次相对应,使不同水平的学生都能从做作业中获得学习效益。

(2) 作业形式多样化

单一的作业形式,重复的机械训练,是导致学生作业低效的主要原因。很多学生觉得作业枯燥无味,也只是因为它与课堂上所做的作业没有什么两样,解决这一难题的方法之一就是实现作业形式的多样化。这不仅是指题型多样(是非题、匹配题、选择题、填空题、解答题、材料题等),更是形式要多样,既有一般的书面作业、口头作业,又可布置一些有关联系实际问题的研究性作业。

(3) 作业选择自由化

有选择地布置作业的更重要的含义就是给学生选择作业的自由,让学生自主选择作业的形式、数量,自主确定做作业的时间等,让学生自觉主动地选择作业,完成作业,远比被动地应付教师布置的作业效果要好。如,教师可以列出作业范围和要求,将作业区分为基本作业(人人都做)、选择作业(学生选做)、自主作业(完全由学生自主确定)。

有选择地布置作业的最大益处,就是弹性而有选择的作业会吸引有兴趣的学生做更多的作业。教师仅从学生完成作业的数量就可以获得有关学生的大量信息,同时让学生自由选择还可以确保作业的真实性,而不至于引发抄袭作业的现象。这样可以利用学生的作业信息做出可靠的推论或决策,不足的是作业的多样化将会给作业的批改带来困难。

2. 让学生参与作业批改

学生交、教师判的作业方式,不仅造成教师大量时间和精力耗费,也给学生增加了一定的心理负担,不利于学生主动性的发挥。让学生参与作业的批改,是一种既能减轻教师负担又能激发学生学习热情的有效策略。

(1)如果作业有明确清楚的答案,那么可以采取组对学习的方式来检查作业。同学之间两两互相对照答案,有疑问或错误时,互教互学。

(2)对于复杂的作业形式,可以采取以小组为单位的方式,对每个人的作业进行集体评判,学生可以充分发表意见,对不同的解法认真研究审定。作业结束后,要求学生以小组为单位填写作业意见反馈表,教师通过作业意见反馈表或抽查部分作业就可以实现对作业的了解与监控,以便做出相应的教学安排。

表 10.3 作业意见反馈表

小组		日期		记录人	
作业题目					
小组完成情况					
典型错误及矫正					
不同观点与解法					
体会与建议					

(3)对于重要的、难度较大的或者可合作学习的作业内容,教师可以采取课堂评判的形式,组织学生进行集体讨论。

让学生参与作业批改,在于促进学生关注重心从确保完成作业转移到利用完成的作业来加深和拓宽知识上来,真正发挥作业评价的发展性功能;同时,教师还可以节省更多时间精力从事教学科研。

3. 有效利用家长参与

利用作业进行评价是实现多主体评价的最佳途径,也是家长能够参与评价的唯一途径。然而,在课程改革中,一些学校或教师只是从形式上去理解多元评价,往往是不论评价的内容与目的,一律采取家长参与评价的方式。事实上,家长参与评价并非指家长可以控制作业的内容,或者对作业进行评分,而是指家长要扮演一个观察者或记录员的角色,以监督学生在家中做作业的情况。家长参与评价过程中所负有的责任就是代替教师监控学生做作业的过程,并帮助教师收集学生做作业的信息。

二、数学考试评价的实施策略

（一）数学命题

1. 命题原则

编拟小学数学试题是一项艰苦的脑力劳动。如果编制试卷时所有的试题都要临时编拟，那将是非常辛苦的，而且常会发生错误。因此教师平时应注意多编拟试题，并把它们记在卡片上积累起来，这样可以提高编拟试题的质量。

编拟小学数学试题一般应遵循以下原则：

（1）适中性原则

命题应以《课标（2011年版）》为依据，试题涉及的内容不能超标，也不要低于标准提出的要求。

（2）代表性原则

试题取样应有代表性，样本应能体现测验的范围与要求，有较大的覆盖面，同时保持各部分之间的适当比例，并能注意到考查教学内容中的重点部分。

（3）科学性原则

命题要科学、合理。试题的表达应清晰无误，用语简明、准确、清楚、具体，图形准确。试题的答案不应有争议。实际问题的内容要符合生活和生产实际，立意要新颖，强调学生通过实践，增强探究和创新意识，学习科学研究方法，发展综合运用知识的能力，注意体现试题的思想性。

（4）客观性原则

评分标准要明确简捷、客观合理。

上述命题要求是原则性的。在实际编题时，仅知道一些原则是不够的，应注意灵活应用原则。从目前小学数学教学情况来看，错误的习题还时常可见，有的错题还出现在书刊上，应该引起我们的重视。

2. 质量指标

评价数学试题的质量指标主要有难度和区分度。

（1）难度

难度是衡量试题难易程度的指标。它主要反映试题对学生知识和能力水平适合的程度，通常用难度系数 P 来表示。

计算难度系数的基本公式是：

$$P=\frac{\overline{x}}{w}$$

式中 P 是某试题的难度系数；$\overline{x}$ 是所有参加测验的学生在该题的平均得分；w 是该题的满分分数。

对于一类非对即错的客观型试题（是非题、选择题等）通常采用试题答对给满分，答错或不答均给零分作评分标准，对这类题可以用下面的公式计算难度系数 P：

$$P=\frac{R}{N}$$

式中 R 是该题答对的人数；N 是参加测验的学生总数。

当被试者人数很多时，难度系数还可以采用下面的计算方法：将每个被试者的测验得分由高到低依次排列，分别从最高分和最低分开始各取总人数的 27% 作为高分组在该题的得分率 P_H 和低分组在该题的得分率 P_L，再用下面的公式计算该题的难度系数：

$$P=\frac{P_H+P_L}{2}$$

例 1 某主观型数学测验题的满分分数是 8 分，高分组人数是 95 人，实得分数是 579 分，则高分组的得分率为

$$P=\frac{579}{8\times 95}\approx 0.76$$

如果算得低分组得分率为 $P_L=0.30$，则该题的难度系数为

$$P=\frac{P_H+P_L}{2}=\frac{0.76+0.30}{2}=0.53$$

从难度系数的计算公式可以看出，试题的难度系数 P 越大，表示该题平均得分较高，即表示试题越容易；反之，P 值越小，就表示试题越难。显然，P 的取值范围是 $0\leqslant P\leqslant 1$。当 $P=1$ 时，就表示全体考生该题都得满分；当 $P=0$ 时，表示该题得分的学生一个也没有。这说明当 P 取两个极端值时，试题无法区分学生的学习水平，所有被试学生在该题的得分没有任何差异。所以，难度太大或太小的试题都是不合适的。难度究竟多大才合适，并无绝对的标准。一般地说，每道题难度系数在 0.2—0.8 之间比较合适。整份试卷各试题的难度应该形成一定的坡度。

(2) 区分度

区分度是衡量试题对学生实际学习水平区分程度的指标。好的测试题能将优秀生与差生区分开来，差的测试题则分不出学生学习水平的差别。对某个试题来说，如果实际水平高的学生得高分，而实际水平低的学生得低分，那么就说该题的区分度高。某题的区分度通常用学生在该题的得分与学生实际水平之间的相关系数来表示。由于学生的实际水平难以测量，于是就用该生试卷上的总分来表示，因此，计算某题的区分度 D，就是计算试卷上的总分与该题得分之间的相关系数 r，其计算公式为：

$$D=r=\frac{\sum_{i=1}^{N}(x_i-\overline{x})(y_i-\overline{y})}{N\cdot S_x\cdot S_y}$$

式中 x_i 是第 i 个学生在该题的得分；y_i 是第 i 个学生的测验总分；N 是被试学生总数；S_x、S_y 分别表示变量 x、y 的标准差；$\overline{x}$、$\overline{y}$ 分别表示所有被试学生该题得分的平均数和测验总分的平均数；D 表示区分度系数。

区分度还有一种计算方法，这种计算方法是先将全体被试学生的测验总分按由高到

低顺序排列起来,然后分别从最高分和最低分开始各取总人数的 27% 作为高分组和低分组,记高分组在某题的得分率(得分平均值与试题满分值的比)为 P_H,低分组在该题的得分率为 P_L,那么这两个得分率之差可作为该题的区分度系数 D,即

$$D = P_H - P_L$$

计算区分度的第一种方法我们把它叫作"积差相关系数法",第二种方法叫作高、低分组得分率相减法。

从区分度系数 D 的计算公式可以看出,测验成绩较好的学生在某题的得分较高,测验成绩较差的学生在该题的得分较低,该题的 D 值就较大;反之,D 值就较小。因此,D 值越大,试题的鉴别力就越强。

在常模参照测验中,测验的目的在于测量学生的相对位置或等第,因此,区分度指标成为试题质量的重要标志。一般地说,区分度系数为 0.4—1.0 的试题质量为优,区分度系数为 0.3—0.4 的试题质量为良,区分度系数为 0.2—0.3 的试题为合格,区分度系数为 0.0—0.2 的试题为差,区分度系数为 -1.0—0.0 的试题为极差。

在目标参照测验中,由于测验的目的在于测量学生是否达到了预先制定的教学目标,因此,试题的区分度系数意义就不大。例如,在平时的数学单元测验中,常有一部分题目几乎所有学生都能答对,尽管这些试题的区分度系数几乎为 0,但根据测验的目的,这些试题可能仍然是完全有效的。

试题的难度系数 P 与区分度系数 D 是两个既独立又互相联系的衡量试题质量的指标。P 值过大或过小,表示试题过易或过难,因而 D 值必定小。反之,若 D 值大,表示试题的鉴别力强,那么 P 值必定适中。

例 2 一次数学考试的总成绩和第五题的得分如下表所示,计算第五题的难度和区分度,并说明该题的质量如何(该题满分为 20 分)?

学生学号	1	2	3	4	5	6	7	8	9	10	11	12
总分	97	53	67	84	88	47	78	75	66	83	92	61
第五题得分	19	4	8	14	17	12	16	13	18	15	20	6

解:计算难度系数:

$$\bar{x} = \frac{1}{12} \times (19+4+8+14+17+12+16+13+18+15+20+6) = 13.5,$$

$$P = \frac{\bar{x}}{w} = 13.5 \div 20 \approx 0.68。$$

计算区分度系数:

高分、低分组人数:$12 \times 27\% \approx 3$,

$$P_H = \frac{19+17+20}{20 \times 3} \approx 0.93,$$

$$P_L = \frac{4+12+6}{20 \times 3} \approx 0.37,$$

$D=0.93-0.37=0.56$。

质量评价：

由于 $P \approx 0.68$，在 0.8 与 0.2 之间，$D=0.56>0.4$，所以第五题是一个质量较好的试题。

(二) 试卷编制

编制测验试卷是整个测验的核心。只有用高质量的试卷，才能全面考查学生掌握知识和技能以及运用知识、技能解决实际问题的能力，同时也能客观地检查教师的教学效果。为保证试卷质量，试卷的编制必须按一定的程序，依据一定的方法进行。

1. 试卷编制的基本原则

(1) 目标性原则

数学教学是按《课标(2011年版)》的教学目标进行的，不同的考试，如过程性、总结性考试，目标参照、常模参照考试等，由于它们的目标和功能不同，所以编制试卷的目标和要求也不同。因此，依据《课标(2011年版)》的目标和达到考试目的是编制试卷的首要原则。

(2) 科学性原则

所编制试卷的形式和试题都要科学，符合学生的思维水平和心理特点，体现各种题型对考试的作用。试题按由浅入深、从易到难和由简单到复杂的顺序排列。主观、客观试题量的题量和分数比例恰当，试卷的题量与答题所用的时间相吻合，所编制试卷的试题内容科学无误，严格遵循学科特点和知识体系。试题的陈述简约、无歧义，无科学原理和事实上的错误。

(3) 客观性原则

编制试卷的标准是考试的目的和要求，不因命题人的更替而变化标准。编制试卷的内容是《课标(2011年版)》规定的范围，是学生学过且理应掌握的有价值的内容。客观性试题的答案要明确、无争议，正确答案随机安排，迷惑选项有意义，无重叠。主观性试题有合理的明细评分标准，对特殊情况要有具体、明确的规定。

(4) 时代性原则

编制的试卷要具有时代气息，体现《课标(2011年版)》的理念和要求，力求突出"知识技能、数学思考、问题解决、情感态度"四维目标的考查。紧密联系学生学习和生活实际，联系生产实际和科技发展前沿，联系自然发展和环境保护等实际问题。要安排足量的实验考题，考查学生的研究性学习和科学探究等。

2. 试卷编制的基本要求

编制试卷，要处理好四方面的问题：题量及其分布（即每个章节各有多少试题，各占多少分）；题型及搭配（每种题型有多少道题，在各章中是怎样分配的）；难易及其层次（整个试卷的预计难度，不同难度试题的比例）；试题在卷面上的安排。

一份好的试卷，无论它由何种题型所构成，除了每一试题都科学、合理外，还应该具备下述条件，符合下列要求：

(1) 全面。试卷考查的覆盖面广，考查点分布合理，考查的内容对整个考试内容有足够的代表性。根据学段内容，尽可能覆盖教学的各个方面，全面测试学生的能力与水平。

（2）适度。试卷试题的难度比例、考查深度要符合《课标(2011年版)》的要求，使试卷具有较高的内容效度，考试目标达成度高。一般情况下，水平考试的期末试卷难度以0.85为宜(当然，试卷的难度要求需根据年级的高低、学生的差异而有所不同，不能千篇一律)。

（3）适量。试卷的分量要适当，要让学生有较充裕的时间来完成试题的解答，并留有检查的时间，使学生不至于因时间不够造成思想紧张、笔误、书写不规范等。一般认为，教师做题时间和学生做题时间的比例可掌握在一比三。

（4）独立。试卷中各道试题间要有相对独立性，不能有构成对其他试题提供正确答案的线索，不能出现有答案暗示或引导答案线索的试题。

（5）合理。试卷中的试题排放要合理，同种类型试题之前应扼要说明该类试题的解答要求，使学生明确干什么、怎么干、答案以什么形式出现。试题排放要做到：同等难度试题中同类试题集中排放，不同等难度试题由易到难排放。

（6）简明。每道试题的叙述要简明、准确、易懂，避免使用艰深难懂的字词，使学生阅读试题后能确切知道题意，明确在解题过程中做什么，怎么做，答案用什么形式表述，不致对题目的要求捉摸不透。

（7）准确。试题所涉及的内容，知识点清晰，没有争议。试题的答案要有确定的结论，应有不致引起争议的确切答案。选择题正确答案选项要随机排列。

（8）新颖。部分试题所提问的方式、设置解题任务的情景要新颖，不落俗套。试题的形式要多样，但活而不怪，多而有序，是非清楚，具有一定的发散性和创新性。

3. 试卷编制的一般程序

（1）明确考试目的

小学生的数学学习成绩就测验而言主要有摸底测验、单元测验、期中测验、期末测验、毕业考试等，由于测验的目的和类别不同，对试题内容的广度和深度、测验的方法、形式等都有不同的要求，因此，在编制测验试卷之前，教师必须明确小学数学测验的目的。

（2）确定考试内容

研读《课标(2011年版)》的教学要求以及教材的相关内容，准确把握考试内容的难度和范围，从而把握考试内容。

（3）设计制卷计划

根据考试的目的、《课标(2011年版)》的目标，依据教学内容，先制定出命题、制卷的具体计划，计划包括测试的内容、题量、题型、时间和分值等，再制定出具体的双向细目表。

双向细目表，也称试卷蓝图，是一种反映试题内容和考查要求的横竖两向的表格，它实际上是一份命题计划。双向细目表由双向栏目组成，一向栏目表示教学目标(现在有的双向细目表也将题型列在这一栏内)，主要体现考试能力要求；另一向栏目表示考试内容，它反映知识的覆盖面。

例3 下面是对某小学二年级（下）学期期末数学考试（教材为苏教版义务教育教科书数学二年级（下册））试卷进行分析后得出的双向细目表（仅供参考）。在编制试卷之前先编制这样的双向细目表，就为编制高质量的试卷提供了必要的保证。

表 10.4 某小学二年级(下)学期期末数学考试试卷双向细目表

知识内容	试题类型						教学目标				合计
	填空	选择	判断	作图	计算	应用题	…	识记	理解	简单应用	综合应用	
有余数的除法	2		2		4	4		4	4	4		12
时、分、秒	2		2					2	2			4
认识方向	2		1	1		4		2	4	2		8
测定方向	1	1							1	1		2
认识万以内的数	8	2	2		4	4		8	6	6		20
分米和毫米	2	1				1		2	2			4
两、三位数的加法和减法	4	4	2		12	12		10	12	12		34
角的初步认识	2		2	4				2	4	2		8
数据的收集和整理(一)	2					4			2	4		6
了解你的好朋友	2									2		2
合　计	27	8	11	5	20	29		30	37	33		100

要编制一张双向细目表,需要做好如下几方面工作:

第一,确定知识内容。

细目表中"知识内容"一栏,反映了测验对知识内容的取舍,从中可了解整份试卷对教学内容的覆盖情况。知识内容罗列的粗细程度取决于测验内容。如单元测验的内容可罗列每个知识点,期末测验则可罗列到单元,毕业考试则可分"块"(如分为"数的认识""数的运算""图形的认识""可能性""常见的量"等)。

第二,确定教学目标应达到的数学学习水平层次和题型。

这里的教学目标主要是指认知领域中的教学目标,一般分识记、理解、简单应用、综合应用等几个层次。题型可以根据教学内容及教学目标考虑。

第三,确定试卷容量。

试卷容量是指一份试卷中试题的数量。试题容量的大小主要由测验时间决定,此外也应当考虑到试题的难度、类型等因素,教师应根据学生学习水平适当地安排试卷容量。

第四,分配测验总分。

测验总分应该按双向细目表中纵横两个方向统一进行分配。这里的纵向分配是指按"内容"分配总分,其依据是各部分知识内容占的教学时数和它们在教材中所处的地位的重要性。这里的横向分配指按"教学目标"和"题型"分配总分,其依据是测验的目的要求、学生的实际水平、各种类型测验题的特点等。一般的数学测验,基础部分试题分数约占总分的 70%,中等难度的试题分数约占 20%,较高难度的试题分数约占 10%。在决定每个纵横交叉格中的分数时,主要考虑如何合理地按教学目标层次分配,同时也要考虑该层次上是否能编制合适的试题。

(4) 编制试卷内容

依据命题原则,紧扣命题细目表,按计划严格选择材料,进行选题组卷。

(5) 审查修改试题

对照《课标(2011年版)》,逐题进行审查、修改,并进行筛选,使试题真正达到科学、准确、合理。

(6) 试答试题内容

试卷初步编制完毕,进行试题解答,体验试卷难度,估测答卷时间。

(7) 调整试题内容

根据试答情况,对试卷题量或其中个别试题进行适当调整。

(8) 制定评分标准

根据试答和调整后的情况,对试卷做出准确、合理的参考答案和评分标准。

(三) 组织考试

1. 数学考试的实施层面

(1) 学校层面的数学考试

学校层面的数学考试,是指由学校(通常是教务处)统一组织实施的、采用年级统考或联考的方式(以激励教学班级之间的竞争意识)促进教学质量提高的考试。这种考试的性质属于阶段性的学业考试,其主要功能在于通过定期的考试来监控教师的教学质量,以实现教学的管理。

(2) 课堂层面的数学考试

课堂层面的数学考试,是指教师在具体的课堂教学与学习情境中实施的课堂测验、单元测验等。这种考试具有随意性,考试的时间、地点、内容与方法等都是由任课教师视情况而决定,测验的对象只局限于自己所带的班级,测验所用的试题通常由教师自己编制。这种考试的主要作用是检测学生的学习状况,明确其努力方向,通过对学生考试成绩的分析,能够帮助教师发现教学中所取得的成绩与不足,促进教学改革和教学水平的提高。

2. 数学考试的实施策略

此策略限于指学校范围(学校层面与课堂层面)的数学测验与考试,重在使现有的测验与考试尽量有利于教学的改善,减少考试所导致的负面效应。

总体来说,要尽量实现:使考试的重心转移到学习的改进和形成良好的学习习惯;减少教师在考试与评分上所耗费的时间;减轻考试给学生造成的不良影响,尤其是要减轻那些不容易得高分的学生的不良心理负担。

(1) 减少考试次数,缓解心理压力

一般认为考试可以精确地测量出学生对知识与技能的掌握水平,以至于可以利用它来预测学生的进步与变化,衡量教师的教学成效,总是寄希望于考试来激励学生的热情,促使教师为提高教学质量而不断努力。但对考试所赋予的期望,不能保证充分发挥它们应有的积极作用,反而给教师与学生带来了许多消极影响,学生讨厌考试。因此,在可能的情况下,尽量减少考试的次数,尤其是学校层面的考试,这是减轻教师与学生负担的有效策略。

（2）开放考试过程，鼓励学生参与

就现实而言，教师与学生常常处于相互对立的位置，教师在编制试卷时想方设法将学生容易遗漏和混淆的地方作为出题的重点，试题及评分标准自然是严格保密的，学生则完全被排除出试题编制过程，而且在考试进行中，不准参考任何可能的信息。在这样的考试中，师生常常扮演着猜题与反猜题的角色，而且会使得一些学生为取得好的成绩弄虚作假，或者因情绪焦虑而不能正常发挥自己的水平，难以准确地反映其真实的学习情况，更难促使学生利用考试来提高学习成绩。

就学校而言，考试目的只是想利用考试来总结和展示学生的学习情况，那么，就没有必要采取严格的考试程序，而是应该开放考试过程，让学生在宽松的环境中发挥自己的真实水平。当然，开放考试过程并不是指教师要将自己编制好的测验题告诉学生，而是指要鼓励学生参与，充分发挥学生在考试过程中的积极性与主动性。对此，有以下一些措施可供选择：

① 让学生了解考试过程。让学生了解考试的意图，考试的考查目标以及试题编制过程，甚至可以要求学生按照他们对学习目标及对课堂材料的基本概念的理解为基础编制与组织试题，通过合作来判断试卷应该包括哪些内容，从而形成相应的试题及解答等，这样做将有助于激发学生的热情，减少学生对考试的恐惧感。

② 采取多样的考试方式。目前，不少地区的学校采取的考试方法有笔试（开卷、闭卷）、口试、实验、操作、活动等，特别是口试、实验、操作、活动等考试方式，给学生开放的时间与空间。在解答试题的过程中，学生可以自由地、广泛地查阅资料、调查访问、动手实验、自主探究、同学之间相互交流。采取多样化的考试方式，无形之中就可以扭转"应试倾向"，把学校教育引向素质教育的发展轨道。

③ 引导学生进行自我反馈。考试中，重视发挥学生的主体地位，积极引导学生参与对考试结果的分析与评判，不仅有助于扭转以往只重视考试分数不重视改进教学的倾向，而且真正发挥了考试的反馈与导向功能。学生通过对考试结果的自我分析，可以真正地了解自己的进步与不足，还能运用考试信息来设立目标，做出与自我提高相关的学习决策，以形成对高质量学习的理解。

（3）合理评定分数，重在促进理解

测验实施以后要进行阅卷评分，为使评分客观真实，一般采用封盖答卷人姓名、教师采用"流水作业"的方式阅卷。评卷人要严格按评分标准给分，还要慎重对待超越标准答案外的答案，合理评分。同时，要通过降低学生得分的意义来放松学生对分数的过分关注，使学生更多地注重对数学知识的真正理解。

（四）试卷分析

每次数学测验之后，一般都要进行试卷分析，为改进教学和做好以后的测验工作积累资料。

试卷分析一般有定性分析和定量分析两种，这两种方法通常结合进行，互相补充。分析试卷和试题的质量通常以定量分析为主，辅之以定性分析。这里的定量分析主要是指测验成绩分布的统计,测验的信度、效度分析和试题的难度、区分度的分析。

分析学生在测验中存在的问题则以定性分析为主,辅之以定量分析。试卷的定性分析可根据实际需要来确定。如对学生普遍未答好的数学试题进行具体分析,找出带规律性的错误,以便改进教学。如要比较不同班级、不同学校的差异,则从各个班、各校中挑选部分试卷进行比较。

通过试卷分析,教师还可将难度恰当、区分度高的试题积累起来,为以后编拟小学数学试卷积累资料。此外,教师应将试卷分析的情况通过集体讲评、个别讲评等形式告诉学生,使测验的功能得到充分的发挥。

(五) 结果分析

结果分析重在对原始分数的解释和处理。

根据测验的评分标准,从试卷直接得到的分数叫原始分数。

由于原始分数计算简单,又直观明了,因此在各类测验中得到了广泛的应用。原始分数可以用来解释被试学生达到目标的程度,还可以用来解释被试学生达到的成绩等级。教师可自行确定一个划分等级的标准,将学生达到的原始分数转化为优、良、及格、不及格等不同等级。

原始分数也存在一些缺陷。首先是原始分数的起点"0分"没有明确的意义。例如,某生一次数学考试得了零分,只能表示他对该份试卷一无所知,而不能表示他的"学习行为结果"为零,换一份同样内容范围的试卷,他未必也是零分。这是因为同样考试内容的试卷,其难度难以保持一致,各份试卷其参照零点各不相同,缺乏统一的起点,所以原始分数是不具有统一参照标准的分数。原始分数的另一个缺陷是每一个"1分"并不等值。例如99分与100分相差1分,19分与20分也相差1分,然而从99分升到100分要比从19分升到20分难度大得多,这两个1分的价值相差很大。

人们对原始分数有时会产生误解。例如,家长看到自己的孩子数学期末考试成绩是90分,比期中考试成绩95分差,就认为学习退步了。其实,期末90分是全班最高分,而期中95分是全班第三位,因此,不能看到原始分数就做出"进步"与"退步"的判断。其次,将不同学科或不同次考试的原始分数直接相加计算总分,据此作为选拔人才的根据,也是对原始分数的一种误解。

鉴于原始分数存在的缺陷,在数学学习评价中我们经常采用标准分数。

标准分数是根据概率论的正态分布原理,以平均分为参考点、以标准差为等值的分数单位,用原始分数离开平均分的距离中所含标准差的个数来表示标准成绩的分数。其计算公式是 $Z=\dfrac{x-\bar{x}}{S}$,其中 x 为某考生的原始分数,$\bar{x}$ 为该考生团体的算术平均分,S 为标准差。例如,某考生在考试中得了82分,该次测验的平均成绩为74分,标准差为8分,那么这个学生标准分数为 $Z=\dfrac{82-74}{8}=1$。

由此可见,标准分数是具有统一参照标准和统一单位的分数。它的起点分——"0分"统一定为考生团体的平均学习水平,它的每个"1分"就是一个标准差。标准分可以清楚地表明每个考生在团体中的位置。Z 为 0 表示位于平均水平,Z 为正表示在平均水平以上,Z 为负表示在平均水平以下。

由于标准分有正有负,与我们习惯上使用的百分制分数相差甚远,因此人们定义了一个 T 分数:$T=10Z+50$。这里 Z 是标准分,在成绩近似地满足正态分布的情况下,T 分数取值范围一般在 20~80 之间,与百分制分数比较接近。

应该指出,标准分也不是完美的,它不能代替原始分数。标准分数虽然可以表明个体在集体中的相对位置,却不能描述集体的状况。选拔性考试运用标准分数较好,而水平性考试仍用原始分数较好。

思考与练习

1. 进行数学命题时应遵循哪些基本原则?
2. 小学数学试卷编制应遵循哪些基本原则?
3. 编制小学数学试卷有哪些基本要求?
4. 小学数学试卷编制的一般程序是什么?
5. 选择小学数学教材中某一单元,制订一份双向细目表,并在此基础上编制一份测验试卷。
6. 简述小学数学试卷分析的一般要求。
7. 对某小学一个班级的数学期中或期末测验试题的质量进行一次分析,并对该次测验所反映的学生学习情况进行分析。

阅读材料

数学学习评价研究展望

数学学习评价研究是一个涉及数学教育各个方面的问题,在理论和实践中都有许多复杂的问题需要我们做进一步的深入探究。归纳起来,当前,数学学习评价有如下几个问题是值得我们进行深入研究和探讨的。

(1) 进行实验研究,验证各种评价策略的可行性。如何实施发展性数学学习评价,虽已有理论上的构建,但这些策略是否可行,能否操作,还需要相关的实验研究来提供有说服力的证据。

(2) 探索大班额状况下的数学学习评价策略。本次课程改革的基本理念主要来源于国际课程改革的理论与经验,这些理念与策略能否适合我国的国情,就成为值得思考的一个问题。国外的个性化评价方式,如何运用于我国的大班额教学,将是一个有益的探索。

(3) 研究差生评价问题。新的评价理念强调要促进学生的发展,那么,对于数学教育实践中存在的,往往又被教师所抛弃的大量差生,采取什么样的评价策略才能激发他们努力学习,不断取得数学上的进步,值得进一步研究探索。

(4) 数学开放题在考试与评价中的运用。开放题在国外数学评价中早已司空见惯,在国内却还相对稀少。这是因为开放题的答案不唯一,评分标准难以确定,它不仅要用到数学以外的知识，甚至还涉及美观、艺术等价值判断。但是数学开放题又是考查学生数学思维与问题解决能力的有效手段，因此，数学开放题在评价中的运用无疑也应该引起研究者的重视。

（5）数学情感与态度的评价问题。情感与态度在数学教育中的重要性是人所皆知的，它既是教育的手段，也是教育的目的。作为教育的手段，人们对情感与态度在教育中的作用的认识应该说是充分的，它是引领一个人投入学习并且学得更好的动力系统。但是，作为教育的目的，在教育实践中情感与态度却一直被人们忽视，其中一个重要原因就是它不像数学知识与技能一样可以客观地测量。因此，在理论与实践层面探索数学情感与态度的评价策略，应该说是一项迫切而又重要的任务。

（6）数学教育目标评价问题。数学教育目标是数学教育价值的直接体现，那么，数学教育目标的合理性是否需要评价？数学教育目标是否真正体现了社会与个人发展的需要，是否真正反映了数学科学的本质？这是值得深入研究的一个方面。

（7）数学教科书评价问题。随着课程改革的深入，一纲多本的局面已经初步形成，然而，在实践中面临的一个突出问题是教师如何选用教材？基于教材选用的教科书评价无疑是值得研究和探索的。

（8）数学课堂教学评价问题。随着师生关系的变化，教师角色的变化，数学课堂教学评价问题也就凸现出来。我们应该如何来判断新型的数学课堂教学？如何来判断教师课堂教学行为的合理性？

（9）信息技术在数学学习评价中的运用问题。现代信息技术与课程的整合也是此次课程改革的一个重要理念。那么，如何发挥信息技术在数学学习评价中的作用，在我国可以说还是一个崭新的研究领域。

（摘自：孙名符，刘岗.数学学习评价.科学出版社，2008：199－200）

参考文献

[1] 孙名符，刘岗.数学学习评价.北京：科学出版社，2008.

[2] 涂荣豹，季素月.课程与教学论新编.南京：江苏教育出版社，2007.

[3] 马云鹏，张春莉.数学教育评价.北京：高等教育出版社，2003.

[4] [美]斯蒂金斯著，国家基础教育课程改革项目组译.促进学习的学生参与式课堂评价.北京：中国轻工业出版社，2005.

[5] 曹才翰，章建跃.数学教育心理学.北京：北京师范大学出版社，1999.

[6] 陈琦，刘儒德.当代教育心理学.北京：北京师范大学出版社，1999.